Norbert Neuß (Hrsg.)
Grundwissen Krippenpädagogik

Herausgeber:

Prof. Dr. Nobert Neuß lehrt an der Justus- Liebig-Universität den Schwerpunkt „Pädagogik der Kindheit"; er ist Studiengangsleiter der Studiengänge „Bildung und Förderung in der Kindheit" (BA) und „Inklusive Pädagogik und Elementarbildung" (MA).

Norbert Neuß (Hrsg.)

Grundwissen Krippenpädagogik

Ein Lehr- und Arbeitsbuch

Mit Textbeiträgen von:

Nicole Aßmann, Inga Bodenburg, Jutta Daum, Sigrun Ferber, Hedi Friedrich, Wiebke Gericke, Jördis Hanf, Simone Hess, Bettina Kümmerling-Meibauer, Katharina Lorber, Uta Meier-Gräwe, Iris Nentwig-Gesemann, Norbert Neuß, Hanna Niemann, Petra Rase, Martina Schad, Kornelia Schneider, Fredrik Vahle, Susanne Viernickel, Inge Werning, Monika Wertfein, Julia Zeiß

Bei Fragen und Anregungen wenden Sie sich bitte an unsere Berater:
Marketing, 14328 Berlin, Cornelsen Service Center,
Servicetelefon 030/89 78 58 9 29

Weitere Informationen finden Sie im Internet unter:
www.cornelsen.de/fruehe-kindheit

Die in diesem Werk angegebenen Internetadressen haben wir überprüft (Redaktionsschluss 30.03.2011). Dennoch können wir nicht ausschließen, dass unter einer solchen Adresse inzwischen ein ganz anderer Inhalt angeboten wird.

Bibliografische Information: Die Deutsche Bibliothek verzeichnet diese Publikation in der Deutschen Nationalbibliografie; detaillierte bibliografische Daten sind im Internet über http://www.dnb.de abrufbar.

2. Auflage 2012
© 2011 Cornelsen Verlag Scriptor GmbH & Co. KG, Berlin

Redaktion: Renate Krapf, Weinheim
Layout: Claudia Adam Graphik-Design, Darmstadt
Satz: Markus Schmitz, Büro für typographische Dienstleistungen, Altenberge
Druck und Bindung: orthdruk, Białystok, Polen
Umschlaggestaltung: Claudia Adam Graphik-Design, Darmstadt
Titelfotografie: © Vitaliy Hrabar, fotolia.com

ISBN 978-3-589-24729-5

Inhalt

1 Krippen früher und heute

Norbert Neuß, Katharina Lorber

Das Wort „Krippe" kann als Überbegriff für alle institutionell organisierten Formen von Betreuungsangeboten für Kinder in den ersten drei Lebensjahren verstanden werden. Die Krippenpädagogik beschäftigt sich mit diesem spezifischen Arbeitsfeld, das seit dem Ausbau der Krippenplätze vor neuen Herausforderungen steht.

> **Aufgabe:** Führen Sie ein Brainstorming zum Begriff „Krippe" durch. Welche Assoziationen, Ideen und inneren Bilder weckt der Begriff bei Ihnen. Sammeln Sie die Begriffe auf einer Tafel oder Stellwand.

Die Verwendung des Wortes „Krippe" für institutionelle Kleinstkindbetreuung zeigt sprachgeschichtlich die Nähe zur Krippe im Stall zu Jerusalem auf. Auch in anderen Sprachen wie dem Englischen (crib = Kinderbett) und dem Französischen (créche = Krippe) wird diese Verbindung deutlich. Auch wenn der Begriff „Krippe" mittlerweile alltagssprachlich, rechtlich und auch politisch fest verankert ist, so wird er in der Fachdiskussion auch kritisch betrachtet – denn im wortwörtlichen Sinne ist die Krippe ein Futtertrog für Tiere. In dieser Bedeutung hat der Begriff auch eine sehr enge Verbindung zur Weihnachtsgeschichte. In der christlichen Tradition wird das Jesuskind in einer Futterkrippe liegend dargestellt und im Sinne von „Weihnachtskrippen" steht der Begriff für die gesamte Szenerie, die an Jesu Geburt in einem Stall erinnern soll. Die Krippe kann hier als ein Notbehelf und eine letzte Zuflucht in einer armseligen und bedrohten Lage betrachtet werden. Kritisch wird an dieser Assoziation gesehen, dass gerade dieser „Rettungsgedanke" den Kindertageseinrichtungen lange Zeit angehaftet habe und sich nun im Begriff „Krippe" erneut aktualisiere.

Daneben kann man zu den unzähligen christlichen Krippendarstellungen auch ganz andere Assoziationen haben. So kann die Krippe auch ein Gefühl von Geborgenheit, Wärme, sorgender Elternschaft, Liebe, Schutz und Zuversicht symbolisieren. Dies sind Umschreibungen, die für die heutige Krippenpädagogik weitaus brauchbarer sind.

Krippen, ob als eigenständige Einrichtung oder als integrierte Gruppe in einer Kindertageseinrichtung (Kita), zeichnen sich durch ihr altersspezifisches Angebot aus. Die Abgrenzung zur Kindertagesstätte mit Elementargruppen ergibt sich aus den altersspezifischen Bedürfnissen (→ Kap. 4). Innerhalb ihrer ersten drei Lebensjahre entwickeln sich Kinder in einem rasanten Tempo. Aus auf dem Rücken liegenden und auf Hilfe angewiesenen Säuglingen werden in diesem kurzen Zeitraum mobile und verbal-kommunikative Kleinkinder, die mit all ihren Sinnen die Welt erkunden und sich darin einfinden (→ Kap. 3). Krippen können, wenn sie Kinder in diesen vielfältigen Prozessen begleiten wollen, nicht die Ideen des Kindergartens „verkleinern", sondern müssen auf die entwicklungsbedingten Anforderungen eingehen.

> Bei der Bildung und Betreuung in Krippen ist der Aufbau einer sicheren Bindung zwischen dem Kind und der pädagogischen Fachkraft wesentlich. Erst ein vertrauensvolles Verhältnis ermöglicht es dem Kind, sich seiner Umwelt mit ganzer Aufmerksamkeit zuzuwenden und sie zu erobern.

Die körperliche Versorgung und Pflege bestimmen den Tagesablauf und sind damit ein wesentlicher Teil der pädagogischen Arbeit (→ Kap. 5, 7). Werden diese Bedürfnisse auf einem hohen Niveau befriedigt, können Kinder von ihrem Aufenthalt in Krippen profitieren und diese der viel zitierten „Bildung von Geburt an" einen institutionellen Rahmen bieten.

Das am 16. Dezember 2008 in Kraft getretene Kinderförderungsgesetz (KiföG) zeugt von einem sich stetig fortsetzenden gesellschaftlichen Wandel (→ Kap. 2). Dieser zeigt sich u. a. in der demografischen Entwicklung: In der zunehmend alternden Gesellschaft Deutschlands werden immer weniger Kinder geboren. Die Gründe für die zurückgehende Geburtenrate können zum Teil in der erschwerten Vereinbarkeit von Familie und Beruf gesehen werden. Auch lange Ausbildungszeiten, unsichere Arbeitsverhältnisse und gestiegene Mobilitätsanforderungen wirken sich auf die Entschlussfreudigkeit für ein Leben mit Kindern vor allem bei gut ausgebildeten Frauen aus. Das KiföG ebenso wie das Elterngeld sind ein Versuch der Politik, potenzielle Eltern in ihrem Nachdenken über ein Leben mit Kindern positiv zu beeinflussen. Die Aussichten, durch die „Babypause" mit Hilfe des Elterngeldes nicht in finanzielle Bedrängnis zu geraten und durch die Bereitstellung von ausreichend Betreuungsplätzen ab dem ersten Lebensjahr nicht den Anschluss im Arbeitsleben zur verpassen, entsprechen vielen, jedoch nicht allen Bedürfnissen von Eltern junger Kinder, wie die folgenden Aussagen zeigen.

Beispiel: *Tom, Vater von Elisa (14 Monate), nach zwölf Monaten Elternzeit: „Ich kann nicht mehr! Natürlich bin ich gerne mit meiner Tochter zusammen. Aber mir fehlen die Fachgespräche mit meinen Kollegen. Ich möchte gerne mal wieder ein Problem lösen und eine Arbeit verrichten, die einem anderen Zweck dient, als Elisa zur Füllung der nächsten Windel und deren anschließender Entsorgung zu verhelfen. Und dann die Gespräche: „Baba? Dadadada.". Klar ist das süß, aber erfüllend ist etwas anderes. Ich könnte es viel* *besser genießen, wenn ich auch mal wieder etwas anderes als unsere Wohnung und die anderen Eltern im Spielkreis erleben würde. Und auch bei Elisa habe ich das Gefühl, dass sie sich mit mir alleine zu Hause langweilt."*

Lisa und Ben, Eltern von Max (4;5 Jahre) und Lily (2 Jahre), beide halbtags berufstätig: „Für uns war immer klar, dass unsere Kinder erst mit drei in den Kindergarten gehen. Kleine Kinder gehören zu ihren Eltern und im ersten Jahr vor allem zur Mutter. Auch wenn es manchmal anstrengend ist – so ist das mit kleinen Kindern eben. Da muss man dann gemeinsam durch, schließlich haben wir uns doch ganz bewusst für Kinder entschieden. Dann kann man sie doch nicht so klein schon wieder weggeben. Für uns ist es der richtige Weg."

Familien müssen frei entscheiden können, wie sie ihr Leben mit Berufstätigkeit und Familienaufgaben gestalten. Männer und Frauen müssen sich nicht dafür rechtfertigen oder schämen, wenn sie sich dafür entscheiden, ihre Kinder zu Hause zu betreuen, und sie müssen sich auch dann nicht rechtfertigen, wenn sie sich, aus welchem Grund auch immer, dafür entscheiden, ihr Kind in frühe Fremdbetreuung zu geben.

Es ist wichtig, persönliche Lebensentscheidungen von Eltern, Vätern und Müttern zu akzeptieren und sie nicht an idealisierten Lebensstilvorgaben zu bewerten. Um Eltern, die ihr Kind in die Krippe geben, aufgeschlossen begegnen zu können, muss die Krippenpädagogin ihre Haltung zur frühen Fremdbetreuung genau klären und daran arbeiten (→ Kap. 19), weil davon die Kommunikation mit den Eltern (→ Kap. 21), den Teamkolleginnen und letztlich auch den Kindern beeinflusst wird.

Abb. 1.1: Eltern möchten die Wahl haben, wie lange sie ihre Kinder selbst betreuen

Mit dem Ausbau der Betreuungsangebote für Kinder in den ersten drei Lebensjahren wird individuellen Interessen von Familien und gesellschaftlichen Bedürfnissen gleichzeitig entsprochen. Eltern möchten die Wahl haben, wie lange sie ihre Kinder selbst betreuen oder wann sie wieder arbeiten gehen. Die Gesellschaft hat ein Interesse daran, dass zum einen mehr Kinder geboren werden und somit ihre Zukunft gesichert wird. Außerdem hat sich das Bewusstsein für die Bedeutung der frühen Jahre für ein erfolgreiches Leben gewandelt. Aufgrund dieser Veränderung in der gesellschaftlichen Bedeutung außerfamiliärer Betreuung für Kinder in den ersten drei Lebensjahren kann die Krippe endlich ihr schlechtes Image als „Notlösung" für Eltern in schwierigen Lebenssituationen und als „Aufbewahrungsanstalt" ablegen.

1.1 Kleine Geschichte der Krippenpädagogik

Die erste Kinderkrippe wurde 1844 in Paris gegründet. Hintergrund waren die zunehmende Industrialisierung und die so entstehende Umstrukturierung der Gesellschaft. Motiv dieser, wie auch der in den folgenden Jahren in Deutschland gegründeten Einrichtungen, war die medizinische Versorgung der jungen Kinder während der Arbeitszeiten ihrer Mütter. Säuglinge und junge Kinder waren auch vorher in Einrichtungen betreut worden, doch die Krippen zeichneten sich dadurch aus, dass sie altersspezifisch ausgerichtet und den Einrichtungsformen für ältere Kinder „vorgeschaltet" waren (Reyer/Kleine 1997: 20).

Pädagogische Ideen spielten bei der Gestaltung der Krippenarbeit im Gegensatz zu den Kindergärten keine Rolle; die institutionelle Identität war durch pädiatrische Bestrebungen geprägt. Auch wenn die Kindersterblichkeit im Laufe der Jahre aufgrund hygienischer Neuerungen wie etwa der Pasteurisierung von Milch und medizinischer Entwicklungen wie Impfstoffe immer weiter zurückging, haftete Kinderkrippen noch bis in die 1970er Jahre der Ruf der „Säuglingsbewahranstalten" an. Ebenso wirkte sich das im 19. Jahrhundert etablierte Idealbild der bürgerlichen Familie auf die Akzeptanz außerfamiliärer Betreuung aus. Die Aufgabe der Frau wurde in der Führung des Haushaltes gesehen. Aus der weiblichen Natur wurde Mütterlichkeit als Legitimation für die Betreuung und Erziehung der Kinder abgeleitet (vgl. Peuckert 2002: 24).

Die Vorstellungen, dass junge Kinder ausschließlich von ihren Müttern gut versorgt werden können und Krippen eine Gefahr für die emotionale Gesundheit von Kindern darstellen, prägen bis heute die Diskussion über die außerfamiliäre Betreuung junger Kinder. Sie können als ursächlich dafür angesehen werden, dass sich die Zahl der Betreuungsplätze bisher auf einem überschaubaren Niveau bewegt.

Heide Kallert (2006: 214) fasst die zwei gesellschaftlich verankerten und durch Emotionalität besetzten gegensätzlichen Bilder vom familiären und institutionellen Aufwachsen junger Kinder zusammen: „Auf der einen Seite sehen wir das individuell und seinen wechselnden Bedürfnissen entsprechend versorgte, geliebte Familienkind in der häuslichen Umgebung, die seinen Aktivitäten Raum bietet; auf der anderen Seite erscheint das zwar vor äußeren Gefahren geschützte, aber schematisch versorgte Krippenkind. Es befindet sich in der Reihe mit anderen Kleinkindern – seinen individuellen Bedürfnissen entfremdet und an selbstständigen Aktivitäten gehindert – etwa auf der Topfbank oder in einem von vielen nebeneinander aufgestellten Gitterbettchen beim verordneten Mittagsschlaf." Beide Bilder lassen sich in der dargestellten Form nicht empirisch beweisen, dennoch üben sie eine nachhaltige Wirkung auf das Denken über außerfamiliäre Betreuung und deren Gestaltung aus.

Erste Anzeichen für einen Perspektivenwechsel lassen sich in den 1970er Jahren erkennen. Die Studentenbewegung der „68er" und ihre politischen und gesellschaftlichen Ideen bewirkten auch ein partielles Umdenken hinsichtlich außerfamiliärer Kinderbetreuung. Während in dieser Zeit der Kindergarten als Teil des Bildungssystems ernannt wurde und dieser nicht weiter als Behelf für Familien in Notlagen betrachtet wurde, blieb das Interesse für Kinderkrippen vor allem in den Händen engagierter Eltern. In deren privaten Initiativen, den Krabbelstuben und Kinderläden, sollten auch junge Kinder von pädagogischen Angeboten profitieren. Die außerfamiliäre Betreuung wurde dabei nicht als Notbehelf betrachtet, sondern als an den veränderten Lebensbedingungen von Familien orientierte sinnvolle Ergänzung zur Familienerziehung (vgl. Kallert 2006: 216). Diese Bestrebungen blieben vor allem auf Großstädte wie Berlin und Hamburg begrenzt und entfalteten über das studentische Milieu hinaus kaum Außenwirkung.

Die deutsche Geschichte zeigt aber noch ein anderes Beispiel auf. Anders als in der BRD wurden Frauen in der ehemaligen DDR als Vollzeitarbeitskräfte zur Aufrechterhaltung des Staates benötigt. Auch wenn Frauen Mütter wurden, brauchte man ihre Arbeitskraft. Zur Legitimation dieses Anspruchs wurde die Gleichberechtigung in die sozialistische Ideologie integriert. Demzufolge sollten Frauen stets eine aktive Rolle in der Gesellschaft innehaben und ihre Persönlichkeit im Arbeitsprozess entfalten (vgl. Schmidt 1998: 62). Spätestens nach dem „Babyjahr", dem ersten Lebensjahr ihres Kindes, kehrten DDR-Mütter an ihren Arbeitsplatz zurück. Bis 1989 wurden 353 203 Betreuungsplätze für Kinder in den ersten drei Lebensjahren geschaffen. 56,4 Prozent der Kinder dieser Altersgruppe konnten außerfamiliär betreut werden, wobei regionale Unterschiede zu berücksichtigen sind. Das Angebot sollte bis auf 90 Prozent Kinder dieser Altersgruppe ausgebaut werden (vgl. Laewen/Andres 1993: 5). Die Erwerbstätigkeit von Frauen zu ermöglichen, kann jedoch nicht als einziges Motiv dieser Betreuungspolitik gesehen werden, wie das folgende Zitat aus dem „Programm für die Erziehungsarbeit in Kinderkrippen" von 1986 zeigt.

„Programm für die Erziehungsarbeit in Kinderkrippen" in der DDR (1986)
(Die Krippen) „haben die Aufgabe, durch sorgfältige Pflege, durch fürsorgliche Betreuung und Erziehung die allseitige harmonische Entwicklung und die Gesunderhaltung der Kinder zu sichern. Damit leisten sie ihren der Altersstufe angemessenen Anteil an der Realisierung des sozialistischen Erziehungszieles, der Herausbildung allseitig entwickelter sozialistischer Persönlichkeiten. (...) Bei der Erfüllung ihrer Aufgabe arbeitet die Kinderkrippe eng und vertrauensvoll mit dem Elternhaus und dem Krippenarzt zusammen" (ebd.: 6).

Zum einen wurden die Krippen gesetzlich als erste Stufe in das sozialistische Bildungssystem eingebunden, anders als die Kindergärten waren sie jedoch nicht dem Ministerium für Volksbildung zugeordnet, sondern dem Ministerium für Gesundheitswesen unterstellt. Die medizinische Betreuung umfasste neben Prophylaxe, Diagnostik und Therapie auch die Beurteilung des Entwicklungsstandes und die Beratung der Eltern hinsichtlich gesundheitlicher und sozialer Fragen (vgl. Laewen/Andres 1993: 8).

Mit dem stetigen Ausbau der Krippenplätze wurde die Berufsqualifikation angepasst. Zu Beginn arbeiteten unausgebildete Frauen in den Einrichtungen. Diese wurden durch an medizinischen Fachschulen eigens ausgebildeten Krippenerzieherinnen, Kinderpflegerinnen und Kinderkrankenschwestern ersetzt. Anders als die aktuellen Bildungs- und Erziehungspläne, die einen eher empfehlenden Charakter haben, kann das „Programm für die Erziehungsarbeit in Kinderkrippen" als Anordnung verstanden werden. Die aus dem Programm abgeleiteten Arbeitsanweisungen ließen den Krippenerzieherinnen wenig Freiraum. Junge Kinder, so die zu Grunde liegende Überzeugung, durchlaufen alle „verbindliche, sich automatisch ergebende Entwicklungsziele- und verläufe" (Nentwig-Gesemann 2006: 179). Diese Normorientierung und die sich aus der sozialistischen Ideologie ergebende „führenden Rolle gegenüber den Kindern" (vgl. Laewen/Andres 1993: 11) prägten die pädagogische Arbeit der Krippenerzieherinnen. Ihre Aufgabe war es, Erziehungsziele wie „Selbstständigkeit" und „Kollektivität" bei den Kindern zu erreichen. Damit waren weder Selbstbestimmung, Eigenverantwortung noch Kooperation gemeint, sondern die „funktionale Selbstständigkeit" wie etwa das Ankleiden und Essen; „Kollektivität" drückte sich in gleichartigen, standardisierten Tätigkeiten aus. Tägliches „Training" sollte diese Eigenschaften fördern und ignorierte Entwicklungs- und Erziehungsrealität der Kinder (vgl. Nentwig-Gesemann 2006: 179 f.).

Die funktions- und normorientierte Betreuung war auch ein Ergebnis der DDR-Krippenforschung. Als Hauptforschungsstränge können zum einen die Pädiatrie, die sich vor allem mit (Infekt-)Erkrankungen bei Krippenkindern beschäftigte, zum anderen zwei entwicklungspsychologisch-pädagogische Richtungen genannt werden: Minutiöse Dokumentation frühkindlicher Entwicklung und Intervention bei Normabweichung bildeten den Kernpunkt der einen Perspektive, gegensätzlich dazu wurden die Auswirkungen von Umweltbedingungen für eine in Ansätzen individuelle und selbsttätige Entwicklung erforscht (vgl. Kallert 2006: 220).

Mit der Wiedervereinigung der beiden deutschen Staaten prallten zwei Realitäten frühkindlichen Aufwachsens aufeinander, die unterschiedlicher kaum sein konnten. Über 20 Jahre später zeichnet sich eine Zusammenführung der Vorstellungen und Motive von Krippenbetreuung im Sinne des Ausspruches „The best of both worlds" ab: Mit dem Ausbau der Krippenplätze wird die Gleichstellung der Frau hinsichtlich ihrer Erwerbstätigkeit gefördert und das Spektrum der wählbaren Lebensentwürfe ausgedehnt. Gleichzeitig besteht ein großes Interesse an einer an den Bedürfnissen der Kinder gemessenen qualitativ hochwertigen pädagogischen Arbeit in den Einrichtungen.

1.2 Heutige Krippen – Lebens- und Bildungsorte

Krippen sind Teil des Bereichs „Kindertageseinrichtungen" und gehören somit organisatorisch zur Kinder- und Jugendhilfe. Auf der Ebene der Städte und Landkreise wird die öffentliche Kinder- und Jugendhilfe vom Jugendamt verantwortet.

Kindertagesstätten und Krippen werden durch öffentliche und freie Träger der Jugendhilfe betrieben. Öffentliche Träger sind Städte und Gemeinden („kommunale Einrichtungen"), die derzeit insgesamt ca. ein Drittel aller Kitas betreiben. Die freien Träger sind u.a. das Diakonische Werk der Evangelischen Kirche, der Deutsche Caritasverband der katholischen Wohlfahrtspflege oder die Arbeiterwohlfahrt, die ca. zwei Drittel der Kitas betreiben. Im Hinblick auf die Umsetzung der Ziele der Kinder- und Jugendhilfe gilt das Subsidaritätsprinzip. Demnach soll die staatliche Aufgabe der Kinder- und Jugendhilfe soweit wie möglich von freien Trägern wahrgenommen werden. Auf diese Weise wird die Eigenverantwortung der Gesellschaft gestärkt und staatlicher Einfluss begrenzt. Im Sozialgesetzbuch (SGB VIII; § 3) heißt es dazu: „Die öffentliche Jugendhilfe soll mit der freien Jugendhilfe zum Wohl junger Menschen und ihrer Familien partnerschaftlich zusammenarbeiten. Sie hat dabei die Selbstständigkeit der freien Jugendhilfe in Zielsetzung und Durchführung ihrer Aufgaben sowie in der Gestaltung ihrer Organisationsstruktur zu achten." Auch der gesetzliche Auftrag der Kitas ist im achten Buch des Sozialgesetzbuches beschrieben.

SGB VIII; § 22 Grundsätze der Förderung
„(1) Tageseinrichtungen sind Einrichtungen, in denen sich Kinder für einen Teil des Tages oder ganztägig aufhalten und in Gruppen gefördert werden. Kindertagespflege wird von einer geeigneten Tagespflegeperson in ihrem Haushalt oder im Haushalt des Personensorgeberechtigten geleistet. Das Nähere über die Abgrenzung von Tageseinrichtungen und Kindertagespflege regelt das Landesrecht. Es kann auch regeln, dass Kindertagespflege in anderen geeigneten Räumen geleistet wird.
(2) Tageseinrichtungen für Kinder und Kindertagespflege sollen
1. die Entwicklung des Kindes zu einer eigenverantwortlichen und gemeinschaftsfähigen Persönlichkeit fördern,
2. die Erziehung und Bildung in der Familie unterstützen und ergänzen,
3. den Eltern dabei helfen, Erwerbstätigkeit und Kindererziehung besser miteinander vereinbaren zu können.
(3) Der Förderungsauftrag umfasst Erziehung, Bildung und Betreuung des Kindes und bezieht sich auf die soziale, emotionale, körperliche und geistige Entwicklung des Kindes. Er schließt die Vermittlung orientierender Werte und Regeln ein. Die Förderung soll sich am Alter und Entwicklungsstand, den sprachlichen und sonstigen Fähigkeiten, der Lebenssituation sowie den Interessen und Bedürfnissen des einzelnen Kindes orientieren und seine ethnische Herkunft berücksichtigen."

Die Grundsätze der Förderung (SGB VIII; § 22) differenzieren sich heute nach Bundesländern und Trägern weiter aus. Dabei werden auch zunehmend pädagogische Ansätze in der Krippenpädagogik erkennbar. So gibt z. B. die evangelische Landeskirche Hannover eine Broschüre mit dem Titel „Gott in der Krippe – Religiöse Bildung von Anfang an" (2008) heraus. Im Vorwort heißt es: „Das Kind in der Krippe spürt Liebe und Geborgenheit in einer haltenden Hand, die zur Segensgeste wird. Das Kind in der Krippe erlebt Lebensfreude und Fülle im Lauschen oder Singen eines Liedes. Es fühlt sich verbunden mit den Mitmenschen und der Welt im täglichen Miteinander und im Erleben von Festen und Ritualen. Die sorgsame Gestaltung festlicher Zeiten ist für kleine Kinder ein großes Staunen." Diese Arbeitshilfe gibt evangelischen Krippen viele Anhaltspunkte für die religionspädagogische Haltung und Arbeit mit den Kleinsten.

Auch die Bundesländer und kommunalen Träger bringen zunehmend Bildungs- und Erziehungsanregungen für Krippenpädagogik heraus. So bietet das Hessische Sozialministerium (2010) eine Broschüre zur Krippenpädagogik an, die die pädagogischen Herausforderungen vor dem Hintergrund des bestehenden hessischen Bildungs- und Erziehungsplans vertieft. Darin wird insbesondere das Lernen als sozialer und ko-konstruktiver Bildungsprozess beschrieben.

Neben den Fragen nach den pädagogischen Grundsätzen und Werteorientierungen muss Krippenpädagogik auch ganz konkrete Fragen beantworten:

- Wie soll das Verhältnis zu Krippenkindern gestaltet werden? (→ Kap. 4, 7)
- Welche zentralen pädagogischen Aufgaben hat die Pädagogin in einer Krippe? (→ Kap. 8, 10, 11)
- Wie und warum gestaltet man Angebote für Kinder? (→ Kap. 14–18)
- Welche Rahmenbedingungen sind für Krippen und Krippenkinder nötig (Tagesablauf, Sicherheitsmaßnahmen, Raumgestaltung)? (→ Kap. 6, 8, 13)
- Welcher Betreuungsschlüssel ist für Krippenkinder notwendig?

Betreuungsschlüssel und Bildungsqualität

Für Krippen hat sich ein Betreuungsschlüssel von zehn Kindern und zwei bis drei pädagogischen Fachkräften als sinnvoll erwiesen. Der Betreuungsschlüssel (Fachkraft-Kind-Relation) ist ein zentraler Aspekt der Krippenpädagogik, weil dieses Verhältnis darüber entscheidet, wie viel Zuwendung und Zeit eine Fachkraft für jedes einzelne Kind hat und wie viele Episoden geteilter Aufmerksamkeit, also direkter Dialog über eine Sache oder Begebenheit, zwischen Fachkräften und Kindern entstehen können.

Tabelle 1.1 zeigt die Mindeststandards für die Berechnung der Fachkraft-Kind-Relation differenziert nach Kindern unterschiedlichen Alters und der Länge der Betreuungszeiten. Umso länger Kleinstkinder in einer Krippe sind, umso intensiver sollte das Beziehungsverhältnis zur Fachkraft sein. Allerdings weisen die Forscherinnen Susanne Viernickel und Stefanie Schwarz (2008: 2) warnend auf folgendes Ergebnis ihrer Studie hin: „In der Mehrzahl der Bundesländer werden die aus wissenschaftlicher Sicht notwendigen Mindeststandards bezüglich der Fachkraft-Kind-Relation nicht erreicht. Damit ist in Frage gestellt, ob die in den Bildungsprogrammen ehrgeizig formulierten Ansprüche an die frühkindliche Bildung in Kindertageseinrichtungen überhaupt erreicht werden können."

	0 bis 1 Jahr	1 bis 2 Jahre	2 bis 3 Jahre
Bis 5 Stunden	1: 4	1: 6	1: 8
Über 5 bis 7 Stunden	1: 3,6	1: 5,5	1: 7,3
Über 7 bis 9 Stunden	1: 3,3	1: 5	1: 6,7
Über 9 Stunden	1: 3,1	1: 4,6	1: 6,2

Tab. 1.1: Mindeststandards der Fachkraft-Kind-Relation (vgl. Viernickel/Schwarz 2009: 24)

Unterläuft die Fachkraft-Kind-Relation die Mindeststandards, dann kann sich eine Reihe von Folgeproblemen ergeben. Ohne ausreichende Zeit für die Kinder und die Krippengruppe ist Bildung schwerlich möglich. Dies betrifft die zentrale Frage der Eingewöhnung (→ Kap. 4, 7), das Angebot von intensiven sprachlichen, musischen, ästhetischen oder sensorischen Angeboten (→ Kap. 14–18), die Aufmerksamkeit für Kinder mit besonderem Förderbedarf (→ Kap. 11) oder die nötige Kommunikation mit den Eltern (→ Kap. 21).

Krippen können heute nicht mehr unter dem Aspekt „Betreuung" betrachtet werden. Kindliche Bildung beginnt mit der Geburt und die sozialen und emotionalen Bindungen sind für die Bildungsentwicklung entscheidend (→ Kap. 3, 4, 9). „In den ersten drei Lebensmonaten lernen Babys mehr als ein Student in vier Jahren (Gopnik u. a. 2003). Diese Tatsache ist in der Fachdiskussion weitgehend bekannt. Die damit verbundenen fachlichen Anforderungen in den Bereichen der Beziehungsgestaltung (→ Kap. 4), der Beobachtung (→ Kap. 10) und der Bildung und Erziehung (→ Kap. 9) muss gegenüber politischen Entscheidungsträgern beständig vertreten und eingefordert werden.

Argumentationshilfen können hier auch empirische Studien liefern. Die Behauptung „der beste Bildungsort für Kleinstkinder ist die Familie" ist nach einer 2008 erschienenen Studie äußerst fraglich. Die von der Bertelsmann-Stiftung in Auftrag gegebene Langzeitstudie untersuchte den volkswirtschaftlichen Nutzen von frühkindlicher Bildung in Deutschland. Die Studie legte den Schwerpunkt auf langfristige Bildungseffekte bei Krippenkindern. Dabei wurde untersucht, ob der Krippenbesuch einen positiven Einfluss auf den späteren Schulbesuch und damit auch auf das zu erwartende Lebenseinkommen hat. Dazu wurden die Geburtsjahrgänge 1990 bis 1995 von in Deutschland geborenen Kindern hinsichtlich ihrer späteren Einstufung in die drei Schultypen (Haupt-, Realschule, Gymnasium) untersucht. Es wurde verglichen, ob bei

Krippenkindern eine „höhere" Einstufung gegenüber „nur Kindergartenkindern" festzustellen ist. Es zeigte sich, dass die Bildung der Eltern den größten Einfluss auf die Bildungslaufbahn der Kinder hat. Daneben konnte aber belegt werden, dass die frühkindliche Bildung einen sehr hohen Einfluss auf die Bildungswege der Kinder hat. Für den Durchschnitt der Krippenkinder erhöht sich die Wahrscheinlichkeit, ein Gymnasium zu besuchen, von 36 Prozent auf rund 50 Prozent. Kleinstkinder aus benachteiligten Milieus profitieren besonders von einem Krippenbesuch.

Abb. 1.2: Gute Krippenarbeit braucht eine gute Fachkraft-Kind-Relation

Die Studie hatte den ökonomischen Nutzen eines Krippenbesuchs im Blick. Anders formuliert: Was bekommt eine Gesellschaft an Nutzen zurück, wenn sie in frühkindliche Bildung investiert. Dabei wurde zugrunde gelegt, dass ein Kind, das einmal einen Gymnasialabschluss macht, auch ein höheres Lebenseinkommen erzielen und auch mehr Steuern (zurück)zahlen wird. Ein Fazit dieser Studie lautet: Ein Euro, der heute in die frühkindliche Krippenbetreuung investiert wird, wird sich in einigen Jahren verdreifachen.

Aufgabe: Suchen Sie im Internet die Studie „Volkswirtschaftlicher Nutzen frühkindlicher Bildung in Deutschland" und diskutieren Sie in Ihrer Lerngruppe zwei Fragen:

1 Sehen Sie eher Probleme oder eher Chancen, „Krippenkinder" unter der Perspektive des „volkswirtschaftlichen Nutzens" zu betrachten?

2 Müssten die Ergebnisse nicht dazu führen, eine „Krippenpflicht für alle Kinder" einzuführen?

1.3   Krippenausbau und Professionalisierung – zukünftige Herausforderungen

Das Gesetz zur Förderung von Kindern unter drei Jahren in Tageseinrichtungen und in der Kindertagespflege (Kinderförderungsgesetz; KiföG) vom 16. Dezember 2008 sieht ab dem 1. August 2013 einen Anspruch auf einen Platz in einer Tageseinrichtung auch für unter Dreijährige vor. Das Kinderförderungsgesetz ist eine Änderung des achten Buches des Sozialgesetzbuches und regelt den Anspruch auf einen Krippen- oder Kindertagespflegeplatz.

Kifög § 24: Anspruch auf Förderung in Tageseinrichtungen und in Kindertagespflege

„(2) Ein Kind, das das erste Lebensjahr vollendet hat, hat bis zur Vollendung des dritten Lebensjahres Anspruch auf frühkindliche Förderung in einer Tageseinrichtung oder in Kindertagespflege. (…)

(3) Ein Kind, das das dritte Lebensjahr vollendet hat, hat bis zum Schuleintritt Anspruch auf Förderung in einer Tageseinrichtung. Die Träger der öffentlichen Jugendhilfe haben darauf hinzuwirken, dass für diese Altersgruppe ein bedarfsgerechtes Angebot an Ganztagsplätzen zur Verfügung steht. Das Kind kann bei besonderem Bedarf oder ergänzend auch in Kindertagespflege gefördert werden."

Der mit diesem Gesetz verbundene Ausbau von Krippen wird derzeit massiv von öffentlichen und freien Trägern, von Kommunen, aber auch von kommerziellen Anbietern umgesetzt. Mit dem Ausbau des U3-Bereichs und dem Rechtsanspruch auf einen Krippenplatz ab dem vollendeten ersten Lebensjahr sind die Kommunen vor die Aufgabe gestellt worden, ihre Kindergartenbedarfsplanung auch für den Krippenbereich vorzunehmen. Kindergartenbedarfsplanung ist Bestandteil der Sozialplanung. Diese ermittelt und beschreibt konkrete Bedürfnisse oder Lebenslagen von Menschen, um so vorausschauend soziale Unterstützungssysteme zu steuern. Bei der Kindergartenbedarfsplanung werden dabei die Einwohnerzahlen und hier vor allem die in der Kommune lebenden Kinder im Alter von ein bis drei Jahren errechnet. Berücksichtigt wird die Geburtenentwicklung in der Gemeinde. Davon ausgehend kann der erwartete Bedarf an Krippenplätzen ermittelt werden. Dabei wird eine Versorgungsquote von 35 Prozent angestrebt, von denen 70 Prozent in Krippen und 30 Prozent in der Kindertagespflege bereitgestellt werden sollen. In einer Stadt mit 100 Kindern im Alter von ein bis drei Jahren müssten demnach 35 Plätze für Kinder unter drei Jahren bereitgestellt werden (ca. 24 Plätze in einer Krippe, 11 in der Kindertagespflege).

Aufgabe:

1 Gehen Sie auf die Website ihres Landkreises oder Ihrer Kommune. Suchen Sie den Kindergartenbedarfsplan Ihrer Kommune bzw. Ihres Landkreises oder erkundigen Sie sich danach. Stellen Sie fest, wie der Bedarf dort errechnet wird und welchen Stand der Ausbau des U3-Bereichs in Ihrer Gemeinde hat.

2 Projektvorschlag: Sie wollen eine Krippe gründen. Bei Gründung oder Verlängerung eines Betreuungsangebotes für Kinder müssen bestimmte gesetzliche Grundlagen beachtet werden. Für die Betriebserlaubnis einer Kindertageseinrichtung ist § 45 SGB VIII maßgeblich. Informieren Sie sich im Internet über diesen Paragrafen. Wer gilt in Ihrem Bundesland als „geeignete Kraft", die in einer Krippe arbeiten darf. Recherchieren Sie dazu die Mindestverordnung Ihres Bundeslandes. Lassen Sie sich auch von einem Jugendamt die Bestimmungen über eine Betriebserlaubnis einer Kita geben. Laden Sie eine Fachvertreterin des Jugendamtes ein und lassen Sie sich über notwendige Schritte zur Krippengründung informieren.

Fachkräftemangel

Im Jahr 2010 arbeiteten fast 420 000 pädagogisch tätige Personen im Arbeitsfeld der Kindertageseinrichtungen. Für die anstehende Ausbauphase der Krippenplätze haben Thomas Rauschenbach und Matthias Schilling (2009) genaue Berechnungen vorgenommen, um den Bedarf an Krippen- und Kita-Plätzen sowie den Fachkräftebedarf zu ermitteln. Insgesamt zeigt sich, dass ca. 38 000 Fachkräfte mit Vollzeitstellen in der Kindertagesbetreuung und ca. 32 000 Kindertagespflegekräfte ausgebildet werden müssten. In der online verfügbaren Expertise heißt es: „In den Ländern Niedersachsen, Hessen, Saarland, Bremen, Schleswig-Holstein und Sachsen wird es voraussichtlich einen Fehlbedarf beim Personal in Kindertageseinrichtungen geben, zu dessen Behebung erhebliche Anstrengungen notwendig sind." (Rauschenbach/Schilling 2010: 44). Als Lösungsmöglichkeiten gegen den Mangel an Fachkräften schlagen die Autoren (2009, 2010) folgende Maßnahmen vor:

- Erhöhung der Ausbildungskapazitäten in der Erzieherinnenausbildung
- Ausbau der Hochschulstudiengänge für Elementarerziehung
- Verstärkter Berufswiedereinstieg
- Arbeitszeitaufstockung von Teilzeitbeschäftigten
- Erhöhung der Anzahl der Kinder pro Tagespflegeperson
- Berufseinstieg über Bundesländergrenzen hinweg
- Verstärkte Qualifizierung zusätzlicher Tagespflegepersonen.

Eine weitere Strategie dem Fachkräftemangel entgegenzutreten ist, für mehr männliche Fachkräfte in Kindertageseinrichtungen zu werben. Eine aktuelle Studie des Bundesministeriums für Familie (2010) hat Kita-Leiterinnen, Träger und Eltern befragt und liefert zahlreiche Ergebnisse zur Situation von Männern in Kitas und in der Erzieherausbildung. Ein zentrales Ergebnis ist, dass Männer in Kindertageseinrichtungen hochwillkommen sind, aber derzeit nur ca. drei Prozent der Fachkräfte in Kitas ausmachen. Gerade im Krippenbereich seien es „Verdachtsmomente", die sich auf die Ausbildungswahl auswirken. „Der Missbrauchsverdacht führt in erster Linie zu Verunsicherungen bei männlichen Auszubildenden (aber auch bei männlichen Erziehern) und schränkt diese in der täglichen professionellen Arbeit ein. Um sich vor Verdachtsmomenten zu schützen, halten sich männliche Erzieher und Auszubildende immer wieder demonstrativ in der Arbeit insbesondere mit Mädchen zurück. Einige der befragten Männer sind auch explizit von ihren Vorgesetzten oder Kolleginnen darauf hingewiesen worden, zum Beispiel beim Wickeln die Tür aufzulassen oder im Schlafraum nicht alleine auf die Kinder aufzupassen." (BMFSFJ 2010: 63). Diese Vorbehalte bestätigen sich aber bei den befragten Eltern kaum. 86 Prozent der Eltern würden ihr Kind eher bedenkenlos einem männlichen Erzieher anvertrauen.

Aufgabe: Diskutieren Sie folgende Fragen: Was halten Sie davon, mehr männliche Erzieher in Kitas und Krippen einzusetzen? Worin liegen dabei die Chancen für ein Kita-Team? Sollten männliche Erzieher in einer Krippe bestimmte Aufgaben, z. B. Wickeln, nicht übernehmen?

Professionalisierung im U3-Bereich

Das Thema Professionalisierung im U3-Bereich ist ein zwiespältiges und widersprüchliches Thema. Einerseits bestätigen Studien wie die bereits erwähnte Bertelsmannstudie die hohe Bedeutung der Frühen Kindheit im Rahmen der gesamten Bildungsentwicklung, andererseits hinken die Ausbildungsqualität und -quantität noch weit hinter den notwendigen Gegebenheiten hinterher. Träger und Leitungspersonen bemängeln oftmals das Fehlen qualifizierten Personals. Da aber die finanziellen Ressourcen zur Verfügung gestellt, Krippen gebaut und die angestrebten Krippenplätze bereitgestellt werden, wird in den kommenden Jahren Personal eingestellt werden, dem noch relevante Erfahrungs- und Wissensbereiche fehlen, mit einem entsprechend großen Fort- und Weiterbildungsbedarf. Hinzu kommt noch, dass ein Drittel der Krippenplätze durch Tagespflege abgedeckt werden soll. Tagesmütter erwerben zwar heute auch eine pädagogische Grundqualifikation, z. B. in Form des DJI-Curriculums (www.handbuch-kindertagespflege.de), sind aber von ihrer formalen Qualifikation nicht mit ausgebildeten Krippenpädagoginnen vergleichbar, die sich auf der Basis von Fachschulausbildungen die nötigen Kompetenzen in Weiterbildungen erarbeitet haben. Außerdem arbeiten Tagespflegepersonen in der Regel unter anderen Arbeitsbedingungen (kein Team, keine Fachberatung usw.).

Die Anstrengungen der Professionalisierung werden derzeit auf unterschiedlichen Entscheidungsebenen vorangetrieben und können hier nur exemplarisch angedeutet werden. Vorangestellt werden muss, dass Professionalisierung auch vor dem Hintergrund der sozialen, beruflichen und ökonomischen Lage von Erzieherinnen betrachtet werden muss. Die von der Gewerkschaft für Erziehung und Wissenschaft (GEW, www.gew.de) in Auftrag gegebene Studie liefert diesbezüglich ein höchst bedenkliches Bild (vgl. Fuchs-Rechlin 2010). Die Teilzeit- und Befristungsquote steigt in diesem Arbeitsfeld weiter an. Mit dem erzielten Einkommen dieser Teilzeitbeschäftigung kann die Existenz nicht selbstständig gesichert werden. Daher sind von dieser ökonomischen Benachteiligung vor allem Alleinerziehende und jüngere Fachkräfte betroffen. Da in sozialen Berufen insgesamt weniger verdient wird als in anderen Berufen mit vergleichbarer Ausbildungsdauer, neigen nach der Ausbildung vor allem Männer zur Abwanderung in andere Berufsfelder. Bezüglich dieser Ergebnisse muss darauf verwiesen werden, dass Berufsverbände wie die Gewerkschaft für Erziehung und Wissenschaft beharrlich daran arbeiten, die ökonomische Lage der Fachkräfte zu verbessern.

Bundesebene: Auf dieser Ebene wurde die „Weiterbildungsinitiative Frühpädagogische Fachkräfte" (WiFF) ins Leben gerufen. Dieses am Deutschen Jugendinstitut verankerte Projekt des Bundesministeriums für Bildung und Forschung und der Robert Bosch Stiftung setzt sich durch Studien, Expertisen und Qualifizierungsangebote dafür ein, dem frühpädagogischen Weiterbildungssystem in Deutschland inhaltliche Impulse zur Professionalisierung zu geben. Ziel ist es, die Qualität der Angebote zu sichern und anschlussfähige Bildungswege zu fördern (www.weiterbildungsinitiative.de).

Länder und Kommunen: Um den gesetzlichen Anspruch auf einen Krippenplatz zu errechnen, verfolgen viele Kreise und Kommunen eine Kombination unterschiedlicher Strategien. Dazu gehören Maßnahmen wie die Öffnung von Kindergärten für Zweijährige, die Umwandlung von Kindergartengruppen in Krippengruppen, die Einrichtung von neuen Krippen und der massive Ausbau der Kindertagespflege. Weil über die herkömmlichen Wege oftmals kein qualifiziertes Fachpersonal zu finden ist, werden auch landesspezifische Lösungen für Quereinsteiger in Form berufsbegleitender Ausbildungen entwickelt.

Trägerebene: Träger von Kindertageseinrichtungen gehen oftmals ihre eigenen Wege in der Weiterqualifikation des Krippenpersonals. So wurden z. B. von der Diakonie Niedersachsen Krippenberaterinnen in einer zweijährigen Fortbildung ausgebildet, die den professionellen Ausbau der Krippenplätze fachlich begleiten. Weiterhin wurden auch trägerspezifische Publikationen entwickelt, auf deren Kompetenz heute zurückgegriffen werden kann (→ Kap. 7).

Multiprofessionelle und multidiziplinäre Teams

Die zuvor skizzierten Entwicklungen werden dazu führen, dass in Kindertageseinrichtungen mehr und mehr Menschen mit unterschiedlicher Qualifikation arbeiten. Neben der „traditionellen Erzieherin" werden zunehmend akademisch ausgebildete Kindheitspädagoginnen, Quereinsteigerinnen mit berufsbegleitender Ausbildung und auch angelernte Hilfskräfte eingesetzt. Hinzu kommen teilweise weitere Fachdisziplinen wie Logopädagogen, Psychologen und Ergotherapeuten. Die unterschiedliche Qualifikationssituation wird zu multiprofessionellen Teams führen. Diese Kita-Teams und vor allem die Kita-Leitung sind vor die Aufgabe gestellt, nicht durch Abgrenzung gegeneinander, sondern durch klare Aufgabenteilung ihre Zuständigkeiten sowie persönlichen Stärken und Kompetenzen zu klären.

Literatur

Behr, A. von (2010): Kinder in den ersten drei Jahren. Qualifikationsanforderungen an frühpädagogische Fachkräfte. Expertise, München

Bertelsmann Stiftung (Hrsg.) (2006): Wach, neugierig, klug – Kinder unter 3. Ein Medienpaket für Kitas, Tagespflege und Spielgruppen. Gütersloh

Bundesministerium für Familie, Senioren, Frauen und Jugend (Hrsg.) (2010): Männliche Fachkräfte in Kindertagesstätten. Berlin

Diakonisches Werk der Ev. Landeskirche Hannover (2008): Gott in der Krippe – Religiöse Bildung von Anfang an. Hannover

Fritschi, T./Oesch, T. (2008): Volkswirtschaftlicher Nutzen frühkindlicher Bildung in Deutschland. Gütersloh

Fuchs-Rechlin, K. (2010): Die berufliche, familiäre und ökonomische Situation von Erzieherinnen und Kinderpflegerinnen. Sonderauswertung des Mikrozensus. Im Auftrag der Max-Traeger-Stiftung der GEW, Frankfurt a. M.

Gopnik, A/Kuhl, P./Meltzoff, A. (2003): Forschergeist in Windeln. Wie Ihr Kind die Welt begreift. München

Hessisches Sozialministerium (Hrsg.) (2010): Kinder in den ersten drei Lebensjahren. Was können sie, was brauchen sie? Wiesbaden, www.bep.hessen.de

Informationen zum KiföG und Elterngeld: www.bmfsfj.de

Jugendministerkonferenz vom 12./13. Mai 2005 in München, TOP 10 Aufgabenprofile und Qualifikationsanforderungen in den Arbeitsfeldern der Kinder- und Jugendhilfe

Kallert, H. (2006): Frühe Kindheit und pädagogische Konzepte in BRD – DDR. In: Andresen, S./Diehm, I. (Hrsg.): Kinder, Kindheiten, Konstruktionen. Erziehungswissenschaftliche Perspektiven und sozialpädagogische Verortungen. Wiesbaden, S. 213–228

Laewen H. J./Andres, B. (1993): Zur Situation der Kinderkrippen in den neuen Bundesländern. Expertise für den 9. Jugendbericht der Bundesregierung im Auftrag des Deutschen Jugendinstituts München. München

Ministerrat der Deutschen Demokratischen Republik; Ministerium für Gesundheitswesen (Hrsg.) (1986): Programm für die Erziehungsarbeit in Kinderkrippen. 2. Aufl. Berlin

Nentwig-Gesemann, I. (2006): Zwischen pädagogischen Programmen und praktischem Erfahrungswissen: Eine qualitative Studie zu professionellem Handeln von Krippenerzieherinnen in den neuen Bundesländern. In: Bütow, B./Chassé, K. A./Maurer, S. (Hrsg.): Soziale Arbeit zwischen Aufbau und Abbau Transformationsprozesse im Osten Deutschlands und die Kinder- und Jugendhilfe. Wiesbaden, S. 176–192

Peuckert, R. (2002): Familienformen im sozialen Wandel. 4. Aufl. Opladen

Rauschenbach, Th./Schilling, M. (2009): Demographie und frühe Kindheit. Prognosen zum Platz- und Personalbedarf in der Kinderbetreuung. In: ZfP. 2009/1, S. 17–36

Rauschenbach Th./Schilling, M. (2010): Der U3-Ausbau und seine personellen Folgen. Empirische Analysen und Modellrechnungen. WIFF-Expertise, München

Reyer, J./Kleine, H. (1997): Die Kinderkrippe in Deutschland. Freiburg

Schmidt, A (1998): Mütterliche Rollenerwartungen und Nachwuchsbetreuung in Deutschland. In: Ahnert, L. (Hrsg.): Tagesbetreuung für Kinder unter drei Jahren. Bern, S. 58–68

Viernickel, S./Schwarz, St (2009): Schlüssel zu guter Bildung, Erziehung und Betreuung. Wissenschaftliche Parameter zur Bestimmung der pädagogischen Fachkraft-Kind-Relation. Expertise, Berlin

2 Lebensbedingungen von Kleinstkindern in Deutschland

Uta Meier-Gräwe

Deutschland gehört heute zu den Ländern, in denen weltweit die wenigsten Kinder geboren werden. Einer aktuellen FORSA-Umfrage im Auftrag der Zeitschrift „Eltern" zufolge gaben lediglich 39 Prozent der 25- bis 45-jährigen befragten kinderlosen Frauen und Männer an, überhaupt Kinder haben zu wollen. Weitere 27 Prozent sagen, dass sie sich „vielleicht" für ein Leben mit Kind entscheiden werden. Nachweisbar ist auch, dass es vor allem die sehr gut ausgebildeten Frauen und Männer sind, die immer häufiger auf ein Kind oder auf die Gründung einer Mehrkindfamilie verzichten. Sie schätzen die Rahmenbedingungen zur Vereinbarkeit einer anspruchsvollen Berufstätigkeit mit der Sorgearbeit für Kinder als unzulänglich ein.

Demgegenüber befinden sich Erwachsene, die sich für Kinder entschieden haben, in sehr unterschiedlichen Lebenslagen. Diese wirken sich maßgeblich auf die Sozialisations- und Bildungsverläufe ihrer Kinder aus: Die einen werden mit dem Anspruch einer partnerschaftlichen Arbeitsteilung Eltern, tendieren zur „Professionalisierung" von Elternschaft, indem sie ausgiebig die entsprechende Ratgeberliteratur studieren, und ringen um verlässliche Alltagsarrangements zwischen Familie und einer qualifizierten Berufstätigkeit für beide Partner. Andere schlittern in traditionelle Geschlechterrollen hinein oder lassen sich bewusst darauf ein. Der Übergang zur Elternschaft in bildungsfernen Milieus bedeutet wiederum häufig, dass sich Armutserfahrungen verfestigen. Dies erschwert nachweislich ein gelingendes Aufwachsen von Kindern — zumal nach Trennung oder Scheidung.

Ein Bedarf an Unterstützung und Begleitung der Familien besteht quer durch alle Bildungsgruppen und Lebensformen — allerdings in unterschiedlicher Weise. Familienunterstützende Dienste wie die U3-Betreuung sind gefordert, die vielfältigen Bedarfslagen von Eltern und ihren Kindern in einer kinderentwöhnten Gesellschaft sensibel zu identifizieren. Darüber hinaus ist es ihre Aufgabe, tragfähige und passgenaue Angebote für eine gelingende Elternschaft zu entwickeln, die an den vorhandenen Ressourcen von Müttern und Vätern ansetzen und Fachressortdenken zwischen verschiedenen Professionen im familialen Umfeld konzeptionell wie faktisch überwinden (Meier-Gräwe 2006). Zu den familienunterstützenden Diensten gehören u. a.:

- Gesundheitsdienste
- Allgemeiner Sozialer Dienst (ASD)
- Jugendämter
- Amt für Integration
- Träger von Kindertageseinrichtungen
- Erziehungsberatungsstellen
- Partner aus den Lokalen Bündnissen für Familien
- Örtliche Agenturen für Arbeit (ARGE)
- Wohnungsbaugesellschaften
- Ehrenamts- und Freiwilligenagenturen.

2.1 Armut von Kindern und Familien

In der Studie „Soziale Gerechtigkeit in Deutschland. 2011" der Bertelsmann Stiftung wird festgestellt, dass Deutschland im OECD-Vergleich über einen Rang im Mittelfeld nicht hinauskommt. Als besorgniserregend wird vor allem das Phänomen der zunehmenden Kinderarmut eingeschätzt. Während sie in Dänemark lediglich 2,7 Prozent ausmacht, liegt die Kinderarmutsquote in Deutschland bei 16,3 Prozent.

Das Phänomen der zunehmenden Kinderarmut steht in Zusammenhang mit der schleichenden Zunahme von Einkommensungleichheit in Deutschland: In kaum einem anderen OECD-Mitgliedsland hat die Polarisierung in den Einkommen in den vergangenen zehn Jahren so stark zugenommen wie hierzulande (vgl. Bertelsmann-Stiftung 2011: 6).

Die Betroffenheit von Kindern durch temporäre bzw. verfestigte Einkommensarmut ist überwiegend eine Folge der Armutssituation ihrer Eltern: Nicht vorhandene Möglichkeiten zum Einkommenserwerb, fehlende oder niedrige Bildungsabschlüsse oder gesundheitliche Beeinträchtigungen führen zu einem knappen Haushaltsbudget.

Armutsrisiko Einelternfamilie

Eine wesentliche Ursache für das hohe Armutsrisiko von alleinerziehenden Müttern und ihren Kindern liegt darin, dass sie überproportional von Erwerbslosigkeit betroffen sind, bzw. wird durch zu niedrige oder nicht realisierbare Unterhaltsansprüche verursacht. Aber auch die vergleichsweise niedrigen Einkommen in den sogenannten frauentypischen Berufen erschweren in Einelternfamilien eine eigenständige Existenzsicherung durch Erwerbsarbeit. Hinzu kommt, dass flexible und ganztägige Betreuungsangebote für Kinder als eine wichtige Voraussetzung, um überhaupt einer Arbeit nachgehen zu können, nach wie vor fehlen.

Wie dringlich der Handlungsbedarf in dieser Hinsicht ist, belegt etwa der folgende Befund: Von den 42,3 Prozent alleinerziehenden Aufstockerinnen, die mit mindestens einem Kind unter 15 Jahren in einem Haushalt zusammenlebten und die in den letzten vier Wochen nach Arbeit gesucht hatten, wurden lediglich 2,6 Prozent (!) eine Betreuungsmöglichkeit für ihr Kind durch die Agenturen für Arbeit (ARGE) vermittelt (vgl. Dietz u. a. 2009: 6). Das verweist auf die unzureichende Kooperation lokaler Dienste im Wohnumfeld der Betroffenen (Arbeitsagentur, Jugend- und Sozialamt, Träger von Kindertageseinrichtungen, Gesundheitsdiensten und Familienbildungsstätten), ist aber auch auf die immer noch große Versorgungslücke bei der Betreuung von ein- bis dreijährigen Kindern bis hin zu fehlenden Ganztagesplätzen für Schulkinder zurückzuführen.

An interessanten und wertvollen Einzelmaßnahmen, um alleinerziehenden Müttern einen nachholenden Schul- bzw. Ausbildungsabschluss oder den Berufs(-wieder-)einstieg zu ermöglichen, mangelt es bundesweit nicht. Allerdings zeigt sich in den meisten Fällen, dass sie in kein Gesamtkonzept eingebunden sind, und oft nicht bedacht wird, wie es nach Abschluss eines Projekts weitergehen soll.

Beispiel: *In der Hessischen Landeshauptstadt Wiesbaden wurde ein vierwöchiger Trainingskurs „Kinder, Küche, keine Kohle" zur Berufsorientierung für junge bildungsungewohnte Mütter im SGB II-Bezug angeboten. Positiv ist hervorzuheben, dass diese Maßnahme nicht nur der beruflichen Orientierung der Mütter diente, sondern dass auch ein qualifiziertes, parallel laufendes Angebot der Kleinkindbetreuung bereitgestellt wurde. Die Mütter hatten im Verlauf der Maßnahme – entgegen ihrer anfänglichen Überzeugung, dass die Kinder nicht von ihrer Seite weichen würden – festgestellt, dass diese sehr wohl „loslassen können" und ausdrücklich nach allseitiger Anregung und dem Spiel mit anderen Kindern suchen. Schon nach wenigen Tagen stürmten die Kleinen morgens in den Trakt, wo die Kinderbetreuung angeboten wurde, oft sogar, ohne sich vorher von den Müttern zu verabschieden. Auch noch Monate nach Ablauf der Maßnahme „stürzten" sich die Kinder auf die Erzieherinnen aus dem Kurs, wenn sie ihnen zufällig in der Stadt begegneten. Nach Ablauf der Maßnahme konnte den Müttern allerdings keine verlässliche Perspektive eröffnet werden, um die gewonnenen Erfahrungen bezüglich der Entwicklungschancen ihrer Kinder umzusetzen. Es wäre notwendig sicherzustellen, dass diesen jungen Müttern und ihren Kindern unmittelbar nach Ablauf der Kurse wohnortnah Zugänge zu Elterntreffs eröffnet bzw. Krippenplätze nach Ablauf der Elternzeit angeboten werden.*

Aufgabe: Welche Personen und Institutionen müssten Ihrer Meinung nach eine Kooperation und Leistungsvereinbarung eingehen, damit Kinder junger bildungsungewohnter Mütter in ihrem Wohnumfeld einen Zugang zu familienergänzender Kleinkindbetreuung erhalten?

2.2 Folgen von Armutslagen für die Entwicklung von Kleinkindern

Armut bei Kindern hat spezifische Ausformungen, da sie sich – anders als Erwachse-ne – noch in ihrer körperlichen, geistigen und sozialen Entwicklung befinden (vgl. Chasse u. a. 2003).

> Kinderarmut basiert zwar auf der Einkommensarmut ihrer Herkunftsfamilie, erzeugt aber eine eigenständige Lebenslage für Kinder, die ihre Handlungs- und Entfaltungsmöglichkeiten im Lebensalltag von Anfang an einschränkt und Teil-habechancen in verschiedenster Hinsicht beschneidet.

Arme Kinder sind oftmals materiell, gesundheitlich, kulturell und sozial unterver-sorgt, was ihre persönliche Kompetenz- und Ressourcenentwicklung behindert und im weiteren Lebensverlauf zu vergleichsweise problematischen Bildungs-, Berufs- und Lebenschancen führt, oft in Gestalt von kumulativer, sich verstetigender Armut. Davon zeugt nicht zuletzt der deutliche Anstieg der Zahl der Inobhutnahmen von Kin-dern durch die Jugendämter in Deutschland: Im Vergleich zu 2005 ergab sich bis En-de des Jahres 2008 eine Steigerung um 26 Prozent. Der Anlass war dabei in fast der Hälfte der Fälle eine Überforderung der Eltern. In weiteren 24 Prozent waren Ver-nachlässigung beziehungsweise Anzeichen für Misshandlung oder für sexuellen Missbrauch festgestellt worden (vgl. Statistisches Bundesamt 2009).

Lebenslagendimensionen

Armut bleibt nicht auf die monetäre Ressourcenlage beschränkt. Es gibt nachweislich einen Zusammenhang zwischen geringen Einkommen und dem erhöhten Risiko von relativer Benachteiligung auch in anderen Lebenslagendimensionen wie Bildung, Ge-sundheit, Wohnen oder gesellschaftlicher Teilhabe (vgl. exempl. Magistrat der Stadt Gießen 2009; Landeshauptstadt Hannover 2009). Dieser Zusammenhang wurde auch in der AWO-ISS-Studie „Gute Kindheit – Schlechte Kindheit" eindeutig belegt (vgl. Holz u. a. 2005). Kinder waren in den vier untersuchten Lebenslagendimensionen umso häufiger von Unterversorgung betroffen, je geringer das Haushaltseinkommen der Eltern war. Man unterscheidet drei Lebenslagentypen:

- **Wohlergehen** – wenn zentrale (Lebenslage-)Dimensionen aktuell keine „Auffäl-ligkeiten" aufweisen, das Kindeswohl also gewährleistet ist
- **Benachteiligung** – wenn in einigen wenigen Bereichen aktuell „Auffälligkeiten" festzustellen sind. Das betroffene Kind kann in Bezug auf seine weitere Entwick-lung als eingeschränkt beziehungsweise benachteiligt betrachtet werden.
- **Multiple Deprivation** – wenn in zentralen Lebens- und Entwicklungsbereichen Beeinträchtigungen vorliegen. Das Kind entbehrt in mehreren wichtigen Berei-

chen die notwendigen Ressourcen, die eine positive Entwicklung wahrscheinlich machen (ebd.: 7).

Der Vergleich mit den Entwicklungschancen nicht armer Kinder verdeutlicht, dass Beeinträchtigungen und Auffälligkeiten von Kindern frühzeitig und dauerhaft vermeidbar sind. Das setzt allerdings eine Politik und Praxis aller gesellschaftlichen Akteure voraus, die passgenauen Präventionsstrategien – beginnend mit der Schwangerschaft und der gezielten Frühförderung der Kinder ab ihrer Geburt – uneingeschränkte Priorität einräumt. Vornehmlich sind es Betreuungs-, Bildungs- und Hilfesysteme, die mit ihren Konzepten und Hilfsangeboten auf den Tatbestand reagieren müssen, dass in der bundesdeutschen Gesellschaft eine stetig wachsende Zahl von Kindern heranwächst, deren Eltern selbst zeitlebens keinen beruflichen Abschluss erlangen mit allen Konsequenzen, die daraus für die Lebens- und Bildungschancen dieser Kinder erwachsen. Vielfältige Projekte und Modellversuche, wie sie vor Ort erprobt werden, um diesen Entwicklungen wirkungsvoll und frühzeitig zu begegnen, müssen systematisiert und in die Regelpraxis übertragen werden, was durch adäquate politische Rahmenbedingungen auf allen föderativen Ebenen zu flankieren ist. Aber auch Eltern und Kinder aus anderen Bildungsmilieus haben einen steigenden Bedarf an Beratung und begleitender Unterstützung in ihrem Alltag.

2.3 Investitionen in Frühförderung und frühkindliche Bildung rechnen sich

Aktuelle Befunde aus der neurobiologischen und entwicklungspsychologischen Forschung haben nachweisen können, dass Säuglinge schon im ersten Lebensjahr zur extrem raschen Nutzung von Information aus der Umwelt fähig sind. Ihre Gehirnstrukturen werden bereits in den ersten Lebensmonaten durch erfahrungsabhängige Lernprozesse angereichert und differenziert (→ Kap. 3). In dieser Zeit gibt es kritische und/oder sensible Phasen in dem Sinne, dass Versäumnisse in der Entwicklung von Fähigkeiten später nicht oder kaum mehr kompensiert werden können (Pfeiffer/ Reuß 2008: 4).

Diese Lebensphase liegt maßgeblich in den Händen von Müttern, Vätern und anderen Betreuungspersonen. In dieser Zeit wird die konkrete Ausformung der Gehirnstrukturen, deren Rahmenwerk von der genetischen Ausstattung vorgegeben ist, durch positive und negative Erlebnisse wesentlich beeinflusst. Allerdings können Entwicklungs- und Bildungsangebote von Säuglingen und Kleinkindern nur dann gut angenommen werden, wenn sie in intakte und unterstützende Beziehungsstrukturen eingebettet sind. Von besonderer Bedeutung sind dabei zunächst die Bindungsbeziehungen, die ein Kind in seiner Herkunftsfamilie erfährt (→ Kap. 4). Es handelt sich dabei um starke affektive und innige Beziehungen, wie sie ein Kind üblicherweise zu seinen Eltern entwickelt.

Tatsächlich beginnen Entwicklungs- und Verhaltensprobleme bei Kindern häufig zunächst mit Problemen in der frühen Eltern-Kind-Interaktion und sind in diesem Frühstadium oft noch diskret und nicht klinisch auffällig. Hier liegen Chancen früher Förderung. Die Forschung belegt, dass die Stärkung elterlicher Erziehungskompetenzen ein kostengünstiges und wirkungsvolles Angebot zur Prävention von Kindeswohlgefährdung bzw. Vernachlässigung ist.

Doch frühe Bildung und frühe Bindung, d. h. Erziehungskompetenz und Beziehungskompetenz, sind gerade im frühen Lebensalter nicht zu trennen. Bindung ist die Voraussetzung für Neugier und Explorationsverhalten (vgl. Ziegenhain 2007). Demzufolge ist es für eine positive Entwicklung eines Kindes von großer Bedeutung, seine Eltern und andere unmittelbare Bezugspersonen von Anfang an in einen Förderungs- und Behandlungsprozess einzubinden, aber auch deren Erziehungskompetenzen und Beziehungsfähigkeiten zu stärken und einer Überforderung mit der neuen Lebenssituation vorzubeugen; die Entwicklung eines Kindes ist in diesem Sinne unteilbar (vgl. Pauen 2004).

Mit anderen Worten: nachhaltige Erziehungs- und Bildungspartnerschaften zwischen professionellen Akteuren und den Eltern „rund um die Geburt" sind ein Gebot der Vernunft und müssen durch passgenaue Angebote der Familienbildung (→ Kap. 21) sowie durch den frühen Zugang zu qualitativ gut ausgestatteten Kinderkrippen ergänzt werden. Auf eine volkswirtschaftliche Fehlinvestition läuft es demgegenüber hinaus, wenn finanziell benachteiligten Eltern ein monatliches Betreuungsgeld von 150 Euro gezahlt wird, wenn sie ihr Kind ausschließlich zu Hause betreuen.

Kinder, denen ein ihnen zugewandter, „kompetenter Anderer" (Holodynski 2006) jeweils zur richtigen Zeit zur Verfügung steht, erwerben bereits in der frühen Kindheit vielfältige Strategien, um Bildungsangebote im weiteren Lebensverlauf selbstständig nutzen zu können.

Inzwischen deuten viele Untersuchungen darauf hin, dass nichtkognitive Fähigkeiten für die Persönlichkeitsentwicklung eines Kindes zumindest genauso wichtig sind wie kognitive Kompetenzen: So zeigt eine neuere US-amerikanische Studie, dass die aus guten selbstregulatorischen Fähigkeiten abgeleitete Selbstdisziplin eines Individuums für den akademischen Erfolg offenkundig sogar eine größere Rolle spielt als dessen Intelligenz (vgl. Duckworth/Seligman 2005). Der Nobelpreisträger für Ökonomie, James Heckman, hat bei der Erforschung der frühen Förderung von Kindern aus wirtschaftlicher Sicht die Bedeutung nicht kognitiver Fähigkeiten und der physischen wie psychischen Gesundheit betont. Es stellte die Kosten für frühkindliche Bildungsprogramme den Folgekosten im Sozial-, Gesundheits- und Justizhaushalt gegenüber, die einer Gesellschaft im weiteren Lebensverlauf benachteiligter Kinder entstehen, wenn solche Investitionen in Frühförderung und Bildung nicht vorgenommen werden.

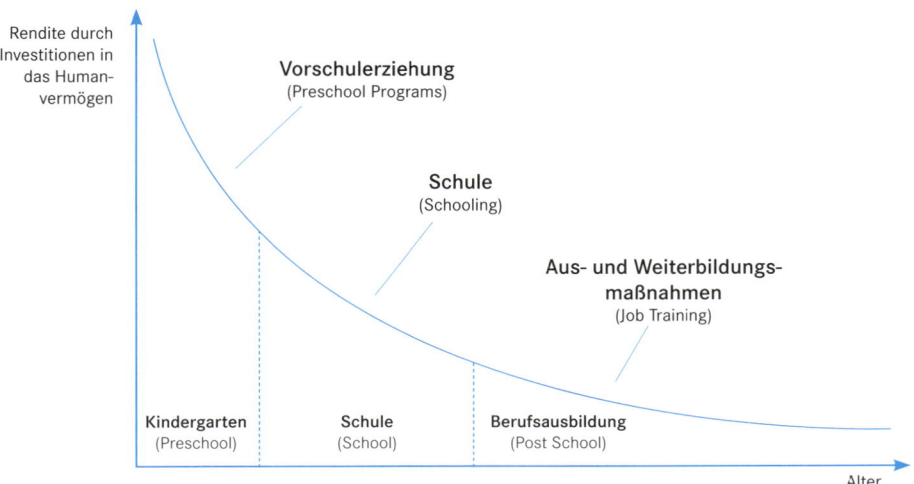

Abb. 2.1: Rendite durch Investitionen in das Humanvermögen (vgl. Cunha / Heckman 2007)

Die Bilanz ist beeindruckend: die größte Rendite ist bei kind- und familienunterstützenden Programmen zu erwarten, die dem Schulbesuch zeitlich bereits deutlich vorgelagert sind. Außerdem sind solche Erträge bei Kindern aus benachteiligten sozialen Herkunftsmilieus deutlich höher als bei Kindern, die über einen bildungsstarken Familienbackground verfügen (vgl. Heckman/Masterow 2007).

Aufgabe: Überlegen Sie, warum die Erträge von Investitionen in frühkindliche Förderung und Betreuung bei bildungsbenachteiligten Kindern deutlich höher liegen als bei Kindern aus gut situierten Herkunftsfamilien.

2.4 Sozialräumliche Perspektiven der kindbezogenen Armutsprävention

Die Folgen von Einkommensungleichheit und einer größeren Kluft zwischen Arm und Reich zeigen sich letztlich konkret auf der Ebene der Städte, Gemeinden und Landkreise in Gestalt der Trennung von privilegierten bzw. benachteiligten Stadtteilen. Renommierte Wissenschaftler warnen inzwischen in klaren Worten: „Die soziale und sozialräumliche Polarisierung von Lebenslagen und Lebenschancen der nachwachsenden Generation im Ruhrgebiet wird, wenn nichts geschieht, tiefgreifende und immer schwerer reparable Konsequenzen haben. Die soziale Ungleichheit wird zunehmen und sie wird verfestigt werden" (Schulz/Strohmeier/Weischer 2006: 63).

Diese sozialräumlichen Entwicklungen stellen die verschiedenen zuständigen Ämter und lokalen Akteure in den Gemeinden und Kreisen vor die Aufgabe, nach gangbaren Wegen und zukunftsfähigen Strategien zu suchen, um soziale Verwerfungen zu vermeiden und die Attraktivität ihres Standorts durch eine Integration aller ortsansässigen Bevölkerungsgruppen zu erhalten. Das Bewusstsein über die Notwendigkeit einer solchen integrativen Strategie ist vor dem Hintergrund des demografischen Wandels zweifellos größer geworden und umfasst nicht nur die lokale Arbeitsmarkt- und Wohnraumpolitik, sondern auch die Handlungsfelder der Familien-, Sozial- und Bildungspolitik.

> Eine effektive Politik der Armutsprävention muss darauf gerichtet sein, gerade Kindern, die in Unterversorgungslagen aufwachsen, von Anfang an den Zugang zu kulturellen Ressourcen zu eröffnen – und zwar in ihrem unmittelbaren Lebensumfeld. Hier kommt den Kinderkrippen eine wichtige kompensatorische und unterstützende Aufgabe zu.

Nur durch eine gute Betreuung und Bildung, die bereits in der frühkindlichen Lebensphase einsetzt, haben diese Kinder überhaupt eine Chance, sich allseitig zu entwickeln. Es gilt, die jüngsten Erkenntnisse der Hirnforschung aufzugreifen. Sie betont, dass es für den Erwerb verschiedener lautsprachlicher sowie grob- und feinmotorischer, mathematischer und musikalischer Fähigkeiten bestimmte Zeitfenster gibt, die bei allen Kindern von Anfang an Beachtung finden müssten: Je mehr kontextgebundene Anregung und individuelle Förderung ein Kind in seinen ersten Lebensjahren erhält, umso besser verläuft die Entwicklung seiner linken und rechten Gehirnhälfte und der Synapsen zwischen ihnen. Kinder profitieren am meisten, wenn sie

- „selbstwirksam", „selbstbildend" lernen (→ Kap. 9)
- aktiv beteiligt werden (→ Kap. 5, 10)
- von Bezugspersonen begleitet werden, die sie bei den vielfältigen Lernprozessen ermutigen, fördern und fordern (→ Kap. 4, 10).

Diese Kinder sind die künftigen Erwachsenen, die in den Gemeinden und Kreisen entweder als kompetente Bürger ihr Leben gestalten oder aber aufgrund von Bildungsarmut und anderen Unterversorgungslagen lebenslang auf staatliche Hilfen und das Gesundheitssystem angewiesen bleiben.

Gelingt es, familien- und kindbezogene Angebote in benachteiligten Sozialräumen der Gemeinden und Kreisen so zu gestalten, dass sie für die benachteiligten Kinder gesundheits- und resilienzförderlich sind, haben diese durchaus gute Chancen, ihre Potenziale zu entfalten sowie Entwicklungsangebote anzunehmen und verarbeiten zu können. Bei aller Bedeutung, die dabei der persönlichen Disposition von Kindern und ihren Eltern zukommt, greift eine lediglich auf das Kind und/oder die Eltern zentrierte Perspektive zu kurz. Es sind ebenso die im Sozialraum angesiedelten Institutionen, die als strukturgebende und resilienzfördernde oder -behindernde Instanzen wirken, aber auch Erzieherinnen oder Lehrer, die als emotional stützende Bezugspersonen eine wichtige resilienzstärkende Rolle einnehmen können oder aber dabei versagen. „Es stellt sich somit nicht nur die Frage, wie man das jeweilige Kind, sondern vor allem auch wie man sein Umfeld fit machen kann" (Lanfranchi 2006: 128).

Wenn familienunterstützende bzw. -ergänzende Einrichtungen wie Kinderkrippen, Familienbildungsstätten oder Familienzentren und ihr Personal Kindern und ihren Eltern in belastenden Lebenssituationen so etwas wie eine „strukturelle zweite Heimat" bieten, erweisen sie sich als wichtiger Schutzfaktor. Dagegen sind diese Einrichtungen für arme Kinder und Familien ein Risiko, wenn fachliche Qualitätsstandards nicht eingehalten werden und eine entsprechende Prioritätensetzung bei Investitionen fehlt. Dann tragen diese Institutionen im ungünstigsten Fall selbst zur Erzeugung von sozialen Problemlagen und ihrer sozialräumlichen Verdichtung bei.

Fazit: „Betreuung und Bildung von Anfang an" gehört inzwischen zu den wichtigen Grundsätzen einer sich erneuernden Bildungs-, Sozial- und Familienpolitik. Es wächst die Einsicht, dass es für die allseitige Persönlichkeitsentwicklung von Kindern bereits in den ersten Lebensmonaten und -jahren außerordentlich bedeutsam ist, spezifische „Zeitfenster" zur Entwicklung von motorischen, sprachlichen oder kognitiven Kompetenzen zu nutzen und diese Entwicklungsprozesse von Kindern professionell zu begleiten und gemäß ihrer jeweiligen Lebenslage differenziert zu unterstützen. Eltern bleiben in jedem Fall die primären Bezugspersonen im Herkunftszusammenhang, sodass Elternarbeit und Familienbildung auch in der Krippenpädagogik einen erheblichen Bedeutungszuwachs erfahren (→ Kap. 21). Darüber hinaus besteht das Erfordernis, auch andere Kooperationspartner der im Sozialraum vorhandenen sozialen Dienste in das familienergänzende Unterstützungs- und Präventionsnetzwerk einzubinden.

Grundübung: Nennen Sie zwei Ursachen für die wachsende Armut von alleinerziehenden Müttern. Warum gewinnt die Vernetzung von familienunterstützenden Diensten für berufstätige Eltern mit Kleinkindern an Bedeutung?

Vertiefung: Warum ist es legitim, den Ausbau von Frühfördermaßnahmen und qualitativ hochwertiger Krippenangebote ökonomisch zu begründen? Wie müssen Sozialräume beschaffen sein, damit sie als Schutzfaktor für das Aufwachsen von Kindern wirken können?

Literatur

Bertelsmann-Stiftung (2011): Soziale Gerechtigkeit in der OECD – Wo steht Deutschland? Gütersloh

Chasse, K. A./Zander, M./Rasch, K. (2003): Meine Familie ist arm. Wie Kinder im Grundschulalter Armut erleben und bewältigen. Opladen

Cunha, F./Heckmann, J. (2007): The Technology of Skill Formation. In: American Economic Review, Heft 2, S. 31–47

Dietz, M./Müller, G./Trappmann, M. (2009): Bedarfsgemeinschaften im SGB II. Warum Aufstocker trotz Arbeit bedürftig bleiben. In: IAB-Kurzbericht, 2/2009, S. 1–10

Duckworth, A. L./Seligman, M. E. P. (2005): Self-Discipline outdoes IQ in Predicting Academic Performance, Psychological Science 16/12, 939–944

Heckman, J. J./Masterov, D. (2007): The Productivity Argument for Investing in Young Children. Review of Agricultural Economics 29/3, 446–493

Holodynski, M. (2006): Die Entwicklung von Leistungsmotivation im Vorschulalter. Soziale Bewertungen und ihre Auswirkung auf Stolz, Scham und Ausdauerreaktion. Zeitschrift für Entwicklungspsychologie und Pädagogische Psychologie, 38/1, 2–17.

Holz, G. u. a. (2005): Zukunftschancen für Kinder. Wirkung von Armut bis zum Ende der Grundschulzeit. Endbericht der 3. AWO-ISS-Studie, Bonn/Berlin/Frankfurt

Landeshauptstadt Hannover (2009): Bildung. Betreuung. Erziehung. Kommunale Bildungsplanung in der Landeshauptstadt Hannover. Hannover

Lanfranchi, A. (2006): Resilienzförderung von Kindern bei Migration und Flucht. In: Welter-Enderlin R./Hildenbrand B. (Hrsg.): Resilienz – Gedeihen trotz widriger Umstände. Heidelberg

Magistrat der Stadt Gießen (Hrsg.) (2009): Sozialstrukturatlas der Universität Gießen. Gießen

Meier-Gräwe, U. (2006): Was brauchen Eltern in benachteiligten Lebenslagen? In: KiTa spezial, Sonderausgabe Nr. 4/2006, S. 14–18

Pauen, S. (2004): Zeitfenster der Gehirn- und Verhaltensentwicklung. Modethema oder Klassiker? In: Zeitschrift für Pädagogik, 4, S. 521–530

Pfeiffer, F./Reuß, K. (2008): Ungleichheit und die differentiellen Erträge frühkindlicher Bildungsinvestitionen im Lebenszyklus. ZWE Discussion Paper No. 08–001

Schultz, A./Strohmeier, K.-P./Weischer, C. (2006): Familienentwicklung im industriellen Ballungsraum. Lebensformen, Lebenslagen und die Zukunft der Familien. In: Bertram, H./Krüger, H./Spieß, C. K.: Wem gehört die Familie der Zukunft? Expertisen zum 7. Familienbericht

Statistisches Bundesamt (2009): Pressemitteilung Nr. 234 vom 25.06.2009 „14 % mehr Inobhutnahmen durch Jugendämter im Jahr 2008". Wiesbaden. http://www.destatis.de/jetspeed/portal/cms/Sites/destatis/Internet/DE/Presse/pm/2009/06/PD09__234__225,templateId=renderPrint.psml (Zugriff: 28.02.2011)

Ziegenhain, U. (2007): Stärkung elterlicher Beziehungs- und Erziehungskompetenzen – Chance für präventive Hilfen im Kinderschutz. In: Fegert J./Ziegenhain, U. (Hrsg.): Kindeswohlgefährdung und Vernachlässigung. München, S. 119–127

3 Der kompetente Säugling – entwicklungspsychologisches Basiswissen

Monika Wertfein

Das nachfolgende Kapitel gibt einen Überblick über entwicklungspsychologische Grundbegriffe und regt einen reflektierten Blick auf die prozesshafte und individuelle Entwicklung kindlicher Kompetenzen an. Vor diesem Hintergrund werden grundlegende Entwicklungsaufgaben in den ersten drei Lebensjahren skizziert. Es wird aufgezeigt, mit welchen Kompetenzen sich junge Kinder auf den Weg ihrer weiteren Entwicklung machen. Im Ausblick werden Prinzipien kindlicher Entwicklung vorgestellt und pädagogische Perspektiven für die Krippenpädagogik aufgezeigt.

3.1 Entwicklungsaufgaben in den ersten drei Lebensjahren

Kinder entdecken täglich ihre Umwelt und Mitmenschen neu. Die ersten drei Lebensjahre sind mit zentralen Entwicklungsaufgaben verbunden. Diese helfen uns zu verstehen und im Auge zu behalten, welche Entwicklungsschritte Kinder in diesen intensiven Jahren zu bewältigen haben.

> Entwicklungsaufgaben bezeichnen die normativen Herausforderungen, die von jedem Menschen in einem bestimmten Entwicklungsabschnitt zu bewältigen sind. Wesentliche Voraussetzungen für Entwicklungsaufgaben sind biologische Veränderungen in einem bestimmten Entwicklungsalter, gesellschaftliche Aufgaben und Anforderungen sowie individuelle Werte und Ziele des sich entwickelnden Individuums.

Kinder stehen in den ersten drei Lebensjahren vor folgenden zentralen Entwicklungsaufgaben (in Anlehnung an Oerter/Montada, 1995: 123 f.):

- Aufbau einer effektiven Bindung zu unmittelbaren Bezugspersonen
- Erfolgreiche Exploration und Erwerb von sensumotorischer Kompetenz durch Sinneserfahrungen, eigene Bewegung und eigenes Handeln
- Entwicklung eines frühen Ich-Konzepts, d. h. die Fähigkeit zwischen sich selbst und anderen Personen zu unterscheiden

- Entwicklung und Regulation motorischer Funktionen, d. h. Selbstkontrolle durch das zunehmend realistische Einschätzen der eigenen Fähigkeiten
- Entwicklung der Sprache
- Herausbildung von Fantasie und Spiel.

Die Tabellen 3.1 bis 3.3 skizzieren, welche Herausforderungen diese Entwicklungsaufgaben für Kinder im ersten, zweiten und dritten Lebensjahr mit sich bringen und wie diese durch die unmittelbaren Bezugspersonen begleitet werden können.

Ein Kind im ersten Lebensjahr ist herausgefordert:	Bezugspersonen sind aufgefordert:
Sich körperlich weiterzuentwickeln und rasch an Größe und Gewicht zuzunehmen	Für die körperliche Unversehrtheit Sorge zu tragen und Säuglinge vor schädlichen Umwelteinflüssen zu schützen
Sich körperlich aufzurichten, sich selbst in eine andere Körperlage zu bringen, um zu sitzen, zu krabbeln oder zu stehen	Eine sichere, anregungsreiche und angemessene Lernumgebung zu schaffen und zu beobachten, wie der Säugling seinen Erfahrungsraum erweitert
Seine Fernsinne (Sehen, Hören) zu schärfen und zu verfeinern, um Gesichter besser zu erkennen und zu unterscheiden und um sensibler zu werden für die Sprachlaute der eigenen Sprache	Vielfältige visuelle und akustische Anregungen mit deutlicher Mimik und Gestik sowie hoher Stimmlage zu geben
Sich nicht-sprachlich mitzuteilen durch Gesten und mimischen Ausdruck	Die Mitteilungen des Säuglings zu erkennen, korrekt zu deuten und feinfühlig zu beantworten
Seine wichtigsten Bezugspersonen kennen zu lernen, sich zu binden und durch Nachahmung von ihnen zu lernen	Sich als emotionale Basis und als wichtiges Vorbild des Säuglings wahrzunehmen und mit ihm in lebendigen Dialog zu treten
Sich selbstwirksam zu erleben, indem es Verhaltensweisen wiederholt, die etwas bewirken, z. B. Töne erzeugen oder Mobile in Bewegung bringen	Die Freude an der Selbstwirksamkeit des Säuglings zu teilen und diesen Entwicklungsschritt zu erkennen und wertzuschätzen

Tab. 3.1: Entwicklungsaufgaben im ersten Lebensjahr

Ein Kind im zweiten Lebensjahr ist herausgefordert:	Bezugspersonen sind aufgefordert:
Seine grob- und feinmotorischen Fertigkeiten weiterzuentwickeln, um seine Umwelt selbstständig zu erkunden beim Laufen, Springen, Klettern, Werfen und Fangen	Den Bewegungsraum des Kindes an seine Fertigkeiten und Fähigkeiten anzupassen und durch angemessene Beaufsichtigung für die Sicherheit des Kindes zu sorgen
Ordnungen und Strukturen in seiner Umwelt zu entdecken, indem es Gegenstände nach Kategorien unterscheidet	Viele Lerngelegenheiten zu ermöglichen oder zu schaffen, um Gegenstände auseinander- und zusammenzubauen, zu vergleichen und zu ordnen
Sich an wechselseitigen Entdeckungen und Spielen mit anderen zu beteiligen	Sich als Spielpartner zu erleben und Kontakte zu anderen gleichaltrigen oder älteren Spielpartnern anzubieten
Sich selbst als eigenständige Person zu erkennen und sich in die Befindlichkeit anderer einzufühlen	Die Gefühle des Kindes zu akzeptieren („du bist o. k., auch wenn du wütend bist"), zu benennen und so zu seinem Selbstkonzept und seiner emotionalen Entwicklung beizutragen
Person- und Objektpermanenz herauszubilden, um z. B. trotz Abwesenheit von Bezugspersonen auf deren Rückkehr zu vertrauen oder versteckte Gegenstände wieder zu finden	Behutsam mit Trennungen umzugehen und ggf. für vertraute Ersatzpersonen zu sorgen, um „Fremd-Betreuung" zu vermeiden
Sich sprachlich auszudrücken, indem es seine Wortschatz erweitert und einfache Sätze formuliert	Viele sprachliche Anregungen durch lebendige Dialoge und feinfühlige Interaktionen mit dem Kind und unter Kindern zu ermöglichen

Tab. 3.2: Entwicklungsaufgaben im zweiten Lebensjahr

Ein Kind im dritten Lebensjahr ist herausgefordert:	Bezugspersonen sind aufgefordert:
Sein Wissen und Verständnis über Ursachen, Konsequenzen und Ausdrucksformen von Basisemotionen (Freude, Ärger, Angst und Trauer) auszubauen	Wechselseitige Gespräche über Gefühle und Ursachen von Gefühlen beim Kind und anderen zu führen, damit das Kind sein Emotionswissen erweitern kann
Sich in seiner Fantasie in eigene Welten zu denken und seine Aufmerksamkeit gezielt zu lenken, z. B. Selbstregulation in unangenehmen Situationen durch gedankliche Ablenkung	Offen für die Welt des Kindes zu sein, sich auf die kindliche Perspektive einzulassen und in schwierigen Situationen Strategien zur Emotionsregulation anzubieten
Seine kommunikativen Fertigkeiten zu differenzieren und zu erweitern, um seine Sprache an sein Gegenüber anzupassen und auch komplexe Sachverhalte, z. B. aus der Vergangenheit, verständlich mitzuteilen	Viele Sprechanlässe zu schaffen, um die kognitive und sprachliche Entwicklung des Kindes anzuregen und als Dialogpartner zu unterstützen
Sich selbst als Junge oder Mädchen zu erleben und erste Freundschaften zu schließen	Zu beobachten, wie sich geschlechtsspezifische Verhaltensweisen entwickeln und festigen und eine geschlechtssensible Pädagogik anzustreben

Tab. 3.3: Entwicklungsaufgaben im dritten Lebensjahr

3.2   Kompetenzen von Kleinkindern erkennen und unterstützen

Kinder sind von Geburt an mit vielfältigen Kompetenzen ausgestattet und stellen von Anfang an individuelle Persönlichkeiten dar. Das wichtigste Ziel frühkindlicher Pädagogik ist es, die individuellen Kompetenzen jedes Kleinkindes zu erkennen und auf dieser Grundlage mit dem Kind in Dialog zu treten.

Kinder initiieren Sozialkontakte und teilen sich mit

Kinder sind von Geburt an auf Sozialkontakte ausgerichtet und sind interessiert an ihren Mitmenschen. Im ersten Lebensjahr lernen sie vor allem durch unmittelbares Erleben und die Reaktionen der Menschen um sie herum. Bereits bei Säuglingen ist eine angeborene Sensibilität für „bindungsstiftende" Sinneswahrnehmungen zu beobachten (vgl. Ahnert/Gappa 2008). So nehmen sie von Geburt an menschliche Gesichter mit großem Interesse wahr und bevorzugen dabei in der Regel das Gesicht ihrer Mutter. Säuglinge reagieren besonders sensibel auf die Stimme ihrer Mutter und nutzen ihren Geruchssinn, um die Brust der Mutter zielsicher aufzuspüren. Grundsätzlich verfügen Kinder von Geburt an über individuelle Kompetenzen und die Fähigkeit, ihre Bedürfnisse und ihre Befindlichkeit mitzuteilen. Kinder brauchen Erwachsene, die die Äußerungen der Kinder auf feinfühlige Weise wahrnehmen, richtig deuten und prompt sowie angemessen beantworten können.

> Durch Imitation und wechselseitige Nachahmungs-Dialoge mit den primären Bezugspersonen stehen Säuglinge von Anfang an im sozialen Austausch mit ihrer Umwelt und lernen die emotionalen Signale ihrer Bezugspersonen zu deuten.

Bereits Neugeborene verfügen über die Fähigkeit, Lautäußerungen und Gesten, wie das Herausstrecken der Zunge oder das Spitzen der Lippen, zu imitieren. Zur Regulation ihres Verhaltens nutzen Kinder bereits zwischen dem vierten und siebten Lebensmonat emotionale Hinweisreize, indem sie in unbekannten oder uneindeutigen Situationen den Kontakt zu ihren Bezugspersonen suchen. Je nach Reaktion (Gesichtsausdruck, Stimmlage) der Bezugsperson bekommen sie die Mitteilung, ob eine Situation Lächeln hervorruft, d. h. wünschenswert ist oder Erschrecken auslöst und Gefahr bedeutet. Dadurch lernen sie, ihr Verhalten auf die Reaktion ihrer Umwelt abzustimmen. Man spricht in diesem Zusammenhang von „sozialer Rückversicherung", wobei sich im ersten Lebensjahr schrittweise die Fähigkeit verbessert, den Emotionsausdruck der Bezugspersonen zu deuten und daraus handlungsrelevante Informationen zu gewinnen (vgl. Petermann/Wiedebusch 2003).

Kinder brauchen Erwachsene nicht dazu, dass diese ihnen Sprache beibringen, sondern dass diese ihnen eine möglichst umfassende und differenzierte Sprachentwicklung ermöglichen (vgl. Winner 2007). Sprachliches Lernen erfordert vor allem den wechselseitigen Austausch mit anderen. Dabei ist vor allem die Qualität der Gespräche entscheidend: Kinder lernen am effektivsten im Miteinander, im Dialog mit ihren Gesprächspartnern, die sich und ihre Sprache an die des Kindes anpassen. Als besonders unterstützend erweisen sich im ersten Lebensjahr

- die „Ammensprache", d. h. die Sprech- und Sprachweise z. B. in erhöhter Tonlage oder die Nutzung kindgemäßer Bezeichnungen (wau-wau für „Hund")
- der stützende Sprechstil („scaffolding"), der einen gemeinsamen Aufmerksamkeitsfokus von Bezugsperson und Kind voraussetzt und durch regelmäßige sprachlich begleitete Tätigkeiten (z. B. das Füttern) das Wortlernen unterstützt.

Die soziale Interaktion hat noch eine weitere Funktion für die Sprachentwicklung: Durch das Sprechen über Objekte wird dem Kind deren emotionale Bedeutung vermittelt, da eine enge Beziehung zwischen Gefühlen, Gedanken und Sprache besteht (vgl. Becker-Stoll u. a. 2010).

Kinder zeigen Mitgefühl und prosoziales Verhalten

Bereits ab dem ersten Lebensjahr zeigen Kinder prosoziale Verhaltensweisen wie (Mit-)Teilen, Mitgefühl und Helfen (vgl. Warneken 2010; Leu/v. Behr 2010). So zeigt sich in Experimenten, dass Zweijährige bereitgestellte Kekse spontan mit einem anderen Kind teilen, vor allem dann, wenn dieses Kind sie darum bittet. Zwischen dem 12. und 18. Lebensmonat kann beobachtet werden, dass Kinder einer anderen Person durch „informatives Zeigen" nonverbal mitteilen, wo sich ein bestimmter Gegenstand befindet, den diese Person sucht.

Prosoziales Verhalten setzt ebenso die Fähigkeit voraus, sich in die Gefühle anderer Menschen hineinzuversetzen (Empathie). Die Fähigkeit zum Mitgefühl zeigt sich darin, dass neben der Empathie die Motivation besteht, selbst dazu beizutragen, die unangenehme Gefühlslage des anderen zu verändern. Bereits in den ersten Lebensmonaten reagieren Kinder auf negative Gefühlsäußerungen anderer Personen. Zunächst lassen sie sich leicht vom Gefühl des anderen anstecken und beginnen z. B. selbst zu weinen, wenn sie das Weinen eines anderen Kindes hören.

Sobald Kinder zwischen sich selbst und der anderen Person unterscheiden können – dies ist etwa mit 18 Monaten der Fall – versuchen sie etwas zu tun, um der anderen Person aus der misslichen Lage zu helfen oder zu trösten. Ab dem 12. Lebensmonat interpretieren Kinder die Handlungen anderer Personen als zielgerichtet und unterscheiden zwischen absichtlichen und unabsichtlichen Ereignissen. Dieses kognitive Wissen können Kinder mit etwa 18 Monaten auf prosoziale Weise nutzen, indem sie einer Person helfen (z. B. etwas aufheben, eine Tür aufhalten), die offensichtlich Hilfe benötigt. Dabei können sie auch ohne Aufforderung erkennen, ob eine Person ein Problem hat, ihr Ziel zu erreichen oder nicht. Entscheidend für dieses Verhalten ist die Gefühlslage der anderen Person, nicht jedoch die Tatsache, ob den Kindern eine Belohnung in Aussicht gestellt wird. Auf diese Weise wird deutlich, dass Kinder bereits sehr früh und bevor sie soziale Normen erlernen von sich aus prosoziale Verhaltensweisen zeigen, sogar dann, wenn dies mit einem gewissen Aufwand für sie verbunden ist.

Wenn junge Kinder bereits soziale Kompetenzen mitbringen, was kann im Entwicklungsverlauf zum Einfühlungsvermögen und zu prosozialem Verhalten beitragen? Folgende Forschungsbefunde zeigen, worauf es ankommt: Durch „induktive Erziehung" können Eltern und pädagogische Fachkräfte dazu beitragen, dass Kinder die Folgen des eigenen Handelns für die Befindlichkeiten anderer erkennen und lernen, was sie z. B. zur Wiedergutmachung selbst beitragen können. Hierbei kommt es darauf an, dass man z. B. nach einer Regelverletzung beim natürlichen Mitgefühl des Kindes ansetzt und die Verantwortung des Kindes aufzeigt. Ungünstig und wenig entwicklungsfördernd sind dagegen negative Reaktionen wie Bestrafung, Verärgerung, das unbegründete Durchsetzen von Regeln sowie materielle Belohnungen, die nur kurzfristig wirken und der intrinsischen Motivation entgegenwirken.

Kinder sind neugierig und handeln selbstbestimmt

Neugierde und Entdeckerfreude sind angeborene und wichtige Voraussetzungen für lebenslanges Lernen. Sobald sich Kinder selbst fortbewegen können, erweitern sie zunehmend ihren Aktionsspielraum und machen sich als wissbegierige Forscher und Entdecker auf den Weg. Sie entwickeln den unbedingten Willen, die Welt mit so wenig Hilfe von außen wie möglich zu entdecken und sich so als selbstwirksame Akteure zu erfahren. Ab etwa 18 Monaten können sich Kinder nicht nur in die Gefühle und Interessen anderer hineinversetzen, sondern auch für ihre individuellen Anliegen und Vorstellungen eintreten. Auf diese Weise entwickeln sie eine weitere Stufe der Autonomie und neue Erfahrungsräume. Dabei stoßen Kinder immer wieder an die Grenzen ihrer eigenen Fähigkeiten, ihrer Umwelt und der Erwachsenen.

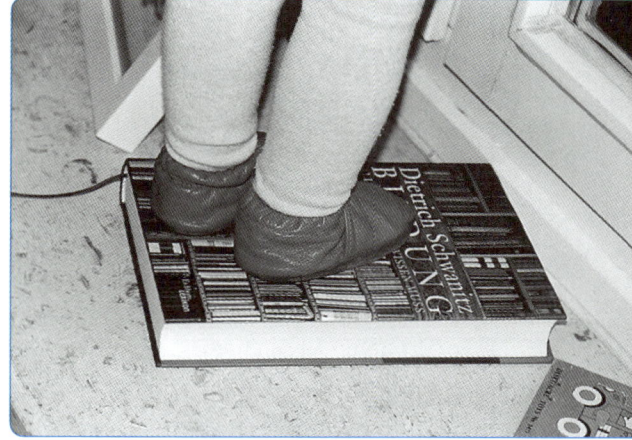

Abb. 3.1: Der Wunsch nach Selbstständigkeit macht erfinderisch

Die in dieser Zeit typische sogenannte „Trotzphase" ist eigentlich eine Autonomiephase, welche im Alter zwischen 18 und 30 Monaten in der Regel für die Dauer weniger Wochen auftritt und in welcher die Selbstbehauptung die wichtigste kindliche Motivation darstellt (vgl. Becker-Stoll u. a. 2010). Kinder haben das Bedürfnis, selbstständig zu sein („Selbst machen!") und sich aus der Abhängigkeit der elterlichen Rundumversorgung zu lösen („Alleine!").

Da sich Kinder in den ersten drei Lebensjahren noch besonders schwer tun, ihre Bedürfnisse aufzuschieben (geringe Frustrationstoleranz) und gleichzeitig immer wieder an ihre Fähigkeitsgrenzen stoßen, sind Wutanfälle oftmals die einzige Möglichkeit, ihren heftigen Gefühlen Ausdruck zu verleihen. Trotzreaktionen entstehen vor allem in Situationen, in welchen Erwachsene die kindlichen Handlungen unterbrechen und dadurch das kindliche Selbst kränken. Daher brauchen Kinder nicht nur während der Autonomiephase Spielräume für selbstständiges Handeln sowie klare Spielregeln und Grenzen. Entscheidend ist, dass das Kind sich als Person wertgeschätzt und angenommen fühlt. Gelingt dies auch in der konfliktreichen Zeit der „Trotzphase", können Kinder lernen, dass Konflikte und Auseinandersetzungen alltäglich und lösbar sind, dass auch negative Gefühle ausgedrückt werden dürfen und sie auch nach einer Auseinandersetzung noch geliebt werden und Unterstützung erfahren (vgl. Kasten 2005; Becker-Stoll u. a. 2010).

Kinder lernen von Anfang mit allen Sinnen

Die ersten Lebensjahre sind von einer hohen Sensibilität für Neues und außergewöhnlicher Lernfähigkeit gekennzeichnet. Im ersten Lebensjahr setzt sich die vor der Geburt begonnene neurologische Entwicklung rasant fort. Dies zeigt sich an der stetigen Zunahme des Gehirnvolumens und der Neuronenverbindungen, welche für die rasche Verarbeitung und Weiterleitung aller Informationen entscheidend sind. Da diese Verbindungen im weiteren Entwicklungsverlauf wieder abnehmen, wird angenommen, dass die Reifungs- und Lernprozesse in den ersten Lebensjahren das menschliche Gehirn und seinen neuronalen Bauplan wesentlich beeinflussen. Von Anfang an stellt diese „neuronale Plastizität" eine wichtige Grundlage für individuelle Lernprozesse dar. Dabei kommt es auf das Zusammenspiel von genetisch vorgegebenen Voraussetzungen (Prädispositionen) und von äußeren Einflüssen vor und nach der Geburt, z.B. die Anregung durch Umweltreize, an. Auf diese Weise werden durch entsprechende Erfahrungen synaptische Verbindungen im Gehirn gestärkt und ausgebaut; andererseits nicht oder wenig genutzte Verbindungen geschwächt bzw. abgebaut. Dies „ist ein adaptiver und biologisch notwendiger Prozess, der nicht mit einem qualitativen Verlust geistiger Fähigkeiten einhergeht." (Becker-Stoll u. a. 2010: 29).

In der frühen Kindheit spielen vor allem authentische Erfahrungen mit allen Sinnen eine wesentliche Rolle; hierzu gehören die Nahsinne Riechen, Schmecken, Tasten, die Fernsinne Sehen und Hören sowie körperliche Erfahrungen wie Wärme- und Kälteerleben, Wahrnehmung der Raumlage, von Vibrationen und von Beschleunigung. Hirnregionen, die für die Verarbeitung von Sinneseindrücken und Körpererfahrungen zuständig sind, weisen in der frühen Kindheit eine sehr hohe Anpassungsfähigkeit

(Plastizität) auf, die im Laufe der Entwicklung deutlich abnimmt. So dauert z.B. die kritische Phase für die Entwicklung des visuellen Systems in der Regel bis zum Ende des ersten Lebensjahres. In dieser Zeit ist das Gehirn in einer besonderen Lernbereitschaft für visuelle Eindrücke. Andere Hirnregionen, die sich beispielsweise mit Planungs- und Entscheidungsprozessen befassen, bleiben dagegen länger formbar.

Die Plastizität des Gehirns ermöglicht uns einerseits, fehlende Umweltreize zu kompensieren, z.B. verarbeiten Blinde Höreindrücke schneller als Sehende, andererseits können fehlende Erfahrungen teilweise auch nach der kritischen Phase noch nachgeholt und verinnerlicht werden. Dabei bilden die sensorische und motorische Entwicklung die Grundlage für wesentliche kognitive Entwicklungsschritte — darin zeigt sich das

Abb. 3.2: Authentische Erfahrungen mit allen Sinnen spielen in der frühen Kindheit eine wesentliche Rolle

Zusammenspiel verschiedener Entwicklungsbereiche, einem grundlegenden Merkmal kindlicher Entwicklung. In der frühen Kindheit kommt es darauf an, eine möglichst anregungsreiche Lernumgebung mit vielfältigen sinnlichen und motorischen Erfahrungsmöglichkeiten im Sinne einer „Mischkost" für das Gehirn bereitzustellen. Entscheidend sind hier weniger gezielte Lernangebote, spezifische Materialien und Programme, sondern vielmehr Gelegenheiten zu alltäglichen und alltagsnahen, authentischen Erfahrungen mit allen Sinnen (→ Kap. 6).

3.3 Grenzsteine und Zonen kindlicher Entwicklung als Orientierungshilfe

Geht es um kindliche Entwicklung, neigen Eltern und pädagogische Fachkräfte schnell dazu, ihr Augenmerk darauf zu richten, was die Kinder noch nicht können. Die Ängste der Eltern sind meist groß, dass sich das eigene Kind nicht „normal" entwickeln könnte. Mit diesen Ängsten und dem Erwartungsdruck, Entwicklungsdefizite schnell aufzudecken und zu „behandeln" sehen sich pädagogische Fachkräfte konfrontiert. Dann kommt es besonders darauf an, dass Erzieherinnen einen klaren Kopf bewahren und die Stärken der Kinder nicht aus dem Blick verlieren.

Schließlich sind allgemeingültige Aussagen zur kindlichen Entwicklung in den ersten drei Lebensjahren nur vage möglich, da sich jedes Kind — im Ablauf und im Tempo — individuell unterschiedlich entwickelt. Zudem entwickeln sich verschiedene Kompetenzbereiche wie Sprache, Motorik oder Sozialverhalten nicht unbedingt nacheinander, sondern können sich gleichzeitig, unterschiedlich schnell oder sprunghaft ausbilden. So kann ein 18-monatiger Junge vielleicht bereits Fußball spielen, spricht aber noch nicht. Bei seinem gleichaltrigen Freund kann dies umgekehrt sein und dennoch bewegen sich beide Entwicklungsverläufe im normalen Bereich. Das heißt, dass „normale" Entwicklung nicht bedeutet, dass sich jedes Kind nach unseren Erwartungen wie die meisten anderen Kinder und in allen Entwicklungsbereichen kontinuierlich entwickeln muss (vgl. Mienert/Vorholz 2009).

Grenzsteine der Entwicklung

Jede Kompetenz hat ihre Lerngeschichte und baut auf vorangehenden Entwicklungsschritten auf. So muss ein Kind zunächst lernen, auf beiden Beinen das Gleichgewicht zu halten, bevor es zunächst mit Unterstützung und später selbstständig laufen kann. Um die notwendigen und anstehenden Entwicklungsschritte in den ersten Lebensmonaten und -jahren zu erkennen, brauchen pädagogische Fachkräfte fundiertes Fachwissen über die Entwicklungsthemen dieser Altersgruppe. Statt konservativen Angaben darüber, was in welchem Alter alle Kinder können sollten, gelten heute Entwicklungsspannen bis zu vier Jahren, die zeitweise auch Entwicklungsrückschritte beinhalten können.

Hilfreich zur Orientierung ist hierbei die Vorstellung von Meilensteinen der Entwicklung und entsprechende Beobachtungs- und Dokumentationsverfahren, die den Blick auf die relevanten Kompetenzen lenken. Sie können vor dem Hintergrund bestimmter Zeitfenster von Eltern und Pädagogen zur Beschreibung individueller Entwicklungsverläufe herangezogen werden.

Die Grenzsteine der Entwicklung umfassen Beschreibungen von Entwicklungszielen für insgesamt sechs Entwicklungsbereiche – Körper-, Hand-Finger-Motorik, Sprachentwicklung, kognitive Entwicklung, soziale und emotionale Kompetenz – für das Alter von drei bis 72 Monaten. Maßgebend sind hierfür die Entwicklungsziele, die von 90 bis 95 Prozent der Kinder im jeweiligen Entwicklungsalter erreicht worden sind.

> **Aufgabe:** Suchen Sie im Internet die validierte Fassung der „Grenzsteine der Entwicklung – ein Frühwarnsystem für Risikolagen" von Hans-Joachim Laewen. Arbeiten Sie sich in die Systematik der Grenzsteine ein und versuchen Sie, einen der sechs Entwicklungsbereiche bei einem Kind anzuwenden. Diskutieren Sie in Ihrer Lerngruppe, welche Chancen und Schwierigkeiten ein solches Instrument bietet.

Speziell für die Altersgruppe bis drei Jahre wurde von Sabina Pauen das MONDEY Programm entwickelt, um Fachkräfte und Eltern bei der Wahrnehmung und systematischen Dokumentation von kindlichen Entwicklungsfortschritten zu unterstützen. Das Programm hält eine Beschreibung von insgesamt 111 beobachtbaren Verhaltensweisen (sogenannten „Meilensteinen") vor, die sich auf folgende acht Entwicklungsbereiche beziehen: Grob- und Feinmotorik, Wahrnehmung, Denken, Sprache, soziale Beziehungen, Selbstregulation und Gefühle. Ähnlich wie bei den Grenzsteinen der Entwicklung wird mit Hilfe des Beobachtungsleitfadens eingeschätzt, ob ein Kind das genannte Verhalten zeigt oder nicht.

> **Aufgabe:** Gehen Sie auf die Homepage www.mondey.de. Verschaffen Sie sich einen Überblick über MONDEY und suchen anschließend nach der „MONDEY Kurzskala". Diese frei verfügbaren Beobachtungsmaterialien geben eine Hilfestellung, die Meilensteine der kindlichen Entwicklung zu erkennen. Stellen Sie sich vor, Sie wollen in der Krippe mit der Kurzskala arbeiten. Wie gehen Sie vor? Was müssen Sie beachten?

Beide Verfahren sind ressourcenorientiert, d. h. sie gehen von den bestehenden Fähigkeiten und Fertigkeiten der Kinder aus und veranschaulichen den kindlichen Kompetenzerwerb.

Zone nächster Entwicklung

Der auf Lew Wygotski zurückgehende Begriff der Zone nächster Entwicklung, der in den 1980er Jahren von der Entwicklungspsychologie erneut aufgegriffen und weiterentwickelt wurde, gibt grundlegende Hinweise darauf, wie die kindliche Entwicklung durch die Umwelt und seine Mitmenschen unterstützt werden kann.

> Die Zone nächster Entwicklung bezeichnet den Entwicklungsbereich, den sich das Kind als nächstes aneignen wird. Dies geschieht durch die letztendlich selbstständige Bewältigung einer Aufgabe (Oerter/Montada 1995: 94).

Die Bewältigung dieser Aufgabe kann auf drei verschiedene Arten angeregt werden:

- Durch gezielte Instruktion, d. h. durch Hilfestellungen oder Kommentare von Erwachsenen oder älteren Kindern in Familie oder Kindertageseinrichtung
- Durch eine anregende Lernumgebung, z. B. durch Bücher, Spielmaterialien, Bewegungsmöglichkeiten usw.
- Durch das kindliche Spiel, vor allem wenn Kinder mit kompetenten Spielpartnern, d. h. älteren Kindern oder Erwachsenen, interagieren.

Die Zone nächster Entwicklung kann erweitert werden durch die Vorstellung einer Zone freier Bewegung, deren Grenzen mit der rasanten kindlichen Entwicklung in den ersten Lebensjahren ständig ausgeweitet und angepasst werden. Das Konstrukt der Zone geförderter Handlung wird definiert durch die Lernumgebung und Lernmöglichkeiten jedes Kindes, die den in der jeweiligen Kultur erwünschten Entwicklungszielen entsprechen. So wird die mögliche Entwicklung jedes Kindes durch die individuellen Fähigkeiten des Kindes und seine Umwelt beeinflusst (vgl. Valsiner 1987; Oerter/Montada 1995).

> **Prinzipien kindlicher Entwicklung und optimaler Lernprozesse:**
> - Entwicklungsprozesse finden im Zusammenspiel von genetischen Anlagen und Umwelteinflüssen statt. Kindliche Entwicklung kann unterstützt werden durch eine anregende Lernumgebung im Alltag.
> - Kinder sind aktiv an ihrer Entwicklung beteiligt. Daher sind Entwicklungsanreize umso wirkungsvoller, je näher sie sich an den individuellen Bedürfnissen und Interessen des Kindes orientieren.
> - Kinder lernen in Beziehung, d. h. von und mit anderen Menschen, die eine emotionale Bedeutung für sie haben. Kinder brauchen verlässliche Erwachsene, die Vorbilder und Dialogpartner für sie sind.
> - Bereits Neugeborene bringen ein Kernwissen und eine Bereitschaft mit, mit allen Sinnen Erfahrungen zu sammeln und zu verinnerlichen. Daher lernen Kinder am besten durch Beobachtung, Nachahmen und authentische Erfahrungen.

3.4   Perspektiven zur Entwicklungsbegleitung im pädagogischen Alltag

Ausgehend von den Prinzipien kindlicher Entwicklung lassen sich Perspektiven zur angemessenen Entwicklungsbegleitung im pädagogischen Alltag ableiten (vgl. Becker-Stoll u. a. 2010).

Engagiertheit zulassen und unterstützen: Kinder, die sich wertgeschätzt und verstanden fühlen, fühlen sich wohl und sind engagiert. Das belgische Konzept der Engagiertheit, das maßgeblich von Ferre Leavers entwickelt worden ist, lenkt die Aufmerksamkeit auf konkrete, beobachtbare Aktivitäten der Kinder.

Engagiertheit bedeutet, dass ein Kind sich aktiv, selbstbestimmt und aus eigenem Antrieb, d. h. intrinsisch motiviert mit einer Sache beschäftigt. Dies setzt voraus, dass die Herausforderung den Fähigkeiten des Kindes entspricht. Engagiertheit im Spiel ist eine Voraussetzung für gelingende Bildungsprozesse und erfordert förderliche Spiel- und Lernbedingungen, d. h. eine heitere Lernatmosphäre, ausreichend Zeit und Raum, vielseitige Materialien (→ Kap. 6), Spiel- und Gesprächspartner (→ Kap. 14), Anregungen für eigene und neue Projekte (→ Kap. 15), Entscheidungsfreiheit und Ruhe (vgl. Haug-Schnabel/Bensel 2006). Ein zu aktives Eingreifen in das kindliche Spiel birgt die Gefahr, die innere Motivation der Spielenden einzuschränken und das Spiel vorzeitig zu beenden. Daher erfordert das Setzen aktiver Spielimpulse viel Einfühlungsvermögen und vorausgehende nicht-teilnehmende Beobachtungen der pädagogischen Fachkraft (→ Kap. 10).

Abb. 3.3: Engagiertheit braucht Raum: Aktiv und selbstbestimmt beim Graben

Im Bildungsdialog gemeinsam forschen: Kinder lernen im Dialog mit und von anderen, wenn sich die Perspektive des Kindes durch die Weltsicht und den Blick des Erwachsenen auf das Kind erweitert. Auf diese Weise ist die Bezugsperson des Kindes als Dialogpartner ein wesentlicher Bestandteil der kindlichen Lernumgebung. Eine tragfähige Beziehung zwischen Erzieherin und Kind ermöglicht ein gemeinsames Erkunden, indem sich die Fachkraft an den Aktivitäten des Kindes beteiligt und auf diese Weise einerseits versucht, die Welt mit den Augen des Kindes wahrzunehmen, andererseits weiterführende Fragen und eigene Überlegungen behutsam einfließen lässt (→ Kap. 4).

Zum wertschätzenden und dialogischen Verhalten der pädagogischen Fachkraft gehört ein Art der Fragestellung, die eine forschend-fragende Haltung zum Ausdruck bringt und den Bildungsdialog mit dem Kind anregt (vgl. Klein/Vogt 2004; Henneberg u. a. 2004).

Warum-Fragen sind wenig bildungsunterstützend, weil sie häufig als Kritik oder Vorwurf verstanden werden. Zudem können jüngere Kinder meist nicht begründen, warum sie etwas getan haben, da sie noch nicht den Entwicklungsschritt gemacht haben, Ereignisse in die Vergangenheit zurückzuverfolgen.

Sich auf die Welt des Kindes einlassen: Die entwicklungsförderliche und feinfühlige Haltung der Erzieherin lässt sich mit dem reformpädagogischen Begriff der „Kindzentrierung" (Henneberg u. a. 2004) beschreiben (→ Kap. 19). Es bedeutet, das einzelne Kind mit seinen individuellen Bedürfnissen und Fähigkeiten in den Blick zu nehmen und dabei die eigenen Ziele und Deutungen zurück zu stellen. Die pädagogische Fachkraft ist aufgefordert, auf die kindlichen Kräfte zu vertrauen, dem Kind Zutrauen zu zeigen und die Lebens- und Entwicklungsbedingungen des Kindes als Grundlage pädagogischer Arbeit zu machen. Eine kindzentrierte Erzieherin kann abwarten, zuhören und sich einfühlen, ist aufmerksam und präsent. Sie gibt im Bildungsprozess dem Kind je nach seinen individuellen Bedürfnissen Unterstützung, Begleitung und Impulse durch Lerngelegenheiten, bleibt dabei aber offen für die Ideen und – auch unerwarteten – Impulse des Kindes. Damit ist Kindzentrierung vor allem eine Frage der Grundhaltung (→ Kap. 19).

Grundübung: Erläutern Sie drei Entwicklungsaufgaben von Kindern unter drei Jahren und verdeutlichen Sie anhand einer möglichen Praxissituation, wie Sie diese Entwicklungsaufgabe sinnvoll unterstützen können.

Vertiefung: Erläutern Sie in Grundzügen die Beobachtungsmaterialien „Grenzsteine der Entwicklung" (Laeven) und „MONDEY Kurzskala". Stellen Sie Gemeinsamkeiten und Unterschiede dar.

Literatur

Ahnert, L./Gappa, M. (2008): Entwicklungsbegleitung in gemeinsamer Erziehungsverantwortung. In J. Maywald & B. Schön (Hrsg.): Krippen: Wie frühe Betreuung gelingt. Fundierter Rat zu einem umstrittenen Thema. Weinheim/Basel, S. 74–95

Becker-Stoll, F./Niesel, R./Wertfein, M. (2010): Handbuch Kinder in den ersten drei Lebensjahren. Theorie und Praxis für die Tagesbetreuung. 3. Aufl., Freiburg

Haug-Schnabel, G./Bensel, J. (2006): Kinder unter 3 – Bildung, Erziehung und Betreuung von Kleinstkindern. Kindergarten heute spezial, Freiburg

Haug-Schnabel, G. (2005): Was ist Entwicklung? In A. Krenz (Hrsg.): Handbuch für ErzieherInnen in Krippe, Kindergarten, Vorschule und Hort. München, S. 86–157

Henneberg, R./Klein, H./Klein, L./Vogt, H. (Hrsg.) (2004): Mit Kindern leben, lernen, forschen und arbeiten. Kindzentrierung in der Praxis. Seelze-Velber

Kasten, H. (2005): 0–3 Jahre. Entwicklungspsychologische Grundlagen. Weinheim/Basel

Leu, H. R./Behr, A. von (Hrsg.) (2010): Forschung und Praxis der Frühpädagogik: Profiwissen für die Arbeit mit Kindern von 0–3 Jahren. München

Mienert, M./Vorholz, H. (2009): Kleine Schritte – große Schritte. Grundlagen der pädagogischen Arbeit mit Krippenkindern. Troisdorf

Oerter, R./Montada, L. (Hrsg.) (1995): Entwicklungspsychologie. 3. vollst. überarb. u. erw. Auflage, Weinheim

Oerter, R./Montada, L. (Hrsg.) (2008): Entwicklungspsychologie. 6. vollst. überarb. Auflage, Weinheim/Basel

Petermann, F./Wiedebusch, S. (2003): Emotionale Kompetenz bei Kindern. Göttingen

Winner, A. (2007): Kleinkinder ergreifen das Wort. Sprachförderung mit Kindern von 0 bis 4 Jahren. Berlin/Düsseldorf/Mannheim

4 Bindung und Beziehung in den ersten drei Lebensjahren

Hedi Friedrich

Die Art und Weise, wie Kinder schon ganz früh ihre Beziehungen erleben, schafft nicht nur die Voraussetzungen für die unterschiedlichsten Lernprozesse, sondern ist auch ein Lern- und Bildungsprozess an sich. Bäume brauchen Wurzeln und Kinder auch – und „die Wurzeln, mit denen sich Kinder fest im Erdreich verankern und ihre Nährstoffe aufnehmen, sind sichere emotionale Beziehungen zu denjenigen Menschen, bei denen sie aufwachsen" (Gebauer/Hüther 2001: 7). Gemeint sind damit Beziehungen in denen der kleine Mensch sich mit seinen Bedürfnissen verstanden, sich geliebt, versorgt, geschützt und geachtet fühlen kann, um zu wachsen und zu lernen. Erlebt er eine solche anhaltende, verlässliche emotionale Beziehung, entsteht eine sichere Bindung.

Die Bindungsforschung (vgl. Ainsworth 2003; Grossmann/Grossmann 2004, 2008) untersucht, unter welchen Voraussetzungen Kinder von Geburt an eine intensive Gefühlsbeziehung zuerst zur Mutter und dann auch zu anderen Personen aufbauen können. Auch wenn die Mutter nach wie vor als erste wichtigste Bezugsperson angesehen wird, so kann ein Kind auch zu den anderen Menschen in seiner Umgebung wie etwa Vater, Großeltern, Geschwister, Erziehern oder Lehrern eine tragfähige Bindung aufbauen, wenn diese sich entsprechend verhalten. Dabei hat die wissenschaftliche Forschung herausgefunden, dass es nicht nur *eine* sensible Phase in der frühen Kindheit gibt, in der die Beziehungserfahrungen entscheidend prägen, sondern dass die Gesamtheit der Beziehungserfahrungen über einen längeren Zeitraum hinweg bestimmend ist.

> Den frühen Erfahrungen kommt eine besondere Bedeutung zu, da die Kinder in den ersten Lebensjahren am offensten für neue Bindungen sind. Die Art und Weise, wie Kinder hier Beziehung erleben, bestimmt wesentlich ihr Bild von sich und der Welt. Sie ist Grundlage für alle späteren Erfahrungen.

Als ein positives Ergebnis der Bindungsforschung ist belegt: Beziehungs- und Bindungserfahrungen sind nie abgeschlossen. Sogar traumatische Erfahrungen und Beziehungsstörungen können verarbeitet werden, wenn Kinder eine vertrauensvolle Beziehung zu einer Person aufbauen können. Die Resilienzforschung (vgl. Opp/Fingerle

2007) untersucht in diesem Zusammenhang, welche Bedingungen, Fähigkeiten und Stärken ein Kind braucht, um schwierige Lebenssituationen ohne tiefergehende Schäden an seiner Persönlichkeit zu bewältigen. Auch hier hat sich eine verlässliche Beziehung als entscheidender Faktor bestätigt. Ebenso konnten sowohl die Psychoanalytikerin Anna Freud als auch die Entwicklungspsychologin Emmy Werner in Langzeitstudien nachweisen, dass Kinder, die unter extrem ungünstigen Sozialisationsbedingungen aufwuchsen, stabile, lebenstüchtige Erwachsene wurden, weil eine Person ihnen eine hilfreiche Beziehung anbot. Auch eine gute Erzieherin-Kind-Beziehung kann Kindern tief greifende neue Erfahrungen schenken. Das Erleben von Einfühlsamkeit, Verlässlichkeit und Unterstützung schafft für belastete Kinder eine Basis, auf der sie sogar Entwicklungsdefizite ausgleichen und sich stabilisieren können.

Die Hirnforschung stellt dazu fest, dass für die Entwicklung des Gehirns schon bei ganz kleinen Kindern eine „lebendige Interaktion" mit anderen Menschen notwendig ist. Jede Erfahrung wird im Gehirn gespeichert. Diese so entstandenen Muster beeinflussen die Wahrnehmung, Bewertung und Einordnung aller weiteren Erfahrungen. Der Einfluss früher Beziehungserfahrungen konnte in entwicklungsneurobiologischen Untersuchungen direkt nachgewiesen werden. Liebevoller Kontakt, Wohlbefinden und richtig dosierte Informationen schaffen im Gehirn überhaupt erst die nötigen Voraussetzungen für das Lernen. Fühlen kleine Kinder sich alleine gelassen und missverstanden, werden sie schnell überwältigt von existentieller Angst, von Schmerz und Verunsicherung. Stresshormone, die dann ausgeschüttet werden, bewirken Unruhe und Aufregung und blockieren die erfolgreiche Verarbeitung der Eindrücke im Gehirn. Teilweise kann dies sogar zu Rückschritten in der Entwicklung führen.

> Die Art und Tiefe der persönlichen Beziehungen und Bindungen zu den wichtigsten Bezugspersonen beeinflusst die gesamte Entwicklung der kindlichen Persönlichkeit und ebenso das Zusammenleben mit anderen Kindern und Erwachsenen.

Die Beziehung zu den wichtigsten Bezugspersonen ist das Vorbild für den Kontakt und den Umgang mit Gleichaltrigen. Haben die Kinder schon soziale Fertigkeiten erworben, die ihnen die Aufnahme und Gestaltung von Kontakten erleichtern, und fühlen sie sich ausreichend sicher und geborgen, weil sie einen helfenden und beschützenden Erwachsenen hinter sich wissen, dann können sie sich leichter auf das Abenteuer der Begegnung mit anderen Kindern einlassen.

4.1   Bindung und Grundbedürfnisse

In der Bindungsforschung werden Bindungsqualitäten oder Bindungsmuster unterschieden:

Sichere Bindung: Kinder können eine sichere Bindung, d. h. Urvertrauen in andere Menschen und ein positives Bild von sich und von anderen erwerben, wenn die folgenden Grundbedürfnisse mit liebevollem Verständnis und feinfühligem Eingehen zunächst von der Mutter und dann auch von den weiteren Bezugspersonen verlässlich erfüllt werden:

- Versorgt werden (Essen, Trinken, Schlafen)
- Körperkontakt (gestreichelt, gehalten- und getröstet werden)
- Schutz vor Gefahren und Reizüberflutung
- Trost, Zuwendung, Wertschätzung und Anerkennung
- Anregung, Spiel und altersentsprechender Förderung ihrer Fähigkeiten und Möglichkeiten
- Unterstützung und Begleitung beim Erkunden der Welt und bei der Bewältigung kleiner und größerer Entwicklungskrisen.

Eine solche Verlässlichkeit in Beziehungen ist die Voraussetzung dafür, dass kleine Kinder die vielen neuen Eindrücke überhaupt aufnehmen und verarbeiten können (vgl. Hüther 2007). Sie ist die Basis für eine gesunde Entwicklung.

Unsicher-vermeidende Bindung: Wenn Kinder in ihren Grundbedürfnissen unzureichend versorgt sind, fühlen sie sich zurückgewiesen und missverstanden. Dann können sie eine unsicher-vermeidende Bindung entwickeln. Sie ziehen sich in sich selbst zurück und wenden sich von ihren Bezugspersonen innerlich und äußerlich ab. Die Kinder werden misstrauisch, reagieren abwehrend bis hin zu Zerstörungswut und entwickeln Probleme, ihre eigenen Gefühle, besonders Schmerz und Angst, wahrzunehmen. Kinder, die wenig einfühlendes Verständnis erlebt haben, sind es nicht gewöhnt sich auszudrücken und mitzuteilen, da sie gar nicht damit rechnen, dass ihnen jemand zuhört oder sie versteht: Peter antwortet auf die Frage, ob er sich gerade verletzt habe mit „… weiß nicht, egal …“. Kinder, denen es an Rückmeldung und Bestätigung fehlt, lernen oft nicht, wie sie sich selbst einschätzen können. Sie suchen so auch keine Hilfe und Unterstützung, wenn sie diese benötigen, und versuchen irgendwie alleine zurechtzukommen. Dies kostet sie viel Kraft, die ihnen dann für Lern- und Entdeckerfreude fehlt. Der Ursprung sehr vieler Probleme von Kindern und Jugendlichen ist in unbefriedigten Beziehungserfahrungen zu suchen.

Unsicher-ambivalente oder desorientierte Bindung: Kinder, die erleben, dass ihre Bedürfnisse manchmal erfüllt, sie manchmal aber auch zurückgewiesen oder bestraft werden, können eine unsicher-ambivalente oder sogar eine desorientierte Bindung aufbauen. Sie sind innerlich sehr damit beschäftigt, ob sie Nähe suchen und zulassen wollen oder ihrem Flucht- und Rückzugsimpuls folgen sollen (vgl. Ainsworth 2003). Die Kinder können intensiv die Nähe der Mutter oder anderer Menschen suchen und sich anklammern, sie können aber auch gar nicht oder aggressiv abwehrend reagieren, wenn sie angefasst werden, oder über Treten, Beißen, Haarereißen oder Schlagen Nähe suchen. Kommen die Kinder mit solchen Vorerfahrungen in eine Einrichtung, so brauchen sie von ihrer Erzieherin viel Geduld, Verständnis und Einfühlungsvermögen für ihre Bedürfnisse, um neue Erfahrungen zulassen zu können. Gelingt es den Erzieherinnen jedoch, ihr Vertrauen zu gewinnen und eine positive Beziehung aufzubauen, wirkt sich dies ausgleichend und förderlich auf die Entwicklung der Kinder aus, insbesondere auf ihre soziale Entwicklung (vgl. Pianta u. a. 2007).

Aufgabe: Überlegen Sie: Wer war mir eine wichtige hilfreiche Bezugsperson und was hat sie mir für mein Leben mitgegeben? Schreiben Sie Ihre Gedanken auf und tauschen Sie sich über Ihre Erfahrungen aus.

Da jeder Erwachsene, der mit Kindern zu tun hat, Momente erlebt, die ihn an seine eigenen schönen oder unangenehmen Beziehungserfahrungen erinnern, ist Selbstreflexion in der pädagogischen Arbeit mit kleinen Kindern immer wieder wichtig. Bewusst über eigene Einstellungen, Erlebnisse und Gefühle nachzudenken, fördert nicht nur das einfühlende Verständnis, sondern hilft auch dabei, eigene Reaktionen zu verstehen und einzuordnen. Es gibt keine Patentlösungen, sondern viele Möglichkeiten und Chancen, sich zusammen mit den Kindern zu entwickeln. Beziehung ist immer erlebter Austausch, der in jedem Moment der Begegnung gelingen oder misslingen kann.

4.2 Entwicklung und Beziehung in den ersten Lebensjahren

Welche Voraussetzungen für eine gelingende Beziehung wichtig sind, zeigt ein Blick auf die wichtigsten Bedürfnisse von Kindern in den ersten Lebensjahren. Der kleine Mensch braucht nach seiner Geburt einige Jahre lang Fürsorge, um zu überleben. Seine Bedürfnisse sind je nach Entwicklungsstufe unterschiedlich:

Die ersten Lebensmonate: In dieser Zeit geht es hauptsächlich darum, umsorgt, genährt, gestreichelt, gewickelt, gehalten, getragen, angeschaut und angelächelt zu werden. Es geht um Schutz und Geborgenheit, um ganz existentielle Gefühle und Bedürfnisse. Dabei ist das Baby ein höchst kommunikatives Wesen, das seine Wünsche und Bedürfnisse sehr lautstark mitteilen kann. Gelingt es, sie zu verstehen, dann antwortet es mit Wohlbefinden und Zufriedenheit. Es erlebt, dass es sich auf die Fürsorge seiner Mutter und der anderen wichtigen Bezugspersonen verlassen kann.

Ab etwa vier Monaten: Der kleine Mensch wird zunehmend aktiv. Er beginnt seine Umgebung verstärkt wahrzunehmen und zu erkunden. Dabei braucht er Schutz und Unterstützung: eine Umgebung, in der es ohne Gefahr und Reizüberflutung etwas zu entdecken gibt, und Erwachsene, die ihn mit Spaß und achtsamem Interesse begleiten. Wenn das Kind nicht gerade schläft, ist es ausdauernd dabei, mit allen Sinnen die Beschaffenheit seiner Welt zu erkunden. Es entwickelt Freude an Bewegung, krabbelt, robbt und übt seine Standfestigkeit auf zwei Beinen und macht dabei Erfahrungen mit der Schwerkraft. Indem die wichtigen Bezugspersonen die Signale des Kindes verstehen, formulieren und entsprechend reagieren, lernt es seine Bedürfnisse und Gefühle für sich wahrzunehmen und ganz allmählich im Laufe der Entwicklung auch damit umzugehen. So kann ein Kind seine Neugierde entwickeln und den Mut zum Handeln erwerben.

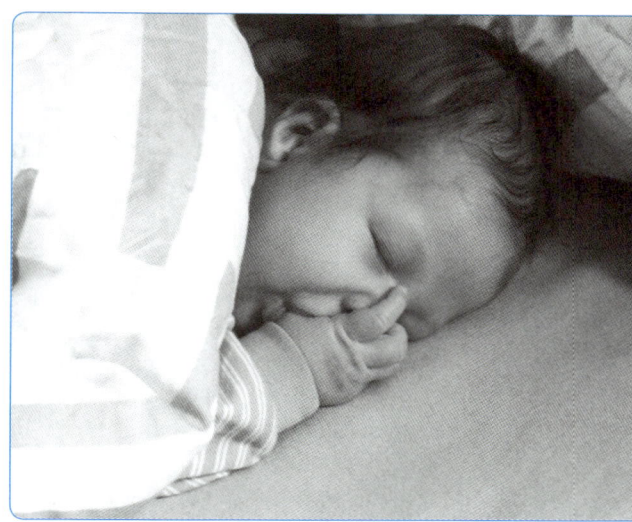

Abb. 4.1: Schutz und Geborgenheit sind in den ersten Monaten besonders wichtig

Mit etwa 18 Monaten: Es beginnt eine intensive Zeit der Selbstständigkeitsentwicklung. Die Kinder können laufen und sich immer besser sprachlich mitteilen. Sie stellen Fragen und drücken ihre eigene Meinung aus. Sie versuchen, die eigenen Grenzen und die Grenzen der Welt herauszufinden und sich als eigene Person zu erleben – je nach Temperament und Willensstärke bis hin zu Trotzanfällen. Die Kinder lernen, körperliche Vorgänge zu kontrollieren und dass es einen Unterschied zwischen Mein und Dein gibt. In dieser Phase testen Kinder auch gerne aus: Wenn ich das tue, was passiert dann. Dabei orientieren sie sich auch an den Reaktionen der Erwachsenen: Wenn ich meinen Teddy die Treppe hinabwerfe, dann passiert nicht viel. Versuche ich das jedoch mit der Blumenvase, rennen die Erwachsenen sofort.

Für die Bezugspersonen sind manche Situationen eine Herausforderung. In Trotzkonflikten gilt es, gemeinsame Lösungen zu finden, die dem Kind nicht den Willen verbieten, sondern ihn anerkennen und dann abwägen (→ Kap. 3.2). Kinder brauchen Entscheidungsspielraum: Ist es draußen kalt, können sie entscheiden, ob sie den roten oder den blauen Anorak anziehen, aber nicht, ob sie überhaupt einen anziehen.

Wenn Kinder etwas ausprobieren, dann ist es wichtig, ihnen etwas zuzutrauen und sie zu ermutigen, auch wenn ihr Tun nicht perfekt ist, nach dem Motto: „Das kannst du lernen …". Fragen und Meinungen des Kindes ernst zu nehmen, seine Neugier zu bestärken und es zum Ausprobieren und Problemlösen zu ermuntern, fördert seinen Spaß am selbstständigen Denken. Schutz, Begleitung und Spielraum zu geben, verlangen Geduld, Klarheit, Fingerspitzengefühl und Verständnis.

Ab etwa drei Jahren: Das Kind wird in allen Bereichen geschickter: im sprachlichen Ausdruck, in seinen Bewegungen und im Kontakt mit anderen. Es kann nun zusammenspielen. Die Fantasie spielt eine große Rolle und in den Symbol- und Rollenspielen werden Beziehungen nachgeahmt, neue Verhaltensweisen ausprobiert und, je nach den Bedürfnissen, sehr kreativ gestaltet. Diese Spiele bilden nicht unbedingt die Wirklichkeit ab. Sie dienen sehr viel mehr der Verarbeitung von Beziehungserfahrungen und eigenen Gefühlen.

Die Entwicklung des Selbstbildes und der Identität gewinnt an Bedeutung. Dabei beginnt der kleine Mensch schon früh, alle Reaktionen seiner Mutter und der anderen wichtigsten Bezugspersonen aufzunehmen. Sie sind für das Kind wie ein Spiegel, in den es schaut. Im Laufe seiner Entwicklung beginnt es, sich selbst entsprechend wahrzunehmen und einzuschätzen. Gesichtsausdruck, Ton, Gesten und erst allmählich Worte sind die Anhaltspunkte, an denen sich Kinder in den ersten Lebensjahren orientieren. Jede Reaktion ruft beim Kind bestimmte Gefühle hervor: Es fühlt sich verstanden, geborgen oder abgelehnt, verletzt, verlassen und reagiert entsprechend darauf. Es bildet sich anhand dieser Eindrücke und Erfahrungen ein — sehr unbewusstes — Urteil über sich selbst. Selbstvertrauen, Selbstwertgefühl und Selbsteinschätzung beginnen sich auf diesem Weg zu entwickeln oder werden früh beeinträchtigt.

Welches Bild ein Kind für sich erwirbt, ob ihm diese Selbsteinschätzung einmal hilft oder es eher daran hindert, im Leben zurechtzukommen, hängt von einer Vielzahl von Eindrücken und Erfahrungen ab: von seiner eigenen Person, seinen Lebensbedingungen und vielen anderen Einflüssen sowie davon, wie das Kind diese Erfahrungen für sich bewertet und verarbeiten kann (Prekop/Hüther 2009). Alltagserfahrungen und Erlebnisse werden durch diese „Brille" gesehen, wobei die Tendenz besteht, Eindrücke aufzunehmen, die das Selbstbild bestätigen, und andere Erfahrungen eher abzuwehren oder zu ignorieren.

> Äußerungen und Verhaltensweisen, die Kinder in ihrem Selbstwertgefühl angreifen oder verletzen, sind einer guten Beziehung abträglich. Erlebt ein Kind zu viel Unverständnis und Ungerechtigkeit, verhindert dies die Entwicklung von Vertrauen, Sympathie und Einfühlungsvermögen gegenüber anderen.

Hören Kinder zu oft Befehle, Warnungen, Drohungen, Vorhaltungen, Moral- und Strafpredigten, Ratschläge, Kritik und Beschuldigungen, so ziehen sie sich von den Erwachsenen zurück, misstrauen ihnen und leisten still oder laut Widerstand — sie werden „schwierig". Alle Abwertungen, ob offene, verdeckte oder subtile, belasten die Beziehung. Außerdem lernen die Kinder auf diesem Wege, sich selbst abzuwerten, da sie sich im Spiegel ihrer Bezugspersonen selbst negativ sehen. Je achtsamer Erzieherinnen mit Be- und Abwertungen in Beziehungen zu Kindern umgehen, desto eher können sie ihnen helfen, Zutrauen zu sich selbst und ein stabiles Selbstbewusstsein zu gewinnen — eine optimale Grundlage für alles Lernen. Der Alltag bietet sehr vielseitige Anlässe für Kinder, Probleme und Störungen in ihren wichtigsten Beziehungen zu erleben. Dies kann sie schnell und manchmal nachhaltig verunsichern. Manche dieser Erfahrungen sind für Kinder kurzfristige Störungen, dauern sie jedoch an oder wiederholen sie sich, können daraus tiefere und langfristigere Probleme entstehen.

4.3 Aufbau einer guten Beziehung zu Kindern

Über die erlebten Erfahrungen erwerben Kinder die notwendigen Fähigkeiten, um befriedigende Beziehungen zu anderen Menschen aufzubauen.

Verstehen ohne Worte: Nicht nur bei Babys, sondern in allen Begegnungen werden über den Gesichtsausdruck, Ton, Gesten und die Körperhaltung Gefühle und Einstellungen mitgeteilt. Lächeln, Blickkontakt bei der Begrüßung und beim Sprechen schenken dem Kind Aufmerksamkeit und Zuwendung. Es kann sich wahrgenommen und in seiner Existenz beachtet fühlen – eine Botschaft ohne Worte: Ich sehe dich! Diese kleinen Momente sind sehr kostbar für die Entwicklung einer guten Beziehung. Halten und Trösten beim Weinen helfen gegen Einsamkeit und Verlassenheitsgefühle. Kleine Kinder fühlen sich oft noch überwältigt von äußeren Eindrücken und ihren eigenen Gefühlen. Geduldige Nähe hilft ihnen, damit umgehen zu lernen. Für Erwachsene ist es oft nicht leicht, Weinen von Kindern auszuhalten und sie versuchen schnell, das Kind abzulenken, ihm etwas in den Mund zu stecken, sich abzuwenden, die Begebenheit zu verharmlosen, das Kind zu verspotten oder ihm gar zu drohen, um das Weinen zu beenden. Kinder brauchen es, weinen zu dürfen. Weinen baut Stress ab, löst Kummer und Anspannung. Es führt so zu echter Entspannung, da die Gefühle nicht unterdrückt werden müssen. Erleben Kinder Erwachsene dabei, die ihnen liebevollen Halt durch ihre Anwesenheit geben, stärkt das ihr Vertrauen in andere und in sich. Dies gibt ihnen ihr körperliches und seelisches Gleichgewicht wieder (vgl. Solter 2009).

Einfühlsamkeit: Sich in Kinder einzufühlen, bedeutet, ihre Gefühle und Bedürfnisse wahrzunehmen und sich darauf einzustellen, auch wenn die eigenen Gefühle in diesem Moment ganz andere sind. Eine sichere Bindung entsteht, wenn ein Kind früh erfährt, dass seine Gefühle richtig verstanden werden. Dann entwickelt es Vertrauen in die Verlässlichkeit seiner Bezugspersonen. Einfühlendes Verständnis kann behindert werden durch bestimmte erzieherische Einstellungen. Die Idee, dass man Kinder nicht „verwöhnen" darf durch einfühlsames Reagieren auf ihre lauthals artikulierten Bedürfnisse nach Nähe und danach, gehalten und versorgt zu werden, hat vielen Kindern in unserer Gesellschaft schon früh Erfahrungen von großer Einsamkeit, Verlassenheit und Hoffnungslosigkeit beschert (vgl. Chamberlain 2003). Bei umfassenden Beobachtungen wurde festgestellt, dass Nichtreagieren in den ersten Lebenswochen die Voraussetzung für die Entwicklung vieler Ängste schafft. Kinder, die erleben, dass jemand für sie da ist, nehmen dagegen zufriedener und aktiver, aus einer Sicherheit heraus, neugierig Kontakt mit ihrer Umwelt auf.

> Wissenschaftliche Untersuchungen legen den Schluss nahe, dass einfühlendes Verständnis als wichtige soziale Kompetenz gelernt wird, wenn es erlebt und erwartet wird, und damit selbstverständlicher Teil des Umgangs miteinander im Alltag ist.

Zuhören: Zuzuhören ist eine wesentliche Voraussetzung, um die Persönlichkeit der Kinder kennenzulernen und zu verstehen. Ohne Zuhören gibt es kein echtes Gespräch. Zuhören drückt Wertschätzung aus und nimmt das Kind ernst mit seinen Gefühlen, Gedanken und Sichtweisen. Wenn jemand interessiert und aufmerksam zuhört, werden Kinder ermuntert, sich zu äußern, Probleme lösen zu lernen und schöpferische Ideen zu entwickeln. Zuhören ist ein guter Weg, Vertrauen zu gewinnen als Basis für eine tragfähige Beziehung und eine der schönsten Formen von Zuwendung obendrein. Vorschnelle Informationen, Ratschläge oder Urteile gehen häufig an den eigentlichen Bedürfnissen von Kindern vorbei, auch wenn sie noch so gut gemeint sind.

Wahrnehmen und Spiegeln: Genaues Hinschauen ist notwendig, um zu verstehen, was ein Kind bewegt und welche Gefühle und Gedanken hinter seinem Verhalten stecken könnten, denn häufig sind sogenannte Verhaltensauffälligkeiten von Kindern unbewusst sinnvolle Lösungen in schwierigen Situationen, z. B. zu schreien, weil es sonst übersehen wird. Es erleichtert das Verständnis und auch den Austausch mit den Kolleginnen, aufmerksam zu beobachten und ohne wertende Begriffe zu beschreiben, was ein Kind tut, z. B. „Simon ist zweimal in dieser Woche über die Holzschwelle gestolpert." statt „Simon ist bewegungsgestört.". Solche Zuschreibungen und Bewertungen stören die Beziehung, denn die Kinder hören die Äußerungen und Kommentare über sich, nehmen sie auf und entwickeln daraus ihr Bild von sich. Wer hört schon gerne Sätze wie „Du bist nervig, ... ungeschickt, ... ein Störenfried." und hat dabei ein gutes Gefühl in der Beziehung?

Mitteilungen: Im Alltag gibt es viele Anlässe auch schon ganz kleinen Kindern etwas mitzuteilen, etwa ein Anliegen, Grenzen oder Regeln. Am wirkungsvollsten sind Mitteilungen, die:

- klar und verständlich auf die Erfahrungswelt der Kinder abgestimmt sind und auf das, was sie verstehen können
- sachlich begründet werden und z. B. auch Informationen enthalten über mögliche Folgen ("Draußen ist es kalt, da müssen wir uns warm anziehen, sonst frieren wir.")
- in der Ich-Form formuliert werden (Ich räume noch die Sachen in den Schrank, dann bin ich da." statt: „Du nervst schon wieder.")
- eindeutig und direkt sind, weil besonders kleine Kinder ironische und indirekte Aussagen kaum verstehen
- Vorschläge unterbreiten, statt Befehle erteilen
- Handlungsmöglichkeiten anbieten statt Werturteile („Komm, wir probieren es mal so ...").

Zwar gibt es keine Garantie, dass die Erzieherin die gewünschte Reaktion auch gleich erhält, die Erfahrung zeigt jedoch, dass die Chancen steigen, weil das Selbstwertgefühl der Kinder nicht angegriffen wird. Gespräche können sich entwickeln, Momente, die für die Festigung der Beziehung wichtig sind.

Ich-Aussagen setzen voraus, ein Anliegen oder Gefühl bei sich selbst wahrzunehmen und sich auch zuzugestehen. Ein Kind lernt dabei, dass andere Personen – auch die Erzieherinnen – Gefühle, Eigenschaften und ihre Gründe für bestimmte Anliegen haben. Diese Informationen brauchen sie für ihre emotionale, soziale und geistige Entwicklung. Ich-Aussagen trauen den Kindern Verständnis zu, was ihre Selbstachtung fördert. Außerdem lernen Kinder so die Perspektivübernahme: Andere Menschen fühlen anders und nehmen anders wahr als sie selbst. Es entwickelt sich die Fähigkeit, sich in andere hineinzudenken und einzufühlen, wissend, dass die eigene Sicht eine andere ist.

Zuwendung: In Worten, durch Gesten oder durch Verhalten ausgedrückt stärkt Zuwendung die Beziehung. „Schön, dass du da bist, dass es dich gibt!" signalisiert bedingungslose Zuwendung und ist wichtig für eine sichere Bindung. Kinder mit einem Mangel an Anerkennung stören manchmal, um wenigsten auf diesem Weg Beachtung zu finden. Gerade bei sogenannten schwierigen Kindern ist es wichtig, nicht nur die Verhaltensweisen zu beachten, die Probleme verursachen, sondern auch ihre Stärken und Bemühungen. Da kein Kind ohne Zuwendung leben kann, sichern sich manche Kinder negative Aufmerksamkeit wie Schimpfen oder Kritisieren. Dies ist für sie immer noch er-

Abb. 4.2: Kinder brauchen Anerkennung und Ermunterung

träglicher als gar keine Zuwendung zu erhalten. Kinder, die fast nur negative Zuwendung kennen, provozieren häufig auch täglich und können zunächst liebevolles Verhalten nicht so leicht an sich heranlassen. Sie sind in ihrem Selbstwertgefühl verletzt und misstrauisch gegenüber Erwachsenen. Hier braucht es Geduld, erst einmal Vertrauen aufzubauen.

Begleiten: Kinder brauchen Ermunterung und Anerkennung für ihre Fortschritte, auch wenn ihre Leistungen nicht den Ansprüchen Erwachsener nach Perfektion genügen. Hier kann sich entscheiden, ob Kinder sich selbst vertrauen lernen oder eher mit Ängsten vor einem Misslingen an Aufgaben herangehen. Wenn Fortschritte selbstverständlich sind und die kritische Aufmerksamkeit dem gilt, was noch nicht klappt, können Kinder schwer Selbstvertrauen in ihre Fähigkeiten und Handlungsmöglichkeiten entwickeln. Begleiten heißt deshalb u. a., sich auf die Fähigkeiten und

Möglichkeiten eines Kindes einzustellen, um es weder zu über- noch zu unterfordern, und ihm Anleitung zu geben, wo es sie benötigt, also z. B. statt „So geht das nicht, lass mich mal" zu sagen, besser „Wenn du so festhältst, hast du die Hand frei für ...". Eine liebevolle freundliche Begleitung wird im Gedächtnis gespeichert. Solche Beziehungen zu Erwachsenen werden zum Modell für die eigene innere Handlungsbegleitung. Auf diesen Erfahrungen baut die „innere Stimme" auf, mit der wir uns später im Alltag selbst begleiten. Viele Ängste und Unsicherheiten von Erwachsenen beruhen darauf, dass ihnen diese hilfreichen, selbst begleitenden inneren Anleitungen fehlen.

Gemeinsame Erlebnisse im Alltag: Für Kinder ist in erster Linie das gemeinsame Handeln und Erleben wichtig. Sie erfahren dann Vorbilder, die nicht nur die Notwendigkeit und/oder Freude am Tun mit ihnen teilen, sondern ihnen auch Kenntnisse und Fähigkeiten nebenbei vermitteln.

Wissen reizt zu immer neuen Fragen und regt die Neugier an. Schon ganz kleine Kinder wenden sich voller Neugier ihrer alltäglichen Umgebung zu und wollen alles kennenlernen – nicht nur anschauen, sondern auch anfassen, riechen, schmecken und damit umgehen lernen. Je vertrauter und sicherer ein Kind sich mit seinen wichtigsten Bezugspersonen fühlt, desto unbelasteter, freudiger und interessierter will es ausprobieren. Es will von sich aus lernen, wie alles funktioniert. Wenn das Kind nun Anregung und altersgemäße Möglichkeiten zum Erforschen der Welt erhält, dann kann es ausprobieren, was ihm besonderen Spaß macht. So wird der Grundstein gelegt, Interessen zu entwickeln – eine Quelle für Lernen durch Erfahrung.

Bequemlichkeit, mangelndes Interesse, Laissez-faire-Haltung und auch ängstlich überbehütendes Verhalten der wichtigsten Bezugspersonen führen zu einem Mangel an Erfahrung, zu Orientierungslosigkeit und Passivität. Wenn der aktive Wille zum Entdecken und Erforschen nicht schon früh gepflegt, sondern durch mangelnde Möglichkeiten beschränkt wird, verkümmert die aktive Neugierde. Es entsteht Leere verbunden mit einem Gefühl von Sinnlosigkeit aufgrund mangelnder Lebensfreude und Erfolgserlebnissen. Für den Alltag heißt das, Kinder in viele Dinge mit einzubeziehen und keine Sonderwelt zu schaffen, sondern die alltäglichen Handlungen gemeinsam zu leben.

Grundübung: Warum sind tragfähige Beziehungserfahrungen so wichtig für das Lernen? Welche Forschungsrichtungen gibt es dazu?

Vertiefung: Wie kann ich eine gute Beziehung zu einem Kind aufbauen? Geben Sie Beispiele aus dem Alltag.

Literatur

Ainsworth, S. u. a. (2003): Sichere und unsichere Bindungsmuster. Einflüsse der Mutter auf die Bindungsentwicklung, Bindung über den Lebenslauf. In: Grossmann, K./Grossmann, K.E.: Bindung und menschliche Entwicklung. Stuttgart

Chamberlain, S. (2003): Adolf Hitler, die deutsche Mutter und ihr erstes Kind. Gießen

Friedrich, H. (2008): Beziehungen zu Kindern gestalten. Berlin

Gebauer, K./Hüther, G. (2001): Kinder brauchen Wurzeln. Düsseldorf

Grossmann, K/Grossmann, K.E. (2008): Gut gebunden lernt sich's leichter. In: kindergarten heute 2/2008, das Leitungsheft. Freiburg

Grossmann, K./Grossmann, K.E. (2006): Bindungen – Das Gefüge psychischer Sicherheit. Stuttgart

Hüther, G. (2007): Resilienz im Spiegel entwicklungsneurobiologischer Erkenntnisse. In: Opp, G./ Fingerle, M. (2007). Was Kinder stärkt. Erziehung zwischen Risiko und Resilienz. München, S. 53

Opp, G./Fingerle, M. (2007): Was Kinder stärkt. Erziehung zwischen Risiko und Resilienz. München

Pianta, R.C./Stuhlmann M.W./Hamre, B.K (2007): Der Einfluss von Erwachsenen-Kind-Beziehungen auf Resilienzprozesse im Vorschulalter und in der Grundschule. In: Opp, G./Fingerle, M: Was Kinder stärkt, Erziehung zwischen Risiko und Resilienz. München, S. 192 f.

Prekop, J/Hüther, G. (2009): Auf Schatzsuche bei unseren Kindern. München

Solter, A.J. (2009): Auch kleine Kinder haben großen Kummer. München

5 Krippenkonzepte und Konzeptionsentwicklung

Katharina Lorber, Jördis Hanf

Was pädagogische Ansätze für die Betreuung, Bildung und Erziehung von Kinder in den ersten drei Lebensjahren betrifft, kann Deutschland etwas übertrieben als Entwicklungsland betrachtet werden (→ Kap. 1, zur Geschichte der Krippenpädagogik). Mit dem gesetzlich beschlossenen Ausbau der Betreuungsplätze für Kinder dieser Altersgruppe wurde eine regelrechte Suchbewegung nach praxisbezogenen und erprobten Orientierungspunkten für eine qualitativ hochwertige Betreuung, Bildung und Erziehung ausgelöst. Im Folgenden werden zwei pädagogische Ansätze vorgestellt, die im Europa der Nachkriegszeit entstanden sind. Ohne auf die heutigen Forschungserkenntnisse der Elementarpädagogik, Entwicklungspsychologie und der Neurobiologie zurückgreifen zu können, entwickelten die Pädagogen um Loris Malaguzzi in Reggio Emilia, Italien, und die Kinderärztin Emmi Pikler in Budapest, Ungarn, zwei Ansätze, deren Grundgedanken mit den aktuellen Anforderungen der Krippenpädagogik mehr als übereinstimmen.

5.1 Prinzipien und Praxis der Pikler-Pädagogik

Emmi Pikler entwickelte ihren pädagogischen Ansatz in einem Budapester Kinderheim. Ihr Anliegen war es, Heimkindern Entwicklungsbedingen zu schaffen, mit Hilfe derer sie sich zu gesunden und selbstständigen Menschen entwickeln können. Durch intensive Beobachtungen kam sie zu der Überzeugung, dass Kinder in der Lage sind, sich die für ihre Entwicklung bedeutsamen Schritte selbst zu erarbeiten.

> Jedes Kind hat ein natürliches Gefühl dafür, wann es körperlich und auch emotional fähig ist, den nächsten Schritt zu gehen. Aufgabe von Erwachsenen ist es, eine Umgebung zu schaffen die den Entwicklungsbedürfnissen des Kindes gerecht wird, sodass es sich in seinem Tempo frei entfalten kann (vgl. Appel/David 1995: 31).

Wird die Umgebung seine Entwicklungsbedürfnissen gerecht, lernt das Kind, sich selbstständig zu bewegen und seinen Interessen nachzugehen. Es erfährt Freude am Tun und erlangt Vertrauen in seine eigenen Kompetenzen.

Grundprinzipien der Pikler Pädagogik – sie lassen sich wie folgt zusammenfassen:

- Die selbstständige Aktivität des Kindes findet stets Beachtung in der täglichen Arbeit. Die Erwachsenen schaffen dem Kind eine Umgebung, in der das Kind aktiv und autonom tätig sein kann.
- Um eine gesunde Persönlichkeitsentwicklung des Kindes im institutionellen Rahmen zu gewährleisten, bedarf es einer kontinuierlichen und sicheren Beziehung zu einem Erwachsenen. Durch Beständigkeit und immer wiederkehrende Handlungen der Bezugsperson erfährt das Kind Sicherheit und Vertrauen.
- Erwachsene, die auf die Bedürfnisse der Kinder eingehen und sie aktiv an Handlungen teilhaben lassen, ermöglichen es dem Kind, seine Selbstwahrnehmung zu schulen und sich auf seine Umwelt einzulassen.
- Die Gesundheit des Kindes ist stets von großer Bedeutung und kann nur gewährleistet werden, wenn die genannten Prinzipien eingehalten werden (vgl. Appel/ David 2005: 29).

Besondere Aufmerksamkeit schenkt Pikler der Bewegungsentwicklung, der Pflege und dem Spielen.

Pflege

Pikler hat den Begriff der „Beziehungsvollen Pflege" geprägt. Pflegehandlungen werden als eine Möglichkeit zur Interaktion und Kooperation gesehen, sie bilden den Rahmen, in dem ein Beziehungsaufbau zwischen Betreuer und Kind stattfinden kann (Pikler/Tardos 2009: 36). Die Kommunikation zwischen beiden spielt dabei eine zentrale Rolle. Dem Kind gilt die volle Aufmerksamkeit und es nimmt aktiv an der Pflege teil. Handlungen werden angekündigt und Gegenstände angezeigt, bevor sie verwendet werden, Rhythmus und Zeitbedarf gibt das Kind vor. Dem Bewegungsdrang wird nachgekommen, indem z. B. das Kind auch im Stehen gewickelt wird, sobald es sicher stehen kann.

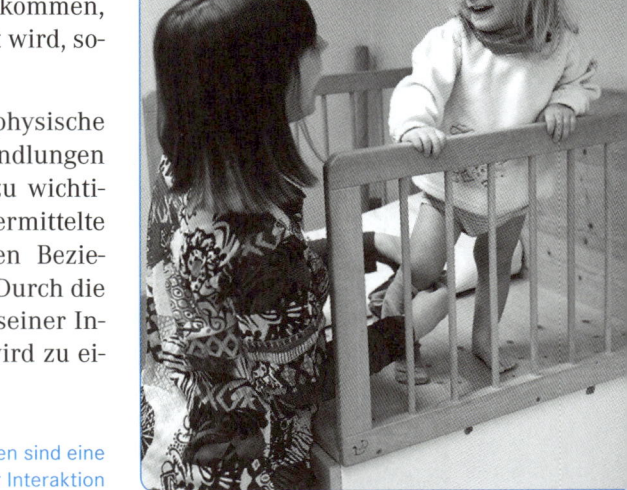

Durch das Einbeziehen des Kindes erlangt es physische und emotionale Sicherheit und alltägliche Handlungen wie Essen, Anziehen oder Wickeln werden zu wichtigen sozialen Erfahrungen. Die hierdurch vermittelte Wertschätzung bildet die Grundlage für den Beziehungsaufbau zwischen Kind und Erzieherin. Durch die intensive Zusammenarbeit wird das Kind in seiner Individualität wahrgenommen und die Pflege wird zu einem Moment der Freude und des Dialogs.

Abb. 5.1: Pflegesituationen sind eine gute Möglichkeit zur Interaktion

Beispiel: *Erzieherin: „Mia, ich möchte dich gerne wickeln. Magst du mitkommen?" Mia schaut die Erzieherin kurz an und wendet sich wieder ihrem Holzring zu. Erzieherin: „Ich sehe du magst noch etwas spielen. Dann komme ich gleich noch einmal wieder." Die Erzieherin erkennt, dass Mia gerade lieber weiterspielen möchte als mit zum Wickeln zu kommen, sie lässt ihr Raum für eigene Entscheidung.*

Nach wenigen Minuten geht die Erzieherin wieder auf Mia zu und sagt: „Mia ich werde dich jetzt wickeln." Diesmal formuliert sie ihr Anliegen als Tatsache. Mia steht auf, läuft zum Wickeltisch und klettert alleine hinauf. Oben angekommen lacht sie und hüpft einmal auf der Stelle. Der Wickeltisch ist mit einem Wickelaufsatz versehen, der an drei Seiten von einem Gitter gesichert ist, damit sich die Kinder daran festhalten können. Die Erzieherin lächelt und sagt: „Du bist alleine hochgeklettert und freust dich. Ich ziehe dir jetzt deine Hausschuhe aus und beginne mit dem linken Fuß." Mia bleibt stehen, hält sich am Wickelaufsatz fest und streckt der Erzieherin den Fuß hin. Da die Erzieherin immer mit diesem Fuß beginnt, weiß Mia genau, welcher Schuh zuerst an der Reihe ist. Mia schaut genau, wo die Erzieherin die Schuhe hinlegt. Erzieherin: „Ich lege die Schuhe hier hin, damit wir sie dann später wieder anziehen können." Mia nickt; dann versucht sie ihre Hose auszuziehen, die aber nicht über die Windel rutschen mag. Die Erzieherin wartet kurz ab und bietet Hilfe an, als Mia nicht mehr weiterkommt. Gemeinsam ziehen sie die Hose aus und Mia lacht, als sie damit fertig sind. Mia sagt: „Da", und zeigt auf ihr Bein. „Das ist dein Bein – es ist jetzt nackt." Mia hält sich am Wickelaufsatz fest und schaut zu den spielenden Kindern. Die Erzieherin sagt ihr, dass sie jetzt die Windel aufmachen wird. Mia schaut kurz runter zur Windel. Die Erzieherin zeigt ihr den Inhalt der Windel: „Du hast Pipi in der Windel." Mia schaut, zeigt darauf und freut sich. Die Erzieherin legt die Windel beiseite, nimmt einen feuchten Lappen und zeigt ihn Mia: „Ich werde dich jetzt sauber machen. Hier hab ich schon einen Lappen vorbereitet." Mia sieht das Tuch und hebt das Bein. Die Erzieherin macht sie sauber. Sie hat zwei Windeln bereitgelegt, die sie Mia zeigt: „Welche Windel magst du haben – die mit dem Hasen oder die mit der Katze?" Mia greift nach der Windel mit dem Hasen und zeigt ihn der Erzieherin. „Du magst heute die Windel mit dem Hasen." Mia nickt und lacht.

Aufgabe: Lesen Sie die Beschreibung der Pflegesituation und schreiben Sie eine Liste mit zehn Punkten, die das Kind in dieser Situation konkret lernt.

Freie Bewegungsentwicklung

Emmi Pikler wies in ihren Studien nach, dass Kinder sich alle Meilensteine der Bewegung selbst erarbeiten und dafür keiner Anleitung durch Erwachsenen bedürfen. Im Gegenteil, sie hob hervor, dass die Eingriffe von Erwachsenen in die freie Bewegungsentwicklung des Säuglings sogar hinderlich für die motorische Entwicklung seien (vgl. Pikler: 2001). Kinder, die in Positionen gebracht werden, die sie selbstständig noch nicht einnehmen können, werden unsicher und hilflos. Wohingegen Kinder, die sich Positionen selbst erarbeitet haben und die Erfahrung von Selbstwirksamkeit machen durften, selbstbewusst und sicher in ihren Bewegungen sind. Die Aufgabe der Erzieherin ist es, je nach Alter der Kinder die Umgebung ihren Spiel- und Bewegungsbedürfnissen durch verschiedenste Bewegungsmaterialien anzupassen. Podeste, Dreiecke, Kriechtunnel und schiefe Ebenen lassen sich leicht in jeden Gruppenraum integrieren und können flexibel eingeführt werden (→ Kap. 6).

Beispiel: *Im Gruppenraum steht ein Art Leiter, ein Sprossendreieck, das Louis' Aufmerksamkeit auf sich zieht. Er klettert sehr sicher und schnell die ersten vier Sprossen hoch. Oben angekommen merkt er, dass es schwierig wird, mit dem Körper über die oberste Sprosse zu kommen. Zuerst greift er mit der einen Hand darüber und hält sich an der Sprosse auf der anderen Seite fest. Er ist dabei etwas wackelig und setzt die Hand schnell wieder zurück auf ihren vorigen, sicheren Platz. Die Erzieherin ist auf der anderen Seite des Raumes und beobachtet die Situation. Louis versucht es abermals. Wieder setzt er seine rechte Hand über die oberste Sprosse und zieht diesmal das Bein gleich hinterher. Er wird etwas unsicher und schaut besorgt nach der Erzieherin. Diese sieht die Situation und geht langsam zur Leiter und kniet sich daneben. Sie signalisiert Louis damit, dass sie für ihn da ist, wenn er Hilfe braucht, ihm aber auch zutraut, dass er die Situation alleine meistern kann. Louis kommt nun auch mit dem anderen Bein über die Sprosse und schaut aufgeregt nach der Erzieherin. Die Erzieherin lächelt ihn an und sagt: „Ich habe es gesehen. Du bist über die Leiter geklettert." Louis klettert hinunter rennt um die Leiter herum und versucht es erneut.*

Spielen

Eine zentrale Aufgabe besteht nach Pikler darin, den Kindern genügend Zeit für ungestörtes Spiel zu geben. Nur wenn sich ein Kind ohne äußere Störungen auf einen Gegenstand einlassen kann, wird es sich auch intensiv mit ihm auseinandersetzen und die Zusammenhänge erfassen. Die Erzieherin schafft hierfür einen sicheren Rahmen, indem sie z.B. den Raum mit Spielgittern abtrennt und damit Nischen und Rückzugsmöglichkeiten bietet. Sie schützt das Kind vor zu vielen äußeren Reizen und gibt ihm Geborgenheit und Ruhe (vgl. Allwörden/Wiese 2002: 9). Die Erzieherin sollte sich von Erwartungen und Erfahrungen lösen und den Kindern jeden Tag aufs Neue wertfrei begegnen. Sie schaut abwartend zu und teilt die Blicke des Kindes, wenn es die Aufmerksamkeit sucht. Sie beobachtet, wann Frustration eintritt, und lässt das Kind Schwierigkeiten so weit wie möglich alleine lösen. Das Kind fühlt sich dadurch angenommen und wertgeschätzt, es lernt, sich auszudrücken, und tritt in einen Dialog mit dem Erwachsenen. Erwachsene lernen aus den Beobachtungen, das Kind zu verstehen, und können ihm somit auch eine geeignete Umgebung für seine Entwicklungsschritte vorbereiten. Die Rolle der Erwachsenen ist nicht die eines Spielpartners, sondern die eines Beziehungspartners (vgl. Kálló/Balog 2003: 159). Kinder brauchen eine sichere Bindung und Hürden, an denen sie wachsen können.

Beispiel: *Lilly sitzt an einem kleinen Holzpodest und spielt mit einigen Schüsseln, die sie immer wieder ineinander stapelt. Jule kommt mit einer Holzschubkarre vorbei und beginnt, ihre Runden um das Podest zu drehen. Lilly unterbricht ihr Spiel und schaut auf zu Jule. Jule läuft in zügigem Tempo weiter mit der Schubkarre um das Podest und freut sich, dass sie es schafft, um die Kurven zu kommen, ohne den Ball zu verlieren, der in der Schubkarre liegt. Lilly fängt wieder an, ihre Schüsseln zu stapeln, unterbricht aber nach kurzer Zeit das Hantieren und beginnt zu weinen. Die Erzieherin geht zu Lilly und sagt: „Du magst gerade Stapeln und Jule fährt um das Podest. Ich nehme dich jetzt hoch und setze dich in den abgegrenzten Bereich. Da kannst du ungestört spielen." Lilly streckt sofort die Arme aus und die Erzieherin nimmt sie hoch, um sie in das Spielgitter zu setzen. Sie legt ihr die Schalen in ihren Bereich und Lilly widmet sich schnell wieder ihren Entdeckungen.*

> **Aufgabe:** Wie kann man im Alltag Möglichkeiten für ungestörtes Spiel schaffen? Listen Sie Rahmenbedingungen auf, die Ihrer Meinung nach dafür vorhanden sein sollten.

5.2   Prinzipien und Praxis der Krippen in Reggio Emilia

Die Reggio-Pädagogik entwickelte sich in den späten 1960er Jahren in den kommunalen Kindertagesstätten der norditalienischen Stadt Reggio Emilia. Die dort praktizierte Kleinkindpädagogik versteht Erziehungsarbeit als gemeinschaftlichen Prozess zwischen Kindern, Erzieherinnen und Eltern. Kinder werden als aktive Konstrukteure ihres Wissens gesehen und von Geburt an als reiche und vielfältige und kompetente Subjekte anerkannt. Ziel der Reggio-Pädagogik ist es, die in jedem Kind angelegten Potenziale zur Entfaltung zu bringen (vgl. Lingenauber 2007: 22).

Nester (Nidi)

Die Krippen in Reggio Emilia werden Nester (Nidi) genannt. Dieser Name ist Programm: Als Abgrenzung zu der üblichen Bezeichnung „Asilo infantilo" (Zufluchtsort) möchten die Nester Orte der Geborgenheit und des Schutzes sein (vgl. Lingenauber 2004: 72). Die Kleinstkinder bleiben in vier altershomogenen Gruppen (3 bis 9, 10 bis 18, 19 bis 24 und über 24 Monate) bis zu ihrem Übergang in die Kita mit ihren Erzieherinnen zusammen. Diese Aufteilung soll den schnellen Entwicklungssprüngen und den damit verbundenen Unterschieden zwischen den Kindern trotz ähnlichen Alters entsprechen. So wird bei den Säuglingen z. B. der individuelle Rhythmus bei den Mahlzeiten berücksichtigt, die älteren Kinder essen dagegen gemeinsam. Das Nest wird als Ausgangspunkt für das Erkunden der Welt betrachtet. Entsprechend der entwicklungsbedingten Anforderungen der „Nestkinder" wechselt die gesamte Gruppe etwa einmal im Jahr in einen „anspruchsvolleren" Raum (vgl. ebd.: 72). Die Eingewöhnungsphase der Krippenkinder gestalten Erzieherinnen und Eltern gemeinsam. Dies erleichtert Kind und Eltern diesen neuen Lebensabschnitt und zeigt ihnen zugleich ihre Bedeutung innerhalb der Einrichtung.

Projekte

Die Reggio-Pädagogik begreift Lernen als aktive Auseinandersetzung des Kindes mit seiner materiellen und sozialen Umwelt. Gerade Projekte bieten die Möglichkeiten, alltagsbezogene Fertigkeiten zu erkunden und zu erlernen. Die Sozialform des Projekts wirkt zu dem auf die kindliche Selbst- und Weltkonstruktion (vgl. Knauf/Düx/Schlüter 2007: 132). Aktivitätsformen die bereits bei Kindern in den ersten drei Lebensjahren im Rahmen von Projektarbeit vorkommen sind:

- Sinnliches Wahrnehmen
- Exploratives, erkundend-experimentelles Handeln
- Nachdenken über Wirkungszusammenhänge
- Deuten von Beobachtungen
- Aktivieren von Emotionen
- Vernetzen von Wahrnehmungen und inneren Bildern
  (vgl. Lingenauber 2004: 114).

Damit Kinder diese Aktivitäten entfalten können, müssen die Ideen für die Projekte von den Kindern selbst kommen. Bei den jüngeren Kindern erfordert dies ein hohes Maß an Beobachtungsfähigkeit, um die Themen und Fragen der Kinder zu erkennen. Die Fachkräfte begleiten die Kinder in ihrem Tun, sie assistieren ihnen und ermutigen sie, aber sie leiten die Kinder niemals zu einem Ergebnis.

Beispiel: *(aus der reggio-orientierten Krippe Bambini-Oase, Berlin; Thema: Materialerfahrungen); die Gruppe besteht aus 15 Kinder im Alter von 12 bis 22 Monaten. Zwei Erzieherinnen in Vollzeit und ein Springer arbeiten in der Gruppe. Alle Kinder sind eingewöhnt und fühlen sich wohl in der Gruppe. Vier Kinder können noch nicht laufen.*

Die Erzieherinnen räumen alles Spielzeug außer Kisten, Eimern und anderen Behältern aus dem Gruppenraum. Dafür bekommen die Kinder Materialien aus Papier angeboten: Papierrollen, verschiedenartiges Papier, geknülltes Papier. Die Kinder reagieren sehr unterschiedlich auf die veränderte Situation. Manche tasten sich zögerlich heran, andere stürmen gleich darauf los. Nach ca. fünf Minuten sind alle Kinder aktiv: Sie reißen, werfen, packen ein, kippen aus und wickeln sich selbst oder auch andere ein. Die Kinder zeigen Freude, Neugierde, Spaß an Geräuschen, Bewegungsaktivitäten: Sie sind konzentriert und ruhig tätig, sie laufen immer wieder über das raschelnde, sich bewegende Papier, sie rennen, stampfen und toben, man hört lautes Schreien und Juchzen, aber auch leises Vor-sich-hin-Plappern. Sie nehmen untereinander Kontakt auf durch Blicke, Berührungen und Sprechen. Die Kinder suchen immer wieder den Kontakt zu den Erzieherin-

nen, um Hilfe beim Hin-und-her-Werfen der Papierkugeln oder beim Einwickeln ins Papier zu bekommen.

Raumgestaltung

Der Raum erfüllt im Denken der Reggio-Pädagogik zwei Hauptaufgaben: Er bietet Geborgenheit und gleichzeitig Herausforderung. Seine Gestaltung soll eine Atmosphäre des Wohlbefindens schaffen und konsequent an den Bedürfnissen der Kinder orientiert sein (vgl. Knauf 2007: 140 ff.). Architektur und Ausstattung zeichnen sich durch Transparenz und Offenheit aus. Die Gruppen- und Funktionsräume sind kreisförmig um ein Atrium angeordnet – das Zentrum jeder Einrichtung in Reggio Emilia. Es ist Eingangshalle ebenso wie Spiel-, Aktions- und Begegnungsraum (vgl. Lingenauber 2004: 73). Anstelle von klassischem Spielzeug finden die Kinder in offenen Regalen unterschiedliche Materialien, die den Kindern dabei dienen sollen,

- sich als Forscher zu betätigen
- Beziehung zu Objekten aufzubauen
- etwas Bedeutung geben zu können
- Beziehungen zwischen der inneren und äußeren Welt herstellen zu können
- Beziehungen zu anderen Personen aufnehmen zu können (ebd.: 90).

Kissen, Körbe, Hochpodeste, große Fenster nach draußen, Fenster zwischen den Räumen und in den Türen, Treppen, Nischen und Ecken, Kissen und Körbe präsentieren sich als Entdeckungsmöglichkeiten (Lingenauber 2004: 72). Ein bedeutender Raum jeder Krippe in Reggio Emilia ist das Atelier: Farben, Papier, Ton und viele andere Materialien warten auf Entdeckung. In der Auseinandersetzung mit den Materialien und den daraus entstehenden Produkten wird ein Schlüssel für die Wahrnehmung der Umwelt und das kindliche Selbstvertrauen gesehen (→ Kap. 15).

Dokumentation

Die Dokumentation kindlichen Denkens und Tuns ist eine der wichtigsten Tätigkeiten der pädagogischen Fachkräfte in Reggio Emilia. Dabei handelt es sich nicht um eine möglichst objektive, an bestimmten Gütekriterien orientierte und eher distanzierte sachliche Erhebung, sondern um ein bewusst aus der Beziehung heraus geschaffenes Dokument.

Der soziale Charakter der Dokumentation ergibt sich aus dem Anspruch, so authentisch wie möglich die Beobachtung wiederzugeben, und der Bewusstheit darüber, dass diese immer ein individuelles Produkt der beobachtenden Person ist (vgl. Lingenauber 2004: 27).

Zum einen werden in Reggio Emilia die Projekte der Kinder beobachtet und dokumentiert. In Heften werden Zeichnungen, Fotos des Arbeitsprozesses am Projekt, Gesprächsprotokolle und – aufzeichnungen, kurze Kommentare der Erzieherinnen und der zeitliche Ablauf des Projektes zusammengeführt. Wandzeitungen zeigen den Prozess und das Ergebnis und bringen so die Wände „zum Sprechen" (ebd.: 31 f.). Zum anderen wird für jedes Kind ab seinem ersten Tag in der Einrichtung ein Portfolio geführt. Darin werden die regelmäßig durchgeführten Zehn-Minuten-Beobachtungen gesammelt gemeinsam mit anderen Quellen wie Zeichnungen, Fotos und Äußerungen.

Diese Arbeit erfüllt unterschiedliche Funktionen: Den Kindern erlaubt sie „all, das noch einmal zu durchlaufen, was sie tun und was sie sind. Sie hilft ihnen, ihre Methoden, ihre Entscheidungen, die Momente des Stillstands, ihren Eifer, zum Ziel (...) zu gelangen, noch einmal zu erleben" (Vechi 2002: 156). Außerdem erleben sie Anerkennung, Achtung und echtes Interesse an ihren Gedanken und Tätigkeiten. Den Erzieherinnen bietet diese Form der Dokumentation und Beobachtung die Möglichkeit, über kindliches Lernen und Wissen zu lernen und dadurch die eigene Professionalität zu stärken (vgl. Lingenauber 2004: 28). Den Eltern werden genaue Einblicke in das Leben ihres Kindes in der Einrichtung möglich.

5.3   Altershomogene und altersgemischte Gruppen

Es existieren unterschiedliche Organisationsformen von Krippen. In der einen werden ausschließlich Kinder bis zum dritten Lebensjahr betreut, in der anderen werden Kinder bis zu sechs Jahre aufgenommen. Mögliche Modelle sind:

- Einrichtungen, die für jede Altersstufe eigene Gruppen anbieten, also Krippen-, Elementar- und Hortgruppen.
- Integrative Konzepte mit „kleiner Altersmischung", bei der die traditionellen Elementargruppen für Krippen- oder Hortkinder geöffnet werden.
- Konzepte, die die „große Altersmischung" favorisieren, bei der Kinder allen Alters gemeinsam betreut werden.
- Öffnung von Regelgruppen für Kinder ab zwei Jahren.

Aus Trägersicht ist dieses Vorgehen effektiv: Wenn der Rechtsanspruch für drei- bis sechsjährige Kinder erfüllt wird, aber der Bedarf an Plätzen anderer Altersgruppen vorhanden ist, können sie ihre bestehenden Angebote auslasten (Haberkorn 2010: 28). Folgende Ausbaustrategie für Kinder in den ersten drei Lebensjahren gab es in den letzten Jahren in Deutschland: Drei Viertel öffnen ihre Kindergartengruppe für Zweijährige, zwei Drittel lassen altersübergreifende Gruppen (vom Krippen- bis z. T. zum Hortalter) entstehen und erst an dritter Stelle steht der Ausbau von „echten" Krippengruppen (vgl. Deutsches Jugendinstitut 2009: 28 f.).

Liegle macht darauf aufmerksam, dass lebensphasenspezifische Strukturen der Bildung in der Frühen Kindheit beim Nachdenken über die Gruppenzusammensetzung im Vordergrund stehen müssen. Bildungs- und Lernprozesse von Kindern in den ersten drei Lebensjahren stehen in engem Zusammenhang mit ihrer gesamten Entwicklung und gerade in dieser Altersspanne sind große alters- und entwicklungsbedingte Unterschiede auszumachen. Sechs Monate alte Kinder lernen anders als 12 oder 18 Monate alte Kinder. Daher trifft Liegle die Kernfrage, die eine Konzeption hinsichtlich der Gruppenzusammensetzung beantworten muss: In welcher Weise wird gewährleistet, dass die Bedürfnisse aller Kinder hinsichtlich ihres individuellen Entwicklungsstandes befriedigt werden und alle von der geschaffenen Betreuungssituation profitieren?

Altersspanne	Vorteile	Nachteile
Altersheterogene Krippengruppen (0–6 J.; „kleine Altersmischung")	• Ähnlichkeit mit dem Zusammenleben einer Großfamilien • Erleben von verschiedenen Rollen bei sich selbst im Kontakt mit Kindern verschiedenen Alters • Ältere Kinder können prosoziales Verhalten Jüngeren gegenüber einüben • Weniger Übergänge, über Jahre hinweg konstante Bezugspersonen und Umgebung • Übersichtliche Organisation der Eingewöhnung, da jedes Jahr nur wenige Kinder aufgenommen werden • Jüngere Kinder lernen von den Älteren hinsichtlich Sprache und Sozialverhalten	• Altersbezogene Gruppenkonflikte möglich • Gruppengröße • Schlechterer Betreuungsschlüssel; weniger Fachkraft-Kind-Interaktion mit Auswirkungen auf die Sprachentwicklung • Verunsicherung der jüngeren Kinder durch die Gruppengröße • Unruhe in der Gruppe • Probleme, die Konzeption umzusetzen • Fachkräfte müssen für die gesamte Altersspanne qualifiziert sein • Anforderungen an die Fachkräfte zu hoch, da sie die unterschiedlichen Bedürfnisse der Kinder nicht alle befriedigen können • Überforderung der jüngeren Kinder durch die an die Bedürfnisse der älteren Kinder angepassten Angebote, Unterforderung der Älteren wegen Rücksichtnahme

Altersspanne	Vorteile	Nachteile
Altershomogene Krippengruppe (0–3 J.)	• Guter Betreuungsschlüssel • Spezialisierung der Fachkräfte • An der Entwicklung der Kinder orientierte Gestaltung des Lebens in der Krippe • An der Entwicklung der Kinder orientierte Raumgestaltung • Kinder bevorzugen Beziehungen zu Gleichaltrigen	• keine Anregung durch Ältere • Übergang in den Kindergarten • Häufige Eingewöhnungszeiten aufgrund stärkeren Kinderwechsels

Tab. 5.1: Vor- und Nachteile altersheterogener und -homogener Krippengruppen (vgl. Haberkorn 2010; Viernickel/Schwarz 2009.)

Beide Möglichkeiten weisen Vor- und Nachteile auf, denen in der Praxis begegnet werden muss. Beispielsweise kann die Öffnung der Gruppen einer Einrichtung den Kindern die Möglichkeit bieten, auch außerhalb ihrer Bezugsgruppe Freundschaften und Beziehungen zu Kindern gleichen und verschiedenen Alters aufzubauen. Auch themenbezogene Projektgruppen bieten die Möglichkeit für altershomogenes Arbeiten oder für Begegnungen Kinder unterschiedlichen Alters. Wichtig ist, dass Rahmenbedingungen geschaffen werden, innerhalb derer weder die Bedürfnisse von Kindern vernachlässigt noch die Kräfte der Erzieherinnen überstrapaziert werden.

5.4 Grundlagen für eine gelingende Konzeptionsarbeit

Mit dem Ausbau der Betreuungsplätze für Kinder in den ersten drei Lebensjahren stellt sich die Frage, in welcher Art und Weise diese institutionelle Betreuung umgesetzt werden kann, damit sie den kindlichen Bedürfnissen ebenso wie den gesellschaftliche Vorstellungen früher Bildung und Betreuung entspricht. Dies erfordert eine einrichtungsbezogene Auseinandersetzung mit den an die Institution Krippe gestellten Forderungen, wenn es der einzelnen Einrichtung gelingen will, eine an den unterschiedlichen Bedürfnissen aller Beteiligten (Kinder, Eltern, pädagogische Fachkräfte) orientierte Dienstleistung auf einem hohen Niveau bereitzustellen (vgl. Schlummer/Schlummer 2003: 13).

Für die Altersklasse der Drei- bis Sechsjährigen existieren zahlreiche und unterschiedliche pädagogische Konzepte wie etwa der Situationsansatz oder die Montessori-Pädagogik, die als Orientierung für die Herausbildung eines individuellen Profils dienen können. Ein Blick in die Geschichte der Institution „Krippe" zeigt jedoch, dass diese Arbeit lange Zeit vor allem auf hygienische und medizinische Versorgung ausgerichtet war und pädagogische Ideen kaum eine Rolle spielten (→ Kap. 1.1). Der Auftrag von Krippen hat sich jedoch gewandelt. Es steht heute eine an den Bedürfnissen der Kinder orientierte pädagogische Betreuung, Bildung und Erziehung im Mittelpunkt. Fachkräften in Krippen stehen jedoch für die Entwicklung einer individuellen Einrichtungskonzeption kaum explizit auf ihre Zielgruppe ausgerichtete pädagogische Ansätze als Bezugsrahmen zur Verfügung.

> Pädagogische Ansätze sind umfassende Konzepte, die aus Vorstellungen über Gesellschaft, Menschenbild und von der Entwicklung des Kindes eine Vorstellung der Rolle der pädagogischen Fachkräfte ableiten und dafür Handlungsempfehlungen und -regeln bereitstellen (vgl. Knauf 2007: 15).

Welches Menschenbild ein Ansatz vertritt und welche Bildungs- und Erziehungsziele daraus abgeleitet werden, ist auf seinen Entstehungszusammenhang zurückführen.

Aufgaben eines Konzeptes: (Pädagogische Ansätze) „zeichnen sich einerseits durch Komplexität aus und können daher in sehr vielen Bereichen der elementarpädagogischen Praxis herangezogen werden; andererseits sind sie – mehr oder weniger eindeutig- auf wenige Grundannahmen zurückzuführen und insofern handlungsleitende Überzeugungssysteme" (Knauf 2007: 15). Sie bieten

- Inspiration und Orientierung für die pädagogische Arbeit
- eine gemeinsame Arbeitsgrundlage und Spiegelbild der eigenen Arbeit
- dem pädagogische Team eine Identifikationsmöglichkeit für die eigene Arbeit
- Ansätze zur Verbesserung der gesamten pädagogischen Arbeit und damit zur Qualitätsentwicklung
- Möglichkeiten der Öffentlichkeitsarbeit und der Profilierung gegenüber anderen Einrichtungen („Visitenkarte der Einrichtung").

Pädagogisches Konzept/Ansatz	Pädagogische Konzeption
Definiertes System pädagogischer Überzeugungen, das sich historisch entwickelt hat und sich von anderen Ansätzen absetzt und Konsequenzen für die professionelle pädagogische Praxis hat (vgl. Knauf 2007: 13).	Einrichtungsinterne, verbindliche schriftliche Fassung der bedeutsamen Grundsätze der Einrichtung. Grundsatzdokument einer Organisation, das Richtlinien oder Leitideen für konkrete Planungen und Entscheidungen enthält (vgl. Schlummer/Schlummer 2003: 25).

Tab. 5.2: Unterschiede zwischen Konzept und Konzeption

Aufgaben einer Konzeption: Eine im Team erarbeitete einrichtungsbezogene Konzeption bietet die Möglichkeit,

- sich über gemeinsame Werte und Vorstellungen zu verständigen
- die Qualität der eigenen Arbeit weiterzuentwickeln, transparenter zu machen und zu sichern
- die eigene professionelle Arbeit weiterzuentwickeln.

Eine einrichtungsbezogene Konzeption kann noch so gut formuliert sein, am wichtigsten bleibt bei der Arbeit jedoch stets der Blick auf das Kind. Eine Konzeption stellt die pädagogischen Fachkräfte immer vor die Herausforderung, die Balance zwischen dem Maß an Sicherheit und Struktur, das sie für ihre Arbeit mit den Kindern benötigen, und dem dafür ebenso notwendigen Maß an Freiheit und Authentizität herzustellen. Beispiele dafür sind Rituale im Tagesablauf, im Team getroffene Absprachen und Vorgaben des Trägers, die den Alltag strukturieren. Innerhalb dieser Strukturen müssen die Fachkräfte so viel Freiheit haben, ihre Arbeit auf die individuellen Bedürfnisse von Kindern und spontanen Ereignisse des Alltags abzustimmen und dabei ihre eigene Persönlichkeit zu wahren.

5.5 Praxis: Eine Krippenkonzeption entwickeln

Die Bedürfnisse von Kindern in den ersten drei Lebensjahren stellen andere Ansprüche an pädagogische Einrichtungen als ältere Kinder. Erforscht wurden diese Bedürfnisse in unterschiedlichen Disziplinen (→ Kap. 1, 3, 4, 9). In Anbetracht dieser Erkenntnisse ergeben sich für die Konzeptionsentwicklung unabhängig von den einrichtungsspezifischen äußeren Umständen Themen wie die Eingewöhnung (→ Kap. 7), Elternarbeit (→ Kap. 21), Pflege (→ Kap. 8), Raumgestaltung (→ Kap. 6) und die Gruppenzusammensetzung unter Einbeziehung des bedeutendsten Faktors für ein positives Erzieherverhalten: die Fachkraft-Kind-Relation (→ Kap. 1).

Konzeptionsentwicklung im Team

Eine einrichtungsbezogene Konzeption zu entwickeln, ist eine große Herausforderung für ein Team. Es gilt, neben dem Alltagsgeschehen Kräfte, Zeitfenster und Räume für die Konzeptionsarbeit zu finden. Es kann hilfreich sein, eine Person, die nicht in die Einrichtung integriert ist, hinzuzuziehen, die das Team in seinem Prozess fachlich kompetent unterstützen kann. Dabei ist vor allem eine persönliche Distanz zur Einrichtung in Kombination mit Fachwissen hinsichtlich der Konzeptionsentwicklungsprozesse sowie pädagogischer Theorien und Ansätze fruchtbar. Mögliche Unterstützer können Fortbildnerinnen, Fachberaterinnen, Supervisorinnen oder auch die Leiterin einer anderen Einrichtung sein. Ihre Rolle kann Ideengeberin, Moderatorin, Organisatorin, Wissensvermittlerin und „Fels in der Brandung" sein. Jede Einrichtung muss hier individuell klären, welche Unterstützung sie von wem in welcher Zeit benötigt. Hilfreich ist dafür ebenso die Bereitschaft des Trägers, dem Team die nötigen finanziellen Mittel zur Verfügung zu stellen und Anerkennung für den eingeschlagenen Weg zu zeigen.

Bei der Konzeptionsentwicklung kommen auch die unterschiedlichen Begabungen der Teammitglieder zum Tragen: Die Computerfachfrau übernimmt das Layout, diejenige, die Freude am Schreiben und Formulieren hat, führt Protokoll und bereitet die Texte vor und eine andere moderiert die Sitzungen. Eine von gegenseitiger Wertschätzung geprägte Zusammenarbeit fördert die Motivation, sich an dem intensiven Prozess zu beteiligen, und das Gefühl, sich für das Projekt mitverantwortliche zu fühlen (vgl. Schlummer/Schlummer 2003: 70).

Arbeitsschritte einer Konzeptionsentwicklung

Aufgabe: Vervollständigen Sie den Satz: „Kinder sind ..." schriftlich, in dem Sie für jeden Buchstaben des Alphabets einen Begriff finden.

Alltagstheorien hinterfragen: Bittet man pädagogische Fachkräfte den Satz „Kinder sind ..." zu vervollständigen, so zeugen Antworten wie wissbegierig, aktiv, kreativ, Forscher, beweglich, laut, anstrengend, süß oder aufmerksam von den unterschiedlichen subjektiven Theorien, die vor allem aus Erfahrungen und weniger aus dem im Rahmen der Ausbildung erworbenen Wissen entwickelt wurden. Diese sogenannten Alltagstheorien steuern häufig, wenn auch unbewusst, das pädagogische Handeln von Fachkräften. Für den Prozess der Konzeptionsentwicklung ist es aus diesem Grund ein wichtiger Schritt, sich zunächst über das eigene verinnerlichte Bild von Kindern klar zu werden.

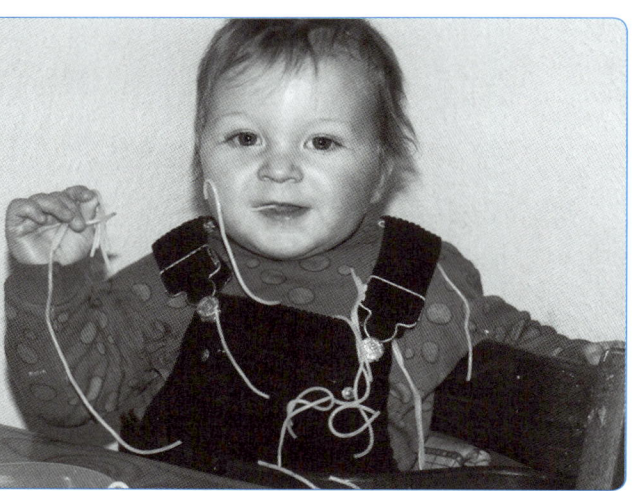

Abb. 5.2: Selbstständig oder Schweinerei? – Das eigene Bild vom Kind sollte hinterfragt werden

Die Verständigung im Team darüber, welches Bild vom Kind den gemeinsamen Überlegungen zugrunde gelegt wird, bildet die Basis für den gesamten Prozess. Davon wird eine einrichtungsbezogene Konzeption abgeleitet und anhand dessen kann diese auch immer wieder überprüft werden. Hilfreich kann dabei die Beantwortung folgender Fragen sein:

- Was sind die Ziele der Arbeit unserer Einrichtung?
- Womit begründen wir diese Ziele?
- Welche Schwerpunkte haben Priorität in unserer Einrichtung?
- Welche Methoden sind geeignet, um unsere Ziele zu erreichen?
- Welche Möglichkeiten sind geeignet, um die Qualität und Effekte unserer Arbeit zu überprüfen (vgl. Schlummer/Schlummer 2003: 26)?

Auf der Suche nach Antworten können pädagogische Ansätze als Inspiration und Orientierung dienen, sollten jedoch nicht einfach übernommen werden. Die Persönlichkeiten der beteiligten Fachkräfte mit ihren individuellen Biographien sind für eine einrichtungsbezogene Konzeptionsentwicklung ebenso von Bedeutung wie das soziokulturelle Umfeld der Einrichtung, die Vorgaben des Trägers, die konkreten Räumlichkeiten oder die Personalsituation (zur Situations- und Bedarfsanalyse siehe auch → Tab. 5.3). Diese Einflüsse müssen berücksichtigt werden, damit eine Konzeption nachhaltig wirken kann.

Arbeitsschritte nach Textor: Für die Entwicklung einer Konzeption schlägt Martin Textor (1996) vier Arbeitsschritte vor (→ Tab. 5.3). Sie beschreiben einen nicht endenden Kreislauf, aus dem heraus die Konzeption immer wieder überprüft und fortgeschrieben und im Sinne der Qualitätsentwicklung weitergeführt wird (→ Kap. 20).

Arbeitsschritte	Fragen und Vorgehen
Situationsanalyse	Wie leben die Kinder in der Kita, in den Familien? Wie wird pädagogische Arbeit gegenwärtig gestaltet? Wie ist die Personal- und Raumsituation? Wie arbeitet das Team zusammen? Welche Rahmenbedingungen liegen vor?
Bedarfsanalyse	Welche Wünsche und Bedürfnisse seitens der Kinder, Eltern und der Fachkräfte sowie des Trägers bestehen?
Konzeptions-erstellung	Anhand der Auswertung der obigen Arbeitsschritte werden Erziehungsziele und -methoden besprochen. Das Team einigt sich auf den individuellen pädagogischen Ansatz seiner Einrichtung und entschließt sich möglicherweise für die Orientierung an einem pädagogischen Handlungskonzept. Die Ergebnisse der Gruppenarbeit werden aufgeschrieben und allen Beteiligten zugänglich gemacht.
Überprüfung der Konzeption	Nach Einführung der Konzeption wird sie aus der Distanz einiger Monate auf ihre Wirksamkeit hin überprüft. Dient die Konzeption allen Teammitgliedern als Arbeitsgrundlange? Werden die Ziele erreicht?

Tab. 5.3: Arbeitsschritte zur Konzeptionsentwicklung (vgl. Textor 1996)

Um zu erreichen, dass die in der Konzeption festgehaltenen Ziele auch umgesetzt werden können, ist es in der Erarbeitungsphase wichtig, theoretische Erkenntnisse und die praktischen Möglichkeiten aufeinander abzustimmen. Wenn zum Beispiel die räumlichen Gegebenheiten keinen expliziten Schlafraum hergeben, dieser aber aus konzeptioneller Sicht wünschenswert ist, muss gemeinsam überprüft werden, was machbar ist, und dieses Ergebnis dann in die Konzeption einfließen. Von Bedeutung ist, dass die niedergeschriebenen Gedanken und Anliegen sich in der Praxis auch umsetzen lassen. „Träume und Visionen im Kontakt mit der Realität sind eine gute Voraussetzung" für eine gelungene Konzeptionsarbeit (Becker-Textor 1995: 27).

Konzeptionsinhalte schriftlich ausarbeiten: Die Ergebnisse der Konzeptionsentwicklung sollten aufgeschrieben werden. Eine sinnvolle Gliederung berücksichtigt folgende Aspekte:

- Das Leitbild, das Bild vom Kind, die zugrunde liegenden Ideen der Konzeption
- Die Lebenssituation der Kinder und ihrer Familien und deren Bedürfnisse
- Die Einrichtung mit allen wichtigen Daten und Fakten wie Räumlichkeiten oder Außengelände
- Die Ziele
- Die Umsetzung des pädagogischen Ansatzes im Alltag
- Die Kooperation mit den Eltern
- Die Vernetzung mit anderen Einrichtungen
- Das Team
- Die anvisierten Ziele für die Zukunft.

Der Text sollte verständlich geschrieben sein in einer einfachen Sprache ohne viele Fachbegriffe. Kurze Sätze, eine überschaubare Gliederung, klare Überschriften und eine einwandfreie Grammatik und Rechtschreibung machen die Konzeption für alle Leser verständlich und attraktiv (vgl. Schlummer/Schlummer 2003: 40 ff.).

Konzeption veröffentlichen: Mit der Veröffentlichung der Konzeption wird ihre Bedeutung unterstrichen und die Arbeit des Teams für Eltern, Träger und Kooperationspartner sichtbar und greifbar. Bei der Umsetzung der Veröffentlichung sind der Kreativität außer durch die zur Verfügung stehenden Mittel keine Grenzen gesetzt. Fotos, Kinderzeichnungen oder auch Beobachtungen bereichern die schriftlichen Darstellungen und können die Aussagen unterstreichen. Bei der Verwendung solcher Stilmittel ist zu beachten, dass Bilder und Fotos auch nach der Vervielfältigung eine gute Qualität aufweisen. Außerdem müssen die Illustrationen eine inhaltliche Verbindung zum Text und eine klare Aussage haben. Bei der Verwendung von Fotos muss zudem die Zustimmung der Dargestellten und des Fotografen eingeholt werden. Die Möglichkeiten einer Veröffentlichung reichen von einer professionell hergestellten Broschüre bis zu einer von einem Heftstreifen zusammengehaltenen Blattsammlung. Dabei gilt es zu bedenken, dass die Konzeption immer wieder verändert und ergänzt wird und das Produkt somit nur eine Gültigkeit von etwa zwei Jahren hat.

Grundübung: Entwickeln Sie einen Ablaufplan für eine einrichtungsbezogene Konzeptionsentwicklung unter Berücksichtigung der wichtigen Themen.

Vertiefung: Diskutieren Sie, ob die Orientierung einer Krippe an einem pädagogischen Ansatz sinnvoll ist und welche Anforderungen sich aus einer solchen Orientierungen für das pädagogische Fachpersonal ergeben.

Literatur

Allwörden, M./Wiese, M. (2002): Vorbereitete Umgebung für Babys und kleine Kinder. Handbuch für Familien Krippen und Krabbelstuben. Berlin

Appell, G./David, M. (1995): Lóczy – Mütterliche Betreuung ohne Mutter. München

Becker-Textor, I. (1995): Kindergarten 2010. Traum-Vision-Realität. Freiburg/Basel/Wien

Deutsches Jugendinstitut (2009): Quantität braucht Qualität. Agenda für den qualitativ orientierten Ausbau der Kindertagesbetreuung für unter Dreijährige. http://www.dji.de/kinder/2009-06_Quantitaet_braucht_Qualitaet_DJI_Positionspapier.pdf (Zugriff 01.03.2011)

Haberkorn, R. (2010): Altersmischung. In: Pousset, R. (Hrsg.): Handwörterbuch für Erzieherinnen und Erzieher. 2. Aufl., Berlin

Kálló, É./Balog, G. (2003): Von den Anfängen des freien Spiels. Berlin

Knauf, T. (2007): Handbuch Pädagogische Ansätze – Praxisorientierte Konzeptions- und Qualitätsentwicklung in Kindertageseinrichtungen. Berlin/Düsseldorf/Mannheim

Liegle, L. (2002): Bildungsprozesse in der frühen Kindheit: Der Vorrang von Selbstbildung. Thesen und Kommentare. In: Münchmeier, R./Otto, H. U./Rabe-Kleberg, U. (Hrsg. im Auftrag des Bundesjugendkuratoriums): Opladen.

Lingenauber, S. (Hrsg.) (2004): Handlexikon der Reggio-Pädagogik. Bochum/Freiburg

Lingenauber, S. (2007): Einführung in die Reggio-Pädagogik. Kinder, Erzieherinnen und Eltern als konstitutives Sozialaggregat. Bochum/Freiburg

Pikler, E./Tardos, A. (2009): Miteinander vertraut werden. Wie wir mit Babys und kleinen Kindern gut umgehen – ein Ratgeber für junge Eltern. Freiburg

Pikler, E. (2001): Lasst mir Zeit. Die selbständige Bewegungsentwicklung des Kindes bis zum freien Gehen. Untersuchungsergebnisse, Aufsätze und Vorträge. München

Schäfer, G.E. (2009): Die Reggio-Pädagogik in der Bildungstradition. In: Knauf, H. (Hrsg.): Frühe Kindheit gestalten. Perspektiven zeitgemäßer Elementarbildung. Stuttgart

Schäfer, G.E. (2005): Bildungsprozesse im Kindesalter. 3. Aufl., Weinheim/München

Schlummer, B./Schlummer W. (2003): Erfolgreiche Konzeptionsentwicklung in Kindertagesstätten. München/Basel

Textor, M.R. (1997): Vor- und Nachteile einer weiten Altersmischung in Kindertageseinrichtungen. In: Schüttler-Janikulla (Hrsg.): Handbuch für ErzieherInnen in Krippe, Kindergarten, Vorschule und Hort. Neuausgabe. München

Textor, M.R. (1996): Konzeptionsentwicklung in Kindertagesstätten. In: Schüttler-Janikulla, K. (Hrsg.): Handbuch für Erzieherinnen in Krippe, Kindergarten, Vorschule und Hort. München

Vechi, V. (2002): Die Geburt zweier Pferdchen. Die subjektiven Variablen. Reggio Children (Hrsg.): Hundert Sprachen hat das Kind. Die deutsch-italienische Originalsaugabe zur Ausstellung. Neuwied, S. 156–160

Viernickel, S./Schwarz, St. (2009): Schlüssel zu guter Bildung, Erziehung und Betreuung. Wissenschaftliche Parameter zur Bestimmung der pädagogischen Fachkraft-Kind-Relation. Expertise, Berlin

6 Anregungsreiche Räume für die Jüngsten

Julia Zeiß

Das Neugeborene verfügt bereits bei seiner Geburt über mehr als 100 Milliarden Neuronen. Die Reifung des Gehirns und daher auch die Funktionsfähigkeit der Neuronen vollziehen sich jedoch erst anhand der Vernetzung der Verbindungsfasern, die von den Nervenzellen ausgebildet werden. Eine solche Verknüpfung wird in der frühen Kindheit anhand einer vielfältigen Stimulation der Sinne und der körperlichen Aktivität unterstützt. Die kognitive Entwicklung wird entscheidend durch die Wahrnehmungs- und Bewegungserfahrungen geprägt, die Kinder in ihren ersten Lebensjahren sammeln können (vgl. Zimmer 2004: 43 ff.). Daher sollten Krippenräume den Kindern vielfältige Möglichkeiten eröffnen, diese Erfahrungen selbstständig gewinnen zu können.

6.1 Der Gruppenraum — Dreh- und Angelpunkt für die Jüngsten

Räume für Krippenkinder müssen auf die spezifischen Belange von Säuglingen und Kleinkindern ausgerichtet sein. Eine Auflösung fester Gruppenzuordnungen zugunsten spezieller Funktionsbereiche bzw. Aktionsräume brauchen die Jüngsten nicht. Sie

benötigen den Gruppenraum als Basisstation. Hier bedarf es so viel Bewegungsfreiraums, dass sie mit Materialien und Gegenständen ihre Umwelt erprobend und erkundend verstehen lernen und sie sich immer, wenn ihnen danach ist, ausruhen können (vgl. Schneider 2007: 5). Der Krippenraum sollte die Kinder zur Selbsttätigkeit einladen und trotz vielfältiger Anregungen für Körper und Sinne übersichtlich und nicht überladen sein.

Abb. 6.1: Ein übersichtlicher Raum lädt zum Spielen ein

Die Kinder müssen sich gut orientieren können, um Vertrautes wiedererkennen zu können. Es bedarf einer klaren Raumstruktur und einer systematischen, für Kinder gut zugänglichen Anordnung der Materialien und persönlichen Gegenstände. Wie reichhaltig und anregend Krippenräume auch immer gestaltet sein mögen: Nur wenn ihr Bedürfnis nach Sicherheit und Geborgenheit befriedigt ist, werden sich Kinder erkundend, erforschend und kontaktfreudig Neuem in ihrer Umwelt zuwenden (→ Kap. 4, 7, 9).

Raum für Bewegung

Bewegung ist neben dem Spiel eine der elementarsten Betätigungs- und Ausdrucksformen in der frühen Kindheit und der „Motor" vielfältiger Lernprozesse, der kindlichen Selbstständigkeit und der Ich-Entwicklung (vgl. Zimmer 2004: 26 ff.). Darüber hinaus ist die Motorik für die Gesamtentwicklung des Kindes von immenser Relevanz, da sie in Wechselwirkung mit allen anderen Entwicklungsbereichen steht. Demzufolge benötigen Kinder vielseitige und ungehemmte Bewegungserfahrungen, die ihnen anhand ausreichender Möglichkeiten zur aktiven Auseinandersetzung mit einer entdeckenswerten, anregungsreichen Umwelt im Krippenraum angeboten werden müssen.

Der Aktionsradius der Kinder wächst mit den fortschreitenden Bewegungsmöglichkeiten, die sie in den ersten drei Lebensjahren erlangen. Sobald der Säugling ab etwa dem dritten Monat beginnt, sich auf die Seite zu drehen, benötigt er eine sichere Liegefläche in Form einer festen Unterlage auf dem Boden, die nicht verrutscht. Auf dieser kann er seine Bewegungen frei entwickeln und die dingliche Umgebung selbstständig nutzen und erkunden (→ Kap. 5). Beginnen die Kinder, sich durch Rollen, Schieben oder Krabbeln fortzubewegen, sind sie bestrebt, die erweiterte Umgebung im horizontalen Raum zu erfahren und zu erfassen. Das Erfahren und Erfassen der Umwelt im vertikalen Raum geht einige Monate später mit dem Erobern und Erlangen der hohen Positionen – Aufstehen, Stehen und Gehen – einher. Beginnen die Kinder, sich aufzurichten, benötigen sie etwas zum Greifen, an dem sie sich selbstständig hochziehen können. Wenn sie stehen können und ihre ersten Seitwärtsschritte versuchen, benötigen sie Handläufe und Haltestangen an denen sie sich entlang hangeln können (vgl. Schneider 2009). Die Lust am Hochziehen kann gesteigert werden, indem an den Stangen beispielsweise Glocken oder durchsichtige, verschlossene Plastikflaschen angebracht sind, die mit Erbsen, Federn oder Ähnlichem gefüllt sind. Im dritten Lebensjahr entwickeln sich weitere Bewegungsformen wie das Hüpfen und Springen.

Sobald Krippenkinder beginnen, sich im Raum fortzubewegen, benötigen sie vielfältige Möglichkeiten für neue Bewegungserfahrungen, um Bewegungssicherheit zu gewinnen und um Anreize für die nächsten Entwicklungsschritte zu haben (vgl. Schneider 2007: 5). Daher sollten Krippenräume eine Raumgliederung aufweisen, die beispielsweise wie folgt gestaltet sein kann:

- Eingezogene (Zwischen-)Ebenen, Hochebenen, Etagen
- Podest- und Stufenlandschaften, schiefe Ebenen
- Stangen, Streben, Baumstümpfe, Brücken, Türme, Rutschen
- Hängematten, Hängekörbe, Strickleitern
- Auf- und Abgänge, Treppen, Treppenwellen, flache breite Stufen
- Sitzmulden, modellierte Böden mit unterschiedlicher Oberflächenbeschaffenheit.

Raumgliederungen bis unter die Decke schaffen eine Erweiterung des Raumes, ermöglichen den Kindern differenzierteste Bewegungserfahrungen und bieten Möglichkeiten für Perspektivenwechsel und Rückzug (vgl. Schneider 1993: 38).

Sind Podeste, Treppenwellen und Treppenstufen mit verschiedenen Oberflächen wie Teppichboden, Kautschuk, Kork, Metall, Sisal oder Kokos überzogen, wird die sensorische Stimulation in die Bewegungsabläufe integriert. Die ausnahmslose Verwendung von glatten PVC-Böden führt hingegen zu einer Ermüdung, da die Sinnesorgane durch ein Fehlen von Zustandsunterschieden nicht in Anspruch genommen werden.

Abb. 6.2: Gelegenheit zum Klettern sollte jeder Bewegungsraum bieten

Ein Brett im Gruppenraum kann den Kindern als Rampe zum Krabbeln dienen oder als Rutschbahn für Bauklötze. Ein niedriges Quadrat-Podest in der Höhe einer Treppenstufe (ca. 18 Zentimeter) und eine vorgesetzte Podest-Rampe, ermöglichen den Kindern vorwärts, seitwärts und rückwärts zu klettern oder die Schräge der Rampe hinauf zu krabbeln. Bewegungsmaterialien wie ein Sprossendreieck können in Spiel und Bewegung vielseitig genutzt werden. Die Kinder können darunter hindurchkrabbeln, es bietet Gelegenheit zum Klettern, gibt ihnen die Möglichkeit, den Raum aus einer anderen, erhöhten Perspektive wahrzunehmen, und kann durch eine darüber gehängte Decke zur Höhle, zu einem Ort der Ruhe und des Rückzugs werden. Damit die Kinder ihren Gleichgewichtssinn finden und weiterentwickeln können, sollten ausreichend Gelegenheiten zum Schwingen, Drehen und Wiegen zur Verfügung stehen (vgl. von der Beek 2010: 69 f.). Ein Tragetuch, das an einem Haken an der Decke befestigt wird, lädt ebenso wie eine Hängematte oder Sprossenschaukel zum Schwingen und Schaukeln ein.

> **Aufgabe:** Nehmen Sie die Perspektive der Kinder ein und erkunden Sie die Räume einer Krippe auf Rollbrettern oder krabbelnd. Halten Sie anhand von Fotos oder Videos Ihre Raumeindrücke fest und vergleichen Sie diese mit den im Text genannten Raumgestaltungsaspekten.

Raum für Ruhe und Rückzug

Für Krippenkinder gibt es in der für sie noch recht unbekannten Welt unermesslich viel Neues zu erkunden und in ihren Erfahrungsschatz einzuordnen. Daher wird ihre Lust am Lernen meist lediglich durch Phasen der Erschöpfung unterbrochen. Diese Ruhephasen brauchen sie, damit all das, was sie in der Wachphase exploriert und gelernt haben, im Traumschlaf noch einmal durchgearbeitet, gefestigt und mit den bereits angeeigneten inneren Mustern abgeglichen und verbunden werden kann (vgl. Hüther 2008: 76). Daher müssen Krippenräume den Wechsel zwischen aktiven und ruhigen Phasen ermöglichen. Neben vielfältigen Möglichkeiten für neue Bewegungserfahrungen und Spiel müssen dementsprechend auch ausreichend Orte für Ruhe und Rückzug vorhanden sein.

Räume im Raum entstehen durch Ecken und Nischen, die im Zuge einer Raumgliederung durch Einbauten entstehen, sowie durch das zur Verfügung stellen von großen Kartons. Die Innenräume der Kartons können mit Teppichen, Decken und Kissen ausgelegt werden. Auch gepolsterte Hundekörbchen eignen sich in Nischen oder Ecken platziert als Rückzugsmöglichkeit (vgl. von Allwörden/Wiese 2009: 33 ff.).

Raum für primäre Bedürfnisse

Autonomie ist neben Kompetenz und Bindung eines der drei psychischen Grundbedürfnisse, deren Befriedigung grundlegend für eine gesunde Entwicklung ist (vgl. Becker-Stoll 2008: 117). Das mit dem Bedürfnis nach Autonomie einhergehende Selbstständigwerden-Wollen ist ein Leitmotiv der frühen Kindheit. Die räumlich-materiale Ausstattung in Krippen kann den Prozess der Verselbstständigung im Zuge der Befriedigung primärer Bedürfnisse (Wickeln, Essen, Schlafen) unterstützen. Nähere Ausführungen dazu in Kapitel 8.

6.2 „Sinn-volle" Räume

Kinder sind sinnenreiche Wesen, sinnliche Erfahrungen stellen für sie den Zugang zur Welt dar. Je anregender die Umgebung für ihre Sinne gestaltet ist, umso mehr werden Kinder zu eigenaktivem Handeln aufgefordert (vgl. Zimmer, 2005: 9/16 ff.). Insbesondere in den ersten Lebensjahren sind vielfältige sinnliche Wahrnehmungserfahrungen von Bedeutung. Sie sind Nahrung für das in seiner Entwicklung noch wesentlich beeinflussbare Gehirn und steigern dessen Funktionsfähigkeit. Doch wie lassen sich den Kindern in Krippenräumen sinnlich wahrnehmbare Welterfahrungen ermöglichen?

Wasser- und Sandspiele: Das Spiel mit Wasser ist in der Kindheit für einen langen Zeitraum eine der attraktivsten Beschäftigungen. Die Faszination und der große Aufforderungscharakter, die vom Element Wasser ausgehen, lassen sich häufig bei den Mahlzeiten beobachten. Kinder schütten Wasser oft von einem Becher in den anderen oder auf den Tisch, um mit den Händen darin zu patschen. Transparente Gefäße sind für das Spiel mit dem Wasser ideal. Das Ausleeren, Einfüllen und Umfüllen anhand von leeren Waschmittelflaschen, Töpfen, Joghurtbechern, Trichtern, Kellen, durchsichtigen Schläuchen, Sprühflaschen, Gießkannen und großen und kleinen Flaschen bereitet den Kindern große Freude, ist wertvoll für das körperlich-sinnliche Erleben und ermöglicht Einsichten in physikalisches Grundwissen. Für Körpererfahrungen anhand von Wasserspielen bietet sich die Nutzung des Sanitärraums an. Waschrinnen eignen sich besonders gut als Spielmöglichkeit, da an ihnen auch mehrere Kinder zugleich intensiv mit dem Element Wasser spielen können. Darüber hinaus können sich Sanitärräume auch für ästhetisches Gestalten mit Tapetenkleister, Rasierschaum, Ton und flüssiger Farbe eignen (→ Kap. 15).

Ebenso wie Wasser ist auch Sand ein Element, das sowohl das Interesse von Kleinkindern als auch von Schulkinder immer wieder weckt. Sand wird den Kindern in den Krippenräumen idealerweise in einer flachen Sandwanne oder einem Holzkasten auf dem Tisch angeboten. Sandwanne oder Kasten sind im Gegensatz zum Sandkasten im Außengelände nicht zum Hineinsetzen gedacht, sondern für Füll- und Ausschüttspiele im Stehen. Daher sollte der Sand trocken sein. Auch für das Spiel mit dem Sand eignen sich Verpackungsmaterialien, Dosen, Schüsseln, Flaschen, Becher, Trichter sowie Kämme und Rechen.

Kastanien- oder Bohnenbad: Badewannen, aufblasbare Planschbecken, Waschschüsseln oder große Kartons, die mit Bohnen oder Kastanien gefüllt werden, bieten den Kindern angenehme Tast- und Körpererfahrungen. Zudem können die Materialien von den Kindern geschöpft, sortiert und aufgehäuft werden. In vielen Einrichtungen gibt es die sogenannten Bällebäder. Sie wurden ursprünglich für therapeutische Zwecke entwickelt und dienen vor allem der Grobwahrnehmung. Bohnen- und Kastanienbäder eignen sich für die Krippe wesentlich besser, da sie differenziertere Wahrnehmungserfahrungen ermöglichen. Allerdings besteht die Gefahr, dass Kinder die Bohnen in diverse Körperöffnungen stecken. Aus diesem Grund sollten die Kinder nur dann Zugang zu den Bädern haben, wenn einer Fachkraft das unentwegte Beisein möglich ist (vgl. Bendt/Erler 2010: 58 f.).

Spiegel: Spiegel in unterschiedlichen Größen und Formen sollten in Krippenräumen zur Standardausstattung gehören und das nicht nur im Sanitärbereich. Auf Fußbodenspiegel, Spiegelhäuser und Zerrspiegel sollte bei Kindern unter 18 Monaten jedoch verzichtet werden, da sie Verwirrung und Angst auslösen können.

Bereits ab der zweiten Hälfte des ersten Lebensjahres ist häufig die Faszination zu beobachten, die Spiegel auf Kinder ausüben. In diesem Alter nehmen die Kinder im Spiegelbild wahr, dass sie anhand von Bewegungen etwas bewirken, auch wenn sie das Spiegelbild zu diesem Zeitpunkt noch als ein unbekanntes Wesen betrachten. Etwa am Ende des ersten Lebensjahres wird das Spiegelbild als Spielpartner betrachtet, dem Gegenstände angeboten werden. Spiegel helfen den Kindern, mehr und mehr mit sich selbst vertraut zu werden und die eigene Körpersprache zu erproben. Etwa zwischen ihrem 18. und 24. Lebensmonat lässt sich bei Kindern meist das visuelle Selbsterkennen im Spiegel beobachten. Das Kind weiß nun: Das Spiegelbild bin ich! Damit hat es einen wichtigen Meilenstein auf dem Weg zur Ich-Entwicklung erreicht (vgl. Niesel 2008: 9). Für Kinder, die gerade dabei sind, das

Abb. 6.3: Ab etwa sechs Monaten finden Kinder Spiegel faszinierend

Aufstehen, Stehen und Gehen zu erobern, sind Ganzkörperspiegel reizvoll, vor denen eine Haltestange zum Hochziehen und Festhalten befestig ist.

Aufgabe: Erstellen Sie anhand der im Text angeführten Raumgestaltungsaspekte eine Checkliste bzw. einen Kriterienkatalog mit Merkmalen räumlicher Qualität in Krippen.

Vergleichen Sie den Kriterienkatalog mit Ihren Raumeindrücken aus der vorigen Übung.

6.3 „Zeug" zum Spielen statt Spielzeug

„Zeug" zum Spielen fördert die Fähigkeiten von Kindern laut neurobiologischen Erkenntnissen beträchtlich mehr, als unter Beteiligung von Wissenschaftlern entwickeltes Baby- und Kleinkindspielzeug (vgl. von der Beek 2010: 82). „Können Kinder zwischen null und drei Jahren mit Alltags- und Naturmaterialien spielen, brauchen sie keine gesonderte Förderung ihrer Wahrnehmung" (ebd.: 80).

Folgende offene Materialien, die nicht auf bestimmte Funktionen festgelegt sind, weisen keine versteckte didaktische Absicht auf, stehen der Kreativität der Kinder daher nicht im Weg und ermöglichen ihnen freies Experimentieren:

Abb. 6.4: Passt die Schüssel da drauf?
Das Spiel mit Alltagsgegenständen fördert
das freie Experimentieren

- Plastikbecher, -eimer und -flaschen
- Reifen, Ringe und Bälle unterschiedlicher Beschaffenheit
- Körbe, Kartons und Wannen in unterschiedlichen Größen
- Tücher, Kissen und Decken
- Kleine und große Siebe, Dosen und Trichter
- Löffel, Schneebesen und Schöpfkellen
- Metallschüsseln, Töpfe mit Deckeln
- Schlüsselbund, Wäscheklammern
- Papprollen, -röhren und -tonnen
- Baumscheiben, Rinde, Kokosnussschalen
- Äste, Laub
- Kork, Kastanien, Steine, Muscheln.

Exploration der dinglichen Umwelt (4–12 Monate)

Das Kennenlernen der dinglichen Umwelt geschieht im ersten Lebensjahr generell weniger über die Augen als über den Mund und die Hände des Säuglings. Kinder in diesem Alter benötigen Gegenstände, die sich beim Erkunden mit Mund, Zunge und Händen unterschiedlich anfühlen, nicht verschluckt werden können, keine scharfen Spitzen haben, unzerbrechlich und nicht mit giftiger Farbe bemalt sind (vgl. Largo 2010: 24 f./319).

- Die Gegenstände sollten in ihren Eigenschaften, Größe, Form, Konsistenz, Oberflächenbeschaffenheit, Farbe sowie in ihren Materialien (Holz, Plastik, Papier, Stoff, Schwämme, Wolle, Leder) variieren (vgl. Largo 2010: 318).
- Säuglingen sollten auch Bälle zur Verfügung stehen, da sie im Verlauf des ersten Lebensjahres eine deutliche Motivation entwickeln, in Handlungen ihre Selbstwirksamkeit erfahren zu können. Sobald sie im Zuge ihrer Aktivitäten Zusammenhänge zwischen ihren Bewegungen und einer dadurch ausgelösten Antwort,

wie etwa dem Wegrollen eines Balles, registrieren, steigern sie diese Handlungen und führen sie mehrfach aus. Da Kinder im ersten Lebensjahr feste Bälle schlecht greifen können und ihr schnelles Wegrollen Frustration auslösen kann, bieten sich zunächst weiche Stoffbälle oder aus Peddigrohr geflochtene Bälle an (vgl. von Allwörden/Wiese 2009: 32).

- Bei Rasseln sollte die Herkunft des Geräusches nachvollzogen werden können, um den Kindern die Einsicht über Zusammenhänge und Gesetzmäßigkeiten zu ermöglichen (vgl. ebd.: 35). Geeignet sind Holzrasseln oder kleine und transparente, mit Sesam, Reis, Wasser, Linsen etc. gefüllte und fest verschlossene Behältnisse.
- Unbedrucktes Papier, das von den Kindern nach Belieben zerrissen werden darf, kann ebenfalls ein anregendes Spielmaterial sein.

Funktionelles Spiel, „Inhalt-Behälter-Spiel", Stapeln und Ordnen, Symbolspiel (12–24 Monate)

In ihrem ersten Lebensjahr haben die Kinder durch ausgiebige Exploration gelernt, die Gegenstände ihrer dinglichen Umwelt voneinander zu unterscheiden und wiederzuerkennen. Daher können sie im zweiten Lebensjahr ihr Interesse dem funktionellen Gebrauch der Gegenstände widmen. Zwischen neun und zwölf Monaten beginnen Kinder ihnen aus dem Alltag bekannte, einfache Handlungen nachzuahmen. Für dieses sogenannte funktionelle Spiel benötigen sie Haushalts- und Alltagsgegenstände wie Töpfe, Schneebesen, Löffel, Tassen, Haarbürsten etc. (vgl. Largo 2010: 330 ff.).

Das Erkunden der Umgebung geschieht nun nicht mehr in erster Linie oral und manuell, sondern vorwiegend visuell. Was passt wo hinein, wie viele Becher lassen sich ineinander stecken? Mit etwa zwölf Monaten gehört das „Inhalt-Behälter-Spiel" zu den beliebtesten Tätigkeiten der Kinder. Sie räumen Behälter mit verschiedenen Inhalten ein und aus (vgl. Largo 2010: 24). Auch die Freude am Ausleeren, Einfüllen und Umfüllen beim Spiel mit Wasser und Sand spiegelt dieses Spielverhalten wider.

Etwa gegen Mitte bis Ende ihres zweiten Lebensjahres beginnen sich Kinder vor allem für Gegenstände zu interessiert, die sich stapeln und ordnen lassen. Sie beginnen, Bausteine in die Höhe zu bauen, diese daraufhin wieder umzuwerfen und sortieren Gegenstände nach ihren Eigenschaften wie Größe, Form und Farbe. Dabei erwerben sie eine Grundfunktion für das logische Denken (vgl. Largo 2010: 24/281).

Um diesen Tätigkeiten nachgehen zu können, benötigen sie eine große Anzahl an Materialien der gleichen Sorte sowie Materialien, die sich in Form, Farbe, Größe und/oder Oberflächenbeschaffenheit (Holz, Metall, Plastik etc.) unterscheiden und somit die Kategorienbildung ermöglichen. Folgende Materialien eignen sich zum Umfüllen, Sortieren, Aufeinanderbauen, Aneinanderreihen und Ineinanderstecken:

- Schüsseln, gefüllt mit Kastanien, Walnüssen, Korken, Blättern, Linsen oder Kieselsteinen
- Becher, Besteck, Wäscheklammern, Siebe
- Bauklötze, Würfel
- Größere Behältnisse wie Taschen, Töpfe, Eimer, Wäschekörbe und Wannen, in denen Gegenstände gesammelt und transportiert werden können
- Behälter mit unterschiedlichen Deckeln, die sich öffnen, füllen und wieder schließen lassen (vgl. von Allwörden/Wiese 2009: 32/35).

Für das sich etwa mit eineinhalb Jahren entwickelnde Symbolspiel, bei dem ein Gegenstand stellvertretend für einen anderen benutzt wird, sollten den Kindern insbesondere Naturmaterialien zur Verfügung gestellt werden wie Steine, Kastanien, Holzstücke, Schneckenhäuser oder Muscheln.

Bauspiel, „Als-ob-Spiel" (24–36 Monate)

In ihrem dritten Lebensjahr konstruieren Kinder vermehrt. Während vor dem zweiten Lebensjahr in erster Linie vertikal gebaut wird, verlieren Kinder im zweiten und dritten Lebensjahr das Interesse am einfachen Turmbau und bauen in die Horizontale. Mit etwa 2;6 Jahren beginnen sie, die horizontale und die vertikale Raumdimensionen in ihren Bauwerken, z.B. einer Brücke, zusammenzubringen (vgl. Largo 2010: 339). Für das Bauspiel der Krippenkinder ist es bedeutsam, große, aber nicht zu schwere und unhandliche Bausteine anzubieten, die es ihnen ermöglichen, schnell ein Resultat erkennen zu können (vgl. von der Beek u.a. 2007: 144). Das Konstruieren von Bauwerken mit Holzbausteinen aus dem Fröbel-Bausortiment erfordert bereits sehr viel feinmotorisches Geschick und Ausdauer. Neben Kunststoffbausteinen mit Steckverbindungen, die das Konstruktionsspiel lediglich auf das Zusammenstecken der Elemente reduzieren, ist es wichtig, auch Holzbausteine anzubieten. Diese ermöglichen den Kindern das oft reizvolle schrittweise Herantasten an elementare statische Verhältnisse (vgl. Mahlke/Schwarte 1997: 85). Für das Bauspiel eignen sich:

- Große Hohlbausteine
- Schmale, breite, lange und kurze Bretter
- Kanthölzer, Holzabschnitte
- Kartons, Pappröhren
- Zersägte Teppichrollen, Teppichfliesen
- Joghurtbecher (vgl. von der Beek u.a. 2007: 154).

Im Verlauf des dritten Lebensjahres wird zudem das Als-ob-Spiel weiter ausdifferenziert. Die Spielsequenzen werden länger, komplexer und vielfältiger. Als Rollenspielutensilien für Krippenkinder eignen sich ebenfalls die bereits angeführten Haushalts- und Alltagsgegenstände wie:

- Töpfe, Schüsseln, Siebe
- Schneebesen, Löffel, Kellen

- Kannen, Becher
- Taschen, Kartons, Behälter, Haarbürsten
- Decken, Kissen, Tücher
- Arztkoffer mit Verbandszeug
- Hüte, Mützen
- Schuhe
- Strapazierbarer Modeschmuck (vgl. von der Beek 2010: 77).

Grundübung: Beschreiben Sie, inwiefern sich die räumlich-materiale Ausstattung für Kinder unter drei Jahren von der Ausstattung für drei- bis sechsjährige Kinder im Hinblick auf deren entwicklungsbedingte Belange unterscheiden muss.

Vertiefung: Welche Anforderungen ergeben sich daher für altersübergreifende Kindergartengruppen mit Kindern unter drei Jahren?

Literatur

Allwörden, M. von/Wiese, M. (2009): Vorbereitete Umgebung für Babys und kleine Kinder. Handbuch für Familien, Krippen und Krabbelstuben. 3. Aufl. Berlin

Becker-Stoll, F. (2008): Welche Bildung brauchen Kinder? Zu den theoretischen Grundlagen einer Pädagogik der frühen Kindheit – Eine entwicklungspsychologische Perspektive. In: Thole, W./Rossbach, H.-G./Fölling-Albers, M./Tippelt, R. (Hrsg.) (2008): Bildung und Kindheit. Pädagogik der Frühen Kindheit in Wissenschaft und Lehre. Opladen, S. 115–123

Beek, A. von der/Buck, M./Rufenach, A. (2007): Kinderräume bilden. Ein Ideenbuch für Raumgestaltung in Kitas. Berlin, Düsseldorf, Mannheim

Beek, A. von der (2010): Bildungsräume für Kinder von Null bis Drei. 5. Aufl. Weimar, Berlin

Bendt, U./Erler, C. (2008): Spielbudenzauber. Sinnvolle Raumgestaltung in Kita und Krippe. Mühlheim an der Ruhr

Hüther, G. (2008): Wie lernen Kinder? Voraussetzungen für gelingende Bildungsprozesse aus neurobiologischer Sicht. In: Caspary, R. (Hrsg.) (2008): Lernen und Gehirn. Der Weg zu einer neuen Pädagogik. 4. Aufl. Freiburg, S. 70–84

Largo, R. H. (2010): Babyjahre. Entwicklung und Erziehung in den ersten vier Jahren. 3. Aufl. München

Mahlke, W./Schwarte, N. (1997): Raum für Kinder. Ein Arbeitsbuch zur Raumgestaltung in Kindergärten. Weinheim

Niesel, R. (2008): Wach, neugierig, klug – Kompetente Erwachsene für Kinder unter 3. Filmszenen und Informationen zur Entwicklung von Kindern. Bertelsmann Stiftung und Staatsinstitut für Frühpädagogik, Gütersloh

Schäfer, G. E. (2005): Der Raum als erster Erzieher. Konkrete Erfahrungen sind Voraussetzung für symbolisches Denken. In: Theorie und Praxis der Sozialpädagogik (TPS) 2005/1, S. 6–9

Schneider, K. (1993): Krippen-Bilder. Gruppen-Erfahrungs-Spielräume für Säuglinge und Kleinkinder. 2. aktual. Aufl. Berlin

Schneider, K. (2007): Orte für Kinder – Lebensraum, Handlungsspielraum, Bildungsraum? Qualitätskriterien für die Jüngsten. Einführungsvortrag für das Forum „Raum für Kinder" bei der Internationalen Fachtagung „Kinderbetreuung hat Zukunft", Interlaken, 30.05.–01.06.2007

Schneider, K. (2009): In: Gerwig, K. (2009): KiTas kleinkindgerecht bauen und ausstatten. Anregungen und Tipps für die Neu- oder Umgestaltung von KiTas. AV1 Film 2009, DVD, 70 Min. Kaufungen

Weber, C. (2009): Spielen und Lernen mit 0- bis 3-Jährigen. Der entwicklungszentrierte Ansatz in der Krippe. 3. Aufl. Berlin, Düsseldorf, Mannheim

Zimmer, R. (2004): Handbuch der Bewegungserziehung. Grundlagen für Ausbildung und pädagogische Praxis. Freiburg

Zimmer, R. (2005): Handbuch der Sinneswahrnehmung. Grundlagen einer ganzheitlichen Bildung und Erziehung. Freiburg

7 Eingewöhnung in die Krippe

Hanna Niemann

Ausgangssituation: *Frau Bergmann ist angehende Ärztin und hat vor sechs Monaten ihren Sohn Mika bekommen. Sie ist darüber sehr glücklich. Ihr Mann ist ebenfalls angehender Arzt. Die Eltern haben einen Platz in der Krippe „Die Zwerge" bekommen. Nun ist die Mutter, die ihren Sohn die erste Woche in der Krippe begleiten wird, aufgeregt und gespannt zugleich. Im Aufnahmegespräch wurde ihr vieles erklärt, so auch der allgemeine Ablauf der Eingewöhnung ihres Kindes. Dennoch ist sie am ersten Tag unsicher: „Ist es zu früh für mein Kind?". Auch von Menschen aus ihrem näheren Umfeld wurde sie mit dieser Frage konfrontiert. Sie weiß, dass ihr Sohn der jüngste in der aus zehn Kindern bestehenden Gruppe sein wird. Bisher war er nur zu Hause, die Aufmerksamkeit der Eltern galt ausschließlich ihm. Der Schritt von zu Hause in die Krippe, so erklärt auch die Bezugserzieherin der Mutter in dem Aufnahmegespräch, bedeutet für Mika daher eine große Umstellung: Um ihn herum herrscht ein bisher unbekannter Geräuschpegel. Die meisten Kinder können schon krabbeln oder laufen, und die Bezugserzieherin, die er nun in der ersten Woche der Eingewöhnung kennenlernen soll, ist nicht nur für ihn, sondern auch für die anderen Kinder da.*

Die ersten Tage und Wochen eines Kindes in einer Krippe, in einem völlig neuen und unbekannten Umfeld, sind für das Kind aber auch für seine Eltern der Beginn einer neuen und aufregenden Lebensphase. Wurden Kinder früher bereits am ersten Tag einfach in der Einrichtung „abgegeben", so ist man sich heute bewusst, dass die Gestaltung der Eingewöhnung Einfluss auf die Entwicklung des Kindes hat. Sie entscheidet mit über seinen Aufnahmeerfolg in einer Krippe und den weiteren Werdegang in der außerfamiliären Betreuung. Dabei gilt außerfamiliäre Betreuung besonders dann als eine Belastung für ein Kleinkind, wenn ein Wechsel von ausschließlich familiärer in außerfamiliäre Betreuung vorgenommen wird (vgl. Haug-Schnabel/Bensel 2007: 30 f.).

Aufgabe: Welche Rolle spielt Ihrer Meinung nach die Beziehung zwischen Erzieherin und Eltern für die Eingewöhnung des Kindes? Machen Sie sich darüber zunächst für sich alleine Gedanken und tauschen Sie sich anschließend in Ihrer Lerngruppe darüber aus.

Kinder lernen von Geburt an und setzen sich interessiert mit ihrer Umgebung auseinander. Dies geschieht vor allem aus eigenem Antrieb, immer aber mit der Unterstützung der Eltern oder anderer Bezugspersonen. Auch eine Krippe ist für Kinder span-
nend, kann jedoch mit ihren vielen Eindrücken besonders Kinder in den ersten drei
Lebensjahren überfordern, wenn sie diesen Anforderungen allein gegenüberstehen
(vgl. Laewen/Andres/Hédervári 2007: 23 f.). Denn trotz der Neugier, die auch schon
sehr kleine Kinder an den Tag legen, haben sie meist nur wenig Erfahrung und ihre
Fähigkeiten, sich an neue Situationen anzupassen sind noch ungeübt. Kannte das
Kind bisher nur sein häusliches Umfeld mit seinen Eltern, so trifft es beim Eintritt in
die Krippe auf eine fremde Umgebung und unbekannte Menschen. Ohne vertraute
Menschen würde die Situation das Kind überfordern (vgl. Weber/Kempf 2007: 62).

Kinder unter drei entwickeln etwa ab dem sechsten Lebensmonat eine Bindung
an wenige Bezugspersonen. Die Anwesenheit einer dieser Personen ist für den
neuen Lebensabschnitt, der nun beginnt, von großer Wichtigkeit. Sie vermittelt
dem Kind die nötige Sicherheit, wenn Neues beobachtet oder getan wird, und
vor allem dann, wenn ein ungewohntes Umfeld Unsicherheit auslöst (→ Kap. 4)
(vgl. Haug-Schnabel/Bensel 2007: 30 f.).

In der Zeit etwa ab dem sechsten bis zum 20. Lebensmonat differenzieren Kinder
stark zwischen Vertraut- und Fremdheit. Auf fremde Situationen in einem ungewohn-
ten Umfeld reagieren Kleinkinder daher oft mit Furcht. Eine vertraute Bindungsper-
son ist für die Kinder dann notwendig. Dabei müssen die Eltern nicht unbedingt viel
tun, in erster Linie genügt allein ihre Anwesenheit.

Aufgabe der Erzieherin ist es nun, eine neue Bezugsperson neben den Eltern des Kindes in unbekannter Umgebung zu werden. Der Aufbau dieser Bindung kann jedoch
nur mit Hilfe einer vertrauten Bezugsperson entstehen. Kinder können von einer weiteren Bezugsperson profitieren, hierfür bedarf es allerdings einer bewusst gestalteten
Eingewöhnungszeit. Ziel einer gelungenen Eingewöhnung ist, dass das Kind erkennt,
dass es sich beruhigt von seiner Mutter verabschieden kann. Das Kind fühlt sich sicher und versorgt und freut sich auf ein gemeinsames Spiel mit den anderen Kindern.
Es weiß, dass seine Mutter wieder kommt, es abholt und sie gemeinsam nach Hause
gehen. Um dieses Ziel erreichen zu können, braucht es eine elternbegleitete, bezugs-
orientierte, abschiedsbetonte und vor allem individuelle Eingewöhnung (vgl. ebd.: 31/
Stadt Kinder extra 2005: 17).

Einzelne Schritte für eine solche Eingewöhnung wurden von den Krippenexperten
Beate Andres und Hans-Joachim Laewen im Berliner Eingewöhnungsmodell entwickelt, das der Bindung des Kindes an seine Mutter und den unterschiedlichen Bindungsqualitäten große Beachtung schenkt (→ Kap. 4) (vgl. Viernickel 2009: 63).

7.1 Grundphase: Mit Elternteil in der Krippe

Der erste Tag: *Heute ist Mikas erster Tag in der Krippe. Auf dem Arm seiner Mutter betritt er zum ersten Mal die Einrichtung. Sarah, Mikas Bezugserzieherin, führt die beiden durch alle Räumlichkeiten, zeigt Mikas Mutter den Schlafraum und die anderen Gruppenräume. Mika betrachtet neugierig das unbekannte Umfeld: so viele fremde Gesichter, so viele unbekannte Gerüche.*

Anschließend begeben sich die drei in den Gruppenraum, in dem die anderen Kinder der Gruppe schon gespannt warten. Mikas Mutter und die Bezugserzieherin ziehen sich dort mit einer Spieldecke in den hinteren, etwas ruhigeren Bereich des Gruppenraums zurück, damit Mika von dort aus den Trubel in der Gruppe erst einmal mit etwas Abstand betrachten kann. Mika liegt auf der Spieldecke zwischen seiner Mutter und Sarah. Noch kann er nicht krabbeln, stemmt sich aber immer wieder mit seinen Armen hoch, sodass er mehr von seiner Umgebung sehen kann. Er lächelt viel und mustert mit großen Augen die ihm noch fremde Person, die sich da mit seiner Mama unterhält. Sarah und Frau Bergmann sprechen über Mika, tauschen sich über seine Schlaf- und Essgewohnheiten sowie alltägliche Dinge aus, die auch für den Krippenalltag wichtig sind. Die Atmosphäre ist sehr freundlich, die Erzieherin geht im Gespräch behutsam auf die aufgeregte Mutter ein. Die Mutter entspannt sich langsam, wobei sie ihren Sohn, der sich wohlzufühlen scheint, nicht aus den Augen lässt. Nun nimmt Sarah behutsam Kontakt zu Mika auf, spricht mit ihm und erwidert sein Lächeln, während er vor lauter Eindrücken gar nicht zu wissen scheint, wohin er gucken soll und was er am interessantesten findet. Mika hat den Spiegel entdeckt, der sich direkt an der Wand neben der Spieldecke befindet. Immer wieder blickt er jedoch seine Mutter an, als wolle er sich versichern, dass sie noch da ist.

Nach einer Stunde ist der erste Tag in der Krippe für Mika geschafft. Als er am Ende wieder von seiner Mama auf den Schoß genommen wird, gähnt er. Zeit für ihn, für heute nach Hause zu gehen und Mittagsschlaf zu halten – und die Eindrücke dieses Tages zu verarbeiten.

Die Grundphase der Eingewöhnung, wie sie im Berliner Eingewöhnungsmodell beschrieben wird, umfasst in der Regel drei Tage, bei Bedarf kann sie auch fünf oder sechs Tage dauern. Hierbei wird vor allem darauf geachtet, wie sicher das Kind in der neuen Umgebung nach den ersten Tagen ist. Davon hängt ab, ob eine Trennung von der Mutter schon nach drei Tagen stattfinden kann oder ob man, besonders bei sehr kleinen Kindern, diese begleitete Phase etwas länger gestaltet. In dieser Zeit wird das Kind von einem seiner Elternteile für einen Zeitraum, der nicht länger als ein bis zwei Stunden dauert, täglich im Gruppenraum begleitet. Wichtig dabei ist, dass der jeweilige Elternteil den Gruppenraum nicht ohne das Kind verlässt. Im Beisein des Elternteils kann es in Ruhe alles betrachten, spielen oder einfach in der Nähe der Bezugsperson bleiben.

Sucht das Kind Kontakt zu der Bezugserzieherin, sollte es von den Eltern nicht daran gehindert werden. Um das Kind nicht zu bedrängen, bedarf es einer gewissen Zurückhaltung der Erzieherin. Beispielsweise kann sie versuchen, behutsam über Spielangebote einen Kontakt zum Kind aufzubauen. Auch wenn jedes Kind in seinem Temperament individuell ist und sich jede Beziehung zwischen Eltern und Kind in seiner Bindungsintensität und -qualität unterscheidet, benötigen alle Kinder diese mindestens dreitägige Grundphase ohne Trennung. Sie soll in erster Linie dazu dienen, dass das Kind im Beisein eines Elternteils eine gewisse Vertrautheit mit der neuen Umgebung und der noch fremden Erzieherin erlangt (vgl. Laewen/Andres/Hédervári 2007: 73; Weber/Kempf 2009: 64; Viernickel 2009: 64).

Neben der Anwesenheit eines Elternteils ist es auch wichtig, jeden Tag aufs Neue Eltern und Kind bewusst zu begrüßen und willkommen zu heißen. Auf eine freundliche Begrüßung folgt meist eine freundliche Reaktion der Eltern, was sich wiederum entspannend auf das Kind auswirkt. Für die Eltern gilt es, sich im Gruppenraum eher passiv zu verhalten (Laewen/Andres/Hédervári 2007: 73 ff.). „Die aktive Erkundung der neuen Umgebung durch das Kind ist die Grundlage des Eingewöhnungsprozesses und sollte nicht durch die eigenen Aktivitäten der Eltern in Richtung auf ihr Kind behindert werden"(ebd.: 75). Dies bedeutet allerdings nicht, dass das Elternteil so tun soll, als wäre es nicht da. Trotz der Zurückhaltung bedarf es einer aufmerksamen Beobachtung der Eltern, damit sie auf Annäherungen des Kindes reagieren können, und das Kind so in seiner Erkundung bestärken.

Der zweite Tag: *Die Mutter wird zusammen mit Mika wie am Tag zuvor an der Eingangstür von der Bezugserzieherin freundlich begrüßt. Wieder gehen sie gemeinsam in den Gruppenraum und setzen sich zusammen auf den Boden. Mika gefällt es nicht, dass er nicht auf dem Schoß seiner Mama sitzt. Er fängt an zu weinen, beruhigt sich aber für kurze Zeit wieder als Sarah ihm einen Würfel aus Schaumstoff anbietet. Der Würfel ist interessant: Wenn man ihn schüttelt, rasselt er, außerdem kann man sich auf einer Seite des Würfel darin spiegeln. Als seine Mama aufsteht, um ihre Tasche am anderen Ende des Raumes auf einen Tisch zu legen, fängt er erneut an zu weinen. Sarah redet behutsam auf Mika ein, sagt ihm, dass seine Mama sofort wieder da ist. Mika ist hin- und hergerissen. Weinen oder lachen? Das andere kleine Mädchen, das neben Sarah auf dem Boden sitzt, ist so interessant, auch schaut Mika Sarah immer wieder mit einem kurzen Lächeln im Gesicht an. Er scheint sich aber nach einem kurzen Moment daran zu erinnern, dass er nicht auf Mamas Schoß sitzt und fängt wieder an zu weinen. Als seine Mutter zurückkehrt und ihn wieder auf den Schoß nimmt, ist er zufrieden. Von der erhöhten Position aus kann man doch alles viel besser beobachten.*

Dennoch fängt Mika bald wieder an zu weinen. Seine Mama berichtet, dass er diese Nacht nicht so gut geschlafen hat und vielleicht deswegen etwas quengelig ist. Die Eindrücke vom Vortag haben ihn sicher die ganze Nacht in seinen Träumen beschäftigt, kein Wunder, dass er müde ist. Das ist aber nicht der einzige Grund für das Weinen. Mikas Mutter bemerkt, dass er eine neue Windel braucht. Gemeinsam gehen Sarah und Mikas Mutter deswegen in das Badezimmer, in dem auch der Wickeltisch steht. Während Mika von seiner Mutter eine frische Windel bekommt, steht Sarah daneben, immer im Blickfeld des Kindes. Nachdem er fertig gewickelt und angezogen ist, singt seine Mama ihm noch ein Lied vor – ein Ritual, das nach jedem Wickeln stattfindet, wie die Mutter erzählt.

Nach eineinhalb Stunden ist auch der zweite Tag für Mika in der Krippe geschafft. Sarah begleitet ihn und seine Mutter noch bis zur Tür, an der sie die beiden dann verabschiedet.

Ziel der folgenden Tage ist es für die Bezugserzieherin des Kindes in erster Linie, die Annäherungen an das Kind fortzusetzen und einfühlsam auf dessen Kontaktversuche zu reagieren. Ab dem zweiten Tag in der Krippe kann das Kind von dem begleitenden Elternteil im Beisein der Erzieherin gefüttert und gewickelt werden. Wichtig ist, dass das Wickeln auch an dem Ort erfolgt, an dem das Kind später von seiner Bezugserzieherin gewickelt wird. Das Beisein der Erzieherin in dieser Situation ist deswegen wichtig, da sie so etwas über die individuellen Rituale der Eltern erfährt. An ihnen kann sie sich später im alleinigen Umgang mit dem Kind orientieren und mutet ihm so keine völlig neue und fremde Situation zu. Ansonsten sind die folgenden Tage der Grundphase ähnlich in ihrem Ablauf. Es wird Wert gelegt auf eine Wiederholung der Situationen, die das Kind am ersten und zweiten Tag kennengelernt hat. Dies soll dem Kind Verlässlichkeit und Stabilität vermitteln (vgl. Laewen/Andres/Hédervári 2007: 79 ff.).

Die nächsten Tage: *Die nächsten Tage in der Krippe verlaufen relativ ruhig und ähnlich wie der erste und zweite Tag. Mika wird immer aufgeweckter und zugewandter und Sarahs morgendliche Begrüßung erwidert er mit einem Lächeln. Die anderen Kinder in der Gruppe beginnen, vermehrt Kontakt zu dem neuen Kind zu suchen. Von Tag zu Tag fällt vor allem auf, dass er weniger weint. Er scheint sich langsam an den Lärm zu gewöhnen, der vor allem dann in der Gruppe herrscht, wenn die anderen Kinder im Bällchenbad herumtoben.*

Am dritten Tag hat Sarah Mika zum ersten Mal auf dem Arm und trägt ihn im Beisein seiner Mutter durch den Raum. Das Getragenwerden gefällt ihm sehr gut, kann er doch aus dieser erhöhten Position die anderen Kinder viel besser beobachten als liegend vom Boden aus. Auch der gemeinsame Blick mit Sarah aus dem Fenster scheint ihn zu faszinieren: Draußen schneit es, Mika bekommt große Augen und kann kaum den Blick abwenden. Er scheint in diesem Moment gar nicht daran zu denken, dass er sich nicht auf dem Arm seiner Mama befindet. Auch Mikas Mutter ist nun viel gelassener als noch am ersten Tag. Sie merkt, dass sich Mika wohlfühlt und Sarah zu mögen scheint. Damit sind ihre größten Bedenken vorerst beseitigt.

Die Zeit in der Krippe wird jeden Tag etwa um eine halbe Stunde verlängert, sodass Mika am Ende der Woche gemeinsam mit seiner Mutter zweieinhalb Stunden in der Krippe verbringt. Dennoch entschließen sich die Erzieherin und die Mutter gemeinsam dazu, die Grundphase auf die gesamte Woche zu verlängern und den ersten Trennungsversuch erst Dienstag in der neuen Woche zu starten.

7.2   Der erste Trennungsversuch: Ohne Elternteil in der Gruppe

Der siebte Tag: *Heute ist Dienstag, der siebte Tag für Mika in der Krippe. Nachdem er in der letzten Woche viele neue Erfahrungen gemacht, viele Menschen und andere Kinder, aber vor allem seine Bezugserzieherin immer besser kennengelernt hat, erwartet ihn heute ein weiterer Schritt auf dem Weg in den Krippenalltag. Zum ersten Mal wird er eine Weile alleine mit seiner Bezugserzieherin in der Gruppe verbringen.*

Er kommt zunächst wie an den Tagen zuvor auf dem Arm seiner Mutter in die Gruppe. Nach einem kurzen Gespräch mit Sarah darüber, wie er geschlafen hat und wie es ihm geht, nimmt Sarah ihn auf den Arm. Seine Mutter verabschiedet sich nun von ihm, streicht ihm über die Wange, gibt ihm einen Kuss und winkt ihm, bevor sie den Raum verlässt, um nebenan im Aufenthaltszimmer zu warten.

Mika schaut mit großen Augen seiner Mama hinterher, fängt jedoch nicht an zu weinen. Sarah behält ihn auf dem Arm, da sie aus den Erfahrungen der letzten Woche weiß, dass er sich meist wohler fühlt, wenn er auf dem Arm getragen wird und die Situation überblicken kann. Sie schaut mit ihm gemeinsam aus dem Fenster und betrachtet mit ihm zusammen einen von der Decke hängenden Holzpapagei, dessen Bewegungen Mika interessiert verfolgt. Auch das hat Sarah in der letzten Woche über Mika gelernt: Er liebt alles,

was von der Decke hängt oder leuchtet. So widmet sie sich heute in erster Linie den Dingen, von denen sie weiß, dass sie ihm gefallen.

Nach einer halben Stunde ist die erste Trennung von seiner Mama dann auch schon wieder geschafft. Sarah bringt ihn zu seiner Mutter, die im Aufenthaltsraum schon gespannt wartet und sich alles genau berichten lässt.

Abb. 7.1: Mika und seine Bezugserzieherin

Am vierten Tag der Eingewöhnung wird in der Regel eine Entscheidung darüber getroffen, ob man eine kürzere oder längere von einer Bezugsperson begleitete Eingewöhnungszeit vorzieht. In der Regel bestimmt das Verhalten des Kindes bzw. die Bindungsqualität über den Zeitpunkt des ersten Trennungsversuches und auch insgesamt über die Länge der Eingewöhnung: Ist das Kind noch sehr auf seine Bezugsperson fixiert oder benutzt es die Mutter von Anfang an kaum als sicheren Anlaufpunkt in der neuen Umgebung (vgl. Laewen u. a. 2007: 81, Bensel/Haug-Schnabel 2006: 37)? Bei Säuglingen bzw. bei Kindern, die noch nicht krabbeln können, lässt sich dies nicht so einfach beurteilen. Ihnen ist es ohnehin nicht möglich, ohne Hilfe der Bezugsperson oder der Bezugserzieherin selbstständig das neue Umfeld zu erkunden.

Natürlich werden auch die Eltern des Kindes in die Entscheidung mit einbezogen. Ist sich der Elternteil noch unsicher oder zeigt das Kind, dass die neue Situation es noch so belastet, dass es die Begleitung der Bezugsperson benötigt, so kann die Trennung auch erst am fünften oder siebten Tag stattfinden. Der sechste Tag der Eingewöhnung ist ein Montag. An diesem Tag finden keine Trennungsversuche statt. Es gilt als feste Regel: Montags nie etwas Neues. Dies ist damit zu begründen, dass zwischen dem fünften und sechsten Tag das Wochenende liegt. Der Montag ist somit wieder der erste Tag nach einer Pause in der neuen Umgebung, weswegen von großen Schritten abzusehen ist (vgl. Viernickel 2009: 58).

Bevor sich die Bezugsperson von ihrem Kind verabschiedet, wartet sie in der Regel so lange mit im Gruppenraum, bis es sich von ihr abgewandt und einer neuen Situation zugewandt hat (vgl. Laewen/Andres/Hédervári 2007: 81). Das Verhalten des Kindes ist dafür ausschlaggebend, wie lange die erste Trennung vom Elternteil dauert. Zeigt sich das Kind trotz der Abwesenheit der Mutter an seiner Umwelt interessiert, so kann die Zeit der Trennung auf bis zu 30 Minuten ausgedehnt werden. Auch wenn das Kind zu weinen beginnt, sich aber relativ schnell von der Bezugserzieherin beruhigen lässt, wird der Elternteil nicht vorzeitig zurückgeholt. Reagiert das Kind aber verstört oder lässt sich trotz der Bemühungen der Erzieherin nicht beruhigen, gilt es, den Elternteil sofort zurückzuholen (vgl. Stadt Kinder extra 2005: 18).

7.3 Stabilisierungsphase: Die Trennungszeit verlängert sich

In der Stabilisierungsphase wird die Trennungszeit vom Elternteil täglich verlängert. Dabei sollten die Bedürfnisse des Kindes aber im Fokus stehen. Kommt das Kind mit der Trennung von seiner Bezugsperson noch nicht zurecht, sollte mit einer erneuten Trennung ein paar Tage gewartet werden. Hat die erste Trennung von der Bezugsperson am vierten Tag stattgefunden, so beginnt die Stabilisierungsphase mit dem fünften Tag. Bei einer längeren Grundphase entsprechend später (vgl. Viernickel 2009: 64). Ab dem Tag der Trennung versucht die Erzieherin, die gesamte Versorgung des Kindes zu übernehmen. Dazu gehört neben dem Wickeln des Kindes auch das Füttern. Zudem bietet sie sich als Spielpartnerin an und versucht, einfühlsam auf die Signale des Kindes zu reagieren.

Die Stabilisierungsphase erstreckt sich mindestens über die ersten drei Tage der Trennung. Findet die erste Trennung am vierten Tag statt, so muss sich die Bezugsperson auch am fünften und sechsten Tag in den Räumlichkeiten der Krippe befinden, sodass sie bei Bedarf in den Gruppenraum geholt werden kann (vgl. ebd./Stadt Kinder extra 2005: 18). Ist eine längere Eingewöhnungszeit von Nöten, so kann die Stabilisierungsphase auch bis zum zehnten Tag ausgeweitet werden. Dies liegt dann vor allem auch daran, dass die erste Trennung nicht bereits am vierten, sondern erst am fünften oder siebten Tag stattfindet (vgl. Laewen u. a. 2007: 94).

Läuft alles gut, so kann am Ende der Stabilisierungsphase auch das Schlafenlegen des Kindes von der Erzieherin übernommen werden, was ein großes Vertrauen des Kindes in die Erzieherin voraussetzt.

Aufgabe: Führen Sie Interviews mit Eltern und Erzieherinnen zur Eingewöhnung von Krippenkindern. Entwickeln Sie zuvor auf der Grundlage dieses Artikels und des Bindungsartikels (→ Kap. 4) einen Gesprächsleitfaden.

7.4   Schlussphase: Die Erzieherin ist akzeptierte Bezugsperson

Die Schlussphase der Eingewöhnung ist dann erreicht, wenn das Kind die Erzieherin als „sichere Basis" akzeptiert hat, sie als Spielpartner annimmt und sich von ihr trösten lässt. Diese Phase ist als eine Art Bereitschaftsdienst für die Eltern zu verstehen. Auch wenn sie die Krippe nun verlassen, sollten sie immer erreichbar sein. Das Kind lässt sich nun zwar dauerhaft und nachhaltig von der Erzieherin trösten, wenn es traurig über den Abschied ist. Es kann allerdings immer vorkommen, dass Situationen im Alltag auftreten, wenn das Kind sich verletzt oder ähnliches, in denen das Kind durch die Mutter getröstet werden muss. Auch wenn sich eine Bindung zwischen Bezugserzieherin und Kind entwickelt hat, so ist sie für solche Fälle noch nicht gefestigt genug. Für die Schlussphase werden in der Regel zwei Wochen empfohlen (vgl. ebd.: 98/Stadt Kinder extra 2005: 18).

Die letzte Phase: *Die Eingewöhnung von Mika ist völlig unproblematisch verlaufen. Ab dem ersten Tag der Trennung zeigt er keinerlei Angst oder Trauer. Solange er von Sarah durch die Gegend getragen wird, ist für ihn die Welt in Ordnung. Ab und zu muss Mika aber auch mal auf den Boden abgelegt werden. Er muss sich daran gewöhnen, dass Sarah nicht immer Zeit hat, ihn herumzutragen. Das sind Situationen, in denen er anfängt zu weinen. Er lässt sich allerdings sehr schnell wieder trösten, z. B. indem man ihm Spielzeug anbietet oder ihn auf den Arm nimmt und mit ihm den Leuchtstern im Flur betrachtet. Lichter und Dinge, die er in den Mund stecken kann, findet er klasse. Auch hat er viel Spaß dabei, wenn Sarah mit ihm herumalbert.*

Da er sich von Anfang an so schnell und nachhaltig trösten lässt, muss seine Mutter nicht zur Hilfe gerufen werden. Die Stabilisierungsphase kann planmäßig nach dem zehnten Tag beendet werden. Der Mutter fällt ein Stein vom Herzen, war es doch ihre große Hoffnung, dass Mika sich schnell eingewöhnt. Nun bringt sie Mika jeden Morgen in die Krippe, verabschiedet sich von ihm mit ruhigem Gewissen, da sie ihn gut aufgehoben weiß, und kann sich wieder der Uni widmen – die ersten zwei Wochen nach der Stabilisierungsphase natürlich immer in Reichweite des Telefons.

Literatur

Bensel, J./Haug-Schnabel, G. (2006): Kindergarten heute spezial. Kinder unter 3 – Bildung, Erziehung und Betreuung von Kleinstkindern. Freiburg

Laewen, H.-J./Andres, B./Hédervári, É. (2007): Die ersten Tage – ein Modell zur Eingewöhnung in Krippe und Tagespflege. 4. Aufl. Berlin

Stadtkinder extra. (2005): Schlüsselsituation: Eingewöhnung der Kinder. IN: Stadtkinder extra (2005, 2. Aufl.): Schlüsselsituationen im Krippenbereich – Materialien des ‚Krippenforums‘. Mitteilungsblatt der Vereinigung Hamburger Kindertagesstätten gGmbH, Hamburg, S. 15–22

Viernickel, S./Völkel, P. (Hrsg.) (2009): Bindung und Eingewöhnung von Kleinkindern. Troisdorf

Weber, Ch./Kempf, J. (2009): Die Eingewöhnungsphase: Aller Anfang ist schwer. In: Weber, Christine (Hrsg.) (2009): Spielen und Lernen mit 0- bis 3-Jährigen – Der entwicklungszentrierte Ansatz in der Krippe. 3. Aufl. Berlin, S. 62–67

8 Strukturierung des Krippenalltags

Sigrun Ferber

Außer einer erfolgreichen Eingewöhnungsphase, in der ein Krippenkind Zutrauen zu einer Bezugserzieherin gewinnt (→ Kap. 7), spielt ein überschaubarer, geregelter Tagesablauf für das Kleinkind eine große Rolle. Hierüber erhält es die nötige Sicherheit und emotionale Stabilität, um für unterschiedlichste Lernerfahrungen offen zu sein. Eine bewusste pädagogische Gestaltung aller Phasen des Tagesablaufes ist daher unerlässlich. Das folgende Kapitel beschreibt den Umgang mit diesen wichtigen Situationen, die man auch als Schlüsselsituationen für die Krippenarbeit bezeichnen kann; dazu gehören:

- Das Bringen und Holen des Kindes
- Der Umgang mit der eigenen Körperhygiene
- Das Essen
- Das Schlafen und Ruhen.

Die Inhalte sind in wesentlichen Teilen dem „Stadtkinder Extra" zu „Schlüsselsituationen im Krippenbereich" entnommen, deren Inhalte von den Fachberaterinnen in Zusammenarbeit mit Praktikerinnen erarbeitet worden sind. Zum vertieften Verständnis empfiehlt es sich, den ergänzenden Film „Schlüsselsituationen im Krippenbereich" (2008) anzusehen, der die beschriebenen Situationen gut veranschaulicht.

8.1 Schlüsselsituation 1: Bringen und Abholen

Sowohl für Eltern als auch für die Erzieherinnen bilden Begrüßungs- und Abholsituationen eine wesentliche Orientierungs- und Austauschmöglichkeit. Für viele Mütter bedeutet die Trennung von ihrem Kleinkind täglich neu eine Herausforderung. Dies setzt ein großes Vertrauen in die Kita voraus, welches sich erst langsam entwickeln kann. Zudem haben auch in der heutigen Zeit die Mütter noch immer mit dem Vorurteil zu kämpfen, dass ihr Kleinkind in der Krippe nicht so gut untergebracht sei wie zu Hause. Hier ist besonderes Einfühlungsvermögen und Empathie von Seiten der Erzieherinnen gefordert.

Pädagogisches Handeln: Berücksichtigt man die genannten Aspekte, ergeben sich daraus konkrete Erwartungen an das pädagogische Handeln.

- Jedes Kind wird mit seinen Eltern freundlich begrüßt und verabschiedet, gleichzeitig wird die Möglichkeit der Kontaktaufnahme zu den Eltern genutzt.
- Kinder, die sehr früh in die Kita kommen, erhalten Gelegenheit, den Tag nach ihrem eigenen Rhythmus beginnen zu können. Dieses erfordert flexible Handlungsweisen von Seiten der Erzieherin und genügend Zeit, um auf das Kind eingehen zu können.
- Da die durch die Eingewöhnung entstandene Bindung zwischen Kind und Erzieherin gerade zu diesem Zeitpunkt eine wichtige Rolle spielt, sollten Krippenkinder eine vertraute Person vorfinden, auch wenn sie sehr früh am Morgen kommen. Da die tägliche Trennung vielen Müttern immer wieder aufs Neue schwer fällt, ist eine vertraute Bezugsperson auch für die Mutter beruhigend.
- Das Kind erhält Zeit und Unterstützung, um sich in das Alltagsgeschehen einzufinden und in Ruhe zu orientieren. Die Bezugserzieherin sollte daher viel Geduld aufbringen und das weinende Kind liebevoll trösten, damit es sich langsam auf die neue Situation einlassen kann.
- Klare Absprachen mit den Eltern können beinhalten, dass diese die Abholzeiten so einrichten, dass die Schlafenszeiten ihrer Kinder nicht unterbrochen werden.
- Erzieherinnen haben durch regelmäßige Beobachtungen und Entwicklungsdokumentationen eine gute Grundlage, um die Eltern laufend über die Entwicklung ihres Kindes und das Tagesgeschehen zu informieren.

Um die genannten Voraussetzungen schaffen zu können, muss dies mit dem gesamten Team und der Leitung organisatorisch geplant und abgestimmt werden. Diese Planung sollte auf realistischen Annahmen beruhen, um Enttäuschungen bei den Eltern zu vermeiden. Eine verlässliche Arbeitsstruktur wirkt auch bei den Erzieherinnen Unzufriedenheiten entgegen und trägt zu einer positiven Grundeinstellung bei.

Das Ankommen der Kinder: Welche Umstände könnten für das Kind und seine Eltern das Ankommen in der Kita erleichtern?

- Die Garderobe sollte funktional und atmosphärisch ansprechend ausgestattet sein und genügend Platz zum An- und Ausziehen bieten:
  - Es muss bedacht werden, welche Kleidungsstücke hier Platz finden sollen, z.B. Anorak, Mantel, Schneeanzug. Es müssen dafür genügend Dreierhaken vorhanden sein.
  - Über den Dreierhaken ist eine Ablage für Utensilien wie Mütze, Handschuhe und Fahrradhelm

Abb. 8.1: Ein Kuscheltier von zu Hause kann das Ankommen in der Kita erleichtern

sinnvoll, unterhalb davon eine Sitzbank für Kinder mit einer Ablage für Schuhe, Stiefel und Hausschuhe.

- Wenn möglich sollte es einen Tisch geben, auf dem Kinder von den Eltern gewickelt werden oder z. B. schwangere Mütter ihre Kinder leichter an- und auszuziehen können, ohne sich bücken zu müssen. Es sollte auch der Tatsache Rechnung getragen werden, dass es sich bei der Begrüßung und Verabschiedung um intime Situationen handelt, die vor störenden Einblicken geschützt werden sollten.
- Durch ein erwachsenengerechtes Sitzmöbel kann eine einladende Atmosphäre entstehen, die den Eltern auch Rücksichtnahme auf ihre Bedürfnisse signalisiert.
- Auf jeden Fall ist die Garderobe ein besonders geeigneter Ort, um eine Informationswand für Eltern und Besucher zu installieren.
- Grundsätzlich sollten die Garderoben übersichtlich gestaltet sein und nicht mit Material und Möbeln überfrachtet werden. Neben ausreichend Platz, sollte es eine gute Lüftungsmöglichkeit und angenehmes Licht geben.

- Bereits bevor die Eltern mit ihren Kindern kommen, werden die Räume und Materialien vorbereitet. Die Kinder müssen die Möglichkeit erhalten, je nach individuellem Bedürfnis und Befinden, den Tag ruhig zu beginnen oder sich gleich aktiv in Spielphasen zu begeben.
- Jedes Kind wird mit seinen Eltern freundlich von einer Erzieherin begrüßt, während eine Kollegin andere anfallende Aufgaben wie z. B. das Frühstück übernimmt.
- Um dem Kind den Übergang in die Kita zu erleichtern, kann es hilfreich sein, einen persönlichen Gegenstand (Übergangsobjekt) von zu Hause mitzubringen. Hierdurch kann neben immer wiederkehrenden Ritualen der Abschied von den Eltern erleichtert werden. Schon in der Eingewöhnungsphase werden die Eltern unterstützt, die für ihr Kind und sie selbst angemessene Form des Abschieds zu finden.

Das Abholen der Kinder: Auch beim Abholen des Kindes aus der Kita lohnt es sich, einige grundsätzlichen Aspekte zu bedenken.

- Es sollte eine entspannte Atmosphäre herrschen, die sowohl dem Kind wie seinen Eltern Gelegenheit gibt, sich wieder aufeinander einzustellen.
- Hier bietet sich die Möglichkeit zur kurzen gegenseitigen Information, damit die Eltern im Anschluss besser auf das Kind eingehen und sein Verhalten genauer einordnen können. Bei diesem Austausch könnten folgende Aspekte von besonderem Interesse sein:
  - Die Befindlichkeit des Kindes während des Tages
  - Informationen über sein Essverhalten
  - Gesundheitliche Aspekte
  - Die Aktivitäten und Höhepunkte des Tages
  - Planungen für die nächsten Tage
  - Besondere Entwicklungsschritte des Kindes.

- Die Gestaltung einer angenehmen Abholsituation fordert die Erzieherinnen in besonderer Weise, weil sie darauf achten sollten, einen möglichst konfliktfreien Übergang für das Kind zu schaffen. Gleichzeitig müssen sie auf die Eltern, deren Fragen und Befindlichkeiten angemessen und einfühlsam reagieren und zwischen nötiger Information und der Thematisierung grundsätzlicher Fragestellungen zu einem späteren Zeitpunkt abwägen.

Diese komplexe Situation bedarf eines sensiblen Umgangs von Seiten der Erzieherin und guter Fähigkeiten in der Gesprächsführung. Der Tagesablauf der Kita muss auch daraufhin angesehen werden, ob die Eltern sich angenommen fühlen und ihr Kind ohne schlechtes Gewissen abholen können. Gerade Eltern, die ihr Kind nach einem langen Arbeitstag aus der Kita abholen, sollten sich nicht durch Aufräumsituationen gehetzt fühlen und dadurch zur Ungeduld mit ihrem Kind verleitet werden.

Aufgabe: Reflektieren Sie entlang folgender Fragen, welche Anforderungen an das pädagogische Handeln und die eigene Haltung von der Bring- und Abholsituation ausgehen.

- Versetzen Sie sich in die Rolle der Eltern und überlegen Sie, was diese besonders bewegen könnte, wenn sie ihr Kind morgens in die Kita bringen?
- Fragen Sie sich, ob es Ihnen gelingt, gleichzeitig auf Kinder und die Eltern einzugehen?
- Wie können Sie in Situationen, in denen Eltern beim Bringen und Abholen gestresst sind, das Kind trotzdem einfühlsam empfangen und verabschieden?
- Auf welche Weise gelingt es Ihnen, freundlich zu verdeutlichen, dass Sie sich nun den Kindern zuwenden müssen und keine Zeit für ein längeres Gespräch mit den Eltern haben?
- Wie könnten Sie auf Eltern eingehen, die die deutsche Sprache nicht gut beherrschen?
- Auf welche Weise erhalten die Eltern ein Bild über den Alltag ihres Kindes? Welche Kommunikationsmittel und Methoden stehen Ihnen dafür zur Verfügung?

8.2   Schlüsselsituation 2:
Umgang mit der eigenen Körperhygiene

Der Begriff „Sauberkeitserziehung" benennt den Sachverhalt nicht richtig, da das Kind von der Erzieherin nicht bewusst dazu erzogen werden kann, seine Darm- bzw. Blasenfunktion zu beherrschen. Bis zum dritten Lebensjahr wird jedes Kind normalerweise von selbst trocken, da es erst in diesem Zeitraum in der Lage ist, seinen Schließmuskel bewusst zu beherrschen. Hierzu ist keine gezielte „Erziehung" möglich und nötig. Erziehungsversuche bewirken eher eine Verunsicherung des Kindes mit gravierenden negativen Auswirkungen für die Persönlichkeitsentwicklung und sollten im professionellen Bereich unterlassen werden (vgl. Lill/Sporleder 2000). Es ist besonders wichtig, dem Kind genügend Zeit für diesen gravierenden Entwicklungsschritt zu lassen, da hiermit auch ein großer Sprung zur Selbstständigkeits- und Persönlichkeitsentwicklung gemacht wird.

Trockenwerden: Im Krippenalter lernt das Kind seinen Körper kennen und interessiert sich auch für seine Ausscheidungsprodukte. Der Ausscheidungsvorgang ist für das Krippenkind ein natürlicher und angenehmer Prozess. Die Erzieherin hat darauf zu achten, dass dies auch so bleibt und das Kind keinen Ekel entwickelt. Das oben genannte Vertrauen darauf, dass das Kind auf jeden Fall sauber wird und werden will, unterstützt den natürlichen Entwicklungsprozess. Denn damit es verlässlich sauber werden kann, muss es erst einmal eine ganze Reihe von Entwicklungsschritten vollziehen: Es lernt, die Signale aus dem Inneren seines Körpers wahrzunehmen und zu deuten und vor allen Dingen seinen Schließmuskel zunehmend unter Kontrolle zu bringen. Dieser komplexe Reifungsprozess setzt sowohl körperliche wie auch geistige Reifungsvorgänge voraus.

Es kann immer wieder Anlässe geben, die das Kind belasten oder beunruhigen und die dann zu „Rückfällen" führen. Diese können ihre Ursache im häuslichen Bereich haben wie etwa Krankheit, die Geburt eines Geschwisterkindes oder die Trennung der Eltern oder auch in der Kita selbst wie ein Wechsel der Bezugspersonen oder eine neue Gruppenzusammensetzung. Es ist wichtig, den Grund für diese Beunruhigungen herauszufinden, um so weit wie möglich die Ursachen für die Verunsicherung beseitigen oder in irgendeiner Form darauf eingehen zu können, mit dem Ziel, das Kind möglichst zu entlasten.

Im Allgemeinen können solche „Rückschritte" aber gelassen hingenommen werden, da auch diese nur situativ auftreten und die allgemeine Entwicklung nicht beeinträchtigen. Grundsätzlich sollte beachtet werden, dass der Entschluss zum „Sauberwerden" ausschließlich vom Kind kommen muss. Da die Erzieherin die Entwicklungsschritte des Kindes beobachtet, kann sie das Kind unterstützen, wenn erste Signale in Richtung „Trockenwerden" kommen. In der Kindergemeinschaft hat das Kind durch ältere Kinder Modelle für sein zukünftiges Verhalten. Um sie nachahmen zu können, müssen die äußerlichen Voraussetzungen wie kleinkindgerechte Toiletten (23 Zentimeter Höhe) für eine selbstständige Nutzung durch das Kind vorhanden sein.

Das Wickeln: Das Wickeln ist für das Kind eine wesentliche körperliche Erfahrung und bedarf eines sehr bewussten und liebevollen persönlichen Kontaktes und einer dementsprechenden Gestaltung der Wickelplatz-Umgebung.

- Die Erzieherin muss über genügend Zeit verfügen, um sich dem Kind individuell zuwenden zu können. Sie begleitet alle Verrichtungen mit Sprache, damit das Kind von ihren Handlungen nicht überrascht wird und erschrickt (→ Kap. 5.1).
- Die Erzieherin wird die Erfahrung machen, wie gut in dieser Situation enger Kontakt zum Kind herzustellen ist, damit das Kind entspannt sein kann und die Situation als lustvoll und angenehm empfindet.
- Das Wickeln muss nicht immer am vorgesehenen Wickelplatz stattfinden, sondern kann je nach Alter des Kindes und Umfang der Wickelaktion auch an unterschiedlichen Orten geschehen. Erzieherinnen sollten dabei aber auf ihre eigene körperliche Belastung achten und sich nicht überfordern.

Die Wickelplatzumgebung: Der Wickeltisch sollte in jedem Fall in einem gesonderten Sanitärraum stehen, der gut belüftet werden kann, damit keine Geruchsbelästigung für die anderen Kinder und Erwachsenen entsteht und dadurch die Gruppenatmosphäre gestört wird.

- Der Wickelplatz selbst sollte das Kind nicht durch zu viel Spielzeug oder andere Utensilien von seiner Körperwahrnehmung ablenken. So kann es sich auch besser auf die Pflegehandlungen der Erzieherin konzentrieren und somit Fortschritte in der Sauberkeitsentwicklung machen. Der Wickeltisch muss an den Seiten und dem Kopfende mit einem Fallschutz gesichert sein, der 20 Zentimeter über der Wickelauflage misst. Der Sicherheit dient zusätzlich die Regel „Immer eine Hand am Kind!". Es erleichtert die Pflegesituation, wenn alle benötigten Materialien in greifbarer Nähe gelagert werden und ein Waschbecken mit Kalt- und Warmwasser vorhanden ist. Feste Treppen am Wickeltisch, die bei Bedarf herausgezogen werden können, ermöglichen das selbstständige Hinaufklettern der Kinder.
- Die Sanitärräume für Krippenkinder werden multifunktional genutzt. Sie dienen nicht nur der Körperpflege, sondern auch der Körpererfahrung. Daher benötigen sie eine angenehme und Erkältungen vorbeugende Raumtemperatur (22 °C). Bei Neu- oder Umbauten sollte möglichst eine Fußbodenheizung eingebaut werden. Künstliches Licht sollte nicht zu kalt wirken, aber auch möglichst der Tageslichtqualität entsprechen. Bei Neubauten sollte auf die Lage an der Außenfassade geachtet werden, damit genügend natürliches Licht und frische Luft in den Raum gelangen. Für eine angenehme Raumatmosphäre ist auch hier ein ausreichender Schallschutz unerlässlich.
- Neben der Körperpflege sollte es genügend Raum für Angebote zu Wasserspielen und zum Planschen geben. Auch verformbares Material wie Kleister oder flüssige Farben können sehr gut in einem solchen Raum genutzt werden und bieten den Kindern vielfältige Sinneserfahrungen (→ Kap. 17).

Krippenhygiene: Grundvoraussetzung für die richtige Hygiene in der Krippe ist die Kenntnis der jeweiligen kommunalen Anforderungen nach dem Infektionsschutzgesetz. Hiernach muss jede Mitarbeiterin gemäß § 35 IfGS speziell über die gesundheitlichen Anforderungen und Mitwirkungspflichten geschult und belehrt werden. In der

Regel verfügen die Träger oder die jeweiligen Kitas über einen speziellen Hygieneplan, der die „innerbetrieblichen Verfahrensweisen der Infektionshygiene" festlegt (vgl. § 36 IfGS). Diese Pläne unterliegen der Überprüfung der zuständigen Gesundheitsämter.

Aufgabe: Informieren Sie sich über die geltenden Regularien zur Krippenhygiene in Ihrem Bundesland/Ihrer Gemeinde. Besorgen Sie sich einen aktuellen Hygieneplan und sehen Sie diesen bezüglich spezieller Inhalte für die Krippenbetreuung durch.

8.3   Schlüsselsituation 3: Essen in der Krippe

Essen ist ein Grundbedürfnis jedes Menschen. Bei den individuellen Essgewohnheiten gibt es große Unterschiede, die von Anfang an ein hohes Maß an Aufmerksamkeit und Einfühlungsvermögen seitens der Erzieherin brauchen, damit sie angemessen darauf eingehen kann. Das in der Kindheit erlernte Essverhalten prägt die Ernährungsgewohnheiten eines Menschen lebenslang.

Durch den Vorgang des Essens werden motorische Fähigkeiten als Grundlage für die Sprachentwicklung ausgebildet. Die Trink- und Kaubewegungen sowie das Abbeißen der Nahrung sind für die Mund- und Kieferentwicklung des Körpers sehr wichtig. Diese Bewegungen beeinflussen die Sprachmuskulatur und somit die Sprachentwicklung.

Beim Essen geht es nicht nur um die reine Nahrungsaufnahme, sondern es handelt sich auch um eine lustbetonte, angenehme und entspannte Situation, die häufig in Gemeinschaft stattfindet. Somit spielen Mahlzeiten im Tagesablauf eine zentrale Rolle und erfordern eine sehr intensive Auseinandersetzung mit vielerlei Fragestellungen. Diese sind einerseits individuell auf den jeweiligen Entwicklungsstand des Kindes ausgerichtet, andererseits sind Gesichtspunkte gesunder Ernährung und Zubereitung der Speisen Teil der Gesamtorganisation der Kita und müssen genauestens bedacht werden. Dieses Thema berührt ernährungsphysiologische und pädagogische Fragen und muss in seiner ganzen Komplexität immer wieder aufs Neue gestaltet und reflektiert werden. Das Erzieherinnenteam sollte sich regelmäßig über die eigene Vorbildrolle austauschen, da die Einstellungen der Erwachsenen zum Essen entscheidend dazu beitragen, ob Kinder ihrerseits ein ungezwungenes Verhältnis zum Essen entwickeln können.

Aufgabe: Um zu einheitlichem professionellem Handeln zu gelangen, ist es hilfreich, sich mit eigenen Prägungen auseinanderzusetzen. Beantworten Sie dazu folgende Fragen und tauschen Sie sich in Ihrer Lerngruppe darüber aus:

- Welche Einstellungen hatten meine eigenen Erzieher (Eltern, Großeltern, oder andere Bezugspersonen) zum Thema „Essen"? Wie wurde ich dadurch geprägt?
- Welches Verständnis hatte man von Kindern in dieser Zeit?
- Gibt es kulturell unterschiedliche Erfahrungen bei uns Teammitgliedern?
- Wie gehen wir mit unterschiedlichen Essgewohnheiten im Team um?

Ess-Situation und kindliche Bedürfnisse

Das heutige Bild vom Kind als Akteur seiner Entwicklung hat auch Auswirkungen auf die Gestaltung der Ess-Situation in der Krippe: Sie soll die Kinder dabei unterstützen, ihre Bedürfnisse möglichst früh wahrzunehmen und zunehmend eigenständig selbst zu befriedigen. Durch ein abwechslungsreiches Speisenangebot lernt das Kind, was ihm schmeckt und gut bekommt und wann es satt und zufrieden ist.

Das Kind sollte die Ess-Situation als eine ganz natürliche und angenehme Situation im Krippenalltag erleben und zunächst noch mit einem Lätzchen bekleidet sein. Das Kleckern und Verschütten ist dabei wichtiges Erleben und vermittelt dem Kind einen wesentlichen Erfahrungshintergrund. Die Erzieherinnen unterstützen, je nach Entwicklungsstand, das Kind beim Auffüllen und Eingießen.

Ess-Atmosphäre: Auch Kindern macht es Freude, an einem schön gedeckten Tisch zu essen. Hierzu gehört sowohl ansprechend gestaltetes Geschirr und Besteck wie auch Blumen oder andere Dekorationselemente. Je nach Verweildauer am Tag bilden gemeinsame Mahlzeiten in der Krippe den Haupterfahrungshintergrund, um den richtigen Umgang mit dem selbstständigen Auffüllen von Speisen und dem Hantieren mit Besteck und Geschirr zu erlernen.

Beim Essen in der Krippe geht es aber nicht nur um primäre Bedürfnisbefriedigung. Zum Erleben in der Gemeinschaft gehören auch eine ruhige und angenehme Atmosphäre und das Tischgespräch. Sich genügend Zeit für das einzelne Kind zu nehmen und es individuell in seinem Tun zu unterstützen, ist eine zentrale Aufgabe der Krippenerzieherin.

Essen mit allen Sinnen: Da die Hirnareale für Mund und Hand dicht nebeneinander liegen, beeinflussen sich die Aktivitäten gegenseitig. Je älter ein Kind ist, umso ausdifferenzierter kann es Mund und Hand auch unabhängig voneinander benutzen. Die differenzierte Entwicklung der Hände geht mit der des Mundes einher. Somit besteht eine enge Verknüpfung zwischen dem Erleben von Materialien in den Händen der Kinder zu denen im Mund. Das Kind fühlt zunächst über die Hände die Konsistenz,

Abb. 8.2: Essen macht nicht nur satt, sondern hat auch lustvolle Aspekte

die Temperatur und das Gewicht eines Nahrungsmittels und dann den Geschmack im Mund. Je mehr die Kinder also die Möglichkeit erhalten, neben dem Besteckangebot auch mit den Fingern zu essen, umso mehr Möglichkeiten erhalten sie, das Essen mit allen Sinnen zu erleben.

Gerade in der Phase der Umstellung von Milch und Breikost auf feste Nahrung machen Kinder täglich neue Erfahrungen beim Ertasten, Begreifen Riechen und Schmecken einer Vielzahl von Nahrungsmitteln, mit denen sie sich intensiv auseinandersetzen.

Die geeignete Sitzposition: Für ein Kind ist es wichtig, dass es die optimale Sitzhöhe beim Essen einnehmen kann, d. h. seine Füße sollten den Boden berühren. Dies liefert ihm ein stabiles Körpergefühl und ermöglicht die Aufrichtung des gesamten Körpers bis hin zur Nackenmuskulatur, was sich wiederum unmittelbar auf den Gesichts- und Mundbereich auswirkt. Reizüberflutete oder überforderte Kinder zeigen häufig einen schlaffen Muskeltonus und ihnen fällt es schwer, die nötige Spannung für eine optimale Sitzhaltung zur Nahrungsaufnahme aufzubauen.

Optimal sind Hocker, da die Kinder darauf flexibel sitzen können, ohne durch eine Rücken- oder Armlehne eingeschränkt zu sein. Rückenlehnen sind nicht erforderlich, weil die Kinder von alleine mit geradem Rücken sitzen. Die Hocker sollten, je nach Alter und Körpergröße der Kinder, eine Höhe von 18 bzw. 22 Zentimetern haben und ein ergonomisches Sitzen ermöglichen, bei dem die Kinder mit den Füßen den Boden erreichen.

Säuglinge und Babys werden auf dem Schoß gefüttert, bis sie selbstständig sitzen können. Dann wird ihnen auch erst feste Kost angeboten. Hierfür erhält das Kind einen Löffel zum selbstständigen Ausprobieren. Wenn es genügend Sicherheit im Umgang mit dem Löffel erlangt hat, erhält es zu jeder Mahlzeit alle Besteckarten.

Kooperation mit hauswirtschaftlichen Kräften: Ernährungserziehung stellt ein bedeutsames Feld innerhalb einer pädagogischen Konzeption dar. Hier ist die Zusammenarbeit zwischen pädagogischen und hauswirtschaftlichen Kräften gefordert. Dabei müssen neben Überlegungen der Zubereitung und Präsentation folgende Fragen geklärt werden:

- Wann soll gegessen werden?
- Wie viel Zeit wird benötigt?
- Wie viel und welches Geschirr wird benötigt?

- Wie werden neue Gerichte eingeführt?
- Welche Lieblingsgerichte haben die Kinder?
- Welche kulturellen Ernährungsgewohnheiten müssen berücksichtigt werden?
- Welche besonderen Ernährungsprobleme haben einzelne Kinder?

Ess-Situation in der Krippenkonzeption

Ausgehend von der Annahme, dass das Kind Akteur seiner eigenen Entwicklung und bereits im Krippenalter „dialogfähig" ist, müssen verschiedenste Fragestellungen im Erzieherinnenteam einheitlich abgestimmt und dann in die Krippenkonzeption übernommen werden (→ Kap. 5). Zu klären sind z. B. folgende Unterthemen:

- Entscheidungsfreiheit des einzelnen Kindes
- Umgang mit Nachtisch
- Probieren von Speisen
- Wann bekommen die Kinder Getränke und welche?
- Beginn und Ende der Mahlzeiten
- Beteiligung von Kindern beim Tischdecken, Essenholen und Abräumen.

Einheitliche Standards entwickeln: Um bei der Bearbeitung der oben genannten Unterthemen möglichst einheitliche Standards zu entwickeln, empfiehlt es sich, mit einem Raster zu arbeiten, das die Vorstellungen der Kinder, Erzieherinnen, Eltern, Kita-Leitung sowie die zu Material und Raumgestaltung berücksichtigt (→ Tab. 8.1).

Zunächst wird im Raster eine sogenannte „Eingangsstufe" formuliert. Sie definiert, was jedem Kind in der Krippe möglich sein soll. Grundlage dieser Ansprüche bildet die jeweilige personelle und materielle Ausstattung der Krippe. Über diese „Eingangsstufe" hinaus können die Teams an einer weiteren Profilierung der „Besten Fachpraxis" arbeiten (vgl. Kronenberger Kreis 1998).

Tabelle 8.1 stellt die Bearbeitung der Unterthemen in Form von Rastern beispielhaft dar. Die Textbeispiele bieten viele Lösungsideen, sind aber nicht als Rezept zu verstehen, sondern jedes Team sollte die einzelnen Fragen selbst klären und die eigenen Lösungen zur Orientierung für alle aufschreiben. Es empfiehlt sich, im Team mit der Bearbeitung des Unterthemas „Entscheidungsfreiheit" der Kinder zu beginnen, da es hierbei um eine grundlegende Klärung des Umganges mit dem Kind geht. Räumt man Kindern das Recht auf eine eigene Entscheidung beim Essen ein, hat dies Auswirkungen auf alle weiteren Aspekte im Zusammenhang mit diesem Thema.

Merkmal	Eingangsstufe: Was soll jedem Kind möglich sein?	Beste Fachpraxis: Wohin können wir uns entwickeln?
Kind	• Es hat die Entscheidungsfreiheit für alle Bestandteile des Essens. • Es kann aus dem sichtbaren Angebot auswählen. • Die Entscheidung, was und wie viel es von den angebotenen Nahrungsmitteln auswählt, trifft ein Kind entsprechend seines Appetits und seiner Fähigkeiten. Unterstützung und Hilfe sollen den unterschiedlichen Altersstufen entsprechen. • Einen zweiten Löffel zum Schieben des Essens bekommen Kinder von Anfang an. • Jedes Kind darf soviel essen, wie es möchte.	• Es hat die Besteckauswahl entsprechend seinen Fähigkeiten; alle Besteckformen werden angeboten und können ausprobiert werden.
Erzieherin	• Sie akzeptiert die Entscheidungsfreiheit des Kindes. • Sie unterstützt und ermutigt die Kinder, sich selbstständig zu entscheiden. • Sie bietet verschiedene Bestecke an und trifft die Vorauswahl (welches Besteck zu welchem Essen). Sie lässt Umentscheidungen zu; ist die Handhabung mit der Gabel zu schwierig, bietet sie einen Löffel an. • Es gibt ein gestaffeltes Verfahren beim selbstständigen Auffüllen entsprechend dem Alter des Kindes, z. B. Suppe erst bei sicherer Handhabung der Kelle. • Ausprobieren wird als Handlungsmöglichkeit akzeptiert.	• Durch Beobachtung und Kommunikation mit dem Kind ist sie in der Lage, die Entwicklung des Kindes einzuschätzen und auf seinen Wunsch, etwas alleine zu entscheiden, gut zu reagieren. Sie lässt Experimente zu. • Die Erzieherin stellt alle Bestecke zur Verfügung. Sie lässt das Kind die Auswahl treffen. • Die Erzieherin reflektiert die Ess-Situation und das Angebot; sie überarbeitet ggf. das Konzept. • Sie fördert Lernerfahrungen.

Merkmal	Eingangsstufe: Was soll jedem Kind möglich sein?	Beste Fachpraxis: Wohin können wir uns entwickeln?
Eltern	• Den Eltern werden die wichtigsten Grundsätze zum Thema „Essen in der Krippe" im Aufnahmegespräch vermittelt. • Die Erzieherin informiert sich über die Essgewohnheiten des Kindes im Elternhaus. • Die Erzieherin setzt sich mit Elternwünschen auseinander.	• Die Erzieherin berücksichtigt die Elternwünsche im Rahmen der Krippenkonzeption. • Es erfolgt ein regelmäßiger Austausch mit den Eltern. • Die Erzieherin informiert sich über kulturelle Gewohnheiten im Elternhaus.
Raum/ Material	• Stühle, Tische und Geschirr stehen in ausreichender Anzahl für die Kinder zur Verfügung. • Schüsseln, Krüge, Besteck, etc. müssen für die Kinder erreichbar sein.	• Jeder Tisch ist mit entsprechendem Geschirr ausgestattet. Die Schüsseln müssen nicht lange herumgereicht werden.
Team	• Im Team gibt es Absprachen mit den Kolleginnen, um die eigenen Entscheidungen der Kinder zu reflektieren und zu fördern. • Reflexion der Essenssituation in Teambesprechungen.	
Leitung	• Sie macht Vorgaben deutlich. • Sie trifft zeitlich festgelegte gemeinsame Vereinbarungen. • Sie bietet methodische Hilfestellung an. • Sie schafft die Voraussetzungen für die Arbeit (materiell/Absprachen).	• Sie ist zuständig für die regelmäßige Überprüfung der verabredeten Ziele und wird ggf. neue Vereinbarungen treffen. • Sie ist verantwortlich für die Prozessqualität und das Controlling.

Tab. 8.1: Raster zur Standardentwicklung im Bereich „Essen in der Krippe"

Mithilfe des Rasters lassen sich auch weitere Themenstellungen bearbeiten und klären. Hier bieten sich der Umgang mit dem Nachtisch, Probieren und Trinken an, die auf diese Weise einheitlich mit dem Team geregelt und dann auch gut an Eltern und Vertretungskräfte kommuniziert werden können. Hier reicht es vorläufig mit der „Eingangsstufe" zu beginnen und die verschiedenen Merkmale durchzudeklinieren. Um sich ein Bild von einer Ess-Situation machen zu können, in der Kinder ein hohes Maß an Entscheidungsfreiheit haben, empfiehlt es sich, das entsprechende Kapitel in

dem Film „Schlüsselsituationen im Krippenbereich" (→ Literaturangaben) anzusehen.

Aufgabe: Bearbeiten Sie beispielhaft in einer Kleingruppe das Thema „Beteiligung
von Kindern" oder „Beginn und Ende von Mahlzeiten" anhand des Rasters
(→ Tab. 8.1) und legen Sie die Merkmale der „Eingangsstufe" fest.

8.4   Schlüsselsituation 4: Schlafen und Ruhen

Schlafbedürfnis: Das Schlafbedürfnis von Babys und Kleinstkindern ist sehr unterschiedlich und von verschiedenen Faktoren abhängig. Ein Baby hat anfänglich noch
keinen ausgeprägten Tag- und Nachtrhythmus, sondern einen drei- bis vierstündigen
Schlafrhythmus. Erst gegen Ende des ersten Lebensjahres schläft ein Kind sechs bis
zehn Stunden durch (vgl. Kasten 2005).

Babys und Erwachsene haben zwar die gleichen Schlafphasen von aktivem Schlaf
(Augenlider bewegen sich, die Atmung ist oberflächlich) und Tiefschlaf (der Körper
ist reglos, die Atmung ist kaum spürbar), die sich die ganze Nacht wiederholen. Bei
Erwachsenen sind die Phasen allerdings mit etwa zwei Stunden erheblich länger als
bei Babys mit etwa 45 bis 50 Minuten.

Es ist sehr wichtig, diesem individuellen Schlafbedürfnis auch Rechnung zu tragen,
damit das Kind genügend Ruhe und Entspannung erhält und die Schlaf- oder Ruhesi-
tuation als ein angenehmes positives Erlebnis empfindet. Ausreichend Schlaf sorgt
für eine ausgeglichene Psyche und körperliches Wohlbefinden des Kindes und bildet
somit eine wichtige Voraussetzung dafür, sich interessiert und aufgeschlossen seiner
Umwelt zuzuwenden. Im Schlaf verarbeitet das kindliche Gehirn die erlebten Eindrücke, bildet neue Verbindungen (Synapsen) und speichert das Erlernte. Deshalb ist ein
möglichst ungestörter Schlaf mit der Mög-
lichkeit zum Ausschlafen eine unabding-
bare Voraussetzung.

Einschlafsituation und Schlafplatz: Die
Einschlafsituation erfordert einen engen
Austausch mit den Eltern, um besser über
bestehende Rituale (Kuscheltiere, Nuckel-
tuch usw.) informiert zu sein und dem
Kind somit die emotionale Stabilität zu geben, die es zum entspannten Schlaf benötigt.

Abb. 8.3: Kinder brauchen Orte, um sich ausruhen
und zurückziehen zu können

Auch die Auswahl des Schlafplatzes sollte gemeinsam mit dem Kind getroffen werden und sich dem individuellem Bedürfnis anpassen. Da nicht alle Kinder unter den gleichen Bedingungen schlafen können, sollten sie die Möglichkeit haben, sich z.B. in Schlafhöhlen, auf Hochebenen oder Matratzen zurückzuziehen oder es sich auf andere Weise gemütlich zu machen. Aus hygienischen Gründen sollte jedes Kind sein eigenes Kopfkissen mit Bettdecke haben. Der Einsatz von Gitterbetten sollte kritisch hinterfragt werden, da diese mindestens das selbstständige Ein- und Aussteigen ermöglichen müssen und sehr viel Raum einnehmen, ohne dem Kind dadurch ein größeres Maß an Geborgenheit zu vermitteln. Als interessante Alternative bieten sich gepolsterte Hundekörbchen an oder treppenartige Konstruktionen, in die die Kinder selber krabbeln können und die durch ihre Abmessungen kuschelig und gemütlich sind.

Geborgenheit und Trost: Damit das Kind sich sicher und geborgen fühlen kann, muss es schnellen Trost bei seiner Bezugserzieherin finden, falls es weinend aufwacht oder im Schlaf weint. Dieser Trost kann helfen, die Ängste schnell zu überwinden oder besser mit ihnen umgehen zu können. Diese Situation erfordert eine sehr individuelle Vorgehensweise der Erzieherin. Sie benötigt ihrerseits genügend Ruhe und Gelassenheit, sich dem Kind ohne Eile widmen zu können. Eine gute Abstimmung im Team bietet hierzu eine wichtige Voraussetzung.

Standards zu Schlafen und Ruhen entwickeln: Damit auch zu diesem Thema die unterschiedlichen Ebenen – Kinder, Erzieherinnen, Eltern, Leitung, sowie Materialien und Raum – genügend Berücksichtigung finden, empfiehlt sich wiederum die Klärung der verschiedenen Fragestellungen durch ein Raster, wie es bereits zum Thema „Essen" genutzt wurde (→ Tab. 8.2).

Merkmal	Eingangsstufe: Was soll jedem Kind bei uns möglich sein?	Beste Fachpraxis: Wohin können wir uns entwickeln?
Kind	• Sie ziehen sich nach ihren jeweiligen Möglichkeiten selbstständig aus. • Toilettengang und Zähneputzen gehören zum Ritual. • Jedes Kind findet seinen eigenen Weg, sich in den Schlaf geleiten zu lassen, und einen eigenen Rhythmus, aus dem Schlaf wieder in Aktivität zu kommen (in manchen Kitas ist es bereits Praxis, dass die Kinder selbst entscheiden, ob sie schlafen oder nicht).	• Kinder werden an der Entscheidung beteiligt, ob sie schlafen, nur ruhen oder lieber spielen wollen. • Kinder müssen nicht schlafen. Kinder, die nicht oder nicht mehr schlafen wollen, finden anregende Spiel- und Aktivitätsmöglichkeiten. • Die Kinder wählen und gestalten ihren Schlafplatz zunehmend selber. • Die Kinder helfen sich gegenseitig beim Ausziehen.

Merkmal	Eingangsstufe: Was soll jedem Kind bei uns möglich sein?	Beste Fachpraxis: Wohin können wir uns entwickeln?
Erzieherin	• Sie gestaltet die Schlafsituation als angenehme Situation. Sie kennt und berücksichtigt die individuellen Schlafrituale und Schlafbedürfnisse der einzelnen Kinder. • Sie beteiligt und unterstützt die Kinder bei den vorbereitenden Ritualen, beim Ausziehen, Zähneputzen und Toilettengang. • Eine vertraute Person begleitet die Kinder in den Schlaf. • Sie entwickelt mit ihren Schlafkindern Einschlafrituale wie Vorlesen, Schlaflied oder Musikhören.	• Sie unterstützt das Kind, seine Bedürfnisse zu erkennen und ihnen nachzugehen, z. B. zu schlafen, zu ruhen oder lieber wach und aktiv zu bleiben. Sie ermutigt die Kinder, ggf. um Hilfe zu bitten. • Sie unterstützt die Kinder dabei, vor dem Einschlafen Konflikte zu bereinigen und sich zu vertragen. • Die Erzieherin trägt Beobachtungen und Vorkommnisse in ein Schlafprotokoll ein.
Eltern	• Sie werden beim Aufnahmegespräch nach den Schlafgewohnheiten und den Schlafbedürfnissen ihres Kindes gefragt. • Häusliche Schlafrituale und „Übergangsobjekte" (Schnuller, Schnuffeltuch, Kuscheltier etc.) werden erfragt. • Mit den Eltern werden die Gestaltung der Schlafsituation und die diesbezgl. Möglichkeiten in der Kita besprochen.	• Eltern erhalten regelmäßig und bei aktuellen Anlässen Rückmeldung über das Schlafverhalten/-bedürfnis ihres Kindes und werden ermutigt, über den häuslichen Schlaf ihres Kindes zu berichten. • Erzieherinnen bieten Eltern Beratung bei häuslichen Schlafproblemen der Kinder an.
Raum/ Material	• Der Raum, in dem die Kinder schlafen, soll zum Ruhen und Entspannen einladen. Er ist frisch gelüftet, nicht überheizt, hat beruhigende Farben aus dem „warmen" Farbspektrum, evtl. leise Musik (klassische Musik, Meditationsmusik), gedämpftes Licht (nicht zu hell, nicht stockfinster). • Jedes Kind hat seine eigene Decke und sein Kissen. • Kinder können ihre vertrauten „Einschlafhelfer" wie Schnuller, Kuscheltiere etc. verwenden.	• Die Kinder können „ihren" Schlafplatz wählen und individuell gestalten. • Sie können ihren angestammten Platz wählen oder auch einmal neue Perspektiven einnehmen, auf der Hochebene, im Zelt, im Pappkarton oder im Korb. Es stehen Felle, Tücher, Polster zur Verfügung. • Auch außerhalb der Schlafzeiten haben die Kinder die Möglichkeit, sich zurückzuziehen und zu ruhen, z. B. in Nischen, Höhlen, Hängematten.

Merkmal	Eingangsstufe: Was soll jedem Kind bei uns möglich sein?	Beste Fachpraxis: Wohin können wir uns entwickeln?
	• Kindern, die nicht schlafen, werden anregende Räume und Materialien angeboten. Sie finden die persönliche Ansprache einer für sie zuständigen Person.	
Team	• Schlafen in der Krippe ist Konzeptionspunkt. Ziele, Überlegungen, Verfahren und Begründungen werden im Team vereinbart und schriftlich festgehalten. Pädagogische und organisatorische Gesichtspunkte fließen in die Überlegungen ein. • Eine oder mehrere feste Personen werden mit der Aufgabe, die Schlafsituation zu gestalten, betraut und vom Team entsprechend unterstützt (Dienstplan, Pausen).	• Das Team reflektiert und bewertet in regelmäßigen Abständen seine Praxis des Schlafens in der Krippe. • Es passt organisatorische Bedingungen an seine pädagogischen Zielsetzungen an. • Das Team setzt sich Prioritäten über die Vereinbarung von Qualitätszielen.
Leitung	• Sie bewertet das Thema „Schlafen in der Krippe" als wichtigen Konzeptionspunkt und hat leitende und steuernde Funktion bei der Konzeptionsentwicklung. • Sie überprüft, ob die Konzeptionspunkte umgesetzt werden und unterstützt ggf. bei der Umsetzung, organisiert Besprechungszeiten und gibt inhaltliche Unterstützung.	• Sie steuert den Qualitätsentwicklungsprozess und unterstützt bei der Zielfindung. • Im Leitungsbereich wie in allen pädagogischen Bereichen, die Krippenkinder betreuen, werden Personen bestimmt, die verantwortlich sind für die Sicherung und Weiterentwicklung der Krippenfachlichkeit.

Tab. 8.2: Raster zur Standardentwicklung im Bereich „Schlafen und Ruhen in der Krippe"

Grundsätzlich bedeutet die Gestaltung der Schlafsituation für die Erzieherin, diese ohne Zeitdruck und Anspannung mit den Kindern leben zu können, d. h. ohne gleichzeitig andere Arbeiten und Aufträge erledigen zu müssen. Sie dient den Kindern als Vorbild und sollte sich deshalb ebenfalls entspannen und ganz den Kindern widmen können. Dazu gehört auch, dass die Eltern ihr Kind nicht aus dem Schlaf wecken, um es abzuholen, sondern ihm genügend Zeit zum Aufwachen und Anziehen lassen, damit es sich dann seiner Umwelt wieder frisch und erholt zuwenden kann.

Literatur

Kasten, H. (2005): Entwicklungspsychologische Grundlagen. Weinheim/Basel

Kronberger Kreis für Qualitätsentwicklung in Kindertageseinrichtungen (1998): Qualität im Dialog entwickeln. Seelze/Velber

Largo R. H. (1993): Babyjahre. Die frühkindliche Entwicklung aus biologischer Sicht. Hamburg

Lill, G./Sporleder, W. (2000): Von Abflugrampe bis Zwischenlandung. Neuwied

Pikler, E. (2008): Miteinander vertraut werden. Freiamt

Stadtkinder-Extra (2005): Schlüsselsituationen im Krippenbereich. Vereinigung Hamburger Kindertagesstätten, 2. Aufl., Hamburg

Stadtkinder-Extra (2006): Unser Essen in der Kita! Umfang und Qualität der Verpflegungsleistungen in Kitas der Vereinigung Hamburger Kindertagesstätten, Hamburg

Empfehlung als Arbeitsmittel: DVD: Schlüsselsituationen im Krippenbereich (2008): Qualitätsmerkmale für die Arbeit mit den Jüngsten. Vereinigung Hamburger Kindertagesstätten, Hamburg

9 Bildung und Erziehung von Kleinstkindern

Norbert Neuß

Kinder bilden sich nicht nur entsprechend des inneren genetischen Entwicklungsplans oder aufgrund von äußeren Umweltbedingungen, sondern sie verwickeln sich als aktiv Gestaltende in ihre Umwelt. In dieser Sichtweise sind Begabungen, Anlagen oder Prägung nur ein Aspekt. Das Kind wird heute vielmehr als ein aktives, sich die Welt selbstständig aneignendes Wesen gesehen. In der Sozialwissenschaft spricht man deshalb vom „produktiv realitätsverarbeitenden Subjekt". Diese Position wurde vor allem auch durch die neuere Baby- und Kleinstkindforschung bestätigt (vgl. Stern 2008; Dornes 2010; Gopnik u. a. 2003). Kinder besitzen von Geburt an bestimmte Fähigkeiten der Realitätsverarbeitung, der Problembewältigung und Beziehungsgestaltung. Insofern ist Kindheit nicht ein defizitäres Stadium zwischen Geburt und Erwachsensein bzw. Erwachsenwerden. In dieser Entwicklungsvorstellung ist Bildung und Lernen ein lebenslanger Prozess. In jeder Altersstufe, ob als Säugling, Kleinkind, Schulkind, Jugendlicher, Heranwachsender, Erwachsener, Senior oder Greis, werden existentielle Erfahrungen durch eine aktive Verwicklung mit der Umwelt gemacht. Hinzu kommen spezifische Themen, die vom Alter und der kulturellen Normalbiographie abhängen (→ Kap. 3.1). Diese Sicht auf die „Natur des Kindes" hinterfragt Erwachsene, die sich selbst als entwickelt und die Kinder als noch nicht entwickelt betrachten.

9.1 Selbstbildungstätigkeiten in den ersten drei Jahren

Um die Lernaktivitäten von Kindern in den ersten drei Lebensjahren konkret zu verstehen, sind Foto- oder Videodokumentationen hilfreich (→ Kap. 10). Sie helfen uns, die motorische Entwicklung, die Veränderungen des Aussehens und die kindeigenen Aktivitäten und Interessen nachzuvollziehen. Im Folgenden werden die ersten drei Lebensjahre eines Kindes etappenweise bildlich dargestellt und durch Fachinformationen begleitet.

Erschöpft von der Geburt liegt Anna in ihrer Wiege. Sie kommt mit einem Geburtsgewicht von 4340 Gramm und einer Körperlänge von 52 Zentimetern auf die Welt. Der Beginn eines neuen Lebens ist faszinierend und herausfordernd zugleich. Eltern stehen staunend und fragend vor dem kleinen Wesen. Wie wird es sich entwickeln? Wel-

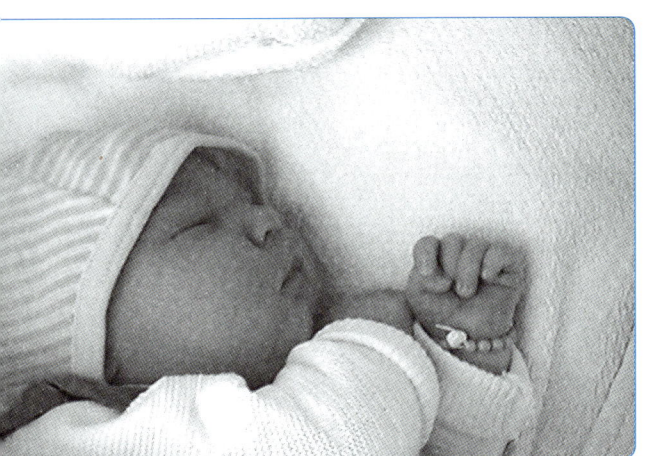

Abb. 9.1: Anna schlafend, zwei Tage nach der Geburt

chen Charakter hat es? Wem sieht es ähnlich? Neben diesen Fragen treten Erwachsene aber auch immer mit einem inneren Bild vom Kind an die Begleitung dieses kleinen Wesens heran. Die Forscher Gopnik u. a. (2003: 17) schreiben dazu: „Die meisten von uns sehen ein Bild der Unschuld und Hilflosigkeit, ein unbeschriebenes Blatt. Doch was wir in Wirklichkeit sehen, ist der großartigste Geist, der je existiert hat, der gewaltigste Lernapparat des ganzen Universums." Zwischen diesen beiden Extremen liegen viele kleine Fragen, die dieses Bild vom Kind und den Umgang mit dem Kind ausmachen. Was traue ich dem Baby zu? Wird die Entwicklung des Kindes von den Eltern eher mit Zuversicht oder eher mit Angst begleitet? Wie viel Erziehung oder Förderung braucht das Kind?

Sozial-kulturelle Einbettung: Auch wenn das Foto von Anna ein beginnendes neues Leben darstellt, so wird das Kind auch in eine bestimmte Umwelt und eine bestimmte Familie hineingeboren, die es sich nicht aussuchen kann. Das Leben geschieht unter festgelegten, wenn auch nicht unumstößlichen Bedingungen wie etwa dem Einkommen der Familie.

Gerade in Deutschland entscheiden die finanziellen Möglichkeiten und das Bildungsniveau der Familie immer noch sehr stark über die kindliche Lern- und Bildungslaufbahn (vgl. Holz u. a. 2005). Das familiäre Umfeld und die gesellschaftlichen Institutionen beeinflussen die weitere Lernentwicklung maßgeblich mit.

Daneben wird das Kind nicht nur in eine bestimmte Familie hineingeboren, sondern auch eine bestimmte soziale und kulturelle Umwelt. Annas Leben verliefe anders, wenn sie in China oder Papua Neuguinea geboren wäre und nicht in Deutschland. Die gesamte Entwicklung nach der Geburt hängt von den kulturellen und sozialen Handlungen und Techniken ab, welche die Menschen bereits „co-evolutionär" entwickelt haben (vgl. Welzer 2008: 120). Damit werden die sozialen, kommunikativen und kulturellen Einflüsse im Hinblick auf die Entwicklung des Kindes hervorgehoben. Diesen Gedanken hat vor allem der Anthropologe Michael Tomasello (2002) weitergeführt. Er begreift die kulturelle Vermittlung als biologischen Mechanismus und verdeutlicht dies mit dem Bild des „Wagenhebereffekts", d. h. die technisch-kulturelle Evolution schreitet immer weiter Stück für Stück voran, ohne zurückzufallen, und erfordert eine soziale Weitergabe relevanten Wissens von Generation zu Generation. Während sich also Annas Eltern z. B. an die beginnende Verbreitung des Handys und Internets noch erinnern können und den Umgang damit erst lernen mussten, wird Anna mit diesen kulturellen Erfindungen selbstverständlich aufwachsen.

Neuroplastizität: Die Fähigkeit, sich auf wechselnde Umgebungen und Umweltbedingungen einzustellen, ist für das Überleben zentral. Genau darauf ist die menschliche Gehirnentwicklung ausgelegt: Kein anderes Lebewesen verfügt über eine vergleichbare Neuroplastizität wie der Mensch. Kein Gehirn ist bei der Geburt so unfertig wie das des Menschen, keines besitzt ein vergleichbar großes Entwicklungspotenzial für die Anpassung an verschiedene und sich verändernde Umweltbedingungen. „Für uns Menschen ist die Erziehung unsere Natur. Die kulturellen Fähigkeiten sind Teil unserer Biologie und der Lerntrieb ist unser wichtigster und zentralster Instinkt" (Gopnik u. a. 2003: 24). Das Neugeborene ist also ein aktives Wesen, auch wenn es auf die Versorgung seiner Eltern angewiesen ist. Neben den großen Lernfähigkeiten im Babyalter ist es auch die relativ lange Entwicklungsphase der Kindheit, die dazu dient, diese Fähigkeiten einzusetzen. Als wesentliche Erkenntnisse aus der neueren Babyforschung formulieren Gopnik u. a. (2003: 24 f. und 45 f.) Folgendes:

- Babys und Kleinkinder denken, beobachten und urteilen. Sie wägen Beweise ab, ziehen Schlüsse, experimentieren, lösen Probleme und suchen nach der Wahrheit.
- Babys können von Geburt an menschliche Gesichter und Stimmern von anderen Dingen und Geräuschen unterscheiden.
- Babys erkennen während der ersten neun Monate bereits den Unterschied zwischen einem glücklichen, einem traurigen und einem zornigen Gesichtsausdruck.
- Einmonatige Babys imitieren Gesichtsausdrücke und scheinen daher irgendwie zu verstehen, dass eine Ähnlichkeit zwischen ihnen und dem Gesicht besteht, das sie vor sich sehen.

Begreifen: Lernen ist untrennbar mit dem Begreifen, der unmittelbaren Sinnestätigkeit und eigentätigen Formen des Betrachtens, Erkennens und Handelns verknüpft. Es ist die unmittelbare Begegnung mit der Wirklichkeit, die bei Kindern eine interessierte Auseinandersetzung anstößt und jene Aktivitäten freisetzt, die als Bildungsprozesse wirksam werden.

Es sind die Wahrnehmungen, die im handelnden Umgang mit den Dingen zu Erfahrungen werden: das Berühren, Tasten,

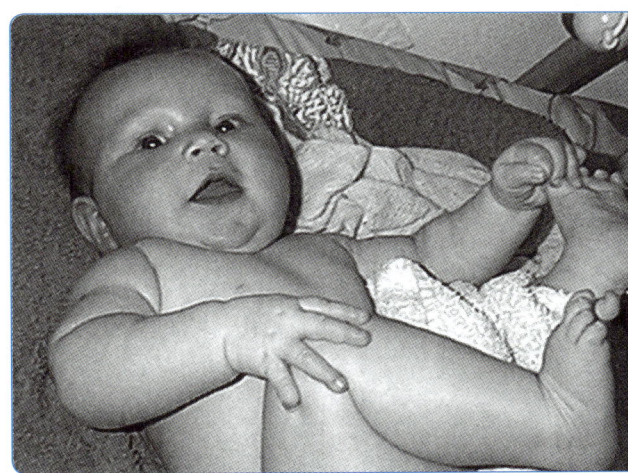

Abb. 9.2: Anna (17 Wochen) erkundet ihre Füße

In-die-Hand-Nehmen, Hantieren, Experimentieren und Zerlegen. Die Anschaulichkeit der Dinge, das Begreifen von Formen, das Tasten der Oberflächen, das Wahrnehmen von Farben, ist für das Lernen in der frühen Kindheit zentral. Die Wahrnehmung von Vorschulkindern ist leibgebunden, d. h. alle Sinne sind intensiv beim Lernen beteiligt. Wahrnehmen ist ein breit angelegter, innerer Verarbeitungsprozess, an dem die Sinnesorgane, der Körper, Gefühle, Denken und Erinnerung beteiligt sind (→ Kap. 15).

Beziehung: Der Umstand, dass Menschen organisch zu früh, also unfertig auf die Welt kommen, bedeutet, dass in ihrer Entwicklung genetisch angelegte Ausreifungsprozesse mit sozialen Ausformungsprozessen zusammenfallen: Die organische und die soziale Entwicklung laufen gemeinsam ab (vgl. Welzer 2008). Daher ist die Beziehungsgestaltung so wesentlich für das Lernen in der Frühen Kindheit (→ Kap. 4, 7).

Für Anna gehören zu dieser Beziehungserfahrung nicht nur die Eltern und Großeltern, sondern auch der 18 Monate ältere Bruder. Den Einfluss von Geschwistern auf die Entwicklung des kindlichen Bewusstseinsverständnisses beschreiben Gopnik u. a. (2003: 78) so: „Eltern neigen zu der egozentrischen Überzeugung, sie seien der entscheidende Faktor im Leben ihrer Kinder. Aber in Wirklichkeit kann ein älterer Bruder oder eine ältere Schwester für ein zweijähriges Kind ein wesentlich fesselnderes Beispiel für die menschliche Natur sein." Eine Möglichkeit der Erklärung könnte sein, dass ältere Geschwister ihre Gefühle nicht verbergen, wenn es zu einem Konflikt mit dem kleineren Geschwisterkind kommt. Das Lernen von Bewusstseinsunterschieden wird hier dem Kleinen sehr deutlich. Eine ebensolche Herausforderung stelle sich, wenn die älteren Geschwister dazu bewegt werden sollen, dem Willen des Kleineren zu folgen. Hier müssen die Kleinen viel mehr List, Schlauheit und Expertenwissen anwenden, welches jüngere Geschwister intuitiv ausbilden. Das würde auch erklären, warum jüngere Geschwister bei Tests besser abschneiden, in denen es um das Verständnis anderer Menschen geht. Zu den sozialen Lernerfahrungen in der Familie gehören auch die Familienkonstellationen, in die das Kind verwickelt wird (vgl. Gopnik u. a. 2003: 78).

Abb. 9.3: Anna (24 Wochen) kontaktiert ihren Bruder

Bewegen: Die Wahrnehmung wird wesentlich durch den Bewegungsdrang vorangetrieben und geschult. Zentrale Lernerfahrungen sind dabei die Raumerfahrung, das Koordinationsvermögen, die körperliche Geschicklichkeit, das Körperbewusstsein und der Gleichgewichtssinn. Kinder entwickeln sich in den ersten drei Lebensjahren in einer sehr ähnlichen Weise. Dies wurde durch verschiedene Forscherinnen untersucht und beschrieben. Pikler (1988: 39) nennt folgende Lernschritte, die sie als Durchschnittswerte bei 722 Kindern ermittelt hat: Das Kind

- dreht sich vom Rücken auf die Seite und zurück (ca. 18 Wochen)
- dreht sich auf den Bauch (ca. 25 Wochen)
- dreht sich vom Bauch zurück auf den Rücken (ca. 30 Wochen)
- kriecht auf dem Bauch (ca. 40 Wochen)
- krabbelt auf Knien und Händen (ca. 46 Wochen)
- setzt sich auf (ca. 46 Wochen)
- richtet sich zum Kniestand auf (ca. 47 Wochen)
- steht auf (ca. 51 Wochen)
- unternimmt erste freie Schritte (ca. 69 Wochen)
- geht sicher (ca. 75 Wochen).

Bei Kindern, die ein Geburtsgewicht unter 2500 Gramm hatten, zeigte sich eine ca. vierwöchige Verzögerung dieser Lernschritte.

Mit der autonomen Bewegungsentwicklung verändert sich auch der Aktionsradius des Kindes.

Viele neue Erfahrungsmöglichkeiten kommen hinzu. Diese Phase ist für Eltern eine besondere Herausforderung, denn einerseits ist dieser Forscherdrang des Babys schön zu beobachten, andererseits können Kinder in diesem Alter kaum einen Augenblick aus den Augen gelassen werden, weil sie alle Gegenstände im Haushalt untersuchen. Da können schon einfache Tischdecken mit Vasen oder anderen Gegenständen zu einer großen Gefahrenquelle werden.

Abb. 9.4: Anna (36 Wochen) kriecht auf dem Bauch

Beobachten und Benennen: Kinder lernen durch Beobachtung Sie beobachten, was Erwachsene mit bestimmten Gegenständen machen und imitieren Bewegungen oder die Nutzung von Gegenständen, z.B. eines Handys. Bereits Einjährige können sich diese Beobachtung über mehrere Wochen merken. Sie verfügen also durchaus über ein Gedächtnis. Begleitet wird dieses Lernen immer schon durch die sprachliche Bezeichnung der Dinge durch Erwachsene. Ist ein Kind etwa ein Jahr alt, beginnen die Erwachsenen, seine Aktivitäten sprachlich zu begleiten: „Nun ist der Ball runtergefallen." Gopnik u. a. schreiben den Erwachsenen als sprachliche Begleiter eine hohe Bedeutung zu, die den Kindern dabei helfen, die Welt zu strukturieren (→ Kap. 14, 18). Eltern und Pädagogen sind wichtige Begleiter, damit Babys die Welt verstehen können:

- „Babys können kommunizieren, noch bevor sie sprechen können" (Gopnik u. a. 2003: 53). Einjährige verstehen außerordentlich viele sprachliche und gestische Erklärungen, sind aber selbst oftmals noch nicht in der Lage, ihre Bedürfnisse oder Gefühle sprachlich zu äußern (→ Kap. 14).
- „Wenn Babys ein Jahr sind, fangen sie an, auf Gegenstände zu zeigen, sowie Gegenstände anzusehen, auf die andere Menschen zeigen" (Gopnik u. a. 2003: 51). An dieser Fähigkeit wird ein Verständnis für die Geste des anderen erkennbar und das Verständnis, dass andere dieselben Dinge sehen wie sie.

Spielen: Spielen ist ein zentraler Modus kindlicher Welterschließung und eine der zentralsten, komplexesten und wichtigsten Bildungsbeschäftigungen in der frühen Kindheit. Spielen und Lernen sind dabei untrennbar verbunden. Das Spiel von Kindern ist so mit dem Alltag verschmolzen, dass es oft nicht leicht zu erkennen ist, ob das Kind spielt oder nicht. Im Unterschied zu zweckbestimmten Handlungen ist das Spiel eine zweckfreie, spontane, freiwillige, lustbetonte und fantasiegeleitete Tätigkeit. Spielen ist im Vorschulalter nicht irgendeine Tätigkeit, die ausgeübt wird oder nicht, sondern es handelt sich dabei um eine lebensnotwendige Aktivität des Kindes. Beim Spielen finden Lernvorgänge statt, die für die soziale, kognitive und psychomotorische Entwicklung von großer Bedeutung sind. Im ersten und zweiten Lebensjahr ist das Spielen der Kinder mit dem Begreifen und Experimentieren mit Gegenständen verbunden (→ Kap. 6.3).

Abb. 9.5: Anna (2 Jahre) spielt Flugzeug

Wenn die Kinder ca. eineinhalb bis zwei Jahre alt sind und sie entwicklungsbedingt fähig werden, auch Dinge symbolisch zu verstehen und zu benutzen, wird das Symbolspiel erkennbar. Diese Spielform geht mit der voranschreitenden Sprachentwicklung einher. Gegenstände und Materialien werden nun nicht mehr „nur" als Gegenstand begriffen, sondern können durch die Benutzung oder sprachliche Benennung zu etwas Neuem werden. Damit erweitern sich die Handlungs- und Spielmöglichkeiten erheblich. Eine Kiste kann ein Hundekörbchen, ein Baumstamm ein Flugzeug werden. Das Spiel in der frühen Kindheit fördert folgende Entwicklungsbereiche:

- Training aller Sinnesleistungen
- Ausdruck der Persönlichkeitsentwicklung
- Verarbeitung von Erlebnissen
- Darstellen der Realität im Zeitraffer
- Erfahren von Selbstständigkeit und Selbstwirksamkeit

- Erleben eines sicheren und intimen Rückzugsortes
- Förderung der sprachliche Entwicklung.

Das Spielen treibt die Entwicklung von Kindern voran. Entsprechend der entwicklungsbedingten kognitiven, motorischen, sozialen und emotionalen Fähigkeiten verändert sich auch das Spiel der Kinder. Es gibt eine Vielzahl von Versuchen, das Spielen und das Spiel der Kinder zu ordnen. Man unterscheidet zwischen Explorationsspiel, Funktionsspiel, Bewegungsspiel, Rollenspiel, Konstruktionsspiel, Übungs- und Experimentierspiel, Symbolspiel, Gestaltungsspiel und Regelspiel.

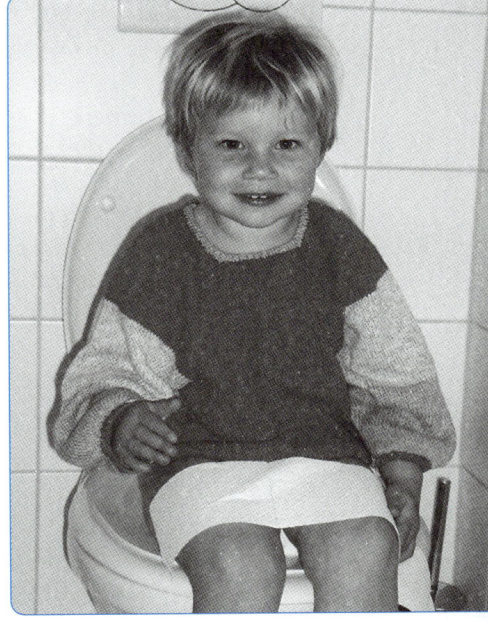

Fantasieren: Die Fähigkeit zu fantasieren, gehört zu einer der grundlegenden menschlichen Fähigkeiten. Auch die Alltagssprache weist immer wieder auf diese wichtige Kompetenz hin. Da ist etwas, was man „sich bildlich vorstellen konnte", „was vor dem inneren Auge sichtbar war" oder auch unvorstellbar ist. Um sich aber etwas vorstellen zu können, muss man sich erinnern können, also bereits Erlebtes wachrufen können. Fantasie wird auch durch die Wörter wie Einbildungskraft, Imagination, Intuition, Illusion, Vision, Kreativität, Schöpferkraft und Fiktionalität beschrieben. Vorstellungsfähigkeit ist auch die Grundlage für viele soziale Fähigkeiten wie etwa die Empathiefähigkeit. Diese Fähigkeit wird erkennbar zum Ende der sensumotorischen Phase und mit Beginn der präoperationalen Phase (ca. 1;6 bis 2 Jahre). Die Vorstellungsfähigkeit ist untrennbar mit dem Symbolspiel verbunden. Bei Kin-

Abb. 9.6: Anna (3 Jahre) benutzt selbstständig die Toilette und spielt dabei mit dem Papier

dern ist Fantasie oftmals ein Mittel der eigenen Freiheit. Fantasie erlaubt Kindern ihre oftmals ungeordneten und unbewussten Gefühle auszuleben und sich z. B. so groß wie King-Kong zu fühlen. Es sind die Zweijährigen, die die sehr komplexe Form der „unsichtbaren Freunde" hervorbringen (vgl. Neuß 2009) und diese dann in Form von bildlichen Selbstgesprächen episodenhaft in ihr Leben und ihre Familie integrieren. Diese unsichtbaren Freunde haben die Bedeutung eines „Entwicklungshelfers", der das Kind bei herausfordernden Alltagserfahrungen oder bei der Bewältigung von Entwicklungsaufgaben unterstützt (→ Kap. 3.1).

> Babys und Kleinkinder sind nicht ausschließlich von ihren Gefühlen und Trieben geleitete Wesen. Sie greifen auf ein angeborenes Fundament von Fähigkeiten zurück. Sie haben eine große Lernfähigkeit und sie benötigen soziale Kontakte zu anderen Menschen, die ihnen die nötigen Fähigkeiten vermitteln.

9.2   Erziehung von Kleinstkindern

Kinder verwickeln sich durch ihre Aktivitäten und Interessen mit der Umwelt, und sie entwickeln im Laufe der Zeit eine eigene Identität. Die Beziehung zu Kindern innerhalb erzieherischer Situationen zeichnet sich durch eine wechselseitige „Verwicklung" aus. Dazu ein kleines Beispiel, zunächst ohne Krippenbezug.

Fall 1: *Zwei befreundete Familien machen mit ihren Kindern Urlaub am Meer: Clara (1;5 Jahre) sitzt am Sandstrand in der Sonne. Jakob (1;5 Jahre) sitzt neben ihr. Clara haut Jakob mit einem Stöckchen. Jakob guckt zu Clara. Der Vater sagt zu Clara: „Ich möchte nicht, dass du Jakob haust." Clara haut erneut zu. Jakob schaut ohne Reaktion zu. Claras Vater sagt zu seiner Tochter: „Du machst jetzt ‚ei' bei Jakob." Clara reagiert nicht. Der Vater wiederholt die Aufforderung, ‚ei' zu machen, also Jakob versöhnlich zu streicheln, mehrfach und immer energischer. Clara beginnt nun zu weinen. Vater und Mutter schauen sich an. Nun unterstützt die Mutter den Vater und sagt: „Clara, du machst jetzt ‚ei' bei Jakob, sonst gehen wir nach Hause." Clara weint. Die Mutter sagt nun: „Gut, dann gehen wir jetzt nach Hause." Clara bekommt den Fahrradhelm aufgesetzt und wird weinend vom Strand getragen. Jakob schaut immer noch reaktionslos zu.*

Aufgabe: Diskutieren Sie Fall 1 in Ihrer Lerngruppe aus drei Perspektiven: Welche Gefühle könnten die Eltern, Clara und Jakob haben? Wie bewerten Sie das erzieherische Handeln der Eltern? Wird die Strafe eine Wirkung erzielen? Wie würden Sie in der Situation reagieren? Was können die Eltern aus dieser Situation lernen?

Fall 1 beschreibt eine alltägliche Erziehungssituation von Eltern. Der Anlass des Konfliktes (Clara haut) ist austauschbar. Fraglich ist, ob es überhaupt angemessen ist, gegenüber einem so kleinen Kind Erwartungen zu formulieren oder Drohungen auszusprechen. Wäre es nicht sinnvoller gewesen, Clara einfach aus der Reichweite von Jakob zu setzen und ihr klar zu sagen, wenn sie mit Jakob spielen will, dann darf sie ihn nicht schlagen? Tappt die Mutter hier nicht in eine selbst gestellte Falle, weil sie unter der Androhung „nach Hause gehen" dann selbst auch leidet?

Eltern suchen heute auf unterschiedlichsten Wegen nach Hilfen und Unterstützung in solchen Situationen. Die Krippe als Ort einer intensiven Erziehungspartnerschaft kann hierfür Angebote bereithalten (→ Kap. 21). Ein Elternabend zum Thema „Terrible-two" könnte dazugehören. „Terrible-two" umschreibt das „schreckliche zweite Lebensjahr", welches auch gelegentlich als die „kleine Pubertät" bezeichnet wird. Hier verändern sich die Kinder in einer Weise, dass plötzlich aus dem niedlichen kleinen Wonneproppen ein kleines Ungeheuer wird, durch das das „familiäre Paradies" ins Wanken gerät.

Was passiert in diesem Entwicklungsabschnitt? „Wenn Babys ungefähr eineinhalb Jahre alt sind, verstehen sie allmählich, was es mit diesen Unterschieden zwischen den Menschen auf sich hat, und fangen an, sie faszinierend zu finden" (Gopnik u. a.

2003: 54). Die Grundlage dafür ist, dass Babys fähig sind zu erkennen, dass Menschen unterschiedliche Wünsche haben und diese Wünsche miteinander kollidieren können.

> Zweijährigen wird bewusst, dass ihr Wunsch sich vom Wunsch der Eltern unterscheidet. Dabei testen sie bewusst die Reaktionen der Erwachsenen im Hinblick auf verbotene Dinge aus.

„Kleinkinder überprüfen systematisch, in welchem Ausmaß ihre eigenen Wünsche und die der Außenwelt voneinander abweichen können" (Gopnik u. a. 2003: 56). Für Eltern ist das zweite Lebensjahr so schrecklich, weil hier auch die Unterschiede zwischen ihnen und ihrem Kind deutlich werden. Plötzlich gehen Gemeinsamkeit und Kommunikation entzwei. Psychoanalytische Forscherinnen bezeichnen die Abwehrhaltungen der Kinder im Alter von 18 bis 36 Monaten als „Phänomen in der Loslösungs- und Individuationsphase" (Mahler u. a. 1996: 21). In dieser Phase löst sich das Kind aus der symbiotischen Beziehung mit den Eltern und es entwickelt sich das Gefühl der eigenen Identität („ich bin"). Die Entdeckung der Unterschiede zwischen „Ich" und „Welt" führen dann auch allmählich dazu, dass Kleinstkinder Einfühlungsvermögen für andere entwickeln können. Sie sind dann fähig, einem anderen Kind, das sich wehgetan hat, Trost zu spenden. Die Autonomiebestrebungen der Zweijährigen erleben Eltern oftmals als Provokationen und reagieren entsprechend emotional. „Es mag manchmal ein gewisser Trost sein, dass uns diese Kleinkinder nicht wirklich zum Wahnsinn treiben wollen, sondern nur wissen wollen, wie wir funktionieren" (Gopnik u. a. 2003: 56). Schrecklich ist das zweite Jahr auch, weil Kinder also auf der einen Seite die Reaktionsweisen von Menschen erkunden und verstehen wollen und sie gleichzeitig mit ihnen glücklich leben wollen. Was heißt das nun für erzieherisches Handeln in der Krippe?

Fall 2: *Der zweijährige Johannes ist in der Krippe mehrfach durch handgreifliches Verhalten aufgefallen. Ohne vorher absehbaren Grund schubst er andere Kinder oder nimmt ihnen Spielzeug weg.*

> **Aufgabe:** Überlegen und diskutieren Sie in Ihrer Lerngruppe: Wie sollte die pädagogische Fachkraft in Fall 2 mit Johannes' Verhalten umgehen? Wie kann sie reagieren? Sollte eine Belohnung oder Bestrafung folgen und wenn ja, wie sollte diese aussehen?

Antje Bostelmann formuliert eine Orientierung für erzieherisches Verhalten in dieser Phase so: „Kleinkinder brauchen klare ‚Neins' und freundliche Erklärungen, dass sie etwas nicht machen sollen. Kneifende, werfende, beißende Kinder brauchen keine unangenehmen Folgehandlungen auf ihr ‚Fehlverhalten', sondern eine klare, aber unaufgeregte Ansprache, um zu begreifen, was sie besser unterlassen sollen. Andersherum gilt: Auch Lob für Wohlverhalten wird nicht verstanden. Kleinkinder brauchen viel Lob für Dinge, die sie gut können. Dinge, die sie gut meinen, gibt es noch nicht" (Bostelmann 2008: 123). Es ist also vor allem die egozentrische Perspektive, die es dem Kind noch verwehrt, wirklich zu verstehen, was sein Verhalten beim anderen auslöst.

Fall 3: *Um 11.45 Uhr kommen die Kinder vom Spielen im Außengelände nach drinnen, ziehen sich aus und bereiten sich auf das Mittagessen vor. Marie (2;5 Jahre) räumt fast nie ihre Jacke und Schuhe auf. Meistens lässt sie ihre Sachen auf dem Boden liegen. Mehrmaliges Ermahnen ist erfolglos. Heute liegen die Sachen auch wieder im Flur.*

Aufgabe: Spielen Sie die Szene aus Fall 3 per Rollenspiel mehrfach durch. Vergleichen und diskutieren Sie Ihre unterschiedlichen Lösungen. Wie reagieren Sie? Welche Maßnahmen können Sie als pädagogische Fachkraft ergreifen, um das gewünschte Verhalten zu erzielen?

Übergeordnete Frage zu den Fällen 2 und 3: Müsste sich die Reaktion eines Elternteils auf das Verhalten der Kinder von dem einer ausgebildeten Krippenpädagogin unterscheiden? Woran könnte man die Professionalität der Krippenpädagogin erkennen?

Die zuvor beschriebenen Fallbeispiele führen unweigerlich zum Thema Lob, Drohung und Bestrafung als Erziehungsmittel. „Erziehungsmittel sind Maßnahmen, die ein Erzieher in einer konkreten Situation auf Heranwachsende einwirken lässt, um so ein von ihm verfolgtes Ziel zu erreichen" (Huppert/Schinzler 1985: 129). In der Geschichte der Pädagogik hat es immer wieder „Erziehungsmittel" gegeben, die völlig unangemessen waren und daher auch als „Schwarze Pädagogik" bezeichnet wurden (vgl. Rutschky 1977). Obwohl Erziehungsmittel alltäglich in Kindertageseinrichtungen eingesetzt werden, wird darüber wenig gesprochen und geschrieben. Auch bei diesem Thema müssen wieder die kognitiven Fähigkeiten der Kinder beachtet werden. Niemand käme wohl auf die Idee, ein unter einjähriges Kind tadeln oder bestrafen zu wollen. Wie sieht es aber bei Marie aus? Würde man als Pädagogin jedes Mal die Jacke und die Schuhe für das Kind wegräumen? Es wird eine Reaktion geben, die möglichst begründet und überlegt sein sollte. Möglich wäre z.B.:

- Gründe zu suchen, warum Marie ihre Sachen nicht wegräumt. Erledigen die Eltern zu Hause das Aufräumen für Marie? Ist der Haken zu hoch? Kennt sie ihr Symbol?
- Im Morgenkreis werden noch einmal für alle Kinder die Regeln erklärt.
- Die Pädagogin lobt die anderen Kinder im Beisein von Marie, wie gut sie ihre Sachen weggepackt haben.
- Die Pädagogin erklärt Marie nochmals die Ordnung in der Krippe und hängt mit Marie gemeinsam die Sachen auf.

- Positive Verstärkung: Marie bekommt einen lachenden Smiley, wenn sie ihre Sachen weggeräumt hat.
- Negative Verstärkung: Marie darf erst einer Beschäftigung in der Krippe nachgehen, wenn sie die Jacke aufgehängt hat.

Pädagoginnen vermitteln Kindern immer bestimmte Verhaltensregeln, Einstellungen, Wert- und Normvorstellungen. Indem sie bewusst oder unbewusst die gewünschten Verhaltensweisen loben oder unerwünschte Verhaltensweisen tadeln oder ignorieren, gehen sie normativ vor. Zwischenmenschlicher Umgang, das Handeln von Menschen miteinander ist immer orientiert an Menschen- und Weltbildern, an Normen und Werten. Eine Gewichtung dieser Werte wird durch Familientraditionen, soziale Milieus und gesellschaftlich-kulturelle Einflüsse vorgenommen und ist somit veränderbar. Pädagoginnen müssen sich Fragen der eigenen normativen, wertgebundenen Einstellungen im Hinblick auf Bildung und Erziehung vergewissern. Professionalität heißt hier nicht, aufgrund eines einseitigen und unumstößlichen Werteschemas zu erziehen oder zu handeln. Vielmehr muss jede Pädagogin dieses bestehende Werteschema zunächst hinsichtlich seiner eigenen biographischen Wurzeln befragen und es dann den professionellen Handlungsanforderungen eines ausgehandelten Wertekanons, z. B. zwischen den Teamkolleginnen, anpassen.

9.3   Umgang mit Übergriffigkeiten

Übergriffigkeiten sind Verhaltens- und Handlungsweisen, bei denen die körperliche oder seelische Unversehrtheit von Kindern angetastet wird, sodass eine psychische oder physische Schädigung entsteht. Dabei wird die körperliche Macht als Erziehungsgewalt eingesetzt.

> **§ 1631 Bürgerliches Gesetzbuch**
> „Kinder haben ein Recht auf gewaltfreie Erziehung. Körperliche Bestrafungen, seelische Verletzungen und andere entwürdigende Maßnahmen sind unzulässig."

Ursula Endres u. a. (2010) vom Verein Zartbitter unterscheiden drei Formen von grenzverletzendem Verhalten im pädagogischen Alltag:

- **„Grenzverletzungen,** die unabsichtlich verübt werden und/oder aus fachlichen bzw. persönlichen Unzulänglichkeiten oder einer ‚Kultur der Grenzverletzungen' resultieren,
- **Übergriffe,** die Ausdruck eines unzureichenden Respekts gegenüber Mädchen und Jungen, grundlegender fachlicher Mängel und/oder einer gezielten Desensi-

bilisierung im Rahmen der Vorbereitung eines sexuellen Missbrauchs/eines Machtmissbrauchs sind,

- **strafrechtlich relevante Formen der Gewalt** (wie zum Beispiel körperliche Gewalt, sexueller Missbrauch, Erpressung/(sexuelle) Nötigung)."

Bei strafrechtlich relevanten Formen der Gewalt und schweren Übergriffigkeiten werden die Wertschätzung und der Eigenwille des kindlichen Gegenübers in einem so hohen Maße verletzt, dass auch gesetzliche Regelungen berührt werden.

Fall 4: *Eine junge Pädagogin beobachtet folgende Szene in der Krippe: Der 14 Monate alte Robin sammelt alle Teller ein, die ihre erfahrene Kollegin gerade auf dem Frühstückstisch verteilt hat. Diese sieht das, nimmt Robin barsch die Teller ab und schubst ihn so vom Tisch weg, dass er auf den Rücken und den Hinterkopf fällt. Robin liegt weinend am Boden. Die erfahrene Kollegin nimmt Robin und setzt ihn ohne Kommentar auf den Spielteppich. Die junge Pädagogin ist geschockt.*

Aufgaben: Spielen Sie per Rollenspiel zunächst ein Gespräch mit der Kollegin durch, in dem Sie Ihre Sichtweise verdeutlichen.

Suchen Sie dann im Rollenspiel das Gespräch mit Ihrer Krippenleitung, da Sie ähnliche Übergriffigkeiten schon öfter beobachtet haben. Welche Gefühle könnten dabei eine Rolle spielen?

Aufgrund ihrer sprachlichen und körperlichen Hilflosigkeit bedürfen Kleinstkinder eines absoluten Schutzes durch Erwachsene. Diese gilt grundsätzlich, muss aber in pädagogischen Institutionen besonders beachtet werden. Zwänge, Beschimpfungen, Erniedrigungen, körperliche Rohheiten, Anschreien, zynische oder ironische Bemerkungen oder der kleine Klaps auf den Popo sind als Erziehungsmittel absolut unzulässig. Mag der Erziehungsalltag in Krippen durch die intensive Beziehungsarbeit und pflegerische Aufgaben wie etwa das Wickeln noch so sehr psychisch und physisch belastend sein, dies darf nicht zu Übergriffigkeiten gegenüber Kindern führen.

Fall 5: *Eine Erzieherin kommt morgens in ihre Gruppe. Zwei befreundete Kolleginnen des Frühdienstes stehen beieinander und lästern lauthals lachend über die zweijährige Sina und ihre Mutter. Beide seien ja so ungepflegt und dreckig und würden auch ziemlich stinken. Sina sitzt nur zwei Meter von den Kolleginnen entfernt am Tisch.*

Aufgaben: Spielen Sie die Szene per Rollenspiel. Wie verhalten Sie sich? Kennen Sie selbst Situationen aus Ihrem Alltag oder Ihren Praktika, in denen sich Erwachsene gegenüber Kindern in einer Weise verhalten haben, die Sie für unangemessen oder gar für falsch halten. Besprechen Sie diese Situationen einzeln in Ihrer Lerngruppe.

Tragen Sie in Ihrer Lerngruppe zusammen, durch welche Maßnahmen die Kita dafür sorgen kann, dass arbeitsbedingte oder persönliche Belastungen reduziert werden.

Um derartige Situationen zu verhindern, ist zum einen klares Eingreifen von Kolleginnen nötig. Daneben ist die Selbstreflexion eigener Erziehungserfahrungen und Erziehungsvorstellungen notwendig. Gerade Menschen mit autoritativen oder autoritären Erziehungsstilen kommen bei Kleinstkindern sehr schnell an ihre Grenzen. Hier ist eine intensive Arbeit an der eigenen Haltung (→ Kap. 19) notwendig. Berücksichtigt werden müssen dabei die förderlichen Aspekte einer guten Beziehungsgestaltung in der Krippe (→ Kap. 4.3). Nicht zuletzt kann die Verhinderung von Überlastungssituationen auch durch Selbstsorge und Wohlbefinden im Team begegnet werden: „Genießen, um genießbar zu sein" ist ein Motto der Prävention, welches auch den Gefahren eines Burn-outs entgegenwirken kann.

Grundübung: Betrachten Sie die Fotos 1 und 6 in diesem Artikel. Diese beiden Bilder verdeutlichen die Entwicklungsspanne zwischen der Geburt und dem dritten Lebensjahr. Beschreiben Sie, welche zentralen Einflüsse und Selbstbildungsaktivitäten das Lernen und die Entwicklung beeinflussen.

Vertiefung: In den ersten drei Jahren des Lebens passiert so ungeheuer viel, dass es mehr als verwunderlich ist, warum diese Lebensjahre in der Pädagogik so wenig ernst genommen wurden und werden. „In den ersten drei Lebensmonaten lernen Babys mehr als ein Student in vier Jahren" (Gopnik u. a. 2003). Stellen Sie Vermutungen an, warum diese Altersspanne bisher so wenig pädagogische Aufmerksamkeit bekommen hat.

Literatur

Bittner, G. (1979): Tiefenpsychologie und Kleinkinderziehung. München
Bostelmann, A. (2008): Leben und Lernen mit Kindern unter 3. Mülheim an der Ruhr
Dornes, M. (2010): Die Seele des Kindes. Entstehung und Entwicklung. Frankfurt a. M.
Dücker, A. (2007): Aggression und Gewalt in Kindergarten und Kindertagesstätte. Books on Demand
Enders, U. u. a. (2010): Zur Differenzierung zwischen Grenzverletzungen, Übergriffen und strafrechtlich relevanten Formen der Gewalt im pädagogischen Alltag. Zartbitter e. V. (Download)

Gopnik, A/Kuhl, P./Meltzoff, A. (2003): Forschergeist in Windeln. Wie Ihr Kind die Welt begreift. München

Henneberg, R/Klein, L./Schäfer, G. (2011): Das Lernen der Kinder begleiten. Velber

Holz, G./Richter, A. u. a. (2005): Zukunftschancen von Kindern – Wirkung von Armut bis zum Ende der Grundschulzeit. Bonn, Berlin

Hüther, G. (2003): Kinder brauchen Wurzeln. Zum Verhältnis von Bindung und Bildung. http://www.homeschooling.de/huether.pdf; 24.09.2009

Huppert, N./Schinzler, E. (1985): Grundfragen der Pädagogik. Eine Einführung für sozialpädagogische Berufe. München

Largo, R. H. (2010): Babyjahre. Entwicklung und Erziehung in den ersten vier Jahren. München

Mahler, M. u. a. (1996): Die psychische Geburt des Menschen. Symbiose und Individuation. Frankfurt a. M.

Neuß, N. (2009): Unsichtbare Freunde von Kindern. Warum Kinder Phantasiegefährten erfinden? Berlin

Rutschky, K. (1977): Schwarze Pädagogik. Quellen zur Naturgeschichte der bürgerlichen Erziehung. Frankfurt a. M.

Schäfer, G. E. (2007) (Hrsg.): Bildung beginnt mit der Geburt. Berlin

Stern, D. (2008): Tagebuch eines Babys. München

Tomasello, M (2002): Die kulturelle Entwicklung des menschlichen Denkens. Frankfurt

Welzer, H. (2008): Das kommunikative Gedächtnis. München

10 Mit Bildungs- und Lerngeschichten auf die Interessen von Kindern eingehen

Kornelia Schneider

Lerngeschichten erzählen vom Lernen eines Kindes in seinem Alltag. Sie geben Einblick in die Tätigkeiten des Kindes, seine Interessen und Neigungen, und heben dabei seine Stärken heraus. Sie sind in einer Sprache verfasst, die das Kind verstehen kann. Die Idee der Lerngeschichten kommt aus Neuseeland. Dort wurden „learning stories" entwickelt als „Assessment"-Verfahren (Carr 2001), d.h. als Möglichkeit zu überprüfen, wie die Zielsetzungen des nationalen Curriculums in der Praxis umgesetzt werden und was die Kinder davon haben. Es handelt sich um ein Instrument zur Beurteilung („Assessment") der Bildungschancen für Kinder in Kindertageseinrichtungen vom ersten Lebensjahr bis zum Schuleintritt (in Neuseeland mit 5 Jahren). In Deutschland wurden die Lerngeschichten in einem Projekt des Deutschen Jugendinstituts eingeführt und 2004–2006 erprobt. Sie bekamen den Namen „Bildungs- und Lerngeschichten" (Leu u. a. 2007), da sich die Fachdiskussion in Deutschland vorrangig um Bildung dreht – ein Begriff, den es im englischen Sprachraum nicht gibt.

Lerngeschichten sind ein Handwerkszeug für die pädagogische Reflexion:

- Die Erzieherin hält anhand von konkreten Tätigkeiten der Kinder fest, was ein Kind kann, weiß und was es zu erreichen versucht. Insofern sind Lerngeschichten eine Möglichkeit, das Lernen der Kinder einzuschätzen und Aspekte davon sichtbar zu machen.
- Es geht aber auch immer darum zu beurteilen, ob die Pädagogik den individuellen Bildungsinteressen und -wegen der Kinder gerecht wird und das Lernen der Kinder schützt und unterstützt.

Lerngeschichten schaffen damit eine Brücke zwischen den Interessen von Kindern, den Zielen der Gesellschaft und dem Fachwissen von Erzieherinnen.

10.1 Herausforderung und Wirkung von Bildungs- und Lerngeschichten

Lerngeschichten werden in Deutschland in der Fachliteratur oft verkürzt als „Methodik" gesehen (Kühne 2007) und als ein Beobachtungs- und Dokumentationsverfahren neben anderen erwähnt (vgl. Gartinger 2009; Fröhlich-Gildhoff/Fischer 2010). Der

Ansatz beinhaltet jedoch weit mehr. Mit Lerngeschichten ist eine stärkenorientierte Bildungsphilosophie verbunden: Kinder werden als kompetente Menschen und machtvolle Lerner angesehen. Lerngeschichten sollen das Selbstbewusstsein der Kinder stärken, jemand zu sein, der durch sein Lernen etwas bewirken kann.

Pädagogische Fachkräfte sind gefordert, die Interessen, Kompetenzen und Lernfortschritte jedes Kindes aufzuspüren und zu bestätigen. Sie sollen dafür sorgen, dass jedes Kind Beziehungen – zu Menschen, Dingen, Orten und Zeit – eingehen kann, die es in die Lage versetzen, sich mit Vertrauen auf die Welt einzulassen, forschend tätig zu sein und sich mit seinen Ideen und Fähigkeiten einzubringen. Lerngeschichten tragen dazu bei, dass sich ein Kind

- **als Person erfährt:** Ich bin ein Mädchen/ein Junge mit eigenen Interessen; ich kann etwas machen, was für mich von Bedeutung ist und Sinn ergibt; ich werde gesehen mit meinen Eigenarten, die mich einmalig machen und die die Gemeinschaft bereichern können.
- **als wirkmächtig erlebt:** Ich kann etwas und ich werde immer mehr können; ich bin beteiligt und kann selbst etwas gestalten; ich kann Einfluss nehmen.
- **gewürdigt fühlt:** Was ich mache, zählt; ich kann mich hier sicher fühlen, die Welt zu erkunden und unterstützt zu werden; die Erzieherinnen freuen sich über mein Voranschreiten und feiern mit mir, was ich geschafft/geschaffen habe.

Lerngeschichten sind Beziehungsgeschichten: Lerngeschichten sind Erzählungen, die die Beziehung zwischen dem lernendem Kind und der Lernumgebung dokumentieren. Wie die Erzieherin daran Anteil nimmt, kommt als Erzählung in Worten und Bildern zum Kind zurück und ermöglicht seine Beteiligung. So ergeben sich neue Beziehungs- und Lernmöglichkeiten. Die Erzieherin verfolgt die Ideen des Kindes und entwickelt selbst Ideen, wie sie evtl. das Interesse des Kindes unterstützen kann. Mit jeder Lerngeschichte lernt die Erzieherin das Kind und das Kind die Erzieherin besser kennen. Die Erzieherin achtet darauf, worauf ein Kind anspricht. Das Kind erfährt, wie die Erzieherin seine Bildungs- und Lernprozesse wahrnimmt und was sie daran schätzt. Lerngeschichten bezeugen, was einer Erzieherin erzählenswert erscheint von dem, was für das Kind momentan von Bedeutung ist, was es aus den vorhandenen Möglichkeiten auswählt, wie es etwas in Angriff nimmt, mit wem es etwas macht und wie etwas Gemeinsames entsteht. Einerseits sind Lerngeschichten Ausdruck von Beziehungen zu den Kindern, andererseits dienen sie dem Aufbau von tragfähigen Beziehungen und lernenden Gemeinschaften.

Lerngeschichten verändern die Bewertung des Lernens: Lerngeschichten lassen Raum für viele verschiedene Perspektiven. Die Erzieherin steht nur für ihre Sichtweise gerade. Was sie dokumentiert, wird als „Stimme der Erzieherin" bezeichnet, die sie ins Gespräch bringt, um auch dem Kind und den Eltern eine Stimme zu geben und beide zur Geltung kommen zu lassen. So führen Lerngeschichten zu Dialogen, die wiederum Lernen bei allen Beteiligten in Gang setzen können. Verschiedene Sichtweisen zu erwägen und Auswertungen mit verschiedenen „Linsen" vorzunehmen, trägt dazu bei, die subjektive Wahrnehmung zu überprüfen und zu relativieren. Die

Bewertung wird nachvollziehbar und veränderbar. Transparenz und Einmischung, Mitwirkung und Beteiligung gehören als Prinzipien zur Arbeit mit Lerngeschichten.

Lerngeschichten verändern den Blick auf Kinder: Beobachtung mit dem Ziel, Kinder kennenzulernen, beruht auf Achtsamkeit, genauem Hinschauen und Hinhören. Diese Art der „wahrnehmenden Beobachtung" (Gerd E. Schäfer) setzt Offenheit und Neugier voraus. Sie ist begleitet vom Wunsch zu verstehen, was für eine Person dieses Kind ist, wie es auf die Welt zugeht, wofür es sich engagiert und was es braucht, um in der Kindertageseinrichtung Lerngelegenheiten für sich zu sehen und zu ergreifen. Damit kommen Lerndispositionen in den Blick: Sich für etwas zu interessieren, engagiert an etwas heranzugehen, standzuhalten, wenn Schwierigkeiten auftreten, sich ausdrücken und mitteilen zu können und zu Lerngemeinschaften beizutragen. Nach diesen fünf Grundfähigkeiten wird bei der Arbeit mit Lerngeschichten geschaut. Sie gelten als Voraussetzungen für das Lernen und entfalten sich mit den Lerngelegenheiten weiter.

Beispiel: *„Ernst schneidet" (von Heike Herrmann, Gotha; geringfügig modifiziert von Kornelia Schneider. Dies ist eine der ersten Lerngeschichten, die die Erzieherin geschrieben hat. Sie war überrascht, wie lange Ernst sich mit dem Schneiden beschäftigt hat; sie hatte nicht mit einer solchen Ausdauer gerechnet.)*

Lieber Ernst,

Du hast eine neue Leidenschaft. In den vergangenen Tagen hast Du oft anderen Kindern beim Schneiden von Schneekristallen, Ausschneiden von Schneemännern und beim Einschneiden von Faschingsgirlanden zugeschaut. Du hast aufmerksam beobachtet, wie aus einem einfachen Papier ein Schneidekunstwerk entsteht. Dann hast du auch zu Papier und Schere gegriffen und das Schneiden ausprobiert.

Heute Nachmittag habe ich erlebt, wie du 45 Minuten lang mit der Schere ein großes weißes Blatt Papier in viele kleine Schnipsel zerschnitten hast. Erst hast du das Papier eingeschnitten: kleine Schnitte, größere Schnitte, viele kleine Schnitte nebeneinander und auch mal mit größerem Abstand dazwischen. Hier ist ein Foto davon. Du hast bemerkt, dass du kleine Papierstücke abschneiden kannst, wenn du immer wieder an der gleichen Stelle weiterschneidest. Dabei hast du freudig gerufen: „Heite (Heike), tuck mal, ich mach schnitt, schnitt!"

Beim Schneiden warst du ganz konzentriert. Ganz nah waren Deine Augen am Papier und manchmal konnte ich Deine Zunge sehen, so angestrengt hast du gearbeitet. Auch davon habe ich ein Foto für Dich gemacht. Ich war erstaunt, wie lange du dich mit dem Schneiden beschäftigt hast. Ganz toll.

Deine Heike

Lerngeschichten lassen Leidenschaften von Kindern entdecken: Darauf zu achten, was Kinder von selbst tun und wie sie dabei vorgehen, führt zu einem neuen Blick auf ihre Kompetenzen und Ressourcen. Kinder entwickeln Lernleidenschaft, wenn sie sich selbst Aufgaben stellen. Brennende Neugier ist ein guter Motor, sich mit etwas auseinanderzusetzen, sich Neues anzueignen, bisher Gedachtes neu zu denken, Gewohnheiten zu hinterfragen und, wenn nötig, abzulegen. Für etwas zu brennen, führt dazu, Herausforderungen zu suchen – die beste Gewähr für erfolgreiches Lernen.

> **Aufgabe:** Denken Sie zurück an eine Situation, in der ein Kind etwas gemacht hat, das sie fasziniert hat (ein sog. „magic moment"), oder suchen Sie in der nächsten Zeit nach solchen Situationen. Schreiben Sie auf, was sie begeistert. Verabreden Sie ein Treffen mit Ihrer Lerngruppe, bei dem Sie sich darüber austauschen. Schreiben Sie es danach als Lerngeschichte für das Kind.

Lerngeschichten verändern die Beziehungen zu den Eltern: Der stärkenorientierte Blick aufs Kind beinhaltet Vertrauen in seine Fähigkeiten. Eltern freuen sich, solche Geschichten von ihrem Kind zu hören. Sie sind bewegt davon und werden auch selbst zu einer solchen Sichtweise angeregt. Sie werden eingeladen zu erzählen, ob sie ihr Kind zu Hause auch so erleben. Sie werden ermuntert, auch selbst Geschichten zu schreiben. Dieser Austausch trägt dazu bei, dass Eltern sich gewürdigt fühlen und ein Vertrauensverhältnis zwischen Eltern und Erzieherin entsteht.

Lerngeschichten verändern die pädagogische Arbeit: Lerngeschichten sind nicht nur ein Instrument für den Austausch mit Kindern und Eltern, sondern auch für die Reflexion und Planung der pädagogischen Arbeit. Sie sind Richtschnur für eine Pädagogik, die die eigenen Angebote darauf abstimmt, was von den Kindern ausgeht und wofür sie sich interessieren. Lerngeschichten machen wach für das, was Kinder zu bieten haben. Sie stellen eine Verbindung her zwischen den Grundfähigkeiten und Neigungen (Lerndispositionen) des Kindes und den Dispositionen, d. h. Gelegenheiten, die das Umfeld für das Lernen der Kinder bietet (vgl. Carr u. a. 2010: 15). Denn was in einer Person steckt und was in einer Situation liegt, steht in Wechselwirkung miteinander (vgl. Leu u. a. 2007: 51). Durch Lerngeschichten sollen vor allem die Lerndispositionen gestärkt werden, um zu sichern, dass Kinder sich aus eigenem Antrieb Problemen stellen und das ganze Leben lang auf diese Fähigkeit zurückgreifen können.

Die Arbeit mit Lerngeschichten erfordert spezifische Kompetenzen: Eine wesentliche Grundlage ist eine fragende Haltung. Dazu gehört neben der Neugier auf das Lernen der Kinder die Selbstreflexion. Lerngeschichten zu schreiben, ist nicht möglich, ohne sich mit dem eigenen Lernen, Wissen und Können und der eigenen professionellen Haltung auseinanderzusetzen. Bei jeder einzelnen Geschichte spielen Fragen eine Rolle wie: Was hat mich bewegt? Wodurch wurde ich aufmerksam? Was möchte ich dem Kind, den Eltern, vielleicht auch den Kolleginnen sagen? Die Erzieherin ist als Fachfrau und als Person gefordert. Sie kann sich nicht heraushalten wie bei anderen Dokumentationsverfahren, sondern muss sich ihrer Sichtweise klar werden und ihren Beitrag und ihre Einschätzung zur Diskussion stellen. Es geht auch darum, durch die Arbeit mit Lerngeschichten selbst zu lernen und das eigene Lernen zu verstehen.

Lerngeschichten sind nicht nur ein Weg, die Stärken und Interessen von Kindern zu unterstützen, sondern bieten Erzieherinnen zugleich Gelegenheiten, im Berufsalltag in ein kreatives Leben hineinzuwachsen (Lee 2010), das ihre eigene Lernleidenschaft und ihren Forschergeist stärkt. Handlungsleitende Fragen sind z. B.:

- Wie kommen Kinder dahin, etwas zu können und zu wissen, was uns wichtig scheint?
- Wie kann ich Ansatzpunkte finden für die Weiterentwicklung der Fähigkeiten von Kindern, die sich an den Interessen der Kinder orientieren?
- Wie kann ich Bildungsprozesse bei Kindern so unterstützen, dass ich dabei gleichzeitig die eigene Bildung betrachte und weiter betreibe?
- Mit welcher Brille schaue ich auf das Lernen der Kinder? Wie ordne ich ein, was ich beobachte? Woher kommen meine Bezugspunkte für die Bewertung?

Um das Können und Wissen der Kinder in ihren Tätigkeiten entdecken und einordnen zu können, brauchen Erzieherinnen Wissen und Können, das sie befähigt,

- Tätigkeiten von Kindern in ihrem Alltag zu beobachten und zu beschreiben
- Lerndispositionen zu ermitteln, Interessen und Stärken des Kindes zu erschließen;
- das Lernen in den Handlungen zu entdecken, die darin enthaltenen Fähigkeiten und Leistungen wahrzunehmen und das Lernen zu verstehen
- die Absichten der Kinder aus ihren Handlungen „herauszulesen" und auf ihre Ziele zu schließen, um unmittelbar darauf eingehen und in Beziehung gehen zu können
- das Lernen sichtbar zu machen und ins Gespräch zu bringen, sodass ein Dialog entstehen kann, der wieder dazu beiträgt, die Kinder besser kennenzulernen.

Aufgabe: Gehen Sie auf die Suche nach eigenen Lernleidenschaften.

1 Was sind Ihre Hobbys? Wofür interessieren und engagieren Sie sich? Wie könnte das Eingang finden in Ihre Arbeit mit den Kindern?

2 Können Sie sich an faszinierende und befriedigende Momente bei Lernsituationen in ihrem Leben erinnern, als Kleinkind, als Schulkind, als Erwachsene? Wodurch entstehen heute Aha-Momente im Fachgespräch oder in Arbeitssituationen mit Kolleginnen?

Tauschen Sie sich in Ihrer Lerngruppe darüber aus und erörtern Sie, wie Sie Ihre Erfahrungen für die Arbeit mit den Kindern nutzbar machen könnten.

Lerngeschichten haben „100 Sprachen" und „100 Formen": Eine Lerngeschichte erzählt dem Kind, der Familie, uns selbst und anderen Erzieherinnen etwas. Es gibt keine festgelegte Form, wie diese auszusehen hat. In Neuseeland hat eine Lerngeschichte meistens drei Teile:

- **Wahrnehmung** – schlägt sich nieder in der Erzählung und in Fotos.
- **Erkennen** – beinhaltet die Analyse, welches Lernen hier vermutlich stattfindet und welche Lerndispositionen zum Tragen kommen
- **Reagieren** – benennt Möglichkeiten und Gelegenheiten, das Lernen zu unterstützen (bei Leu u. a. 2007: „Ideen für mögliche nächste Schritte")

Doch kann jede Erzieherin ihren persönlichen Weg finden, eine Lerngeschichte zu gestalten. Entscheidend ist, was Freude macht, Beziehung stiftet, das Selbstwertgefühl des Kindes stärkt, für Lernprozesse sensibilisiert und diese in Gang setzt (vgl. Huhn/ Schneider 2008).

Oft sind Lerngeschichten in Briefform geschrieben. Das schafft eine besondere Form von Nähe. Doch gleich, wie eine Lerngeschichte verfasst ist: Das Kind freut sich, wenn ihm die Geschichte oder der Brief gezeigt und vorgelesen wird. Es erfährt, dass es geschätzt und was geschätzt wird. Wenn es einverstanden ist mit der Erzählung, wird die Geschichte in sein Portfolio aufgenommen. Hat die Erzieherin etwas anders aufgefasst, als das Kind es getan oder gemeint hat, wird das Gespräch darüber die Geschichte verändern. Vielleicht gibt es auch eine Fortsetzungsgeschichte, wenn das Kind anfängt, selbst etwas zu erzählen, oder wenn die Lerngeschichte das Kind dazu bewegt, seine Aktivitäten weiterzutreiben.

Die Arbeit mit Lerngeschichten erschöpft sich nicht in der Dokumentationsform einer geschriebenen und bebilderten Lerngeschichte, sondern beinhaltet eine ganze Reihe von Dokumentationsformen, die geeignet sind, individuelle Lernwege aufzuzeigen (Lee 2010). Auch Wanddokumentationen, Kommentare von Kindern oder von Eltern zu den Bildern oder Geschichten sowie Werke der Kinder oder Fotos von ihren Werken spielen eine Rolle.

Fazit: Lerngeschichten sind stärkenorientiert sowie prozess- und dialogorientiert. Sie sind kein Messinstrument zur Überprüfung von abfragbarem Wissen und Können, sondern ein Handwerkszeug, um mit Kindern achtungsvoll in Beziehung zu gehen, ihre Stärken und Interessen zu sehen, ihre Persönlichkeit und ihr Lernen zu würdigen. Sie bieten einen Maßstab, mit dem Kinder etwas anfangen können, um ihre eigenen Schritte und Leistungen bei der Erkundung der Welt wahrzunehmen. Für Fachkräfte beinhalten sie eine Möglichkeit, über ihre Erwartungen an das Lernen von Kindern nachzudenken. Sie sind eine Dokumentationsform, die in den Alltag integriert ist und Kinder und Eltern einbezieht in die Einschätzung des individuellen Lernens, eine Dokumentationsform, die nutzbar gemacht wird für den persönlichen und fachlichen Austausch und die Planung. „Lerngeschichten, die man miteinander teilt, öffnen Herzen und bringen Leben in den Alltag, sie eröffnen eine ‚Möglichkeits-Kultur'" (Lee 2010).

10.2 Lerngeschichten für Kinder bis zu drei Jahren

Lerngeschichten dokumentieren Bildungsprozesse im Dialog mit Kindern. Deshalb stellt sich die Frage, wie die Prinzipien der Arbeit mit Lerngeschichten mit ganz jungen Kindern umgesetzt werden können. Wie kann ein Dialog geführt werden mit Kindern, die noch gar nicht oder nur wenig reden? Wie kann man mit ihnen über ihr Lernen sprechen? Wie können die Kinder an der Dokumentation beteiligt werden? Was können sie selbst beitragen? Was soll ihnen zugänglich sein, sodass sie es selbst benutzen können? Was würde ihr Selbstwertgefühl und ihr Selbstbewusstsein stärken?

Der Anspruch, aus den Beobachtungen Schlüsse für die Gestaltung von Angeboten zu ziehen, gilt für alle Altersstufen. Und es ist auch bei jüngeren Kindern grundsätzlich kein Problem, Lerngeschichten darüber zu schreiben, womit sie sich gerade beschäftigen. Allerdings ist es schwieriger, bei Kindern im ersten und zweiten Lebensjahr zu erkennen, welche Fragen sie an die Welt stellen und welche Arbeitstheorien sie entwickeln. Da sich die Kinder noch nicht selbst dazu äußern können, sind Erzieherinnen auf Fachwissen über die Entwicklung und Bildung von Kindern in der frühesten Kindheit angewiesen, um auf den Forschungseifer von Babys und Kleinkindern angemessen eingehen zu können.

Besonderheiten der Verständigung mit den Jüngsten

Wenn Lerngeschichten nicht nur *von* Kindern erzählen, sondern *für* Kinder geschrieben werden sollen, um sie aktuell zu stärken, um sie direkt Stellung nehmen zu lassen und ihnen zu ermöglichen, ihre Geschichten immer wieder von Neuem zu betrachten und mit ihnen ihre Lernerfolge zu feiern, stellen sich weitgehend ungeklärte Fragen:

Abb. 10.1: Lerngeschichten in der Kuschelecke sind für alle zugänglich

- Auf welche Art kann Dokumentation schon den jüngsten Kindern als Handwerkszeug für die selbstbestimmte Darstellung der Person, ihrer Interessen und Stärken dienen? Wie können Kinder im ersten, zweiten und dritten Lebensjahr durch die Darstellung ihrer Tätigkeiten bestärkt werden in ihrem Interesse: Was kann ich hier von mir zeigen (vgl. Schneider 2008: 98 ff.)?
- Wie kann Bildungsdokumentation so gemacht werden, dass auch schon die Jüngsten damit etwas in die Hand bekommen, womit sie zeigen können: Das bin ich, das mache ich gern, das kann ich (vgl. Huhn/Schneider 2006; Schneider 2009)?

- Wie reagiert ein Kind im ersten und zweiten Lebensjahr, wenn es ein Bild von sich entdeckt, eine Geschichte über sich erzählt bekommt, ein Buch erhält, das aus Bildern von ihm und seiner nächsten Umgebung besteht (vgl. Schneider 2008: 116)? Ab welchem Alter ist ein Interesse von Kindern an solchen Darstellungen festzustellen?

Zeitliche Nähe und unmittelbares Erleben: Selbstverständlich lässt sich anhand von Gesten, Blicken, Lauten, Bildern, Gegenständen und Handlungen auch mit Kindern reden, die noch keine Worte gebrauchen. Diese Art von Kommunikation ist allerdings an unmittelbares Erleben gebunden, da die Jüngsten noch kein Verständnis aufbringen können für etwas, das außerhalb der momentanen Situation liegt.

Soll sich ein Baby an das erinnern können, was es gemacht und erlebt hat, kann man auf Bilder oder Tondokumente zurückgreifen, die es ihm ermöglichen, sich darin wiederzuerkennen. Die Säuglingsforschung bedient sich der Methode, Bilder, Filme und Tonaufnahmen einzusetzen, um aus den Reaktionen der Kinder etwas über deren Unterscheidungs- und Denkvermögen zu lernen. Dass Kinder Bilder schon sehr früh verstehen, wird auch in Kindertageseinrichtungen zu Dokumentationszwecken genutzt. Mit Tonaufnahmen als Dokumentationsform in frühen Jahren zu arbeiten, kommt jedoch kaum vor.

> Die Dokumentation als Mittel für einen Austausch über das Lernen muss bei Säuglingen und Kleinstkindern sehr zeitnah geschehen und so in eine Kommunikationssituation eingebettet sein, dass das Kind einen Zusammenhang zwischen sich und dem Dargestellten herstellen kann.

Textfassungen spielen dabei kaum eine Rolle. Babys erfassen von Erzählungen im Wesentlichen die Tonfärbung und die Sprachmelodie. Wort- und Satzinhalte begreifen sie höchstens über den Handlungszusammenhang. Das bedeutet: Erzieherinnen müssen direkt mit ihnen in Interaktion gehen, um sich mit ihnen über ihr Lernen zu verständigen („responding" als spontane Reaktion). Sie können einem Baby z. B. zeigen und erzählen, dass sie ihm zuschauen und aufschreiben, was es tut, und ihm in einem mimisch-gestischen Dialog, den sie erzählend begleiten, das Ergebnis präsentieren.

Beispiel: *Lerngeschichte für Tanieka (3;5 Monate): Eine neue Entdeckung*

Tanieka, in dieser Woche hast du eine neue Entdeckung gemacht: Du benutzt deine Hände, um vorsichtig die Rassel oder ein anderes Objekt von einem Erwachsenen zu nehmen und zu deinem Mund zu bringen. Es braucht viel Zielstrebigkeit und Standhalten, um deine Hände so zu kontrollieren, dass sie die Rassel greifen. Ich habe dir zugeschaut, wie du darüber nachdenkst, was du damit als Nächstes machen wirst. Nach einer Weile hast du dich entschieden, dass du damit in deinem Mund experimentieren willst. So hast du die Rassel zu deinem Mund geführt, ohne sie aus den Augen zu lassen. Und — Bingo! — schließlich hat sie die Öffnung deines Mundes erreicht.

Mit dem Brieftext wird das Mädchen aus dem Beispiel erst später etwas anfangen können. Doch kann die Erzieherin ihr schon, während sie zuschaut, mitteilen, wie sie berührt ist von dieser neuen Entdeckung – sofern sie sie nicht dabei stört. Und selbstverständlich sprechen die Bilder für sich. Es gibt viel Stoff für Lerngeschichten in den ersten Jahren, da die Kinder ständig neue Entdeckungen machen. Eine Besonderheit sind die Willkommens- oder „Eingewöhnungs"-Geschichten über die ersten Tage in der Einrichtung, die davon erzählen, wie eine Erzieherin das Kind kennenlernt.

Körpersprache als Verständigungsmöglichkeit: Sobald Kinder laufen können und beginnen zu sprechen, wird es leichter, mit ihnen in ein Zwiegespräch über ihre Interessen einzusteigen, weil sie dann schon mehr verstehen und mehr Möglichkeiten haben sich auszudrücken. Vorher kann man sie höchstens auffordern zu zeigen, wie sie etwas gemacht haben, denn anders können sie Fragen kaum beantworten.

> Es gehört in den frühen Jahren dazu, die Körpersprache einzubeziehen, um etwas zu zeigen oder sich zeigen zu lassen. Denn das Repertoire an Verständigungsmöglichkeiten mit körpersprachlichen Ausdrucksmitteln bleibt noch lange Zeit wesentlich größer als das der Sprache.

Kinder können von Anfang an Laute, Blicke, Gesten, Haltungen, Bewegungen als Kommunikationsmittel verstehen und selbst verwenden. Sie können aus Gesichtsausdrücken, Blicken, Melodien, Tonhöhe, Klangfarbe und Rhythmen Informationen entnehmen und selbst damit sprechen. Sie beginnen sehr früh, auf Zeigegesten zu reagieren und sie selbst einzusetzen. Vor allem drücken sie selbst sehr deutlich aus, ob ihnen etwas behagt oder nicht, ob sie Kontakt wollen oder nicht, ob sie verstanden haben und ob sie verstanden wurden.

Sprechende Bilder: Kinder interessieren sich früh für Bilder. Noch bevor sie ein Jahr alt sind, gehen sie auf Bilder zu, die von ihnen und ihrem Alltag handeln. Für Krabbelkinder müssen solche Bilder auf den Fußboden geklebt, an der Wand kurz über dem Fußboden angebracht oder in Körben am Boden oder in niedrigen Regalen verwahrt werden. Es gibt viele Beispiele dafür, dass sich Kinder über Bilder freuen, die von ihnen sprechen. Das können Bilder sein, die sie bei momentanen Lieblingsbeschäftigungen oder im Kreis ihrer Familienangehörigen zeigen. Familienbilder können über ihrem Schlafplatz aufgehängt oder zu kleinen Büchlein zusammengefügt sein. Die Kinder kennen genau ihr Buch und auch das der anderen.

Schon Einjährige setzen sich nicht nur mit Erwachsenen, sondern auch zusammen mit anderen Kindern aufs Sofa, um ihre Portfolios anzuschauen. Oder sie sammeln sich um die Kiste herum, in der ihre Familien-Bücher aufbewahrt werden. Wenn eins sein Buch hervorholt, stellen sich meistens gleich weitere Kinder ein, die auch ihr Buch aus der Kiste nehmen. Sie schauen sie gemeinsam an und reden auch zusammen darüber in ihrer Sprache. Angesprochen auf bestimmte Personen, die auf den Bildern zu sehen sind, geben alle kund, dass sie wissen, wer das ist, z. B. wessen Opa,

Abb. 10.2: Tanieka (9 Monate) hat ihr Portfolio aus dem Korb genommen, um es sich anzuschauen

auch wenn sie ihn selbst noch nie persönlich gesehen haben.

Es gibt Beispiele, dass Kinder schon vor ihrem ersten Lebensjahr ihre Eltern auf ein bestimmtes Bild einer Wanddokumentation aufmerksam machen, um ihnen zu zeigen, dass sie darauf abgebildet sind. Ein Junge hat – noch bevor er laufen konnte – seiner Mutter mithilfe eines Fotos erzählen können, dass er auf dem Xylophon gespielt hat. Er hat seine Mutter zu dem Foto geführt und ihr danach noch gezeigt, wo das Xylophon im äußersten Winkel eines Raums hinter einer verschlossenen Tür steht.

> Kinder können mit Hilfe von Bildern etwas von sich und ihrem Leben berichten, was sie sonst noch nicht sagen könnten. Sie verstehen, dass jemand anderes auf dem Bild das sehen kann, was sie selbst sehen, und dass darin eine Information steckt, die man auf diese Art weitervermitteln kann.

Solche Beobachtungen zeigen, dass Fotos oder Fotoreihen, die intensive Momente von Tätigkeiten eines Kindes festhalten, eine lohnenswerte Dokumentationsform schon für Kinder im ersten Lebensjahr sind. Die Kinder können sich die Bild-Dokumente immer wieder anschauen und mit anderen darüber in Austausch treten.

Es ist zum Teil auch schon möglich, mit den Kindern darüber zu sprechen, was man von ihren Interessen und Erkundungen wahrgenommen hat – es lässt sich an ihrer Reaktion ablesen, ob sie sich wiedererkennen und ob sie zustimmen: „Kinder, die noch nicht reden können, signalisieren ihre Freude nonverbal, indem sie die Augen aufreißen und lächeln" (Marie Meierhofer Institut 2010: 26). Es kann auch sein, dass sie lachen oder gigsen oder mit dem Finger auf das Bild zeigen (S. 25) oder dass sie sich groß aufrichten und staunen oder dass sie fragend schauen, wenn sie es noch nicht gewöhnt sind, dass ihre Tätigkeiten mit so viel Aufmerksamkeit bedacht werden.

Fazit: Für Kinder im ersten, zweiten und dritten Lebensjahr muss die Erzählform von Lerngeschichten altersentsprechend angepasst werden, damit sie

- auch in frühester Kindheit schon einen Austausch mit dem Kind über seine Interessen und Fähigkeiten ermöglicht
- das Kind so früh wie möglich zur Beteiligung herausfordert
- so früh wie möglich vom Kind selbst genutzt werden kann

- den Kindern hilft, ihren Eltern zu zeigen, was sie gemacht und erlebt haben, auch wenn sie noch keine Worte oder gar Sätze formulieren können.

Fotos sind entscheidend, damit sich Kinder, die sich in erster Linie über Körpersprache und Bildsprache verständigen können, in Dokumenten, die von ihren Tätigkeiten erzählen, wiederfinden können.

Aufgabe: Erarbeiten Sie in Kleingruppen jeweils eine Bildgeschichte für Kleinstkinder. Suchen Sie aus einer Fotoserie mit sieben bis zehn Bildern von einem Kind oder einer Kindergruppe, das/die Sie nicht kennen, drei bis fünf Fotos aus und bringen Sie die ausgewählten Fotos in eine Reihenfolge, die eine Geschichte ergibt. Schreiben Sie einen knappen Text zu jedem Bild, aus dem hervorgeht, womit sich das Kind/die Gruppe vermutlich auseinandersetzt. Achten Sie darauf, etwas zu formulieren, das nicht auf den ersten Blick ohnehin ersichtlich ist.

10.3 Praxis: Anregungen für die Arbeit mit Lerngeschichten in frühestem Alter

Sobald sich Kinder für Bilderbücher interessieren und beginnen, darin herumzublättern, kann man mit visuellen Lerngeschichten arbeiten: Einzelne Fotos oder Foto-Geschichten werden als Bilderbücher zusammengestellt, mit kleinen, festen, laminierten Seiten. Versieht man so ein Buch mit einem Bilderbuchtext, wird das sicher ein Lieblingsbilderbuch werden. Der Übergang zu Lerngeschichten mit kurzen Texten, die auch den Kindern etwas sagen, ist dann nicht mehr weit. Ältere Kinder können beteiligt werden beim Aussuchen und Aufkleben von Fotos. Auf alle Fälle sollten Dokumentationsformen, die die Kinder selbst nutzen, jederzeit für die Kinder zugänglich sein und so stabil, dass sie durch häufigen Gebrauch nicht gleich zerschlissen werden.

Praxiserprobte Dokumentationsformen für die Hand der Kinder: Die Kinder holen sich gern ihre Portfolios, in denen auch Lerngeschichten (mit Bildern) zu finden sind. Es müssen jedoch nicht von Anfang an vollständige Lerngeschichten sein. Auch einfachere Dokumentationsformen zeigen Kindern, was Erzieherinnen von ihnen wahrnehmen. Bewährt haben sich z.B.:

- Laminierte Fotos von Kindern und ihren Familien, von ihrer derzeitigen Lieblingstätigkeit, von ihrem Lieblingsspielzeug, von ihrer Lieblingsspeise, vom Freund/von der Freundin: als loses Bildmaterial (zugänglich in Kisten, Körben, Schubladen, die entsprechend gekennzeichnet sind) oder als Fußbodenbilder, Aushang, Wanddokumentation
- Kommentare von Kindern zu Bildern oder Bildgeschichten, die immer wieder vorgelesen werden

- Briefe für das Kind mit Fotos in Briefumschlägen, die dem Kind übergeben werden
- Gebundene kleinformatige Buchformen: für Fotogeschichten mit kurzem Text, für Foto-Lerngeschichten (als Kombination von Foto- und Lerngeschichte), für Lerngeschichten in Bilderbuchform mit Bilderbuchtext, für Familienbücher mit Bildern von zu Hause
- Große Fotowürfel
- Durchsichtige Sammelmappen mit Arbeiten der Kinder, die an einer Laufschiene hängen und von den Kindern bewegt werden können
- Bilder auf dem Laptop, die zusammen mit dem Kind angeschaut werden. Das Kind wählt diejenigen aus, die gedruckt werden.

Erkundungsfragen für die Analyse von Lerndispositionen: Die folgenden Fragen können hilfreich sein, um Lerndispositionen zu analysieren:

- **Interesse** – Worin besteht das Interesse? Wofür interessiert sich das Kind?
- **Engagiertheit** – Wobei/wofür engagiert sich das Kind?
- **Standhalten** – Was war eine Herausforderung oder Schwierigkeit? Wie bewältigt das Kind sie?
- **Sich Ausdrücken und Mitteilen** – Worauf achte ich, um die Signale des Kindes wahrzunehmen? Wie drückt sich das Kind aus, wie teilt es sich mit?
- **An einer Lerngemeinschaft mitwirken und Verantwortung übernehmen** – Welchen Beitrag leistet das Kind zur Verständigung und zur Lerngemeinschaft?

Literatur

Carr, M. (2001): Assessment in early childhood settings: Learning stories. London

Carr, M. u. a. (2010): Learning in the Making. Disposition and Design in Early Education. Rotterdam/Boston/Tapei

Fahle, B. (2010): Eine Eingewöhnung im Fotobuch. Die Interessen des Kindes für die Eltern dokumentieren. In: Theorie und Praxis der Sozialpädagogik, Heft 3, S. 20–21

Fröhlich-Gildhoff, K./Fischer, S. (2010): Bildungsdokumentation in Krippen. In: Weegmann, W./Kammerlander, C. (Hrsg.): Die Jüngsten in der Kita. Ein Handbuch zur Krippenpädagogik. Stuttgart, S. 266–280

Gartinger, S. (2009): Früheste Beobachtung und Dokumentation. Troisdorf

Huhn, N./Schneider, K. (2006): „Guck mal, was ich mache! – Schau dir an, was ich kann!" Einladung zur Entwicklung einer Bildungsdokumentation im Dialog mit jungen Kindern. In: Gewerkschaft Erziehung und Wissenschaft (Hrsg.): Bildung sichtbar machen. Von der Dokumentation zum Bildungsbuch. Weimar/Berlin, S. 25–51

Huhn, N./Schneider, K. (2008): Das Bildungsbuch als Weg zur Beteiligung. Leitfragen zur Selbstevaluation für die Qualitätsentwicklung bei der Arbeit mit dem Bildungsbuch. In: Gewerkschaft Erziehung und Wissenschaft (Hrsg.): Das Bildungsbuch. Dokumentieren im Dialog. Weimar/Berlin, S. 129–140

Kühne, N. (2007): Über das Lernen nachdenken. Die Lerngeschichte als Methodik in der Kita. In: klein & groß, Heft 11, S. 40–41

Lee, W. (2010): Eine Einführung in Lerngeschichten als natürlicher Weg, Kinder, Erzieher/innen und Familien zu beteiligen – mit Schwerpunkt: Kinder bis zu drei Jahren. Workshop beim Fachtag „Lass mich fliegen!" zu Geschichten vom Lernen aus Aotearoa/Neuseeland, 15.07.2010, München

Leu, H. R. u. a. (2007): Bildungs- und Lerngeschichten. Bildungsprozesse in früher Kindheit beobachten, dokumentieren und unterstützen. Weimar/Berlin

Marie Meierhofer Institut für das Kind (2010): Lerngeschichten machen stark: Mit Kindern im Dialog sein. 2. Newsletter zum Projekt „Bildungs- und Resilienzförderung im Frühbereich". Zürich

Schneider, K. (2006): Und was hast du heute gemacht? Fragen zur Bildung im Krippenalter. In: Bertelsmann Stiftung/IFP: Wach, neugierig, klug – Kinder unter 3. Ein Medienpaket für Kitas, Tagespflege und Spielgruppen, Bildungs- und Entwicklungsaspekte. Gütersloh

Schneider, K. (2008): Wie kommt die Bildung ins Bildungsbuch und wie entsteht Bildung durch das Bildungsbuch? In: Gewerkschaft Erziehung und Wissenschaft (Hrsg.): Das Bildungsbuch. Dokumentieren im Dialog. Weimar, Berlin, S. 97–127

Schneider, K. (2009): „Da, da, da!" – Worauf Erwachsene schauen sollen. Beobachtung und Dokumentation als Bildungsangebot für unter Dreijährige. In: Wehrmann, I. (Hrsg.): Starke Partner für frühe Bildung: Kinder brauchen gute Krippen. Ein Qualitäts-Handbuch für Planung, Aufbau und Betrieb. Weimar/Berlin

11 Kinder mit besonderen Bedürfnissen

Jutta Daum

Tageseinrichtungen für Kinder haben als ein institutionelles Betreuungsarrangement die Entwicklung des Kindes zu einer „eigenverantwortlichen und gemeinschaftsfähigen Persönlichkeit" zu fördern und „sich am Alter und Entwicklungsstand, den sprachlichen und sonstigen Fähigkeiten, an der Lebenssituation sowie den Interessen und Bedürfnissen des einzelnen Kindes (zu) orientieren und seine ethnische Herkunft (zu) berücksichtigen" (§ 22 SGB VIII). „Kinder mit und ohne Behinderung sollen, sofern der Hilfebedarf dies zulässt, in Gruppen gemeinsam gefördert werden" (§ 22a SGB VIII).

Mit dieser Beschreibung für Kindertageseinrichtungen wird auch für die Betreuung der Kinder in den ersten drei Lebensjahren ein Erziehungs- und Bildungsauftrag formuliert, der sich an alle Kinder im Gemeinwesen richtet, unabhängig von deren Lebens- und Lernbedingungen. In den pädagogischen Konzeptionen der Kindertageseinrichtungen und den Bildungsplänen der jeweiligen Bundesländer wird daher die Orientierung an den Interessen, Bedürfnissen und individuellen Lebensbedingungen eines jeden einzelnen Kindes in der Regel als Zielsetzung elementarpädagogischen Handelns beschrieben. Sind damit auch Kinder mit Behinderung gemeint?

Beispiel: *Leonie wird mit einer genetischen Veränderung, Trisomie 21, geboren. Die Übermittlung der Diagnose bedeutet für die Eltern zunächst eine große emotionale Belastung. Schock, Trauer Verzweiflung, Wut und Verunsicherung sind Gefühle, die sie sehr deutlich erleben. Im Zusammenleben mit Leonie erfahren die Eltern, dass sie sich freut, weint, lacht, schreit, ihre Bedürfnisse nach Hunger, Schlaf, Zärtlichkeit zeigt und sich in allen Bereichen weiterentwickelt. In ihrem ersten Lebensjahr erhält Leonie regelmäßig krankengymnastische Behandlung zur Unterstützung ihrer Bewegungsentwicklung sowie heilpädagogische Frühförderung, um sie über Spielangebote in ihrer Entwicklung insgesamt fördernd zu begleiten. In den Gesprächen mit der Frühförderin sehen die Eltern eine hilfreiche Unterstützung, sich mit der Behinderung ihrer Tochter auseinanderzusetzen. So wächst allmählich der Wunsch der Eltern, dass Leonie nach ihrem ersten Geburtstag eine Krippe besuchen soll, sodass nach Ende der Elternzeit beide Eltern wieder berufstätig sein können.*

Aufgabe: Stellen Sie sich vor, das Kind aus dem Beispiel soll in Ihre Krippengruppe kommen. Welche Gefühle und Fragen löst das bei Ihnen aus? Tragen Sie ihre Assoziationen und Vorstellungen zusammen und sprechen Sie in Ihrer Lerngruppe darüber.

Mit dem Slogan der italienischen Behindertenbewegung „Tutti uguali, tutti diversi" (alle sind gleich, alle sind verschieden) fand Ende der 1970er Jahre in Westdeutschland eine soziale Bewegung statt, in der Eltern und Fachleute die soziale Teilhabe von Menschen mit Behinderung forderten. Menschen mit Behinderung sollten nicht mehr in Sondereinrichtungen „untergebracht" werden, sondern ebenso wie Nichtbehinderte Zugang zu allen Einrichtungen des öffentlichen Lebens erhalten. Diese Forderung nach sozialer Teilhabe bezog sich auf alle gesellschaftlichen Bereiche und ist bis heute institutionell am stärksten in Kindertageseinrichtungen umgesetzt. Die Integration von Kindern mit Behinderung hat seitdem Eingang in die pädagogischen Regeleinrichtungen gefunden, auch wenn sie sich noch lange nicht als Selbstverständlichkeit etabliert hat. Rechtlich liegen in allen Bundesländern neben dem Anspruch auf einen Kindergartenplatz ab dem dritten Lebensjahr (Jugendhilfe: SGB VIII) auch für Kinder mit Behinderung (Sozialhilfe: SGB XII) Vorgaben für eine wohnortnahe Betreuung in einer Regeleinrichtung vor.

Auszug aus § 53 SGB XII
„Personen, die durch eine Behinderung (...) wesentlich in ihrer Fähigkeit, an der Gesellschaft teilzuhaben, eingeschränkt oder von einer solchen wesentlichen Behinderung bedroht sind, erhalten Leistungen der Eingliederungshilfe, wenn und solange nach der Besonderheit des Einzelfalles, insbesondere nach Art oder Schwere der Behinderung, Aussicht besteht, dass die Aufgabe der Eingliederungshilfe erfüllt werden kann."

Doch die Realität von Familien, deren Kinder mit einer Behinderung geboren werden oder im Laufe ihrer Entwicklung eine Beeinträchtigung zeigen, ist in der Regel bestimmt von

- baulichen und gesetzlichen Barrieren
- zahlreichen Antragsstellungen, um entsprechende Hilfen zu erhalten wie einen Rollstuhl
- Zuständigkeiten der unterschiedlichen Behörden (Jugendhilfe; Behindertenhilfe; Kranken- und Pflegeversicherung, Versorgungsamt, Gesundheitsamt).

Für den Besuch eines Kindergartens bedeutet dies z. B., dass Eltern von Kindern mit Behinderung für die Aufnahme in eine Regeleinrichtung einen Antrag beim Sozialhilfeträger ihrer Kommune stellen müssen.

Aufgabe: Recherchieren Sie, welche Wege zur Antragsstellung in Ihrem Landkreis Eltern eines Kindes mit Behinderung zur Aufnahme in den Regelkindergarten gehen müssen. Unter welchen Umständen würde das Kind aus dem Beispiel in Ihrer Kommune in eine Regeleinrichtung aufgenommen werden?

11.1 Von der Integration zur Inklusion – ein neuer Weg?

2009 hat sich die Bundesrepublik Deutschland mit der Ratifizierung der UN-Behindertenrechtskonvention verpflichtet, allen Kindern mit und ohne Behinderung einen gleichen Zugang zu einem gemeinsamen, inklusiven Bildungswesen zu ermöglichen und damit auf jegliche Aussonderung in spezielle Einrichtungen im Elementar- wie auch im Schulbereich zu verzichten.

Auszug aus Artikel 24 der UN-Behindertenrechtskonvention
„(1) Die Vertragsstaaten anerkennen das Recht von Menschen mit Behinderungen auf Bildung. Um dieses Recht ohne Diskriminierung und auf der Grundlage der Chancengleichheit zu verwirklichen, gewährleisten die Vertragsstaaten ein integratives Bildungssystem auf allen Ebenen (...)
(2) Bei der Verwirklichung dieses Rechts stellen die Vertragsstaaten sicher, dass a) Menschen mit Behinderungen nicht aufgrund von Behinderung vom allgemeinen Bildungssystem ausgeschlossen werden und dass Kinder mit Behinderungen nicht aufgrund von Behinderung vom unentgeltlichen und obligatorischen Grundschulunterricht oder vom Besuch weiterführender Schulen ausgeschlossen werden (...)" (www.behindertenbeauftragter.de).

Der Inklusionsbegriff: Der Begriff der Inklusion hat seinen Ursprung in den Ansätzen zum gemeinsamen Leben von Menschen mit und ohne Behinderung und bezeichnet inzwischen als seinen zentralen Grundgedanken die Heterogenität von Lebenslagen hinsichtlich des Geschlechts, der sozio-ökonomischen und ethnischen Herkunft sowie der Religion. Mit der UN-Behindertenrechtskonvention hat ein als Paradigmenwechsel bezeichneter Umdenkprozess begonnen. Demnach gehören die Vielfalt und Unterschiedlichkeit von Lernvoraussetzungen und Lebensbedingungen, die Kinder mitbringen, wenn sie eine Kindertageseinrichtung oder eine Schule besuchen, zur Normalität. Folglich muss konkretes Handeln an den individuellen Bedürfnissen jedes einzelnen Kindes ansetzen. In diesem Sinne legt Inklusion die Grundlage für eine Pädagogik der Vielfalt und wird mit dem Ziel, Barrieren auf struktureller, individueller, gesellschaftlicher und interaktionaler Ebene abzubauen, zum Leitgedanken für politisches Handeln (vgl. Prengel 2010).

In der pädagogischen Fachdiskussion wird oftmals der Inklusionsgedanke als eine Weiterentwicklung des Integrationsbegriffs verstanden. Doch bereits in den 1980er Jahren legte eine Arbeitsgruppe der Universität Frankfurt eine Studie zu integrativen Prozessen im Kindergarten vor, die sich in seinen Grundannahmen nicht von dem heutigen Inklusionsbegriff unterscheidet.

> „Als integrativ im allgemeinsten Sinn bezeichnen wir diejenigen Prozesse, bei denen ‚Einigungen' zwischen widersprüchlichen innerpsychischen Anteilen, gegensätzlichen Sichtweisen, interagierenden Personen und Personengruppen zustande kommen. Einigungen erfordern nicht einheitliche Interpretationen, Ziele und Vorgehensweisen, sondern vielmehr die Bereitschaft, die Position der jeweils anderen gelten zu lassen, ohne diese oder die eigene Position als Abweichung zu verstehen. Einigung bedeutet den Verzicht auf die Verfolgung des Andersartigen und stattdessen die Entdeckung des gemeinsam Möglichen bei Akzeptanz des Unterschiedlichen" (Klein, u. a. 1987: 37 f.).

Der Integrationsbegriff: Integrative Prozesse beginnen mit der persönlichen Auseinandersetzung eigener Werte- und Normvorstellungen, fordern die Bereitschaft, sich hierüber mit Anderen zu verständigen, und zeigen sich in der Akzeptanz und Wertschätzung von Unterschieden. In der Praxis von Kindertageseinrichtungen wird bis heute der Begriff „Integration" sehr unterschiedlich verwendet und führt dabei auch zu einem Verständnis, wonach mit entsprechender Förderung und Unterstützung das Kind befähigt werden soll, die bestehenden Anforderungen und Aktivitäten zu bewältigen. Die Zuspitzung eines so falsch verstandenen Integrationsverständnisses findet sich in der Frage mancher Eltern: Schafft mein Kind die Integration im Kindergarten?

In diesem Sinne wird Integration als Anpassung des Einzelnen an vorgegebene Rahmenbedingungen verstanden. Inklusion bedeutet hingegen, die Rahmenbedingungen den Besonderheiten und Bedürfnissen des einzelnen Menschen so anzupassen, dass eine Teilhabe ohne Einschränkung möglich ist.

Integration	Inklusion
Heißt, aus verschiedenen Teilen wieder ein Ganzes herzustellen	Heißt, Teilung nicht entstehen zu lassen; einschließen
Unterschiedet zwischen Kindern mit besonderen Bedürfnissen/Behinderung und Kindern ohne Behinderung	Geht von den Besonderheiten und individuellen Bedürfnissen jedes Kindes aus und der Unteilbarkeit heterogener Gruppen

Integration	Inklusion
Braucht Fachkräfte mit sonderpädagogischen und heilpädagogischen Spezialkenntnissen, die Kinder fördern und behandeln	Braucht multiprofessionelle Teams, die im gemeinsamen Dialog ihre jeweiligen fachlichen Perspektiven austauschen. Hierarchien einzelner Berufsstände gibt es nicht
Stellt besondere Ressourcen für Kinder mit Behinderung bereit, damit diese in „normalen" Institutionen leben und lernen können	Stellt Ressourcen für die gesamte Institution bereit, damit diese mit heterogenen Gruppen angemessen arbeiten kann.
Unterscheidet auf rechtlicher und administrativer Ebene zwischen Kindern mit Behinderung (SGB IX) und Kindern ohne Behinderung (SGB VIII)	übernimmt selbstverständlich alle Rechte für alle Menschen
Betrachtet Kinder mit Behinderung als Objekte von Hilfen und Förderung	Betrachtet alle Kinder als Akteure ihrer Entwicklung und Träger von Rechten
Ist notwendig, solange Separation eher der Normalfall ist	Bedeutet, die Gemeinsamkeit aller Kinder ist normal

Tab. 11.1: Integration und Inklusion (vgl. Heinze 2011: 11)

Die gesellschaftspolitische Forderung nach Inklusion benötigt auf der Handlungsebene die Gestaltung „integrativer Prozesse", sodass „wir die Behindertenrechtskonvention als moralischen Kompass für einen gemeinsamen Prozess benutzen" (Heinze 2011: 13).

> **Aufgabe:** Was würde konkret Integration für das Kind aus dem Beispiel bedeuten? Erarbeiten Sie in zwei verschiedenen Gruppen Ideen und Standpunkte auch im Hinblick auf konkretes pädagogisches Handeln. Stellen Sie sich Ihre Ergebnisse gegenseitig vor und erörtern Sie Unterschiede sowie Gemeinsamkeiten.

„Normal" oder „behindert"? – Entwicklung als individueller Prozess: Dem Inklusionsverständnis liegt als anthropologische Grundlage die Verschiedenheit der Menschen zugrunde. Bei der Aufnahme von Kindern in Krippen spielt daher die Entwicklung als ein sehr individueller Prozess eine zentrale Rolle (→ Kap. 3). Das Verständnis der kindlichen Entwicklung muss insbesondere in den ersten Lebensjahren viele Variationen und Abweichungen berücksichtigen. So fällt es in den ersten Lebensjahren oft schwer, von einer Behinderung zu sprechen, denn der Übergang von normal zu behindert ist sehr fließend. Selbst Schädigungen der Körperfunktionen sind häufig „nicht eindeutig zu diagnostizieren und in ihren Auswirkungen richtig einzuschätzen" (Albers 2010: 26). Begriffe wie Entwicklungsrisiken, Entwicklungsverzögerung,

Entwicklungsgefährdung oder (drohende) Behinderung drücken die Schwierigkeit aus, Entwicklungsverläufe von Kindern richtig einzuschätzen.

Bei der Gewährung von entsprechenden Fördermitteln ist hingegen für den Kostenträger eine klare Kategorisierung notwendig. So wird Behinderung im „Übereinkommen über Rechte von Menschen" und im neunten Sozialgesetzbuch (Rehabilitation und Teilhabe behinderter Menschen) als ein mehrdimensionales Konstrukt von Beeinträchtigungen der Körperfunktionen, der Aktivität und der Teilhabe am sozialen Leben beschrieben.

Übereinkommen über die Rechte von Menschen mit Behinderungen, 2007, Artikel 1, Abs. 2

„Zu den Menschen mit Behinderungen zählen Menschen, die langfristige körperliche, seelische, geistige oder Sinnesbeeinträchtigungen haben, welche sie in Wechselwirkung mit verschiedenen Barrieren an der vollen, wirksamen und gleichberechtigten Teilhabe an der Gesellschaft hindern können.

Sozialgesetzbuch SGB IX: § 2

„Menschen sind behindert, wenn ihre körperliche Funktion, geistige Fähigkeit oder seelische Gesundheit mit hoher Wahrscheinlichkeit länger als sechs Monate von dem für das Lebensalter typischen Zustand abweichen und daher ihre Teilhabe am Leben in der Gesellschaft beeinträchtigt ist. Sie sind von Behinderung bedroht, wenn die Beeinträchtigung zu erwarten ist."

11.2 Entwicklungs- und Förderansatz in der Krippe

Kinder unter drei – ob mit oder ohne Behinderung – haben ähnliche Grundbedürfnisse: Sie wollen sich in der Krippe sicher und aufgehoben fühlen, sie wollen spielen, essen, schlafen und versorgt werden. Sie haben ein Bedürfnis nach Beziehung, nach Achtung ihrer Individualität und ihren Autonomiebestrebungen und nach vielfältigen Anregungs- und Fördermöglichkeiten (→ Kap. 14–18).

Doch was bedeutet es für ein Kind, wenn es nicht sehen oder hören kann, motorisch eingeschränkt ist, kognitiv andere Lösungswege zeigt, als sie den Erzieherinnen normalerweise vertraut sind? Wenn es viel weint, sabbert und spuckt? Kinder, die in ihrer Entwicklung beeinträchtigt sind, haben besondere Bedürfnisse – „children with special needs" ist ein im internationalen pädagogischen Sprachgebrauch inzwischen vielfach verwendeter Begriff. Inklusives Handeln bedeutet daher nicht Gleichbehandlung.

> „Bei unterschiedlichen Startbedingungen verstärkt Gleichbehandlung die Ungleichheit. Man braucht ‚ungleiche' Maßnahmen, muss unterschiedliche Lernwege ermöglichen, unterschiedliche Zugänge zu Bildungsthemen, unterschiedliche Lerntempi. Man muss dafür sorgen, dass sich alle Kinder wohlbefinden, zugehörig sind und sich engagiert auf das Lernen konzentrieren können" (Wagner 2011: 34).

So führt die Aufhebung einer „Sonderbehandlung" nicht dazu, auf weitere fachspezifische Kenntnisse und Fachspezialisten für die Betreuung und den Umgang von Kindern mit besonderen Bedürfnissen zu verzichten. Kinder mit besonderen Bedürfnissen haben weiterhin konkreten Unterstützungsbedarf (vgl. Albers 2010: 26). Diese besonderen Bedürfnisse ergeben sich aus zahlreichen Faktoren wie der Art und dem Ausmaß der Behinderung, ob diese leicht oder schwer ist, und dem subjektiven Erleben. Für den Krippenalltag kann dies beispielsweise bedeuten:

Kinder mit einer körperlichen Beeinträchtigung: Sie benötigen z. B. oftmals besondere Unterstützungen beim Sitzen, beim Füttern, Wickeln oder Anziehen. Bestimmte Hilfsmittel wie einen der Behinderung angepassten Stuhl oder eine besondere Technik, den Löffel zum Mund des Kindes zu führen, reichen dann oft schon als Unterstützung aus. Daher fließen in den Alltag einer Krippe die Kompetenz der Eltern oder das spezifische Wissen von Physiotherapeuten und Heilpädagogen ein.

Kinder mit motorischer und sprachlicher Entwicklungsverzögerung: Sie brauchen zunächst Erwachsene, die genau beobachten und die Fähigkeiten, Ressourcen und Vorlieben des Kindes erkennen, um nächste Entwicklungsschritte anzubahnen.

Kinder mit einer genetischen Behinderung wie der Trisomie 21: Diese Kinder benötigen in der Regel keine speziellen anderen Angebote und Materialien als die einer qualitativ anspruchsvollen Krippenpädagogik. Im eingangs beschriebenen Beispiel bemerkt die Erzieherin nach kurzer Zeit, dass Leonie ein ausgeprägtes Interesse an visuellen Reizen hat, hingegen akustische Angebote weniger beachtet. So entscheidet sich die Pädagogin, Leonie mit unterstützenden Gebärden (→ Kap. 14) in ihrer Sprachentwicklung zu fördern.

Geeignetes Krippenkonzept: Für die Begleitung von Kindern mit einer Entwicklungsverzögerung, einer körperlichen oder geistigen Behinderung bietet das Konzept von Emmi Pikler (→ Kap. 5) einen überzeugenden Ansatz, Kinder in ihrem Selbsttätigkeits- und Autonomiebestreben gut zu unterstützen. Diese Kinder brauchen ein besonderes Maß an Aufmerksamkeit, eine anregungsreiche Umgebung, Zeit und Ruhe sowie ein Verständnis für ihre Entwicklungsschritte. „In aller Regel braucht ein Kind mit Entwicklungsstörungen eine erheblich längere Zeit, als ihm normalerweise zugestanden wird. Aber auf diese Weise können auch behinderte Kinder selbsttätig werden und auch frühzeitig ihre Fähigkeiten und Grenzen erfahren" (Aly 2008: 34).

Für die Betreuung von Kindern mit Behinderung liegen die Herausforderungen für die Fachkräfte in dem besonderen Spannungsverhältnis von Ressourcen, Kompetenzen und Fähigkeiten der Kinder einerseits und ihren Begrenzungen, Schwierigkeiten und speziellen Bedürfnissen andererseits. Daher gehören zu einer ressourcenorientierten pädagogischen Grundhaltung die Anerkennung der Defizite und besonderen Unterstützungsbedürfnisse dieser Kinder.

Die Herausforderungen für die Fachkräfte liegen auf der heilpädagogischen Ebene in

- einem Verständnis der Unterschiedlichkeit von kindlichen Entwicklungsprozessen
- einer kritischen Auseinandersetzung zu Normalität, Behinderung und Aussonderung
- fachspezifischen Kenntnissen zu den verschiedenen Behinderungsarten
- einer kritischen Reflexion der eigenen Werte, Normen und Grenzen des eigenen professionellen Handelns
- einer adäquaten alltagsbegleitenden Förderung statt Therapiewahn
- einer dialogorientieren Haltung und einem Bild vom Kind als ein aktiv handelndes Wesen
- Kooperations- und Kommunikationsfähigkeit
- Beobachtung und Dokumentation.

Die Herausforderungen auf der organisatorischen Ebene liegen in

- zahlreichen Gesprächen mit den Eltern
- der Vernetzungsarbeit mit unterschiedlichen Unterstützungssystemen wie Frühförderung, Therapeuten, Ärzte und Jugendamt
- dem interdisziplinären Austausch mit Fachleuten (Förderung und Therapie)
- den strukturellen Rahmenbedingungen wie Gruppengröße und Personalschlüssel
- Teamarbeit (vgl. Trippelt 2010).

Es genügt nicht, Kinder mit Beeinträchtigungen in Regeleinrichtungen einfach im Geschehen dabei sein zu lassen. Sie müssen in lebenspraktischen Dingen, dem gemeinsamen Spiel, der Kommunikation und bei gemeinsamen Aktivitäten in der Weise unterstützend begleitet werden, dass sie am Tagesgeschehen teilhaben und mit ihren Möglichkeiten ihr eigenes Tun als selbstwirksam erfahren können (vgl. www.mitten-drin-hannover.de). In dieser Balance von Autonomie und Fürsorge werden Kindern mit besonderen Bedürfnissen soziale Teilhabe und echtes Zusammenleben in der Krippe ermöglicht.

Dem spontanen Spiel (→ Kap. 11) aller Kinder miteinander kommt eine zentrale Bedeutung zu. Förderung findet innerhalb der Alltagssituationen wie auch als individuelle Fördermaßnahmen statt:

- Durch Einzelangebote (Übungen zur Körperwahrnehmung, Mundmotorik, Sprachaufbau durch Bilderbuchbetrachtung)
- In Kleingruppenarbeit (Unterstützung im Spiel mit anderen Kindern, kreative Angebote, Umgang mit Farben und Knete, Feinmotorik, gezielte Begleitung bei Konflikten)
- In der gesamten Gruppe (Unterstützung bei der Körperpflege und Förderung lebenspraktischer Tätigkeiten wie An- und Ausziehen, beim Essen, Abstütz- und Gleichgewichtsübungen) (vgl. Landeshauptstadt München: 112 f.).

11.3 Plädoyer für eine gelingende inklusive Krippenpädagogik

Eine professionelle Förderung und Begleitung von Kindern unter drei Jahren mit Behinderung findet seit über 30 Jahren mit der (heil-)pädagogischen Frühförderung statt. Mit ihrem eigenständigen Aufgabengebiet der Förderung und Beratung entwicklungsbeeinträchtigter Kinder sind zahlreiche Kooperationsformen zu Kindertageseinrichtungen als eine gute Ergänzung zum klassisch institutionellen Angebot entwickelt worden (vgl. Sohns 2010).

> **Aufgabe:** Suchen Sie im Internet die Publikation „Einrichtungen und Stellen der Frühförderung in der Bundesrepublik Deutschland" (www.bmas.de). Welche Aufgaben, Ziele und Angebote von Frühförderung werden dort genannt? Wo befindet sich in Ihrem Umkreis die nächste Frühförderstelle?
>
> Laden Sie jemanden der Frühförderstelle in ihre Lerngruppe ein. Sammeln Sie zuvor Fragen, die Sie interessieren.

Bisher liegen noch wenige spezifische Materialien für die Betreuung von Kindern mit einem besonderen Hilfebedarf in Krippen vor. Eine Studie von Seitz/Korff (2008) verweist auf „das enorme Potenzial einer frühen Aufnahme in die Kita für die individuellen Entwicklungs- und Bildungsbiografien von Kindern mit schwierigen Ausgangsbedingungen" und beurteilt die inhaltlichen Veränderungen für die Aufnahme von Kindern unter drei als „eine größere Herausforderung für die Konzeptentwicklung und pädagogische Praxis als die damit verknüpfte Erweiterung auf U3-Kinder mit Hilfebedarf" (a. a. o.: 39).

Die Entwicklung von Kindertageseinrichtungen zu integrierten Einrichtungen im Sozialraum (Familienzentren) wird ihrem Anspruch gerecht, wenn Frühförderung mit ihrem großen Potenzial an detailliertem Wissen von Entwicklungsdiagnostik, Förderung von entwicklungsbeeinträchtigen Kindern und Begleitung der Eltern in den Krippenalltag eingebunden wird. Durch ihr entwicklungsförderliches Potenzial können Krippen für Kinder mit besonderen Bedürfnissen eine präventive und wirksame Form von früher Förderung und Unterstützung sein (vgl. Albers 2010: 27).

Abschließend soll die Aussage der Leiterin einer Krippe die Spannbreite verdeutlichen, in der sich die Krippenpädagogik bei der Aufnahme von Kindern mit besonderen Bedürfnissen bewegt: „Wo sonst als in der Krippe lässt sich Inklusion am ehesten verwirklichen. Denn hier liegen die Unterschiede der Kinder nicht so weit auseinander wie in ihren späteren Lern- und Bildungsbiografien. Doch ob die Integration eines Kindes mit Behinderung glückt, hängt in entscheidendem Maße von der Haltung und inneren Einstellung der Eltern wie auch der Fachkräfte ab. Die Eltern befinden sich zum Zeitpunkt des Aufnahmegesprächs oft noch in einer Phase einer hohen emotionalen Belastung eng verbunden mit der Unsicherheit, ob ihr Kind von der Außenwelt überhaupt angenommen werden wird. Hingegen bewirkt die Behinderung eines Kindes vor der Aufnahme bei Erzieherinnen immer wieder auch Angst vor der Betreuung und der Verantwortung. Denn die Begegnung mit dem Anderssein spiegelt die eigene körperliche Versehrtheit, den Tod wie die Grenzen des eigenen professionellen Handelns.“

Literatur und Webseiten

Aly, M. (2008): Das Pikler-Konzept. In: Frühförderung interdisziplinär, 27. Jg. München/Basel, S. 33–36

Albers, T. (2010): Inklusion in der frühen Kindertagesbetreuung. Anforderungen an eine inklusive Frühpädagogik. In: Deutsche Liga für das Kind (Hrsg.): Frühe Kindheit – die ersten sechs Jahre. Inklusion. Heft 02. Weinheim, S. 24–28

Heinze, U. (2011): Wie wir wurden, was wir sind. Separation, Integration und Inklusion in Deutschland in: TPS-Leben Lernen und Arbeiten in der Kita: Inklusion statt Integration!?, Heft 1, Seelze, S. 10–13

Klein, G./Kreie, G./Kron, M./Reiser, H. (1987): Integrative Prozesse in Kindergartengruppen. Über die gemeinsame Erziehung von behinderten und nichtbehinderten Kindern. DJI-Materialien, München

Kron, M. (2006): 25 Jahre Integration im Elementarbereich – ein Blick zurück, ein Blick nach vorne. Zeitschrift für Inklusion-online 01/2006

Landeshauptstadt München Sozialreferat (Hrsg.) (2008): Die pädagogische Rahmenkonzeption für Kinderkrippen der Landeshauptstadt München. Langfassung

Mittendrin Hannover e. v.: Ein Platz für Änna. Ein Film über die Integration von Kleinkindern mit Behinderung in Krippen und Krabbelgruppen. www.mittendrin-hannover.de

Prengel, A. (Hrsg.) (2010): Inklusion in der Frühpädagogik. Bildungstheoretische, empirische und pädagogische Grundlagen. Expertise für das Projekt Weiterbildungsinitiative Frühpädagogische Fachkräfte (WIFF), München

Seitz, S./Korff, N. (2008): Modellprojekt Förderung von Kindern mit Behinderung unter drei Jahren in Kindertageseinrichtungen – Abschlussbericht zur wissenschaftlichen Begleitung. Universität Bremen

Sohns, A. (2010): Frühförderung. Ein Hilfesystem im Wandel. Stuttgart

Trippel, R. (2010): Zur integrativen Betreuung von Kindern mit Behinderung im Krabbelstubenalter. Zeitschrift für Inklusion-online 03/2010

Wagner, P. (2011): KINDERWELTEN Berlin: Bildung konsequent inklusiv. Ein Interview. In: TPS – Leben Lernen und Arbeiten in der Kita: Inklusion statt Integration!?, Heft 1, Seelze, S. 32–35

www.behindertenbeauftragter.de
www.fruehfoerderung-viff.de
www.institut-fuer-menschenrechte.de
www.mittendrin-hannover.de
www.sozialgesetzbuch.de

12 Spiele und Kontakte unter Kleinstkindern

Susanne Viernickel

Je jünger Kinder sind, desto unsicherer sind sich pädagogische Fachkräfte, ob die Kinder vom Zusammensein miteinander überhaupt profitieren können oder ob die Gruppensituation nicht vielmehr ein „notwendiges Übel" sei. Wissenschaftliche Studien, in denen das Kontakt- und Interaktionsverhalten von Babys und Kleinkindern beobachtet wurde, konnten aber aufzeigen, dass schon Babys sich für andere Kinder interessieren und dass gerade im zweiten und dritten Lebensjahr vielfältige Entwicklungen im sozialen Verhalten zu beobachten sind, wenn Kinder regelmäßig Erfahrungen mit anderen Kindern machen können. Dabei geht es nicht um mehr oder weniger zufällige Begegnungen mit beliebigen anderen Kindern. Vielmehr bauen Kinder bereits in den ersten Lebensjahren mit Kindern gleichen und ähnlichen Alters wiederholte und wiederholbare Kontakte auf. Dazu benötigen sie jedoch einen Rahmen, den Erwachsene gestalten müssen.

12.1 Peer-Interaktionen bieten besondere Erfahrungs- und Lernchancen

Was haben Kleinkinder vom sozialen Kontakt untereinander? Die Frage lässt sich über einen Vergleich von Kind-Kind-Interaktionen mit Interaktionen zwischen Erwachsenen und Kindern beantworten. Eine Besonderheit des sozialen Austauschs zwischen Kleinkindern liegt darin, dass die Interaktionspartner über ein ähnliches Vorwissen bzw. vergleichbare Kompetenzen verfügen. In der Fachliteratur werden häufig die englischen Begriffe „Peer" bzw. im Plural „Peers" verwendet.

> „Peers" sind Kinder, die auf einem ähnlichen Entwicklungsstand stehen, gleiche Entwicklungsaufgaben zu bewältigen haben und einander im Wesentlichen ebenbürtig sind (vgl. von Salisch 2000).

Interaktionen mit Gleichaltrigen fordern andere Verhaltensweisen und Kompetenzen heraus als Interaktionen mit Erwachsenen. Und schon die jüngsten Kinder stellen sich darauf ein. So richten Kleinkinder z.B. bestimmte soziale Verhaltensweisen wie

Gesten oder Berührungen eher an ihre Peers; mit Erwachsenen vokalisieren die Kinder dagegen öfter und lächeln diese auch häufiger an. Besitzkonflikte treten fast ausschließlich zwischen Kindern auf. In Interaktionen zwischen Erwachsenen und Kindern geht es dagegen oft um eher pflegerische Handlungen wie Nase putzen oder Schuhe anziehen, oder der Erwachsene gibt Anweisungen, die das Kind dann ausführt (oder auch nicht).

Jean Piaget, der große Genfer Entwicklungspsychologe, hat zu diesem Thema einmal eine zunächst recht merkwürdig anmutende Bemerkung gemacht, die die Bildungsimpulse von Peer-Beziehungen jedoch noch besser verstehen lässt: „Der Spielkamerad dagegen ist sowohl dem Ich des Kindes ähnlich als auch davon verschieden. Er ist ihm ähnlich, weil er gleich ist im Können oder Wissen; ganz verschieden aber, gerade weil er auf demselben Niveau steht und nicht wie ein überlegener Erwachsener in das Innere der Wünsche oder in die Perspektive des eigenen Denkens eindringt" (Piaget 1968/1972: 72).

> **Aufgabe:** Versuchen Sie vor dem Weiterlesen mit eigenen Worten zu beschreiben, was Piaget im obigen Zitat damit meint, dass „der Spielkamerad dem Ich des Kindes ähnlich als auch davon verschieden" sei. Worin genau besteht diese Verschiedenheit?

Der erste Teil des Zitats – der Spielkamerad oder Peer ist dem Kind gleich im Können oder Wissen – ist gut nachvollziehbar: Kleinkinder setzen ähnliche Verhaltensweisen und Kompetenzen ein, wenn sie in Kontakt miteinander treten; sie teilen miteinander den Spaß am gegenseitigen Imitieren und das Interesse an kleinen Spielen mit unzähligen Wiederholungen. So wirken die anderen Kinder wie ein Spiegel der eigenen Aktivitäten und Interessen, in dem sich Kleinkinder wiedererkennen und darüber Informationen über ihr eigenes Ich erhalten.

Abb. 12.1: Handlungen müssen aufeinander abgestimmt werden

Der zweite Teil des Zitats von Jean Piaget bezieht sich dagegen auf die fundamentale Differenzerfahrung, die Kleinkinder machen, wenn sie z. B. erleben, dass ihre Kontaktangebote ignoriert werden, oder wenn es ihnen nicht gelingt, ihre Anliegen klar genug zu kommunizieren, und es zu Missverständnissen, Konflikten oder Spielabbrüchen kommt. Eltern und Erzieherinnen gleichen die noch nicht hinreichenden Kompetenzen der jungen Kinder aus, indem sie in Interaktionen die Führung übernehmen, das Verhalten der Kinder so interpretieren, dass es zur intendierten Interaktion passt und ihre eigenen Handlungen und Reaktionen feinfühlig anpassen. In den Interaktionen zwischen den Kleinkindern dagegen ist kein kompetenterer Partner zur Stelle, der missverständliche Signale richtig deuten und Störungen integrieren könnte. Dies verdeutlicht den Kindern, dass es auch an ihnen liegt, ob eine Interaktion weitergeführt werden kann oder sich die eigene Spielidee gemeinsam mit dem Anderen verfolgen lässt.

Dabei erwerben die Kinder Wissen über die erlebte soziale Situation und über den eigenen Beitrag, den sie hierzu leisten. Über diesen Weg entwickeln sie neben verfeinerten kommunikativen und sozialen Kompetenzen ebenfalls ein Bewusstsein darüber, ein von anderen Menschen abgegrenztes, eigenständiges und handlungsfähiges Wesen zu sein.

12.2 Kontakte, Interaktionen und Spiele in den ersten Lebensjahren

Schon die Kleinsten haben Interesse aneinander und nehmen einander als Ziele ihrer sozialen Signale wahr. Sie zeigen Gleichaltrigen gegenüber ein deutlich anderes Verhalten als gegenüber materiellen Objekten. Babys sehen sich aufmerksam an und lächeln, sie versuchen, Laute zu äußern, sich anzunähern und sich zu berühren.

"Sozial gerichtete Verhaltensweisen" sind noch keine Interaktionen; erst, wenn der Partner wiederum eine soziale Reaktion zeigt – wobei auch Abwehr oder ein gegen den anderen gerichtetes Verhalten in diesem Sinne "sozial", nämlich auf den Sozialpartner gerichtet ist – ist ein sozialer Austausch, eine Interaktion, entstanden.

Zweites Lebenshalbjahr

Im zweiten Lebenshalbjahr ahmen Kleinstkinder sich nach, tauschen gelegentlich schon Spielobjekte aus und erste einfache Spiele finden statt wie etwa einen Ball hin- und herzurollen. Diese ersten sozialen Kontakte können beobachtet und unterstützt werden, wenn die Babys in der Zeit ihrer wachen Aufmerksamkeit zu zweit in Bauch- oder Rückenlage nebeneinandergelegt bzw. in räumliche Nähe zueinander gebracht sowie die kindlichen Regungen und Kontaktversuche empathisch sprachlich begleitet werden. Damit einher gehen allerdings auch die ersten Besitzkonflikte, denn die Abstimmung untereinander bereitet den jüngsten Kindern noch große Schwierigkeiten. Das liegt unter anderem daran, dass sie aufgrund ihres kognitiven Entwicklungsstandes noch nicht gut in der Lage sind, ihre Aufmerksamkeit gleichzeitig auf das Spielzeug und den Spielpartner zu richten. Deshalb kommt es bis zum Alter von ca. 14 Monaten auch häufiger zu freundlichem sozialem Kontakt, wenn kein Spielzeug verfügbar ist.

Weder das vehemente Festhalten und Verteidigen des interessanten Spielzeugs noch das gelegentlich auftretende An-den-Haaren-Ziehen, Kratzen oder sogar Beißen sollte man als Aggressivität bezeichnen. Zu aggressivem Verhalten gehört laut Definition immer die Absicht, den anderen zu schädigen. Das ist bei den jungen Kindern schon deshalb nicht möglich, weil sie sich noch gar nicht geistig in die Situation eines anderen Menschen hineinversetzen und sich vorstellen können, dass ihr eigenes Verhalten den anderen ärgert oder ihm Schmerzen zufügt (→ Kap. 9.2).

Beispiel: *Kleinkinder finden Wege der Verständigung – Seydar (21 Monate) und Nils (17 Monate) spielen nebeneinander auf dem Boden. Jeder hat eine große Plastikschüssel vor sich stehen. Seydar wirft Kastanien in „seine" Schüssel und freut sich über die Geräusche, die das verursacht. Er schüttelt die Schüssel und sieht fasziniert zu, wie die Kastanien in der Schüssel herumrollen. Nils beobachtet Seydar aufmerksam. Sein Blick wechselt von Seydars Schüssel zu dessen Gesicht und wieder zurück. Dann gleitet sein Blick über den Boden. Ah, hier ist noch so eine braune glatte Kugel! Nils hebt sie auf und lässt sie vorsichtig in seine Schüssel fallen. Sie bleibt liegen, ohne viele Geräusche zu machen. Nils schaut wieder in Seydars Schüssel hinein, der immer noch die Kastanien rumpeln lässt. Dann versucht er, eine Kastanie aus Seydars Schüssel zu nehmen. Seydar ist erst überrascht, dann empört. Er schreit kurz auf und zieht seine Schüssel zu sich. Nils zieht auch an der Schüssel, lässt dann aber los, sodass Seydar durch seinen eigenen Schwung nach hinten überfällt. Die Kastanien kullern aus der Schüssel heraus. Die Kinder sehen den Kastanien zu, schauen sich an und lachen. Nun sammeln sie gemeinsam diese und weitere Kastanien auf und werfen sie in die Schüssel. Bald reißt Seydar die Schüssel an einer Seite hoch, sodass wieder alle Kastanien mit Gerumpel herausrollen und sich im Raum verteilen. Er sieht Nils triumphierend an und kreischt vor Vergnügen. Nils stimmt ein und läuft bereits wieder los, um die Kastanien erneut einzusammeln.*

Aufgabe: Arbeiten Sie zu zweit oder in einer Kleingruppe. Gehen Sie das Beispiel Satz für Satz durch und identifizieren Sie zunächst alle Passagen, in denen sich die Kinder in irgendeiner Weise in ihrem Verhalten aufeinander beziehen. Diskutieren Sie dann folgende Fragen: Welche Absichten oder Ziele vermuten Sie hinter dem Verhalten der beiden Kinder? Welche Handlungen setzen die Kinder in diesen Szenen ein, um sich zu verständigen? An welchen Stellen gelingt die Verständigung, an welchen Stellen nicht?

Zweites Lebensjahr

Im zweiten Lebensjahr treten Kleinkinder, wenn sie Gelegenheit dazu haben, zunehmend öfter in den sozialen Austausch mit anderen Kindern ein. Dies geschieht immer noch überwiegend in einer Zweier-Konstellation, denn das Spiel zu mehreren übersteigt sowohl die kognitiven als auch die sozialen Fähigkeiten sehr junger Kinder. Weil Sprache als Kommunikationsmittel erst in Ansätzen zur Verfügung steht, finden und nutzen die Einjährigen andere Wege der Verständigung. Besonders wichtig ist hierbei die Imitation bzw. Nachahmung des Verhaltens anderer Kinder, die schon im ersten Lebensjahr einsetzt und besonders im zweiten Lebensjahr ausgeprägt ist. Nicht ohne Grund wird die gegenseitige Imitation gelegentlich als die „Sprache" von Kleinkind-Freundschaften bezeichnet. Die Imitation von Verhaltensweisen und Spielsequenzen anderer Kinder ist auch beim parallelen Spielen, einer wichtigen Spielform der ersten drei Lebensjahre, anzutreffen.

Allerdings kommt es beim Parallelspiel zu keinem direkten Austausch zwischen den Kindern. Sie sind sich zwar der Nähe und Aktivität des anderen bewusst und spielen mit den gleichen oder zusammengehörigen Spielmaterialien, jedoch sind ihre Aktivitäten nicht aufeinander bezogen; es kommt zu keiner weitergehenden Gemeinsamkeit. Man spricht dennoch davon, dass das Parallelspiel eine Brückenfunktion für die Entwicklung von nicht sozialem zu sozialem Spiel und sozialer Interaktion innehat.

Abb. 12.2: Im Parallelspiel werden Verhaltensweisen und Spielsequenzen anderer Kinder imitiert

Wenn es darum geht, ein anderes Kind auf eine als aufregend oder lustig wahrgenommene Situation oder auf einen interessanten Spielgegenstand aufmerksam zu machen, verständigen sich Kleinkinder häufig über den mimischen oder motorischen Ausdruck ihrer Emotionen, z. B. durch übertriebenes Lachen, überraschte Schreie oder Händeklatschen. Eine weitere häufig zu beobachtende Strategie zur Kontaktaufnahme ist das Anbieten bzw. Überreichen eines Spielobjekts. Spielzeuge werden im zweiten Lebensjahr — im Unterschied zum ersten — zu „Mittlern" sozialer Kontakte. Auch einfache soziale Spiele werden bereits erfolgreich initiiert. Häufige Spielthemen sind:

- Nachahmungen von Sprache oder Bewegungsabläufen
- Einfache Bau- oder Puzzlespiele, bei denen sich die Kinder abwechseln oder die Arbeit „teilen"
- Fantasiespiele mit Puppen, Kochutensilien oder kleinen Fahrzeugen

- Spielerisches Raufen, Quatsch machen und sich gegenseitig bei lustigen oder waghalsigen Aktionen zusehen (vgl. Viernickel 2003).

Kleinkinder entwickeln enge Beziehungen zueinander: Schon im zweiten Lebensjahr bevorzugen die meisten Kinder ein oder zwei Peers als Interaktionspartner, auch wenn sie im Tagesverlauf mit mehreren Kindern in Kontakt treten. Dabei suchen sich Kleinkinder anscheinend ihre Spielpartner nach dem Kriterium der Ähnlichkeit aus. Das (Entwicklungs-)Alter spielt hier die wichtigste Rolle, aber auch das Geschlecht, Temperament, Spielvorlieben und Vertrautheit. Aus diesen Bevorzugungen entstehen spezielle, manchmal intensive Beziehungen, in denen die Kinder viele positive Erfahrungen miteinander machen und die für ihr Bild von sich selbst überaus bestätigend sind. Einander wohlvertraute Kleinkinder spielen im Vergleich zu solchen, die sich nur flüchtig kennen, früher Spiele, bei denen abwechselnd unterschiedliche Rollen eingenommen werden, z. B. gegenseitiges Nachjagen oder beim Puzzeln abwechselnd ein Teil einsetzen, und sie sind früher und besser in der Lage, miteinander zu kooperieren. Auch wenn man vorsichtig damit sein sollte, bei Kindern in einem Alter, in dem sie zur Selbstauskunft noch nicht fähig sind, bereits von Freundschaften zu sprechen, ist es verblüffend zu beobachten, dass Verhaltensweisen, wie sie unter älteren befreundeten Kindern üblich sind, z. B. sich gegenseitig Helfen, Intimität suchen bzw. sich von anderen Kindern abgrenzen, Loyalität und Gleichartigkeit demonstrieren und Besitz mit dem Partner teilen, auch schon unter Zweijährigen auftreten.

Drittes Lebensjahr

Im dritten Lebensjahr werden die Interaktionen immer länger mit mehreren aufeinander folgenden Austauschsequenzen. Die Kinder nutzen nun ein vielfältigeres Handlungsrepertoire und zunehmend auch das Symbolsystem Sprache, um im sozialen Austausch, Spielideen zu kommunizieren, das gemeinsame Spiel zu steuern und die Interaktion zu regulieren. Mit der Fähigkeit zur Symbolbildung gehen auch große Fortschritte im Spielverhalten einher. Das im ersten und zweiten Lebensjahr noch dominierende Funktionsspiel bzw. einfache Symbolspiel ohne Interaktionspartner wird jetzt nach und nach ergänzt und ersetzt durch soziale Fantasie- und Rollenspiele. Nun beginnen die Kinder, Themen, Rollen und Regeln zu vereinbaren wie auch fortlaufend zu erweitern. Sie werden in solchen Spielen auf dreifache Weise in ihrer Entwicklung herausgefordert; sie müssen

- ihre eigenen Spielhandlungen und Spielthemen mit denen der Interaktionspartner abstimmen und koordinieren (sozialer Aspekt)
- ihre Emotionen regulieren und angemessen äußern (emotionaler Aspekt)
- gleichzeitig kognitive Leistungen erbringen, indem sie imaginäre und symbolische Inhalte in ihr Spiel integrieren, Handlungspläne verfolgen und komplexe Szenarien entwickeln.

Hilfe und Trost werden im Verlauf der ersten drei Lebensjahre besser den Bedürfnissen des bedürftigen Kindes angepasst. Kinder im zweiten Lebensjahr verfügen über „egozentrische Empathie": Sie bringen einem weinenden Kind etwas, womit sie sich selber trösten würden, z. B. das eigene Kuscheltier. Im dritten Lebensjahr lernen Kinder, dass die Gefühle und Bedürfnisse einer anderen Person unabhängig von den eigenen sind. Sie achten stärker auf Signale, die auf Gefühle hinweisen, und sie können sich soweit in das andere Kind hineinversetzen, dass sie wirklich das tun, was das andere Kind am besten beruhigt, bzw. ihre Taktik ändern, wenn sich kein Erfolg einstellt.

Pädagogische Konsequenzen

Kontakte und Spiel zwischen Kleinkindern fördern: Damit die Entwicklungsanregungen, die Kleinkinder füreinander bereitstellen, wirksam werden können, sollten einige grundlegende Aspekte in der Gruppenbetreuung für Kinder unter drei Jahren Beachtung finden. Wesentlich für jegliche entwicklungsanregenden Impulse in einem familienergänzenden Betreuungssetting ist der Aufbau einer vertrauensvollen und sicheren Beziehung zur Erzieherin. Dies wird erleichtert u. a. durch feinfühliges und kindorientiertes Verhalten, durch eine langsame Eingewöhnung und durch die Gewährleistung einer stabilen Betreuungssituation, möglichst ohne Wechsel der Betreuungspersonen (→ Kap. 4, 7).

Gruppenorganisation: Ideal im Sinne der Anbahnung und positiven Wirkung von Peer-Kontakten wäre, wenn jedem Kind regelmäßig mindestens drei oder vier altersgleiche oder altersähnliche Kinder sowie mindestens ein oder zwei Spielpartner desselben Geschlechts zur Verfügung stünden. Dabei kommt es weniger auf das tatsächliche Geburtsdatum als vielmehr auf das Entwicklungsalter an. In reinen Krippen- oder Nestgruppen ist das gut zu realisieren – in altersgemischten Arrangements funktioniert das beispielsweise, wenn zwei Gruppen gut miteinander kooperieren und sich Kinder auch regelmäßig gruppenübergreifend zusammenfinden können (→ Kap. 5). Dabei sollte die Kindergruppe in ihrer Gesamtzusammensetzung möglichst stabil sein, damit die Kinder Gelegenheit haben, die anderen Kinder als Sozialpartner in ihren Reaktionsweisen und Spielvorlieben kennenzulernen und ein geteiltes Wissen über Interaktionsmuster und -rituale zu erwerben. Kleinkinder sind noch stark auf das Einüben und Wiederholen von ganz spezifischen Situationen und (Spiel-)ritualen angewiesen, um deren Bedeutung zu erlernen, wiederzuerkennen und passende Handlungsbeiträge zu leisten.

Räume und Materialien: Auch durch die Gestaltung der Räumlichkeiten und die Auswahl der Spielmaterialien können Kontakte zwischen Kleinkindern beeinflusst werden (→ Kap. 6, 17). Die Räume sollten so gestaltet sein, dass sie ungestörte Spielabläufe ermöglichen und viel Platz zum Rennen, Ballspielen und dem Schieben von Puppenwagen usw. bleibt. Alles, was eher groß als klein, nicht zu schwer und eher beweglich und veränderbar als starr ist, lädt Kleinkinder zum gemeinsamen Handeln ein. Alltagsmaterialien wie Pappkartons, Plastikwannen und große Papprollen werden in der Kleinkindgruppe zu wahren „Kommunikationsförderern" mit hohem Spiel- und Anregungswert.

Aufgabe: Planen Sie in Arbeitsgruppen einen Elternabend zum Thema „Was haben die Kleinen eigentlich voneinander?" Wie können Sie Eltern anschaulich nahe bringen, welche Bildungserfahrungen ihre Kinder im Kontakt miteinander machen können?

12.3 Praxis: Soziale Kontakte unterstützen, Konflikte regulieren helfen

Interaktionen anerkennen und zulassen: Interaktionen zwischen Kleinkindern zu fördern und ihr Entwicklungspotenzial zu nutzen, heißt zunächst einmal, respektvoll damit umzugehen und anzuerkennen, dass Interaktionen für Kleinkinder eine wichtige Bedeutung haben. Leider passiert es recht häufig, dass Erzieherinnen Kind-Kind-Interaktionen unterbrechen. Oft geschieht das ungewollt, weil sie nicht genau hingesehen haben und deshalb nicht sensibel dafür sind, was gerade zwischen den Kindern vor sich geht. Manchmal steckt aber auch Absicht dahinter, weil sie z. B. einen sich vermeintlich anbahnenden Konflikt vermeiden wollen, aggressives Verhalten unterstellen oder einfach der gute Wille da ist, schnell zu helfen.

Abb. 12.3: Der soziale Austausch zwischen Kleinkindern braucht Zeit und Gelegenheit

Die jüngsten Kinder können aber nur Erfahrungen miteinander machen und im Kontakt voneinander lernen, wenn wir sie auch lassen. Kindern vermittelt sich durch unser Handeln – oft ganz ohne Worte –, ob wir das, was sie miteinander tun, für wichtig erachten, und ob wir ihnen die Regelung der eigenen Angelegenheiten zutrauen. Der erste Schritt besteht also darin, den sozialen Austausch bewusster wahrzunehmen und nicht vorschnell einzugreifen – also im Zulassen.

Soziale Kontakte unterstützen und anregen: Der nächste Schritt wäre es, Kleinkinder in ihrer Wahrnehmung füreinander zu unterstützen und den sozialen Austausch unter ihnen in alltäglichen Situationen anzuregen. Hierfür kann man im Alltag unaufdringlich immer wieder Hinweise geben, indem man

- sich selbst am Spiel beteiligt
- Spielszenen initiiert
- auf Tätigkeiten und Entdeckungen von anderen Kindern aufmerksam macht
- Vorschläge für gemeinsame Handlungen entwickelt.

Der Handlungsfluss der Kinder sollte dadurch weder unterbrochen noch dominiert werden. Es geht darum, gerade so viel Impulse zu setzen, dass ein begonnener Kontakt nicht abbricht oder eine Spielidee weitergeführt werden kann.

Beispiel: *Marie soll vom Sandkuchen kosten, aber sie versteht nicht ganz, was Oleg von ihr will? Die Erzieherin nimmt Blickkontakt zu Marie auf und kostet selbst mit weit geöffnetem Mund und klarer Gestik. Dann ermuntert sie Oleg nochmals: „So, nun lass die Marie auch probieren!"*

Eine solche Form der Begleitung hilft Kindern, der Situation eine gemeinsam geteilte Bedeutung zu verleihen und ihr Verhalten daran auszurichten. Man muss Kleinkinder nicht fortwährend und permanent aufeinander aufmerksam machen. Vielmehr gilt es, Interaktionssituationen, die sich sowieso gerade zwischen den Kleinen anbahnen, als solche wahrzunehmen und ihnen feinfühlig ein „Gerüst" oder „Geländer" anzubieten, damit sie sich weiterentwickeln können.

Konflikte gehören dazu: Wichtig ist auch der Umgang mit Konflikten, die etwa in Form von Besitzkonflikten ein wichtiges Lernfeld sind. Konflikte können nicht als isolierte Geschehnisse betrachtet werden. Es geschieht häufig, dass ein gemeinsam begonnenes Spiel in einen Konflikt umschlägt oder sich umgekehrt aus einer konflikthaften Interaktion eine gemeinsame Handlung entwickelt. Die Kinder erfahren hierbei, dass der Kontakt zu einem anderen Menschen nicht nur zu verschiedenen Gelegenheiten unterschiedliche Formen haben kann, sondern auch bei ein und derselben Gelegenheit wechseln kann. Und sie erfahren, dass sie als Beteiligte an der Form des Kontakts aktiven Anteil haben.

> Konflikte und damit die Chance ihrer Lösung gehören zum sozialen Spiel und machen einen Teil ihres Lern- und Anregungswertes aus.

Kinder lernen in diesen Situationen natürlich auch, ihr Verständigungsrepertoire zu erweitern. Es ist eine hohe Kunst herauszufinden, wann genau Unterstützung wichtig wird, und die Konfliktlösung zu moderieren, ohne sie den Kindern aufzuzwingen. Dazu ist es notwendig, die individuelle innere Logik, die die beteiligten Kinder der Situation geben, nachzuvollziehen und anzuerkennen. Wenn die Aushandlungskompetenzen der Kinder erschöpft sind, sollte allerdings rechtzeitig vor einer Eskalation eingegriffen werden. Dabei hat es sich bewährt,

- die Gefühle und Bedürfnisse der beteiligten Kinder zu verbalisieren
- ihnen Beruhigung und Trost zu gewähren
- beide Sichtweisen einzunehmen und zu vermitteln
- auf eine für alle zufriedenstellende Lösung hinzuarbeiten oder Alternativen anzubieten.

Wichtig ist, nach Beendigung des Konflikts ausdrücklich die positive Beziehung zwischen den Kindern hervorzuheben.

Aufgabe: Erinnern Sie sich an einen Konflikt, den Sie bei Kindern beobachtet haben. Reflektieren Sie, wie Sie auf Konflikte zwischen Kindern emotional reagieren und wie Sie üblicherweise mit ihnen umgehen. Setzen Sie Ihre Erkenntnisse in Bezug zu den im Text vorgeschlagenen Handlungsweisen.

Gemeinschaftliche Aktivitäten und Rituale gestalten: Ein wichtiger Bestandteil des Zusammenlebens in Krippe und Kita auch für die jüngeren Kinder ist es, sich durch die Teilhabe an vielfältigen soziokulturellen Aktivitäten als Teil einer sozialen Gemeinschaft zu erleben, in der soziale Umgangsformen geformt, kulturelle Praktiken erlernt sowie gesellschaftliche Werte erfahren und gebildet werden. Alltagsrituale mit der gesamten Gruppe, z. B. Tischsprüche, und fest installierte Gelegenheiten zum Austausch und zur wechselseitigen Bezugnahme, z. B. im Morgenkreis, sind hierfür von Bedeutung. Gesprächsrunden mit dieser Altersgruppe sollten immer wieder unterbrochen werden durch das Singen von Liedern, durch Tanzen oder gemeinsames Erkunden von etwas Besonderem. Kinder teilen in diesen Momenten ihre positiven Emotionen miteinander und lernen, Handlungen und Signale zu deuten, auf andere zu warten und sich für andere zu interessieren.

Grundübung: Beschreiben Sie die sozialen Kompetenzen von Kindern im ersten, zweiten und dritten Lebensjahr. Was verändert sich? Was können Sie von Kleinkindern bezüglich ihres sozialen Verhaltens erwarten, was (noch) nicht?

Vertiefung: Was können pädagogische Fachkräfte tun, um Peer-Interaktionen zwischen Kleinkindern zu unterstützen?

Literatur

Ahnert, L. (2003): Die Bedeutung von Peers für die frühe Sozialentwicklung des Kindes. In: Keller, H. (Hrsg.): Handbuch der Kleinkindforschung. 3. korr., überarb. u. erw. Aufl., Bern/Göttingen/Toronto/Seattle, S. 489–524

Piaget, J. (1968/1972): Sprechen und Denken des Kindes. Düsseldorf

Riemann, I./Wüstenberg, W. (2004): Die Kindergartengruppe für Kinder ab einem Jahr öffnen? Eine empirische Studie. Frankfurt

Salisch, M. von (2000): Zum Einfluss von Gleichaltrigen (Peers) und Freunden auf die Persönlichkeitsentwicklung. In: Amelang, M. (Hrsg.): Determinanten individueller Unterschiede. Göttingen, S. 345–405

Schneider, K. (2004): Soziale Kompetenz von Kleinkindern in der Gruppe. In: Niedergesäß, B. u. a. (Hrsg.): Die ersten gemeinsamen Schritte in die Welt. Babys in Tageseinrichtungen – Bereicherung oder Belastung für Babys, ihre Familien und Erzieherinnen? Lüneburg, S. 22–43

Simoni, H./Herren, J./Kappeler, S./Licht, B. (2008). Frühe soziale Kompetenz unter Kindern. In Malti, T./Perren, S. (Hrsg.): Soziale Kompetenz bei Kindern und Jugendlichen. Entwicklungsprozesse und Fördermöglichkeiten. Stuttgart, S. 15–34

Viernickel, S. (2003): Soziale Kontakte und Beziehungen zwischen Kleinkindern. Online-Familienhandbuch, http://www.familienhandbuch.de/cmain/f_Fachbeitrag/a_Kindheitsforschung/s_878.html (Zugriff 11.03.2011)

Viernickel, S. (2010): Soziale Kompetenzen im Kontext von Peer-Beziehungen. In Stamm, M. & Edelmann, D. (Hrsg.). Frühkindliche Bildung, Betreuung und Erziehung: Was kann die Schweiz lernen? Zürich, S. 55–73

Wüstenberg, W. (o. Jg.): Gleichaltrige im Krippenalter entwickeln Humor, eigene Themen und Freundschaften unter einander: Nützt das ihrer Entwicklung? Kindergartenpädagogik Online-Handbuch, http://www.kindergartenpaedagogik.de/1813.html (Zugriff 11.03.2011)

13 Aufsichtspflicht und Sicherheit in der Krippe

Martina Schad

Die Themen Aufsichtspflicht, Sicherheit und Versicherungsschutz sind in pädagogischen Kreisen viel diskutierte Dauerbrenner. Diese Diskussionen werfen oft mehr Fragen auf als sie klären und sind häufig von unterschwelligen Ängsten und der Vermischung von rechtlichen Vorgaben und subjektiven Bewertungen geprägt. Daher ist es wichtig, die gesetzlichen Bestimmungen und die technischen Sicherheitsanforderungen zu kennen, damit auf Basis dieser Kenntnisse eine begründet Abwägung von pädagogischen Überlegungen und Sicherheitsaspekten gelingt und letztlich eine reflektiert Entscheidung getroffen werden kann. Mit der verstärkten Aufnahme von unter Dreijährigen in vielen Einrichtungen, die in altergemischten oder altershomogenen Gruppen betreut werden, nehmen auch die Fragen hinsichtlich der Sicherheit dieser Altersgruppe zu.

13.1 Aufsichtspflicht

Die Wahrnehmung der Aufsichtspflicht ist ein wichtiger Bestandteil der pädagogischen Arbeit. Sie dient dem Schutz und der Sicherheit der Kinder und soll sie vor Schaden bewahren als auch verhindern, dass sie andere schädigen. Zugleich ist die Angst, die Aufsichtspflicht zu verletzten unter Erzieherinnen recht ausgeprägt. Die Ursache dieser Furcht oder zumindest Verunsicherung rührt wohl daher, dass Inhalt und Umfang der Aufsichtspflicht gesetzlich nicht festgelegt sind, während die Folgen der Aufsichtspflichtverletzung jedoch recht konkret durch Gerichtsurteile wahrnehmbar sind.

Rechtlicher Rahmen der Aufsichtspflicht

Die Aufsichtspflicht obliegt gemäß § 1631 des Bürgerlichen Gesetzbuches (BGB) den Eltern. Diese können die Aufsichtspflicht auf den Träger der Kindertageseinrichtung durch den Betreuungsvertrag übertragen, der wiederum die Aufsichtspflicht an die Leitung und die Erzieherinnen delegiert. Neben der Pflicht zur Aufsichtsführung erteilen die Gesetze eindeutig einen Erziehungsauftrag.

> § 1626 Abs. 2 BGB besagt, dass bei der Erziehung „die wachsende Fähigkeit des Kindes zu selbstständigem, verantwortungsbewusstem Handeln" zu berücksichtigen ist.
>
> § 22 Abs. 2 SGB VIII besagt, dass „Tageseinrichtungen für Kinder und Kindertagespflege (...) die Entwicklung des Kindes zu einer eigenverantwortlichen und gemeinschaftsfähigen Persönlichkeit fördern" sollen.

Der in den Gesetzen formulierte Erziehungsauftrag, das Kind zu einer eigenverantwortlichen und selbstständigen Persönlichkeit zu erziehen, und die pädagogische Erkenntnis, dass Kinder nur lernen können, Risiken zu bewältigen, wenn sie auch die Möglichkeit erhalten, mit diesen umzugehen, machen deutlich: es besteht ein relativ weiter pädagogischer Gestaltungsraum.

„Was pädagogisch nachvollziehbar begründet ist (d. h. von den Erziehungszielen her gerechtfertigt ist und zugleich die Gesundheit des Kindes und die Sicherheitsinteressen anderer mit berücksichtigt) kann keine Aufsichtspflichtverletzung sein" (Hundmeyer 2006: 12). Das bedeutet für die Praxis, dass zwischen der pädagogischen Pflicht, die nach Freiheiten verlangt, und der Aufsichtspflicht, die diese beschränkt, eine begründete Lösung gefunden werden muss.

Anforderungen an die Erfüllung der Aufsichtspflicht

Die Aussichtsführung ist von zahlreichen Kriterien abhängig wie der:

- **Persönlichkeit des Kindes** – Alter; körperlicher, geistiger, emotionaler und sozialer Entwicklungsstand; Erziehungsstand, Gesundheitsbeeinträchtigungen, Eigenart und bisheriges Verhalten
- **Betreuungssituation** – Gruppengröße und -verhalten; räumliche und örtliche Gegebenheiten wie stark befahrene Straße, bekannte oder unbekannte Umgebung; Ausflüge, Straßenverkehr, Art der Beschäftigung, Grad der Gefährlichkeit
- **Persönlichkeit der Erzieherin** – berufliche Erfahrung, Kenntnisse über die betreuten Kinder, besondere Qualifizierung, z. B. Übungsleiterschein.

Aus den angeführten Kriterien wird deutlich, dass aufgrund der zahlreichen Einflussfaktoren sowie der Situationsabhängigkeit keine allgemeingültigen Aussagen für die Aufsichtsführung im Einzelfall gegeben werden können. Umso dringender stellt sich für das pädagogische Fachpersonal die Frage: Was muss eine Erzieherin tun, um ihre Aufsichtspflicht zu erfüllen? Die Erzieherin benötigt ein verlässliches Instrument, das ihr hilft zu prüfen und zu beurteilen, ob ihr Handeln geeignet ist, ihrer Aufsichtspflicht nachzukommen. Das folgende leicht abgewandelte Handlungsschema nach Hundmeyer (2006: 28) benennt Pflichten und Anforderungen an die Aufsichtsführung, bei deren Beachtung „man kaum von einer schuldhaften Aufsichtspflichtverletzung sprechen kann, selbst für den Fall, dass ein Kind sich selbst oder andere schädigt."

Prüfen des pädagogischen Rahmens: Zunächst muss geprüft werden, welchem pädagogischen Ziel das Vorhaben dient und ob mögliche Risiken bzw. Gefahren in einer vernünftigen Relation zu diesem Ziel stehen. Das Vorhaben sollte auch für einen Außenstehenden pädagogisch nachvollziehbar sein.

Informationspflicht: Der nächste Schritt besteht in der umfassenden Information über alle zu berücksichtigenden Faktoren. Hier spielen die bereits genannten Kriterien der Aufsichtsführung eine wichtige Rolle. Zusätzlich sind die einschlägigen Gesetze wie die Unfallverhütungsvorschrift (UVV) Kindertageseinrichtungen oder das Infektionsschutzgesetz zu beachten. Zur Informationspflicht gehört es auch, die Kinder auf Gefahren hinzuweisen und sie vor falschem Verhalten zu warnen. Dies sollte in einer Art und Weise geschehen, die dem Alter und Entwicklungsstand der Kinder entsprechen. Kindern kann man erklären, wie ein Werkzeug richtig benutzt wird, und die sichere Umgehensweise damit zeigen. Wenn deutlich wird, dass die Belehrungen und Mahnungen nicht beachtet werden, müssen klare Regeln aufgestellt oder gar Verbote ausgesprochen werden.

Überwachungspflicht: Es ist offensichtlich, dass Belehrungen oder auch Verbote allein nicht ausreichen, um der Aufsichtspflicht zu genügen – es muss auch kontrolliert werden, ob die Kinder sich an die Regeln halten. Das Ausmaß dieser Kontrolle steht ebenfalls in enger Beziehung zu den Kriterien der Aufsichtsführung. So ist beispielsweise der zeitliche Kontrollrahmen bei einer Gruppe, die sich bisher unter ähnlichen Bedingungen regelkonform verhalten hat, ein anderer, als bei Gruppen, die man nicht kennt oder die neu zusammengesetzt sind.

Pflicht zum Eingreifen: Wenn bei der Kontrolle ein Fehlverhalten festgestellt wird, muss selbstverständlich eingegriffen werden. In welcher Art und Weise die pädagogische Intervention erfolgt, ist im hohen Maße situationsabhängig. Das Geschehen kann noch mal besprochen werden oder insbesondere bei wiederholten oder schweren Regelverletzungen sowie gefahrenträchtigem Verhalten, müssen Konsequenzen gezogen und/oder das Fehlverhalten bestraft werden.

Was bedeutet das für die Beaufsichtigung von Kindern unter drei Jahren? Grundsätzlich sind jüngere Kinder stärker zu beaufsichtigen als ältere Kinder, d. h. Krippenkinder benötigen eine sehr umfassende Aufsichtsführung. Diese Ansicht spiegelt sich auch in der aktuellen Rechtssprechung wider. Insbesondere an die Aufsichtsführung von Kindern unter zwei Jahren stellen die Gerichte hohe Ansprüche.

Aufgabe: Sie möchten mit einer Kindergartengruppe einen nahe gelegenen Spielplatz besuchen. Prüfen Sie anhand des vorgestellten Handlungsschemas den pädagogischen Rahmen und die eigene Informationspflicht. Überlegen Sie, wie Sie Kinder auf die möglichen Gefahren vorbereiten, welche Regeln Sie aufstellen, wie Sie das Verhalten kontrollieren und welche Maßnahmen Sie bei Regelverstößen durchführen können.

Haftungsrechtliche Folgen der Aufsichtspflichtverletzung

Stehe ich als Erzieherin mit einem Bein im Gefängnis? – Man wird kaum eine Erzieherin finden, die jemals wegen einer Aufsichtspflichtverletzung tatsächlich im Gefängnis saß. Die Angst vor Inhaftierung ist also wenig begründet. Dennoch kann eine Aufsichtspflichtverletzung natürlich zivil- oder strafrechtliche Konsequenzen für die Erzieherin haben. Es ist jedoch zu bedenken, dass bei einer Schädigung des Kindes oder Dritter durch das Kind nicht zwangsläufig eine Aufsichtspflichtverletzung vorliegen muss. So was kann passieren, ohne dass jemand dafür haftbar ist. Nur im Falle einer unzureichenden Aufsichtsführung und eines Schadens können sich Konsequenzen ergeben. Aber bei reflektiertem pädagogischem Arbeiten sind Aufsichtspflichtverletzungen bzw. deren Folgen wenig wahrscheinlich. Vorausschauendes Arbeiten garantiert Sicherheit und beugt einer angstbesetzten Pädagogik vor.

13.2 Gesetzliche Unfallversicherung und Versicherungsschutz

Die gesetzliche Unfallversicherung ist ein Teil der gesetzlichen Sozialversicherungen. Die Aufgabe der gesetzlichen Unfallversicherung ist in erster Linie, mit allen geeigneten Mitteln Arbeitsunfälle und Berufskrankheiten sowie arbeitsbedingte Gesundheitsgefahren zu verhüten.

Nach Eintritt eines Arbeitsunfalls oder einer Berufskrankheit hat die Unfallversicherung die Gesundheit und die Leistungsfähigkeit der Versicherten mit allen geeigneten Mitteln wiederherzustellen und die Versicherten oder ihre Hinterbliebenen zu entschädigen.

Die gesetzliche Grundlage ist das SGB VII. Nach § 2 Abs. 1 Nr. 8 a gehören Kindergartenkinder sowie Hort- und Krippenkinder zum Kreis der versicherten Personen und stehen während des Besuchs von Kindertageseinrichtungen unter dem Schutz der gesetzlichen Unfallversicherung.

Der Versicherungsschutz durch die gesetzliche Unfallversicherung besteht bei allen Tätigkeiten, wie Malen, Toben, Spielen oder Basteln, der Kinder in der Einrichtung. Außerdem sind auch Aktivitäten versichert, die über den normalen Betrieb hinausgehen, wie Kindergartenfeste, oder die an anderen Orten stattfinden wie Ausflüge in den Zoo, auf den Wochenmarkt und Schwimmbadbesuche. Weiterhin besteht der Versicherungsschutz auch auf dem Weg zur Einrichtung und auf dem Heimweg, unabhängig davon, ob der Weg zu Fuß, mit dem privaten PKW oder mit öffentlichen Verkehrsmitteln zurückgelegt wird. Im Schadensfall – wenn ein Kindergartenkind einen Unfall (mit Körperschaden) hat – zahlt die gesetzliche Unfallversicherung alle Heilbehandlungskosten und bei bleibenden Schäden ggf. eine Unfallrente. Die Kosten für die Sachschäden werden jedoch nicht übernommen. Auch Schmerzensgeld kann nicht beansprucht werden.

Aufgabe: Die Unfallversicherungsträger der gesetzlichen Unfallversicherung bieten eine ganze Reihe von Informationen auf ihren Internetseiten. Die Zuständigkeit ist nach Bundesländern gegliedert. Gehen Sie z. B. auf die Internetseite www. dguv.de und recherchieren Sie die Unfallkasse Ihres Bundeslandes. Suchen Sie nach hilfreichen Broschüren für die Sicherheit in Krippen und Kindertagesstätten.

13.3 Praxis: Sicherheit in der Krippe

In Kindertageseinrichtungen nimmt die Zahl der Betreuungsplätze für Kinder unter drei Jahren stetig zu. Für Erzieherinnen bedeutet dies neben den pädagogischen Herausforderungen auch, sich verstärkt mit Fragen der Sicherheit für diese Altersgruppe auseinanderzusetzen. Bei der Schaffung von Aufenthaltsräumen für diese Altersgruppe spielt die sichere Gestaltung der Einrichtung eine viel größere Rolle als bei älteren Kindern. Darüber hinaus müssen bei Krippenkindern die geringere Fähigkeit, Gefahren zu erkennen und einzuschätzen, sowie die kleineren Körperabmessungen berücksichtigt werden.

Aufgabe: Beantworten Sie die folgende Frage zunächst für sich selbst und tauschen Sie sich anschließen zu zweit oder in der Gruppe über Ihre Meinungen und Erfahrungen aus. Welche Veränderungen und Anpassungen sind mit der Aufnahme von Kindern unter drei Jahren in einer Einrichtung notwendig?

Die allgemeinen Schutzziele für den Bau und die Einrichtung von Kindertageseinrichtungen sind in der Unfallverhütungsvorschrift (UVV) Kindertageseinrichtungen (GUV-V S2) und der dazugehörigen Sicherheitsregel (GUV-SR S2) festgelegt. Sie gelten auch für die U3-Bereiche, orientieren sich aber in erster Linie an Kindern über drei Jahren. Für Kinder unter drei Jahren gab es bis 2009 keine einheitlichen rechtlichen Regelungen für Deutschland, allenfalls Empfehlungen der gesetzlichen Unfallkassen der einzelnen Bundesländer. Mit dem Erlass der UVV Kindertageseinrichtungen (GUV-V S2) im Jahr 2009 sind erstmals auch für die Aufenthaltsbereiche der Jüngsten verbindliche Anforderungen formuliert. Erzieherinnen sollten die wesentlichen Bestimmungen dieses Regelwerks kennen, um das Sicherheitsniveau der eigenen Einrichtung beurteilen zu können und ggf. notwendige präventive Maßnahmen festlegen zu können.

Sicherheitsanforderungen an die Aufenthaltsbereiche von Krippenkindern

Welche baulichen Veränderungen und Anpassungen sind mit der Aufnahme von Kindern unter drei Jahren in einer Einrichtung notwendig? Im § 23 der UVV „Kindertageseinrichtungen" sind die vornehmlichen Schutzziele für diese Aufenthaltsbereiche und deren Ausstattungen zusammengefasst.

Technische Anforderungen: Die im Folgenden genannten, eher technischen Anforderungen tragen dazu bei, dass für Kinder nicht kalkulierbare Risiken zur Gefahr werden, und entlasten die Erzieherin bei der Aufsichtsführung.

- Verkehrswege dürfen nicht durch Kinderwagen o. Ä. eingeengt oder verstellt werden.
- Öffnungen an Brüstungen, Geländern und Treppen (offene Setzstufen) dürfen max. 8,9 Zentimeter betragen.
- Für Finger zugängliche Öffnungen, bei denen Quetschgefahr besteht, müssen kleiner als vier Millimeter sein.
- Verschluckbare Kleinteile wie Spielfiguren, Kugeln oder Pinnadeln sind dem Zugriff durch Kleinkinder zu entziehen.
- Stühle und Betten müssen den einschlägigen Normen entsprechen.
- An Wickelplätzen müssen eine ausreichende Absturzsicherung, eine Aufstiegshilfe sowie eine Handwaschmöglichkeit in unmittelbarer Nähe vorhanden sein.
- Treppen im Aufenthaltsbereich der Kinder müssen durch Türgitter o. Ä. gesichert werden; es sind zusätzliche Handläufe vorzusehen.

Abb. 13.1: Geländer und Umwehrungen müssen Mindestmaße einhalten

- Türen benötigen im Bereich der Nebenschließkante einen Fingerklemmschutz; Gruppenraumtüren sollten einem Glasausschnitt (Sicherheitsglas) haben.
- Bei der Gestaltung des Außengeländes ist auf die Schaffung spezieller U3-Bereiche zu achten (Spielplatzgeräteauswahl, Geländegestaltung)
- Gewässer, Teiche müssen durch eine mindestens ein Meter hohe Umwehrung abgeschirmt werden.

Allgemeine Anforderungen:

- Heiße Oberflächen wie Heizkörper (ohne Abschirmung) dürfen eine maximale Oberflächentemperatur von 60 °C aufweisen
- Die Temperatur des Brauchwassers ist auf 43 °C zu begrenzen
- Zugängliche Herde müssen mit einem Schutzgitter und einer Freischaltmöglichkeit ausgestattet werden
- Sanitärobjekte wie Waschbecken und Toilettenschüsseln sind abgestimmt auf die Körpergröße von Krippenkindern vorzusehen
- Haushaltsmaschinen wie Waschmaschinen und Trockner sind für die Kinder unzugänglich aufzustellen
- Sehr giftige und giftige Pflanzen sowie Sträucher mit langen und spitzen Dornen sollen nicht angepflanzt werden
- Die Raumakustik sollte gut sein (siehe unten)
- Der Richtwert für die Raumtemperatur beträgt 20 °C, im Sanitärbereich nicht unter 24 °C.

Gestaltung des Gruppenraums

Kinder im Alter unter drei Jahren benötigen für ihre Entwicklung Räume, die gleichzeitig Geborgenheit und Freiheit bieten. Mit Freiheit ist hier vor allem die Freiheit, sich zu bewegen gemeint. Nach der Faustregel von Emmi Pikler sollte ein Kind immer etwas mehr Raum zur Verfügung haben, als es nutzen kann (→ Kap. 5). Die Aussage beinhaltet, dass es gut überlegte Begrenzungen geben sollte und diese mit der Weiterentwicklung des Kindes gewissermaßen mitwachsen müssen. Die Entwicklungsphasen, die Kinder in den ersten Lebensjahren durchlaufen, ähneln sich stark, allerdings kann das Tempo individuell sehr verschieden sein. Daher sollte sich die Gestaltung der Räume an diesen Entwicklungsphasen orientieren (→ Kap. 3, 6) und gewisse technische Sicherheitsstandards umsetzen:

Türen: An Türen sind die Quetsch- und Scherstellen an den Nebenschließkanten eine mögliche Verletzungsgefahr und sollten durch das Anbringen von Klemmschutzvorrichtungen gesichert werden (→ Abb. 13.2). Türen sollten darüber hinaus eine Durchsicht haben, um Verletzungen durch das Aufschlagen der Türen zu verhindern.

Treppen: Können Treppen von Kleinkindern noch nicht sicher begangen werden, dürfen sie Kindern ohne Begleitung nicht zugänglich sein. Sie sind zu sichern z.B. durch ein Türchen oder Kinderschutzgitter mit einer Mindesthöhe von 65 Zentimetern. Anstatt Treppenstufen können wellenförmig angelegte Zugänge (→ Abb. 13.1) zu den Spielpodesten geschaffen werden. Treppen mit offenen Setzstufen dürfen höchsten eine Öffnungsweite von 8,9 Zentimeter haben. Zusätzliche Handläufe an beiden Seiten in ca. 60 Zentimeter Höhe sollten den Kindern ein sicheres Begehen der Treppe ermöglichen. Da Handläufe in dieser Höhe von älteren Kindern häufig als Ausstiegshilfe missbraucht werden, sollte an der Seite zum Treppenauge kein Handlauf angebracht werden.

Geländer, Umwehrungen: Sie dienen als Absturzsicherung, müssen mindestens ein Meter hoch sein und dürfen nicht zum Klettern verleiten. Das Öffnungsmaß zwischen den senkrechten Füllstäben darf max. 8,9 Zentimeter betragen. Absturzsicherungen auf erhöhten Spielebenen sind so zu gestalten, dass sie einsehbar sind.

Ecken und Kanten: Ecken und Kanten von Treppenstufen, Fensterbänken und Regalen usw. sollten abgerundet oder gefast sein.

Abb. 13.2: Gefahrenquelle Tür: Nebenschließkanten müssen mit einem Fingerklemmschutz versehen sein

Mobiliar: Regale, Schränke und Stühle müssen kipp- und standsicher sein und im Zweifelsfall an der Wand befestigt werden. Schubladen müssen gegen das Herausfallen gesichert sein.

Raumakustik: Eine mangelhafte Raumakustik begünstigt durch hohe Nachhallzeiten einen hohen Lärmpegel. Dies wirkt sich negativ auf die gesamte Betreuungssituation aus, insbesondere jüngere Kinder reagieren sehr empfindlich auf Lärmbelastungen. Außerdem nimmt die Sprachverständlichkeit ab und die Sprachentwicklung der Kinder ist beeinträchtigt. In den Aufenthaltsbereichen der Kinder sind die in DIN EN 18041 geforderten Nachhallzeiten von 0,5 bis 0,6 Sekunden einzuhalten, was z. B. durch den Einbau von Akustikdecken erreicht werden kann.

Zu den genannten Punkten sind außerdem die Anforderungen an Beleuchtung und Raumklima zu berücksichtigen.

Aufgabe: Recherchieren Sie im Internet auf der Seite www.sichere-kita.de. Dort können Sie verschiedene Räume einer Kindertageseinrichtung virtuell erkunden. Suchen Sie sich einen Raum aus und erarbeiten Sie die wichtigsten Sicherheitsaspekte.

13.4 Praxis: Sicherheit im Außengelände

Dem Außengelände kommt eine sehr große Bedeutung zu. Es sollte vielfältige Bewegungsanreize und -erfahrungen für die verschiedenen Altersgruppen bieten, um die Entwicklung der motorischen, kognitiven und emotionalen Fähigkeiten zu unterstützen. Ein gut gestaltetes Außengelände gibt den elementaren Grundbedürfnissen der Kinder nach Bewegung, Ruhe, Wahrnehmung und Gestaltung – im wahrsten Sinne des Wortes – Raum.

Babys (0 bis 9 Monate): In dieser Phase ist das Kind noch sehr immobil. Erst mit ca. sieben Monaten beginnen die Kinder zu krabbeln und sich an allem Möglichen hochzuziehen. Kinder in diesem Alter benötigen vor allem einen geschützten Raum abseits vom Trubel der größeren Kinder. Die Bodenbeschaffenheit sollte das Liegen und Robben erlauben und möglichst eben sei. Auf Stufen sollte in diesem Bereich ganz verzichtet werden. Kinder in dieser Phase erkunden ihre Umwelt vorrangig mit dem Mund, daher muss bei der Gestaltung darauf geachtet werden, dass sich keine spitzen Gegenstände, verschluckbare Kleinteile oder Giftpflanzen in Greifweite der Kinder befinden. Kinder dieser Altersstufe können Spielplatzgeräte noch nicht selbst erreichen bzw. „bespielen" und sollten daher auch nicht auf Spielplatzgeräte gesetzt oder gehoben werden.

Krabbelkinder (10 bis 18 Monate): In diesem Alter nimmt der Aktionsradius von Kindern ständig zu. Die Kinder beginnen zu krabbeln, ziehen sich an Gegenständen hoch, können zunehmend stehen, wagen die ersten Schritte, lernen Laufen und fangen an zu klettern. Eine geeignete und genügend große Bewegungsfläche (Rasen, Oberboden) sollte zur Verfügung stehen. Als weitere Gestaltungselemente eignen sich vor allem niedrige Böschungen, Mulden, niedrig Rampen und Sandspielbereiche. Findlinge, kleine Podeste in unterschiedlicher Höhe (max. 30 Zentimeter) bieten weitere Bewegungsmöglichkeiten. Auch hier sollten Rückzugsmöglichkeiten und Ruhezonen vorhanden sein. Spielplatzgeräte sind für diese Altersstufe von eher geringer Bedeutung.

Kleinkinder (19 bis 36 Monaten): Das Kind erweitert seine motorischen Fähigkeiten und Fertigkeiten und baut neue auf. Hügel, Baumstämme als Balanciermöglichkeit, Versteckmöglichkeit durch Büsche, niedrige Hecken sowie eine etwas größere Fläche, die es den Kindern erlaubt, mit einfachen Fahrzeugen wie Bobbycars oder Laufrädern Erfahrungen zu sammeln, sollten vorhanden sein. Wenn es sich um eine Einrichtung mit integrierter Krippe handelt, beginnen die Kinder mit zunehmenden Alter auch die Bereiche der „Großen" zu erforschen. Diese Bestrebungen, den eigenen Erfahrungsbereich zu vergrößern, sollten unterstützt werden, jedoch in einem klar begrenzten Rahmen. Die ersten Erkundungen sollten gemeinsam mit der Erzieherin unternommen werden. Die Nutzung der Spielplatzgeräte ist jedoch nur unter unmittelbarer Aufsicht der Erzieherinnen erlaubt.

Bei Einrichtungen mit integrierter Krippe, in denen die Außenspielflächen von Krippenkindern und Kindergartenkindern gemeinsam genutzt werden, sollte für die jüngeren Kinder ein gesonderter und überschaubarer Bereich geschaffen werden, in dem sie ungestört spielen können. Wenn möglich sollte der Außenbereich für die Krippenkinder direkt an den Gruppenraum angrenzen. Die Grenze zwischen den beiden Bereichen sollte, durch optische oder räumliche Strukturelemente wie kleine Hecken, niedrige Wällen, mobile Abtrennungen oder Pflanztröge so gestaltet sein, dass sie deutlich wahrgenommen wird.

Wasser- und Matschstelle: Ein Bereich, in dem Kinder die Gelegenheit haben, mit den Elementen Wasser und Sand zu spielen, sollte wenn irgend möglich auf jedem Außengelände vorhanden sein. Stehende Wasserflächen sind wegen der Ertrinkungsgefahr jedoch zu vermeiden. Auf Teiche oder tiefe Wasserstellen sollte in reinen Krippen oder Einrichtungen mit altersgemischten Gruppen verzichtet werden. Vorhandene Teiche sind mit einer mindestens ein Meter hohen Umwehrung zu umgeben. Regentonnen sind mit einem Deckel, den die Kinder nicht abheben können, zu sichern.

Spielplatzgeräte: Spielplatzgeräte für Krippen müssen gemäß DIN EN 1176 höhere Anforderungen an die Absturzsicherung und an Öffnungsweiten (Fangstellen für den Kopf oder für Kleidung) erfüllen. Bei der Anschaffung von Geräten ist daher speziell auf die Eignung für Kinder unter drei Jahren zu achten. Wegen der in Deutschland bestehenden Aufsichtspflicht gelten diese U3-Anforderungen nicht für Spielplatzgeräte in Kindergärten und auf öffentlichen Spielplätzen. Diese Geräte bieten deshalb für Krippenkinder kein ausreichendes Schutzniveau. Eine Nutzung ist somit nur unter unmittelbarer Aufsicht möglich. In gemischten Einrichtungen vorhandene Spielplatzgeräte sollten hinsichtlich ihres Gefährdungspotenzials eingeschätzt werden.

Gefährliche Geräte, wie hohe Kletterkombinationen mit Rutschstangen u. Ä., sollen von Krippenkindern nicht benutzt werden. Grundsätzlich sollten Kinder nicht auf Spielgeräte gesetzt oder gehoben werden, die sie alleine nicht erreichen würden.

Spielplatzgeräte müssen gemäß Norm DIN EN 1176 regelmäßig geprüft und gewartet werden. Die Prüfung umfasst Sicht-, Funktions- und jährliche Kontrollen. Für die Erzieherin ist vor allem die Sichtkontrolle von Bedeutung, denn hier geht es um das Erkennen von offensichtlichen Mängeln wie Scherben im Sand, hervorstehende Nägel, verdächtige Geräusche bei der Nutzung oder wackelnde Elemente. Eine Erzieherin sollte diese Sichtkontrolle durchführen, wenn sie das Außengelände nutzt. Ob die Prüfintervalle täglich oder wöchentlich durchgeführt werden müssen, ist von der Situation vor Ort abhängig. Wenn Jugendliche das Gelände am Wochenende häufig zweckentfremden und Scherben oder Schäden an Spielplatzgeräten hinterlassen, muss am Montag eine Sichtprüfung durchgeführt werden und beschädigte Geräte gegebenenfalls gesperrt werden.

Grundübung: Unter http://www.ukh.de/praevention/kindertagesstaetten/fach themen/erhoehte-spielebenen/finden Sie einen Artikel zu den Anforderungen an eine erhöhte Spielebene. Erarbeiten Sie die wichtigsten Sicherheitsaspekte.

Vertiefung: Die erhöhte Spielebene im Gruppenraum hat offene Setzstufen mit einem Öffnungsmaß von zehn Zentimeter, die Geländerstäbe haben einen Abstand von elf Zentimeter. Auf der Ebene befinden sich kleine Stühlchen, aber kein Netz bis zur Decke. Welche Schutzmaßnahmen müssen vorgenommen werden, um die sichere Betreuung von Krippenkindern in einer reinen Krippengruppe bzw. in einer altersgemischten Gruppe zu gewährleisten? Erwägen Sie dabei die Sicherheitsaspekte sowie Gesichtspunkte zur Erfüllung der Aufsichtspflicht.

Literatur und Internetadressen

Hundmeyer, S. (2006): Aufsichtspflicht in Kindertageseinrichtungen. 6. Aufl., Kronau

Regel Kindertageseinrichtungen (GUV-SR S2), April 2009. http://www.ukh.de/fileadmin/Praeventi-on/pdf/SUV/BG-GUV-SR_S2.pdf (Zugriff 01.03.2011)

Textor, M. R. (1998): In jedem Fall verantwortlich? Zur Aufsichtspflicht in der Kita und im Kindergarten in Kindergarten heute 1998, 28, Heft 4, S. 32–36, nach Textor, M. R: (Hrsg): Kindergartenpädagogik. Online-Handbuch, http://www.kindergartenpaedagogik.de/14.html

Unfallkasse Baden-Württemberg (Hrsg.): Broschüre: Kinder unter drei Jahren sicher betreuen. http://www.uk-bw.de/fileadmin/Altbestand/pdf/Kinder_unter_drei_Jahren_sicher_betreuen.pdf (Zugriff 01.03.2011)

Unfallkasse Nordrhein-Westfalen (Hrsg.) (2010): Sicher bilden und betreuen – Gestaltung von Bewegungs- und Bildungsräumen für Kinder unter drei Jahren. 1. Aufl., Düsseldorf

UVV Kindertageseinrichtungen (GUV-V S2), April 2009. http://www.sichere-kita.de/_docs/pdf/guv-v_s2.pdf (Zugriff 01.03.2011)

Von der Beek, A. (2008): Bildungsräume für Kinder von Null bis Drei. 4. Aufl., Weimar/Berlin

www.ukh.de/praevention/kindertagesstaetten/fachthemen/
www.sichere-kita.de/

14 Mit den Händen sprechen — eine besondere Art der Sprachförderung in der Krippe

Wiebke Gericke

Schon die Kleinsten sind fasziniert von Händen, die sich z. B. während des Erzählens bewegen. Diese Wirkung lässt sich auch bei Fingerspielen gut beobachten: Bei dem Fingerspiel „Wie ein Fähnchen auf dem Turme" beispielsweise wird bei dem Wort „Fähnchen" üblicherweise die Hand gedreht. Schon nach kurzer Zeit beginnt auch das Kind die Hand zu drehen. Es teilt dadurch mit: „Bitte erzähle mir vom Fähnchen auf dem Turme." Nun weiß die Erzieherin, welches Fingerspiel dieses Kind mag und kann es wiederholen, wenn das Kind mit seiner Handbewegung danach „fragt". Ebenfalls löst es auf beiden Seiten das Gefühl der Freude aus: Wir können uns miteinander verständigen. Nicht zu vergessen, dass die Erzieherin sich darüber freuen kann, dass etwas von dem, was sie in ihrem pädagogischen Alltag tut, bei diesem Kind offensichtlich „angekommen ist".

Aufgabe: Es gibt viele Gründe, die Fähigkeit, sich mit den Händen mitteilen zu können, einmal in den Mittelpunkt der Beobachtung zu stellen. Diskutieren Sie, welche Bedeutung Gesten in Ihrer pädagogischen Arbeit und in Ihrem Privatleben haben, z. B. auf Reisen.

Mit Beginn der Krippenzeit beginnt die große Aufgabe, die Botschaften und Signale der Kinder verstehen zu lernen. Was braucht das Kind? Was will es sagen? Wird ein Kind müde, reibt es sich möglicherweise die Augen. Solche nonverbalen Signale bezieht die Erzieherin häufig selbstverständlich in ihre Interaktion mit dem Kind ein. Sie „übersetzt" mit den Worten: „Bist du müde?", und legt das Kind hin oder bietet beispielsweise etwas zu Trinken an. Gesten sind ein natürlicher Teil sprachlicher Äußerungen kleiner Kinder, besonders dann, wenn ihnen die Worte noch fehlen. In manchen Situationen zeigt auch die Erzieherin eine Geste, um ihre Äußerung zu verdeutlichen: Sie legt beispielsweise ihre Hand flach an die eigene Wange, neigt den Kopf zur Seite und sagt: „Komm, ich lege dich schlafen.". Viele solcher Gesten sind für Erwachsene ein selbstverständlicher Teil alltäglicher Rituale mit kleinen Kindern. Beim Verabschieden winken sie „Tschüss" und freuen sich darüber, wenn ein Kind — meist zwischen dem siebten und neunten Lebensmonat — beginnt, selber zu winken. Dadurch wird sichtbar, dass das Kind sich schon aktiv beteiligen kann. Darüber hinaus geben solche Gesten Kindern Orientierung und helfen ihnen, ihr soziales Umfeld zu verstehen.

Diese Erfahrungen legen nahe, Gesten begleitend zum Sprechen nicht nur spontan, sondern gezielt in der pädagogischen Praxis einzusetzen. Dazu bedarf es festgelegter Handbewegungen, sogenannte Gebärden, die Erwachsene im Gegensatz zu Gesten nicht zufällig und unbewusst zeigen, sondern sehr bewusst und aktiv anbieten.

> Gebärden sind gezielte, mit der Hand geformte Zeichen, die entweder eine Tätigkeit nachahmen (z. B. schlafen, trinken), ein Merkmal darstellen (z. B. Giebeldach als Zeichen für ein Haus) oder eine bestimmte Form darstellen (z. B. einen Ball, indem mit den Händen seine Form nachgezeichnet wird).

Alle im Folgenden vorgestellten Gebärden sind der Deutschen Gebärdensprache (DGS) entnommen. Es werden allerdings nur Vokabeln verwendet und nicht die vollständige Gebärdensprache, wie sie etwa von gehörlosen Menschen in der Kommunikation genutzt wird. Es können jedoch alle Begriffe in diesem Beitrag im Kontakt mit gehörlosen Menschen verwendet werden. Da viele Menschen mit den Begriffen „Gebärden" oder „Gebärdensprache" das Wort „Behinderung" assoziieren, regt das Thema Sprachförderung mit Gebärden, über die im Folgenden dargestellten Möglichkeiten hinaus, dazu an, sich mit dem gesellschaftlich relevanten Thema auseinanderzusetzen, wie es ist, wenn man aufgrund körperlicher Beeinträchtigungen Kommunikationsbarrieren erleben muss und auf eine visuelle Sprache angewiesen ist.

14.1 „babySignal" – sich mit Gebärden mitteilen

Die Ursprünge der Idee, mit Babys zu gebärden, finden sich in den USA der 1980er und 1990er Jahre. Dort sind Gebärden unter dem Wort „babysigns" bereits seit vielen Jahren auch in der pädagogischen Praxis von Kindergärten angekommen. Auch „babySignal" knüpft daran an, dass alle Kinder die natürliche Fähigkeit mitbringen, eigene Bedürfnisse mit ihren Gesten und ihrer Mimik mitzuteilen. Von Geburt an erleben Erwachsene intensiv das Ausdrucksrepertoire von Babys: Bewegungen, Töne, Schreie, Blicke und Gesten:

- **In den ersten Lebensmonaten** entdecken Babys zunächst die Beweglichkeit ihres Körpers und als kleinen Teil davon ihre eigenen Hände. Sie bewegen sie, betrachten sie eingehend und sind erstaunt über die eigenen Fähigkeiten. Insofern sind gestische Bewegungen bei Babys zunächst zufällig und stellen noch keine tatsächlichen Gebärden dar. Es ist eher wie eine Art Brabbeln mit den Händen. Babys sind in dieser Zeit aber bereits gute Zuschauer, wenn sie die Hände von Erwachsenen beobachten.

- **Ab ca. dem achten Lebensmonat** können Babys bereits über konkrete Gebärden ihre eigenen Bedürfnisse und Gedanken mitteilen, und zwar in einer Phase, in der Sprechen noch nicht möglich ist oder gerade erst beginnt.
- **Ab dem 12. Lebensmonat** können Kinder Handbewegungen ad hoc nachahmen.

Der Zeitraum, in dem Erwachsene Gebärden einsetzen können, ist unbegrenzt und geht auch noch weit über den ersten Geburtstag hinaus. Viele zwei- und dreijährige Kinder bis hin zu Schulkindern lassen sich leicht für Gebärden begeistern.

Unter Eltern hat sich die Idee, mit Babys zu gebärden, in den vergangenen Jahren bereits stark verbreitet. Sie haben die Erfahrung gemacht, dass sich die frühe Verständigung zwischen ihnen und ihrem Kind positiv verändert, wenn sie ihrem Kind Gebärden zeigen. Die Eltern freuen sich, dass ihr Kind tatsächlich schon selber „sagt", was es braucht, oder einfach kommentiert, was es sieht. Auch von einem weiteren Vorteil wird berichtet: *„Wenn ich meine Hände zu Hilfe nehme, spreche ich automatisch deutlicher – in klaren, kurzen Sätzen, und vor allem achte ich mehr auf den Blickkontakt zu meinem Kind."*

Solche Erfahrungen zeigen, dass Gebärden nicht nur hilfreich für die Kommunikation mit Kleinkindern sind, besonders dann wenn ihr Mitteilungsbedürfnis größer ist als ihre Sprechfähigkeit. Vielmehr unterstützt das Gebärden ebenso ein sprachförderndes Verhalten auf Erwachsenenseite.

14.2 Sprachförderung mit Gebärden in der Krippenarbeit

Gebärden sind ein wertvolles Angebot zur Sprachförderung, denn sie bilden eine Art „Brücke" zum Sprechen lernen. Besonders gerne überqueren Kinder diese Brücke, wenn es ihnen noch schwer fällt, Worte verständlich auszusprechen: Die einen verstehen mithilfe der Gebärden besser und leichter, was ein Erwachsener überhaupt meint. Die anderen können sich über Gebärden selber sprachlich leichter mitteilen.

Erfahrungsbericht: *„Den größten Vorteil in den Gebärden sehe ich darin, dass sie eine Art Vorläufer für das Sprechen lernen sind. Ich konnte beobachten, dass die Kinder, die noch nicht sprechen konnten, schon erste Gebärden zeigen. Mein Eindruck war, dass die Kinder genau diese Worte auch schon in ihrem Kopf bildeten und sie diese dann auch bald sprechen konnten."*

Die Kraft des Kindes, sich die gesprochene Sprache seiner Umgebung anzueignen, bringt es von Geburt an mit. Kinder lernen Sprechen unbewusst und nebenbei. Auch das Umfeld des Kindes hat einen entscheidenden Einfluss auf seine (Sprach-) Entwicklung. Es ist daher für den Alltag mit Kindern in der Krippe unabdingbar, sich mit der Förderung von Sprache vielseitig auseinanderzusetzen. Viele Erzieherinnen gehen deshalb auch andere Wege und beginnen im Rahmen der Krippenarbeit die normale Sprachförderung mit Gebärden zu unterstützen.

Erfahrungsbericht: *„Wir setzen die Gebärden stetig ein und selbst unsere neuen Kinder, die erst ca. zwei Wochen bei uns sind, können schon einige selber zeigen. Die Kinder sind sehr begeistert davon und uns fällt auf, wie sehr diese Unterstützung der Kommunikation auch die Bindungsarbeit fördert. Mittlerweile haben sich die Gebärden ihren Weg durch unsere Einrichtung gebahnt. Angefangen haben wir in der Krippe. Im Zuge der Übergänge von der Krippe in die Regelgruppen wenden mittlerweile alle Kollegen die Gebärden des Alltags an. Den Kindern bietet dies enorm viel Sicherheit. Viele Eltern zeigen ebenfalls großes Interesse, weil sie wissen wollen, was ihre Kinder ihnen da zeigen."*

Einsprachig und mehrsprachig aufwachsende Kinder – für sie können Gebärden eine besondere visuelle Verbindung zwischen den Sprachen sein. Beispiel: Ein zweisprachig aufwachsendes Kind hört zu Hause bei seinen Eltern portugiesisch. Es kommt neu in die Krippe und hört dort die deutsche Sprache. Viele Worte und ihre Bedeutung sind ihm noch unbekannt. Begleiten die Erzieherinnen den zentralen Begriff, das Schlüsselwort, mit Handbewegungen, werden ihm viele Begriffe leichter verständlich, z. B.:

Abb. 14.1: Jannes möchte essen

- „KOMM" (das Kind wird her gewinkt)
- „Wir ESSEN jetzt" (die geschlossene Faust tippt an den Mund)
- „Jetzt SINGEN wir" (die Hände schwingen vor dem Körper)
- „Zieh dir bitte deine JACKE an" (die Hände zeigen, wie etwas über die Schultern angezogen wird).

Die Worte, die mit einer Gebärde betont werden, sind mit GROSSBUCHSTABEN gekennzeichnet.

Das portugiesisch sprechende Kind wird durch die zusätzlichen visuellen Informationen schneller begreifen, was die Erzieherin sagt. Im Idealfall fühlt es sich ermutigt, am Geschehen teilzunehmen, und beginnt nach kurzer Zeit die Begriffe, die es schon als Gebärden kennengelernt hat, auch auf Deutsch nachzusprechen.

14.3 Praxis: Alltagssituationen mit Gebärden unterstützen

In dem hier vorgestellten Konzept werden Gebärden nicht nur als Begleitung zu Liedern oder Fingerspielen gezeigt, sondern auch parallel zum normalen Sprechen angeboten wie im Beispiel des portugiesisch sprechenden Kindes in Kapitel 14.2. Anhand von sechs Alltagssituationen wird im Folgenden gezeigt, wie sich Gebärden in das pädagogische Handeln integrieren lassen. Die Gebärden sind sowohl für die Erwachsenen als auch für die Kinder recht einfach zu lernen. Sie fördern die visuelle Auffassungsgabe und die Begriffsbildung bei Kindern sowie deren feinmotorische Entwicklung der Hände. Es ist zudem häufig zu beobachten, dass Kinder vermehrt hinschauen und zuhören, wenn sich Hände in ihrer Umgebung bewegen, d. h. dass Gebärden sich auch positiv auf die Aufmerksamkeitsspanne bei Kindern auswirken.

Zwei Grundregeln gibt es, die Pädagoginnen immer beachten sollten. Diese besondere Art der Kommunikation sollten in der pädagogischen Praxis nur diejenigen anbieten, die selber daran Freude haben, ihre Hände beim Sprechen zu bewegen. Ebenfalls sollte nie die Erwartung an ein Kind gestellt werden, dass es zu einem bestimmten Zeitpunkt eine bestimmte Gebärde zeigen müsse. Schließlich wird von Kindern auch nicht erwartet, wann sie welches Wort zu sprechen haben.

Aufgabe: Sprechen und gleichzeitig die Hände dazu zu bewegen, erfordert etwas Übung: Sprechen Sie und gestikulieren Sie bewusst übertrieben dazu – als ob Sie auf der Theaterbühne in Ihrer Rolle überzeugen müssten. Stellen Sie sich dafür Situationen aus dem Alltag mit den Kindern vor, z. B.:

- „Zieh bitte deine Jacke an und setz deine Mütze auf."
- „Setzt euch auf den Boden und bildet einen Kreis."
- „Warte, du bist gleich dran."
- „Geh bitte Zähne putzen."
- „Alle Kinder gehen jetzt Hände waschen."

Hinweise zur Umsetzung

Anhand einiger Praxisbeispiele wird nun gezeigt, wie Erzieherinnen ihr sprachliches Angebot den Kindern gegenüber mit Gebärden erweitern können. Da Kinder Wiederholungen mögen und es auch für Erwachsene leichter ist, sich zunächst nur an eine Auswahl von Gebärden zu gewöhnen, werden im Folgenden Gebärden vorgestellt, die sich bei alltäglichen Ritualen einsetzen lassen. Man sollte genau beobachten, in welcher Weise die Kinder auf das veränderte Angebot reagieren: Wenn die Kinder noch kein Jahr alt sind, brauchen sie etwas mehr Zeit. Nach einiger Zeit verstehen Babys jedoch die ersten Gebärden. Hier ist besonders genaues Beobachten nötig, um wahrzunehmen, wann ein Baby tatsächlich zurückgebärdet. Schon Einjährige nehmen Gebärden häufig schneller auf als vorstellbar, und die zwei- bis dreijährigen Kinder werden prompt mit ihren Händen reagieren.

Die Gebärden der Kinder werden vermutlich nicht genauso aussehen wie sie die Erzieherin vorgemacht hat. Die Kinder brauchen eine gewisse Zeit und Reife, um die Kontrolle über die Bewegungen der eigenen Hände und Finger zu erlangen. Zunächst sind die Handbewegungen daher noch ungenau, so wie auch erste Worte häufig noch undeutlich klingen.

Regelmäßig gebärden: Sobald die Erzieherin mit den Gebärden aus der Deutschen Gebärdensprache vertraut ist, kann sie gleich zu Beginn mehrere Begriffe einführen, damit die Kinder merken, dass Gebärden tatsächlich in unterschiedlichen Situationen des Alltags eine Bedeutung haben. Wichtig ist es, die Aufmerksamkeit der Kinder zu beachten und die Gebärden regelmäßig zu zeigen. Die „Vokabeln" sollten flüssig gezeigt werden können und mit der Stimme begleitet werden. Die Kombination von Stimme und Gebärde ist wesentlich: „Siehst du die KATZE?" „Komm wir SINGEN ein Lied." „Ich möchte mit dir ein BUCH anschauen."

Abb. 14.2: Gebärden beim Vorlesen: Der Kokon ist wie ein enges HAUS für die Raupe

Schlüsselwort und Gebärde verknüpfen: Der konkrete Zusammenhang zwischen einer Gebärde, einem Wort und der Aktivität ist besonders wichtig für die Kinder. Beispiel: Ein Kind sitzt beim Frühstück. Die Erzieherin betont das Schlüsselwort im Satz mit der entsprechenden Gebärde: „Ah, du ISST. Ich setze mich zu dir." Sie zeigt dem Kind die Gebärde ESSEN erneut und kommentiert beispielsweise dazu: „Dein ESSEN, mh, das sieht lecker aus." Die Aktivität des Essens wird mehrfach mit Gebärde kommentiert. Das Kind hört nun möglicherweise das Wort ESSEN besser aus dem gesamten Satzgefüge heraus und es erhält zusätzlich über die Bewegung, die die Erzieherin macht, und durch ihren Blick auf das Essen eine weitere Information darüber, was ESSEN bedeutet und welche Eigenschaften es hat (etwas zum Mund führen, kauen, schmecken, schlucken).

Blickkontakt halten: Mit Babys zu gebärden bedeutet, den eigenen Blick zu schärfen und Situationen zu erkennen, die günstig für Gebärden sind. Dies kann z. B. eine Situation sein, in der ein Kind etwas zeigen will; die Erzieherin hat Blickkontakt zum Kind und nimmt wahr, dass das Kind sich mit ihr austauschen will. Sie sollte sich jedoch nicht darauf versteifen, Gebärden mit dem Kind üben zu wollen und künstliche Lernsituationen zu schaffen. Es muss nicht jede sich bietenden Situation genutzt werden, damit es klappt. Genauso wenig muss das Kind eine Gebärde lange betrachten, ein kurzer „Augen-Blick" ist ausreichend.

Situation 1 – Gemeinsam Singen

Die Gebärde Singen/Musik ist für beide Begriffe geeignet. Je nachdem, was dazu gesprochen wird, macht die Bedeutung dann klar. Beim gemeinsamen Singen oder Liederhören lässt sich die Gebärde leicht einführen. Die Erzieherin kündigt an, dass sie singen möchte und begleitet ihre Worte mit der Gebärde SINGEN/MUSIK: „Wir SINGEN jetzt." (Abb. 14.3 bis 14.13: Illustrationen Monica May-Vetter aus: Wiebke Gericke, babySignal – Mit den Händen sprechen © 2009, Kösel Verlag, München, in der Verlagsgruppe Random House GmbH)

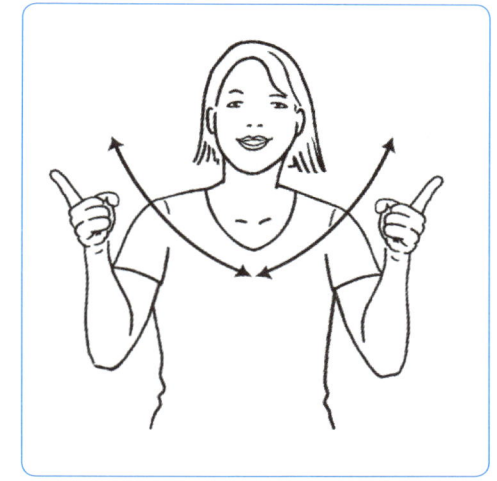

Sie sollte dabei nicht zu schnell mit ihren Händen werden – auch wenn die Worte schon zu Ende gesprochen sind, können die Hände noch vor dem Körper weiter schwingen. Die Kinder brauchen Zeit, um diese Ankündigung zu sehen. Dieselbe Gebärde passt auch, wenn MUSIK zu hören ist. Sie könnte z. B. einen Kommentar begleiten: „Ich höre MUSIK. Hört ihr das? Da klingt MUSIK."

Abb. 14.3: Gebärde SINGEN/MUSIK: Die Hände schwingen vor der Körpermitte voneinander weg, aufeinander zu; die Zeigefinger sind gestreckt

Beispiel: *Lied mit Tiergebärden – Beim Singen des Liedes „Wie spricht die Katze?" nach der Melodie von „Bruder Jakob" können neben der Gebärde SINGEN auch mehrere Gebärden für Tiere eingesetzt werden:*

Wie spricht die Katze? Wer sagt's mir? Miau
Wie hüpft der Hase? Wer sagt's mir? Hopp
Wie spricht der Hund? Wer sagt's mir? Wau
Wie spricht die Ente? Wer sagt's mir? Quak usw.

(Text erweitert von Wiebke Gericke nach der Idee von: Marianne Austermann & Gesa Wohlleben, CD: Zehn kleine Krabbelfinger. Erste Lieder für unsere Kleinsten. Kösel Verlag, 2002)

Zur Umsetzung braucht man die entsprechenden Kuscheltiere oder Tiere als Handpuppen, die möglichst echt aussehen, sowie einen Sack oder Kopfkissenbezug, der sich zuziehen oder zuhalten lässt. Die Erzieherin bittet alle Kinder, sich in einen Kreis zu setzen, und kündigt an: „Wir SINGEN jetzt."

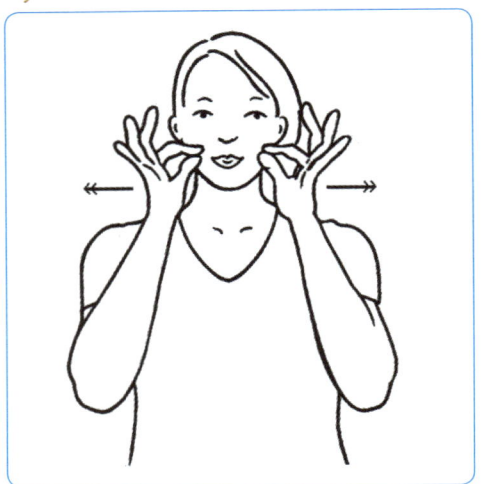

Abb. 14.4: Gebärde KATZE/MIAU: Die Wange berühren und einen Katzenbart in die Luft zeichnen; Daumen und Zeigefinger berühren sich dabei und formen einen Kreis; die anderen Finger bleiben gestreckt

Abb. 14.5: Gebärde HASE: Die gestreckten Hände wie Hasenohren an den Kopf halten, Handinnenflächen nach vorne, und die geschlossenen Finger dabei vor und zurück bewegen

Entweder holt die Erzieherin dann ein Tier aus dem Stoffsack, zeigt und benennt es, oder sie kündigt an, welches Tier sie jetzt aus dem Sack holen wird: „Ich hole die KATZE. Schaut mal, hier ist die KATZE; nun SINGEN wir für die Katze." Die einfache Melodie von „Bruder Jakob" wird allen Kindern beim Singen schnell vertraut werden. Die Erzieherin wiederholt wieder, dass nun alle gemeinsam SINGEN, und holt dann ein neues Stofftier aus dem großen Beutel, benennt es und singt den Text dazu. (Für weitere Gebärden → Abb. 14.8 und 14.9).

Aufgabe: Bereiten Sie das Lied „Wie spricht die Katze" mit den entsprechenden Materialien und Gebärden vor und leiten Sie es in einer Kleingruppe an.

Situation 2 – Essen und Trinken

Essen: Die Ankündigung zu den Mahlzeiten lässt sich leicht durch die Gebärde ES-SEN ergänzen. Sobald die Erzieherin mit einem Kind zu Tisch sitzt, kommentiert sie die Tätigkeit des ESSENS durch ein wiederholtes Zeigen der Gebärde: „Wir ESSEN." Kleine Kinder, die noch nicht sprechen können, brauchen den direkten Zusammenhang zwischen der Gebärde, dem Wort und der tatsächlichen Handlung. Es ist also wichtig, das Essen zu zeigen, dazu ESSEN zu gebärden, das Essen zu geben und selber zu essen bzw. das Kind essen zu lassen.

Gerade selbstverständlichen Abläufe mit Kindern wie das Füttern eines Babys sind eine sehr gute Situationen zur Sprachförderung.

Beispiel: *Das Gläschen ist erwärmt, das Kind sitzt mit umgehängtem Lätzchen im Hochstuhl, es kann losgehen. Der Mund geht auf, der Hunger ist möglicherweise groß und das Füttern des Kindes läuft völlig automatisiert und harmonisch ab. Eine kleine Unterhaltung nebenbei mit vielen „Mmm's, wie lecker" zwischen der Erzieherin und dem Kind findet statt. Schon mit einem kleinen Mehraufwand kann hier die Gebärde ESSEN passend eingeführt werden. Wenn der erste große Hunger gestillt ist, stellt die Erzieherin den Löffel kurz im Gläschen ab. Sie baut Blickkontakt zum Kind auf und kommentieren etwa so: „Da, das ist dein ESSEN. Es schmeckt dir wohl gut?"*

Abb. 14.6: Gebärde ESSEN: Die Hand locker zur Faust schließen und mit Daumen und Zeigefinger leicht an den Mund tippen

Trinken: Bei der Gebärde TRINKEN (für Flasche oder Glas) hält die Erzieherin ein imaginäres Glas in der Hand und trinkt daraus. Sie fragt dazu: „Möchtest du etwas TRINKEN?" Möchte sie die Aufmerksamkeit auf die Gebärde TRINKEN lenken, so hält sie beispielsweise das Fläschchen mit einer Hand neben ihr eigenes Gesichtsfeld, zeigt die Gebärden zum Satz „Hier ist dein TRINKEN" und gibt dann dem Kind die Flasche. Auch hier geht es darum, die kleinen automatisierten Abläufe zu durchbrechen und Interaktion mit Sprache zu füllen, mit dem richtigen Wort zum richtigen Zeitpunkt. In Situationen mit älteren Kindern, besonders auch mit mehrsprachigen Kindern, gibt es andere Möglichkeiten, die Aufmerksamkeit des Kindes auf Sprache zu lenken.

Beispiel: *Die Erzieherin füllt nur wenig Flüssigkeit in ein Glas. Das Kind trinkt das Glas schnell leer und möchte mehr. Es wird sie anschauen, um nach mehr zu verlangen. In diesem Moment nutzt sie das Bedürfnis des Kindes, um es zu benennen. Sie sagt: „Du möchtest etwas TRINKEN", und zeigt dazu die Gebärde. Diesen Ablauf kann sie getrost wiederholen. Zu einem späteren Zeitpunkt wird das Kind selber benennen, was es möchte.*

Weitere Gebärden für einzelne Lebensmittel wie Apfel, Banane, Brot oder Keks erweitern das „Gespräch" und unterstützen das Kind Stück für Stück beim Entdecken der Welt.

Situation 3 – Gemeinsam Bücher anschauen

Eine einfache Möglichkeit, einige Gebärden in den bereits vorhandenen Alltag mit Kindern zu integrieren, bietet das Bücheranschauen mit Gebärden. Zu beachten ist eine günstige Sitzposition.

Im Unterschied zur verbreiteten Vorleseposition, in der das Kind auf dem Schoß des Erwachsenen sitzt und beide in das Buch schauen, ohne dass sie Blickkontakt haben können, ist es für das Bücheranschauen mit Gebärden von Vorteil, sich gegenüberzusitzen. Damit hat der Erwachsene die Hände frei, um Gebärden zeigen zu können. Das Buch liegt auf dem Schoß oder wird mit einer Hand festgehalten. Die Kinder können so in das Buch schauen und mit leichtem Blick nach oben, ohne große Mühe, auch die Hände und das Gesicht der Erzieherin sehen und die Gebärden wahrnehmen. Kinder entwickeln ein Interesse an Büchern besonders dann, wenn Bücherlesen Spaß macht. Es bietet sich an, das Buchanschauen mit Tiergebärden zu kombinieren, weil aus Sicht des Kindes das Tier durch die Gebärde zum Leben erweckt werden kann. Kinder wünschen sich geradezu, dass die Erwachsenen immer an derselben Stelle

Abb. 14.7: Gebärde BUCH: Beide Handinnenflächen berühren sich, dann werden die Hände seitlich auseinandergeklappt

die „lustigen Handbewegungen" machen: „Kommt, wir lesen ein BUCH. Schaut mal, da sehe ich einen HUND. Wie macht der HUND?" „Ja, WAU, WAU macht der Hund."

Beispiel: *Die kleine Raupe Nimmersatt – Auch komplexere Bücher können mit Gebärden bereichert werden. Es ist nicht wichtig, jedes Bild mit vielen Gebärden zu beschreiben. Für die Raupe Nimmersatt etwa können die Gebärden: BUCH, ESSEN, HAUS (siehe Abbildungen) und SCHMETTERLING verwendet werden (Um einen Schmetterling mit den Händen zu zeigen, werden beide gestreckten Hände vor der Körpermitte überkreuzt, die Handflächen zeigen nach innen. Dann die Daumen ineinander verhaken und die geschlossenen Finger wie Flügel flattern lassen.).*

Beim Vorlesen wird mit der Gebärde ESSEN betont, wenn die Raupe sich auf den Weg macht, um Futter zu suchen. Die Erzieherin kann dazu dann auch „Futter" sagen und doch die Gebärde ESSEN zeigen. Im übertragenen Sinne ist es ja dasselbe. Die Geschichte endet damit, dass die Raupe sich einen Kokon baut. Hier kann man das Synonym für Kokon = HAUS verwenden. Dort wohnt die Raupe über zwei Wochen lang, bevor Sie ein Schmetterling wird. (→ Abb. 14.2)

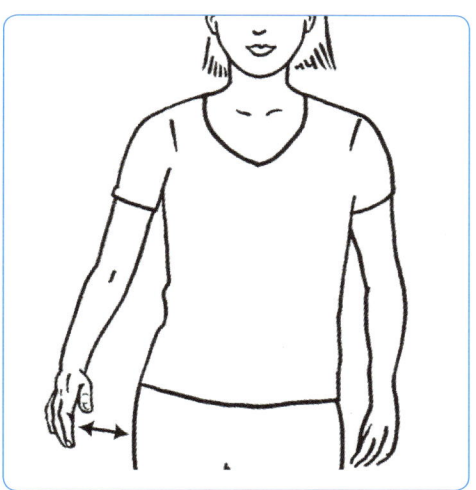

Abb. 14.8: Gebärde HUND: Klopfen Sie mit der flachen Hand auf ihren Oberschenkel. Als Hilfestellung können Sie daran denken, wie ein Hund „bei Fuß" gerufen wird

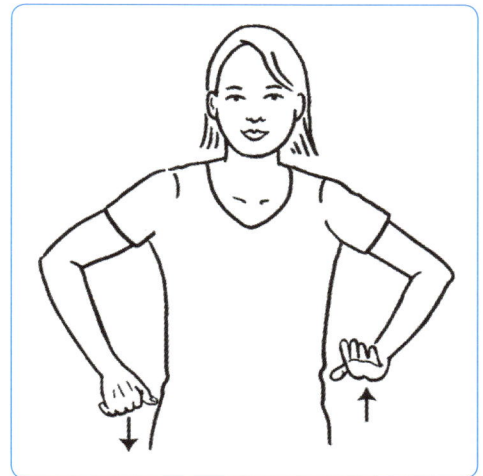

Abb. 14.9: Gebärde ENTE: Ihre flachen Hände ahmen abwechselnd rechts und links der Hüften ein Watscheln nach.

Die Schmetterlingsgebärde ist eine der schönsten Gebärden, die nur zweihändig ihre volle Wirkung erzielt. Sie ist durchaus anspruchsvoll für die Fingerfertigkeit von Kindern und auch Erwachsenen. Meist lernen erst zwei- oder dreijährige Kinder diese Gebärde richtig. Ein Grund, sie den Kleinen nicht zu zeigen? Nein, es macht Spaß, eine Gebärde zu versuchen, bis sie gelingt.

> **Aufgabe:** Besorgen Sie sich das Buch der Raupe Nimmersatt aus der Stadtbücherei. Erzählen Sie es mit Gebärden vor einem Spiegel. Erzählen Sie es anschließend mit Gebärden vor Ihrer Lern- oder Kindergruppe.

Situation 4 – Etwas noch mal machen

Stark motiviert, ein Wort zu sprechen oder eine Gebärde zu zeigen, sind Babys, wenn sie etwas haben oder etwas noch einmal erleben möchten. Besonders nützlich für ein Kind kann daher die Gebärde NOCH MAL sein, denn sie hilft dem Kind bei der Erfüllung seiner Wünsche. Beim Sprechen wird – nicht zu schnell – das Schlüsselwort NOCH MAL gebärdet. „Soll ich NOCH MAL für dich singen?" „Möchtest du, dass ich die Seifenblasen NOCH MAL puste?" „Magst du NOCH MAL rutschen?" Die Gebärde ist motorisch für die Kinder nicht die Einfachste, da sie den Zeigefinger abspreizen und das Handgelenk drehen müssen. Einige Kinder drehen die geöffnete Hand, ohne den Finger abzuspreizen. Dass es sich dennoch lohnt, die Gebärde zu wiederholen, zeigen folgende Beispiele:

Beispiel: *Die Erzieherin spielt mit einem Tuch und das Kind freut sich, wenn sie dieses, z. B. nach dem Wickeln, über den Kopf und den gesamten Körper des Kindes zieht. Nun möchte die Erzieherin die Gebärde NOCH MAL einführen. Anstatt direkt weiterzuspielen, lässt sie eine kleine Pause entstehen. Sie schaut das Kind an, fragt und gebärdet: „NOCH MAL? Du möchtest, dass ich das NOCH MAL mache?" Erst danach geht es weiter im Spielfluss. Diese Unterbrechung kann sie immer länger ausdehnen. Später wird das Kind diese Pause nutzen, um seinen Wunsch mitzuteilen, falls der Wunsch auch wirklich groß genug ist. Man sollte am Anfang keine Gebärde als Antwort erwarten, aber doch zumindest so viel Raum geben, dass eine Reaktion möglich wäre.*

Abb. 14.10: Gebärde NOCH MAL: Die Hand mit gestrecktem Zeigefinger und Handfläche nach vorn auf Brusthöhe halten, das Handgelenk drehen; eine hochgezogene Augenbraue dabei bedeutet, dass eine Frage gestellt wird

Situation 5 – Aktivitäten beenden

Die Kombination der Zeichen für „EINMAL noch" und für „und dann ist SCHLUSS" kommt zum Einsatz, wenn eine Aktivität endgültig beendet werden soll. Diese Gebärden können hilfreich sein, um in alltäglichen Situationen Geschrei, Streit, Machtkampf, Enttäuschung oder Wut beim Kind als auch beim Erwachsenen zu reduzieren.

Damit diese Gebärden beim Aufzeigen von Grenzen unterstützen können, gilt es zu beachten, dass jede Ansage durch die eigene Stimmfarbe, die gewählten Worte und die gesamte Körpersprache charakterisiert wird. Kinder reagieren auf den Klang, den Tonfall in der Stimme und auf den mimischen Ausdruck eines Erwachsenen – sowohl

Abb. 14.11: Gebärde: EINMAL noch: Den Daumen hochhalten

Abb. 14.12: … und dann ist SCHLUSS: Beide nach unten offenen Hände werden klar und deutlich zu den Seiten geführt

bei Zustimmung und Lob als auch bei dem Aufzeigen von Grenzen oder einem Verbot. Kürzt man nämlich die Gebärde ab, so verändert sich die Bedeutung: Die Ansage EIN-MAL noch kann auch eine Einladung für das Kind sein, bei der nächsten Runde ebenfalls EINMAL noch zu sagen. Daher ist es wichtig zu überlegen, was erreicht werden soll und die Gebärde mit einem entschiedenen Tonfall zu begleiten. Tatsächlich ist der Blickkontakt zum Kind hier von besonderer Bedeutung. Es ist wichtig, dass das Kind die Ansage der Erzieherin gesehen hat, dann kann die Gebärde dem Kind und dem Erwachsenen in ihrem Zusammensein zur Orientierung dienen. Die Gebärde EIN-MAL noch muss jedoch deutlich vom bedrohlich erhobenen Zeigefinger abgegrenzt werden. Sie signalisiert auf keinen Fall: „Machst Du das noch einmal, dann setzt es was".

Situation 6 – Gemeinsam Aufräumen

Viele Erzieherinnen berichten von positiven Erfahrungen mit der Gebärde Aufräumen. Sie gebärden entweder selbst oder die Kinder geben abwechselnd das Zeichen.

Erfahrungsbericht: *„Die Gebärde AUF-RÄUMEN ist sehr hilfreich. Viele Kinder hören uns besser zu, wenn wir gebärden. Manche Kinder verstehen dadurch den Inhalt unserer Worte besser und einige der Kinder folgen unseren Aufforderungen nun direkter. Unsere Worte mit Gebärden gekoppelt scheinen einen höheren Aufforderungscharakter zu haben. Beim Thema Aufräumen redeten wir früher öfter mal ins Leere. Die Gebärde AUFRÄUMEN hat uns dabei unterstützt, dass die Kinder nun besser einräumen. Die Kinder helfen mit, weil sie die Gebärde den anderen Kindern weitersagen und es sich schneller verbreitet, was gerade dran ist. Sie sagen sich gegenseitig, was zu tun ist."*

Abb. 14.13: Gebärde AUFRÄUMEN: Die Arme sind zu beiden Seiten geöffnet; beide Hände bewegen sich aufeinander zu, als ob sie etwas zusammenschieben würden

Literatur

Anthony, M./Lindert, R. (2005): Signing Smart with Babys and Toddlers. A Parent's Strategy and Activity Guide. St. Martins Griffin ed.

Austermann, M./Wohlleben, G. (2002): Lied: „Wie spricht die Katze?" CD: Zehn kleine Krabbelfinger. Erste Lieder für unsere Kleinsten. München

Doherty-Sneddon, G. (2005): Was will das Kind mir sagen? Die Körpersprache des Kindes verstehen lernen. Bern

Gericke, W. (2009): babySignal – mit den Händen sprechen. München

Szagun, G. (2007): Das Wunder des Spracherwerbs. So lernt Ihr Kind sprechen. Weinheim

15 Ästhetische Erfahrungen in der Krippe

Norbert Neuß, Petra Rase

Ästhetische Bildung und ästhetische Erfahrung sind nicht ein beliebig auswählbarer Bildungsbereich für Kleinstkinder, sondern es ist ihr zentraler Wahrnehmungsmodus und Weltzugang (vgl. Schäfer 1999). Die Erfahrungsbildung von Kleinstkindern ist ohne das tastende Begreifen der Welt, das „Schmieren" mit Farben, das sensumotorische Tun, die sinnesbezogene Spieltätigkeit und das experimentierende Staunen nicht denkbar. Daher sollte sich jede Krippenpädagogin mit dieser Form der Erfahrungsbildung auseinandersetzen.

Ästhetik heißt im wörtlichen Sinn „Wahrnehmung". Theorien zur Ästhetik beschäftigen sich im engeren Sinne mit „dem Schönen" und „der Kunst". Für die „Ästhetische Erfahrung" von Kleinstkindern ist aber eine weitere Begriffsauslegung notwendig: Demnach beschäftigen sich ästhetische Theorien auch mit der sinnlichen Erkenntnis – also mit allen Handlungen, die Kleinstkindern anwenden, um ihre Umwelt multisinnlich zu erkunden. Ästhetische Bildungsprozesse rücken damit in den Vordergrund der pädagogischen Aufmerksamkeit. Die eigenständige ästhetische Erfahrungsbildung wird durch Krippenpädagoginnen und ihre pädagogischen Arrangements mit dem Ziel angeregt, vielfache Sinnesempfindungen zu ermöglichen, die sinnliche Erforschung der Wirklichkeit, Kreativität und das Erleben von Selbstwirksamkeit zu fördern und Materialien für experimentelle Formen der Selbst- und Welterkundung bereitzustellen. Mit Hilfe der sinnlichen Wahrnehmung wird die Wirklichkeit geordnet, werden Außen- und Innenwelt verknüpft.

Wie Forschungen und Praxiserfahrungen zeigen, entscheiden bereits Kleinstkinder bei ihren Gestaltungen sehr eigenständig über Farb- und Materialauswahl sowie die Bedeutungen des Gestalteten.

Beispiel: *Sina (2 Jahre) malt mit einem Tuschekasten am Tisch. Sie wählt aus dem gesamten Farbspektrum nur die blauen Far-*

Abb. 15.1: Sina (2 Jahre); blauer Hahn

ben aus, setzt den Pinsel sehr zielgerichtet auf das Blatt und benennt am Ende ihr Werk: „Das ist ein Hahn." Als ein anderes Kind dazu kommt sagt sie selbstzufrieden: „So schick sieht das aus."

Solche Szenen werden heute vor einem aktiven „Bild vom Kind" gedeutet. Bereits Kleinstkinder können so als aktiv gestaltende, sinnerschließende und verarbeitende Wesen erkannt werden (→ Kap. 3, 9). Die individuellen Verarbeitungen eigener Wahrnehmungen finden über die Entwicklungsspanne des Kindes aber in unterschiedlicher Form statt. Dies lässt sich an den Phasen der zeichnerischen Aktivität in den ersten drei Jahren gut erkennen.

15.1 Ästhetische Fähigkeiten in den ersten drei Jahren

Kinder machen in den ersten drei Jahren in vielen Bereichen zentrale Entwicklungsschritte (→ Kap. 3), die für die Einschätzung der gestalterischen Selbst- und Weltdeutung zentral sind. Hierzu gehören die kognitiven, motorischen und kinästhetischen Fähigkeiten.

Sensumotorische Phase — „Spurschmieren und Kritzeln"

In der sensumotorischen Phase (Geburt bis ca. 2 Jahre) sind Gegenstand und Begreifen untrennbar miteinander verbunden. Handeln und Wissen verschmelzen miteinander. Das Zeichnen in dieser Phase ist leibgebunden, experimentell, emotional und an sensorischen Eindrücken orientiert. In dieser Phase experimentieren Kleinstkinder gerne mit allen formbaren Materialien (Brei, Sand, Kot, Wasser). Begriffen wird nicht nur mit den Händen, sondern auch mit dem Mund — Psychoanalytiker sprechen von der „oralen Phase", in der Kinder alles mit dem Mund abtasten und dadurch Befriedigung erlangen. Mit dem Mund werden auch materielle Eigenschaften von Dingen erkundet.

Abb. 15.2: Das bin ich",
Mädchen (2;4 Jahre)

In dieser Phase wird die früheste Art des bildnerischen Ausdrucks als „Spurschmieren" bezeichnet. Noch bevor das Kleinkind motorisch zum Halten eines Stiftes in der Lage ist, kann es mit Hilfe der Finger oder der ganzen Hand Spuren auf Papier oder auch seinem Körper erzeugen.

Ausgehend von der Freude an der motorischen Bewegung und der unmittelbaren Rückmeldung der Farben und Formen auf dem Blatt entwickelt sich dann die sogenannte „Kritzelphase". Dazu muss das Kind fähig sein, Stifte oder Pinsel zu halten und auf dem Papier zu platzieren. Durch rhythmische, schwungvolle Arm- und Handbewegungen entstehen verschiedene Kritzelformen. Unterschieden werden Hiebkritzel (regelmäßige Striche oder Bögen), Schwingkritzel und Kreiskritzel (kreis- und spiralförmige Farbknäuel). Die Zeichenergebnisse der Kinder sind eng mit ihren motorischen Fähigkeiten verbunden. Mit der Verlagerung der Zeichenbewegung von der Armbewegung in die Hand- und Finger werden auch die Darstellungsmöglichkeiten erweitert.

Präoperationale Phase – „Kopffüßler und Urlebewesen"

In der präoperationalen Phase (ca. 2 bis 6 Jahre) entwickelt sich die anthropologische Grundlage des Menschen für das Finden und Entwerfen von bildlichen Vorstellungen – seine Symbolisierungsfähigkeit sowie seine symbolische Aktivität. Mit symbolischer Aktivität ist sowohl das Hervorbringen von symbolhaftem Ausdruck gemeint als auch das Interpretieren und Verstehen von Symbolen. Allerdings besteht diese Fähigkeit nicht von Geburt an, sondern entwickelt sich erst in einem bestimmten Alter. Nach Piaget bildet sich die Vorstellungs- und Symboltätigkeit mit ca. 1;6 Jahren aus. Während das Kleinstkind in der sensumotorischen Phase noch nicht klar zwischen sich und der Welt unterscheiden kann, kann sich das Kind in dieser Phase zunehmend gedankliche Zusammenhänge vorstellen und symbolisch repräsentieren. Verbunden ist dies mit der sich entwickelnden Sprache. Durch die Sprache werden Gegenstände, Sachverhalte und Handlungen symbolisch bezeichnet. Indem das Kind zum Beispiel auf eine Kerze deutet und das Wort „Kerze" sagt, repräsentiert es die Kerze und die zugehörigen Eigenschaften wie Licht, Hitze, Wachs symbolisch. Im Symbolspiel der Kinder kann man schließlich genau beobachten, wie sie mit der Bedeutung und den Eigenschaften von Gegenständen zu spielen beginnen. Da wird aus einem Klecks Kartoffelbrei ein Berg und die Soße ist das Meer.

In dieser Phase wird auch die Darstellungsabsicht von Kindern mehr und mehr erkennbar. Das Kind entdeckt den Zusammenhang zwischen seiner Aktivität und den entstandenen Farben und Formen. Dieses Endecken der Wirkung von eigenen Aktivitäten ist beim Gestalten mit Farben unmittelbar und im Hinblick auf die Selbstwirksamkeit von hoher Bedeutung.

So wie die Entwicklungsphasen fließende Übergänge haben, kommt es auch bei den Zeichnungen zu Übergangsphasen: Mit ca. 2 bis 2;5 Jahren werden an den Kreiskritzel beispielsweise Füße angefügt

Abb. 15.3: „Das bin ich",
Mädchen (3;1 Jahre)

und Augen eingezeichnet. In dieser Übergangsphase beginnen Kinder ihre Zeichnungen zu kommentieren. Die Bedeutung der aufgezeichneten Formen ist noch wechselhaft und assoziativ und für einen außenstehenden Betrachter nur teilweise nachvollziehbar. Sobald die motorische Lust hinter die Darstellungsabsicht zurücktritt, geht das Kind mit ca. 2;8 bis 3;4 Jahre in die nächste Phase seiner Malentwicklung, in der es oftmals sogenannte „Kopffüßler" oder „Urlebewesen" zeichnet. Die Kopffüßler bestehen aus einem Kreis oder Oval und besitzen oftmals langgestreckte Arme sowie Gesichtszüge.

Die Gestaltungstätigkeiten sind dabei beeinflusst durch Kompetenzen wie der Auge-Hand-Koordination und der Differenzierung feinmotorischer Aktivitäten. Unklar ist bisher, warum Kinder den Rumpf in ihren Zeichnungen weglassen, obwohl sie in dieser Entwicklungsphase von sich und anderen durchaus wissen, dass sie einen Bauch haben. Mit zunehmendem Alter werden weitere Formen in der Zeichnung komponiert.

Abb. 15.4: „Das bin ich",
Junge (4;11 Jahre)

Aufgabe: Veranstalten Sie ein Quiz. Jeder aus der Lerngruppe bringt eine Kinderzeichnung mit. Betrachten Sie die Zeichnungen einzeln und sprechen Sie über ihre Merkmale. Schreiben Sie nun auf, wie alt das Kind wohl war, als es die Zeichnung gemalt hat. Vergleichen Sie Ihre Ergebnisse.

15.2 Praxis: Ästhetische Bildung im Mini-Atelier

Angelika von der Beek betont, dass die ästhetische Bildung von Kindern unter drei Jahren im Zusammenhang mit der pädagogischen Praxis zu betrachten ist und nicht wie in zahlreichen entwicklungspsychologischen oder kunstpädagogischen Betrachtungen nur auf wahrnehmbare Teilkompetenzen fokussieren sollte (vgl. von der Beek 2008: 40 f.). Der folgende Erfahrungsbericht zeigt diesen Zusammenhang anschaulich.

Erfahrungsbericht: *Wir sind eine betriebsnahe Krippe und haben drei Krippengruppen mit Kindern im Alter zwischen sechs Monaten und drei Jahren. Bei meinem Malprojekt stellte ich mir die Frage, ob so junge Krippenkinder von den ersten Schmieraktivitäten in die bildnerische Gestaltung kommen, wenn man ihnen genügend Raum und Zeit gibt. Da sie in unserem Gruppenraum ständig abgelenkt werden und nicht genügend Experimentierfläche haben, um sich auszuprobieren, musste sich hier etwas verändern. Um Raum* *für Experimentierlust, Gestaltungsfreude und eine Atmosphäre der Anregung zu schaffen, richteten wir gemeinsam ein Mini-Atelier ein: Die Umgebung ist dort vorbereitet, um jederzeit malen zu können. Die Kinder haben hier ausreichend Platz, um sich ihren eigenen Bewegungsmöglichkeiten und ihrem Handlungsdrang entsprechend bewegen zu können und ihre Malposition selbst auszusuchen – auf dem Boden, im Sitzen, auf den Knien oder im Stand an der Staffelei. Hier können sie ihre Ideen und Fantasien ausleben; sie werden neugierig und bekommen Lust, sich mit den Materialien frei und ungezwungen zu beschäftigen und diese mit allen Sinnen zu erkunden. Für dieses Alter sind leicht handhabbare Malmaterialien sehr wichtig, damit die Kinder ohne Anleitung hantieren können.*

Geeignete Materialien für ein Mini-Atelier sind:

- Kleisterfarben, (selbst gemachte) Fingerfarben
- Große, runde, eckige, strapazierfähige Pinsel
- Rasierpinsel
- selbst gemachte Astpinsel (mit Wolle umwickelter Stock)
- Malpaletten zum Mischen
- Schwämme
- Wäscheklammern, Federn, Stöcke, Bestecke, Kochlöffel, um Spuren zu hinterlassen.
- Grafitstifte, Wachsmalstifte, dicke Buntstifte.

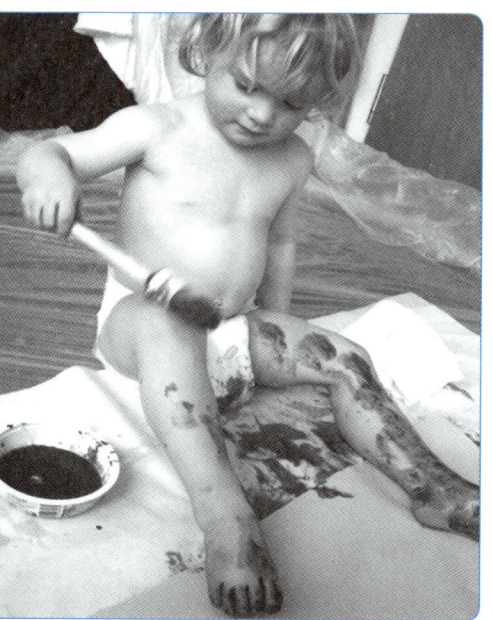

Abb. 15.5: Tina macht beim Experimentieren mit Farben multisensorische Erfahrungen

Zu Beginn des Projektes legten wir den Fußboden mit Folie aus. Zum Malen verwendeten wir Farbpigmente, die wir mit Kleister vermischten. Die ersten Tage experimentierten die Kinder, nur mit einer Windel bekleidet, mit einer Farbe ihrer Wahl auf großen Malpapieren auf dem Fußboden. Sie probierten die Farbe erst mit ihrem eigenen Körper aus. Auch Tina (2;5 Jahre) machte so multisensorische Erfahrungen: Sie malte kurz mit den Händen, hinterließ Fingerabdrücke und verschmierte den roten Farbbrei mit der Hand auf dem Papier. Sie benutzte sehr schnell einen runden, dicken Pinsel, mit dem sie ihren Körper, vor allem die Füße, Beine und Hände, anmalte.

Später malten die Kinder mit den Händen oder einem Pinsel auf einer Spiegelfolie. So konnten sie sich beim Malen anschauen und machten weitere sinnliche Erfahrungen. Sie tauchten ihre Finger vorsichtig in die Farbe oder bemalten ihre Beine, Füße oder Hände und setzten immer wieder Farbabdrücke auf das Papier.

In der nächsten Phase zogen wir uns Malkittel über: Die Kinder malten beidhändig Striche, Kreise, füllten diese mit Farbe aus, mischten auf den Malpaletten oder malten

mit großen Schwüngen über das Blatt. Sie wählten selbstständig ihre Malmaterialien und kommentierten ihr Handeln. Später experimentierte Tina mit zwei Pinseln, malte beidhändig über eine Linie, sagte: „Da laufen Pinguine", und tupfte mit dem Pinsel Spuren auf das Blatt. Andere klopften mit dem Pinsel lang und ausdauernd auf das Papier, entdeckten, wie Farbtropfen darauf fallen, oder schütteten Farbreste aus und verstrichen sie. Es entstand schnell etwas auf dem Blatt, das allerdings in dem Moment, als es fertig war, nicht mehr wichtig war. Die Tätigkeit und die Leuchtkraft der Farben sind für dieses Alter interessanter als das Endprodukt.

Bei diesen Tätigkeiten lernen die Kinder ganz nebenbei die Namen der Farben, Bezeichnungen für Mengen und einfache physikalische Vorgänge kennen: Farbe löst sich in Wasser auf, Pinsel hinterlassen Spuren, Papier weicht auf oder bleibt fest, helle Farben werden von dunklen besiegt, Blau und Gelb vermischt sich zu Grün.

Faszinierend ist, mit welcher Geschwindigkeit Kinder in diesem Alter gestalterische Fähigkeiten im Umgang mit Farbe, Pinsel und Papier entwickeln: Die „Großen" unserer Gruppe sind beim Kreiskritzeln, ihr Malen kommt schon aus dem Handgelenk und sie sind zu differenzierten, gelenkten Bewegungen fähig. Ihr bildnerisches Gestalten ist vor allem Spiel und Experiment, sie empfinden Freude an der Tätigkeit. Die „Kleinen" sind beim „Schwing-Hiebkritzeln", sie malen aus dem ganzen Arm heraus große Schwünge auf das Papier. Sie malen vor allem aus Freude an der rhythmischen Bewegung, entdecken den Zusammenhang zwischen ihrer Aktivität und der entstandenen Spur auf dem Blatt.

Bei meinem Malprojekt ist mir bewusst geworden, wie aufmerksam und konzentriert Krippenkinder forschen und entdecken, wenn sie sich dabei bewegen können, wie wichtig das enge Zusammenspiel von Motorik, Sinneserfahrungen und Lernen ist (Sensumotorik). In der Auseinandersetzung mit dem Thema wurde mit klar, wie aktiv die Kinder sind (Akteur ihrer selbst), wenn man ihnen vielfältige Anregungen, genügend Struktur, Zeit, Raum und Ruhe zum selbstständigen Erkunden verschafft. Mit voller Hingabe und mit großer Konzentration und Ausdauer sind sie in ihrem Tun versunken. Mit ihren Werken teilen sie mir mit: „Das bin ich!" „So, sehe ich die Welt!", ihre Werke sind einmalig und unverwechselbar. Ich staunte über ihre originellen und kreativen Ideen.

Hinweise zum kreativen Prozess und Umgang mit Kinderzeichnungen

Gutes Zeichenmaterial: Kinder brauchen zum Zeichnen unterschiedliche Materialien. Ob das Kind gerne mit Filzstiften, Kreide, Tusche oder Buntstiften zeichnet, hängt von Alter und persönlichen Vorlieben ab.

Zeit, Platz und Ruhe: Wie viel Zeit, Platz und Ruhe das Kind beim Zeichnen braucht, legt es selbst fest. Ein Kind zeichnet lieber am Tisch, ein anderes zieht sich eher in das „Atelier" zurück, um ohne Ablenkung den eigenen Motiven, Themen und Gefühlen nachzugehen.

Schablonen: Zeichenschablonen, auch in Form von Malbüchern, sollten nicht zu den Zeichenmaterialien von Kindern gehören. Schablonen behindern das Aufspüren und Ausdrücken von eigenen inneren Bildern, Sichtweisen und Fantasien. Zudem verstärken vorgegebene Zeichenhilfen die Vorstellung vom richtigen und falschen, vom guten und fehlerhaften Zeichnen.

Keine Beschriftung: Häufig ist zu beobachten, dass Pädagoginnen Kinderbilder beschriften. Mit einem Kugelschreiber werden die einzelnen Bildelemente benannt. Das ist vor allem Eltern und Kolleginnen"gewidmet", die sich in der Kita umsehen und dabei auch die Kinderbilder betrachten. Doch: Jedes Bild ist ein Original und verdient Respekt. Name, Alter und Anmerkungen sollten nur auf der Rückseite vermerkt werden.

Mit den Augen des Kindes: Kinder produzieren auf der Grundlage ihrer entwicklungsbedingten Weltsicht interessante Umdeutungen und Umgestaltungen. Gerade der kindlich-schöpferischen Handhabung von gestalterischen Mitteln, die zu reizvollen Verrücktheiten, überraschenden Arrangements und Verfremdungen führt, sollte Achtung geschenkt werden.

Keine Verbesserungen vornehmen: Erwachsene sollten nicht durch Verbesserungen die Freiheiten von Formen, Farben und Mustern korrigieren, weil das Kind es so erlebt, dass seine Zeichnungen unzureichend, unklar oder verbesserungswürdig sind. So wie die Zeichnung des Kindes ist, ist sie gut. Durch eine Lenkung auf realitätsgetreue Abbildung („So sieht doch kein Haus aus.") wird die selbstständige und sich entwickelnde Darstellungsfähigkeit beeinträchtigt.

15.3 Fünf Thesen, warum ästhetisches Gestalten für Kinder wichtig ist

These 1: Ästhetische Erfahrung ist im Kleinstkindalter eine grundlegende Lernform, weil diese unmittelbar mit sinnlicher Erfahrung, Körpererfahrung und sensumotorischer Wahrnehmungserfahrung verbunden ist.

These 2: Beim ästhetischen Gestalten entwickelt sich eine permanente Wechselwirkung zwischen dem gestaltenden Kind und dem entstehenden Produkt. Die motorisch-emotionalen Impulse die vom Gestalter in das Produkt einfließen, kehren in Form eines Wirkungseffektes zu ihm zurück. Inneres Erleben wird so in einem „Außen" erlebbar.

These 3: Ästhetisches Gestalten ist eine frühe, oftmals vorsprachliche Verarbeitungsform, bei der Freude am Experimentieren sowie motorische und emotionale Impulse zusammenfließen. Selbstwirksamkeit wird erfahren und Selbst- und Weltwahrnehmung werden erkennbar. Daher wird der bildnerischen Tätigkeit eine persönlichkeitsbildende Funktion zugeschrieben.

These 4: Ästhetisches Gestalten im Krippenalter geht mit zunehmender kognitiv-sprachlicher Entwicklung zu symbolischen Darstellungsformen über, die vor allem für das Entstehen von Imaginationen, Fantasien und Vorstellungen zentral sind. Ästhetisches Gestalten fördert bildliche Denkvorgänge.

These 5: Auf die Bildung von Wahrnehmungs- und Vorstellungstätigkeit durch ästhetische Angebote muss höchste Aufmerksamkeit in frühpädagogischen Einrichtungen gerichtet werden. Durch multisinnliche ästhetische Angebote werden auch andere Teilkompetenzen wie die Auge-Hand-Koordination, die Differenzierung feinmotorischer Aktivitäten oder die Kommunikationsfreude gefördert.

15.4 Praxis: Anregungen zum ästhetischen Gestalten in der Krippe

Die schöpferische Aktivität und das freie bildnerische Gestalten von Krippenkindern kann die Krippenpädagogin folgendermaßen unterstützen:

- **Selbst ästhetisch aktiv sein** – eine Krippenpädagogin muss keine kunstpädagogische Ausbildung haben, aber sie sollte selbst eigene bildnerische Erfahrungen gemacht haben, um ein Verständnis für die Eigenart der ästhetische Tätigkeit zu entwickeln. Ihre Begeisterung und Kreativität kann Impulse für zurückhaltende Kinder sein.
- **Handhabbare Materialien bereitstellen** – d. h. gesundheitsverträgliche Farben und ungefährliche Materialien. Durch die Auswahl von Zeichenmaterialien findet eine Lenkung der ästhetischen Praxis der Kinder statt (→ Kap. 15.2).
- **Kleidungsschutz anlegen** – ältere Krippenkinder, die nicht nur mit einer Windel bekleidet malen, brauchen einen Kleidungsschutz.
- **Räume vorbereiten** – besitzt eine Krippe kein Miniatelier, können die bestehenden Räume für die ästhetische Praxis mit Krippenkindern umgestaltet werden. Dies kann der Waschraum sein, in dem eine Malwand für Wasserfarben eingerichtet wird, oder eine Staffelei an einem geeigneten Platz befestigt.
- **Mit ästhetischen Techniken anregen** – neben dem freien Experimentieren kann man älteren Krippenkindern auch erste ästhetische Techniken zeigen wie das Zeichnen, Malen, Reißen von Papier, Kleben, Drucken, Formen und Modellieren. Diese können auch als zeitlich begrenzte Projekte umgesetzt werden.
- **Ergebnisse ausstellen und dokumentieren** – die Ergebnisse der Kinder können als Ausstellung arrangiert bzw. in den Portfolioordnern der Kinder dokumentiert werden.

Gerade für das freie Malen mit Farben können eine oder mehrere Bodenstaffeleien nützlich sein, da diese hinreichend große Malflächen bieten. Dazu bedarf es einer Holzplatte, die fest an einer Wand auf Arbeitshöhe der Kinder befestigt wird. Sinnvoll ist es, die Holzplatte leicht schräg vom Boden aus zu befestigen. Ein über der Holzplatte fest angebrachter Besenstil kann als Abrollvorrichtung für das Zeichenpapier ge-

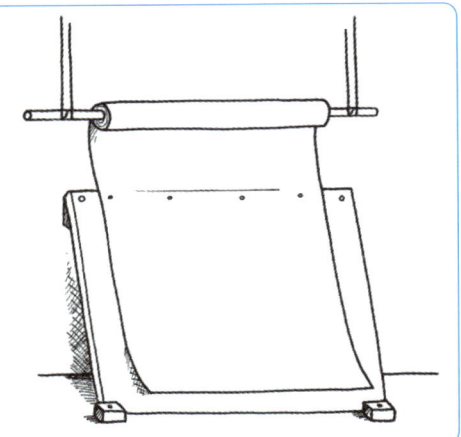

Abb. 15.6: Bodenstaffelei

nutzt werden. Kostengünstige großformatige Papier-rollen bekommt man in Zeitungsdruckereien oftmals kostenlos, auch stabile Tapeten sind gut geeignet.

Im Folgenden werden einige ästhetische Praxisanre-gungen gegeben, die in unterschiedlichen Entwick-lungsphasen erprobt werden können.

Sensorisch-ästhetische Anregungen mit Maisstär-ke: Rühren Sie Maisstärke aus dem Reformhaus oder Supermarkt mit Wasser zu einer zähflüssigen Masse an und stellen sie den Kindern die Masse auf einem tiefen Plastikteller zur Verfügung. Diese Masse hat unterschiedliche Eigenschaften, die die Kinder expe-rimentierend erfahren. Die Eigenschaften hängen von der Art der Handhabung ab: Geht man schnell mit dem Finger durch, reißt die Masse, um dann wie-der zu zerfließen. Klopft man mit der Hand darauf, dann fühlt sich die Masse hart an. Nimmt man etwas in die Hand zerfließt die Masse und rinnt durch die Finger. Dieses unaufwendige und kostengünstige Angebot ermöglicht gerade Kindern unter einem Jahr vielfältige sensorische Wahrnehmungen. Die Maisstärke als Lebensmittel bringt zudem keine Gesundheitsgefahren mit sich, ist sehr günstig und ergiebig.

Plastizieren mit Sandknete: Um Sandknete herzustellen, werden eine Tasse Speise-stärke, zwei Tassen Vogelsand, eine Tasse Wasser und etwas Lebensmittelfarbe bei mittlerer Hitze auf dem Herd erwärmt und kräftig gerührt, bis die Masse dick wird; danach abkühlen lassen. Mit Hilfe von Knetmessern oder Löffeln können beliebige Formen entstehen. Zum Plastizieren sind auch Ton oder Salzteig geeignet.

Malen mit selbst gemachten Fingerfarben: Kleine Kinder sind für großflächige Ex-perimente mit Fingerfarben leicht zu begeistern. Nur dürfen die Farben für Kinder kein gesundheitliches Risiko bergen, denn oftmals werden die Finger in den Mund ge-steckt. Rezept für Fingerfarbe: Fünf Esslöffel Mehl, acht Esslöffel Wasser und etwas Lebensmittelfarbe werden in einer Schüssel angerührt und anschließend in ein ver-schließbares Schraubglas gegeben. Die Farbe kann drei bis vier Tage im Kühlschrank aufbewahrt werden. Zum Malen sollte man die Farben auf Papp- oder Plastikteller fül-len, damit die Kinder leichter an die Farben kommen und zum Experimentieren da-mit großformatiges Papier anbieten.

Einmaldrucke mit Linolfarbe: Diese experimentelle Drucktechnik ist für Kinder ab dem zweiten Lebensjahr möglich. Benötig werden eine Plexiglasscheibe (ca. 40 x 40 Zentimeter), eine Linoldruckrolle und etwas Linoldruckfarbe. Ein kleiner Klecks Far-be wird auf die Scheibe gegeben und das Kind verteilt ihn dann mit der Rolle auf der Scheibe. Dann zeichnet es mit Pinseln, Bürsten oder Holzspateln in die Farbfläche. Dies darf nicht zu lange dauern, da sonst die Farbe trocknet. Dann wird ein Papier auf die bearbeitete Farbfläche gelegt, mit der Hand angedrückt und abgezogen. Der „Einmaldruck" ist fertig. Möglich ist es auch, mit einem Pinsel auf der Glasplatte zu malen, um dann einen Druck anzufertigen.

Drucken mit Alltagsgegenständen: Drucken kann man mit fast allen Alltagsgegenständen (Bällen, Wäscheklammern, Kartoffeln, Moosgummifiguren, Bausteinen, Korken, Pflanzenteilen, Bechern usw.) und natürlich auch mit dem eigenen Körper. Zum Drucken werden die Gegenstände mit Farbe betupft und dann auf den Druckuntergrund (Papier, Pappe, Karton) gedruckt. Dabei machen die Kinder Erfahrungen mit Formen, Materialeigenschaften (z. B. Oberflächen) und Farben. Die gedruckten Bilder sind meistens abstrakt und können beim gemeinsamen Betrachten dazu anregen, Fantasien zu entwickeln.

Aufgabe: Bereiten Sie in Kleingruppen die in Kapitel 15.4 genannten Praxisanregungen als Lernstationen vor. Experimentieren Sie mit den Materialien und wechseln Sie nach einer gewissen Zeit die Station. Vor dem Wechseln hinterlassen Sie an der Station eine Karte, auf der Sie stichwortartig Ihre Erfahrungen und Eindrücke beschreiben. Drehen Sie die Karte um. Am Ende werten Sie gemeinsam die beschriebenen Erfahrungen zu jeder Station aus.

Literatur

Beek, A. von der (2007): Pampers, Pinsel und Pigmente. Ästhetische Bildung von Kindern unter drei Jahren. In: Betrifft Kinder Extra, Kiliansroda

Dieken, Ch. V./Effe, B./Metzler, B. (2010): Kinderkunstwerkstatt. Ein Handbuch zur ästhetischen Bildung von Kindern unter drei Jahren. Berlin und Weimar

Koeppe-Lokai, G. (1996): Der Prozess des Zeichnens. Münster, New York

Peez, G. (2007): Luca kritzelt zum ersten Mal. Eine phänomenologische Fallstudie zu den frühesten Zeichnungen eines 13 Monate alten Kindes. In: BDK Mitteilungen (1), S. 29–33

Piaget, J./Inhelder, B. (1975): Die Entwicklung des räumlichen Denkens beim Kinde. Stuttgart

Projekt Frühes Lernen (2009): Kunst und Kultur. Bingen

Richter, H. G. (1997): Die Kinderzeichnung. Düsseldorf

Stritzker, U./Kirchner, C./Peez, G. (2008): Frühes Schmieren und erste Kritzel – Anfänge der Kinderzeichnung. Books on Demand

Schäfer, G. E. (1999): Ästhetische Erfahrung als Basis kindlicher Bildungsprozesse. In: Neuß, N. (Hrsg.): Ästhetik der Kinder. Frankfurt, S. 21–32

Winnicott, D. W. (1973): Vom Spiel zur Kreativität. Stuttgart

Wilmes-Mielenhausen, B. (2009): Kleinkinder in ihrer Kreativität fördern. Ideen für Krippe, Kita und Tagesmütter. Freiburg

16 Musik, Sprache und Fingerbewusstsein

Fredrik Vahle

Im Fächerkanon von Schulen, Fach- und Hochschulen sind Sprache, Musik und Bewegung getrennt. Selbst frühkindliche Bildungspläne haben Sprache, Musik und Bewegung vielfach in verschiedene Bildungsbereiche aufgeteilt. Diese Trennung wird jedoch auf dem Rücken der Kinder ausgetragen und je weiter man in der Entwicklung des Kindes zurückgeht, desto irrwitziger erscheint sie. Dass Sprache, Bewegung und Musik eine integrale Einheit sind, wird zwar gesehen, jedoch selten in methodische Praxis überführt. Dies stellt auch aktuelle Herausforderungen an die Betreuung von Kindern unter drei Jahren. Die sogenannten U3-Kinder sind in ihrer entwicklungsbedingten Vielfalt eine verwirrende Herausforderung für Erzieherinnen. Zwischen einem Kind von einem Jahr und einem zweijährigen liegen Welten (→ Kap. 3, 9). Aufgrund dieser Ausgangslage ist eine Klärung grundsätzlicher Zusammenhänge von Sprache, Musik und Bewegung notwendig. Diese Zusammenhänge werden im Folgenden an Beispielen aus unterschiedlichen Entwicklungsphasen so erklärt, dass sie als Ausgangsbasis für praktische Übungen dienen können.

Aufgabe: Betrachten Sie die folgenden Behauptungen und setzen Sie sie in Beziehung zu eigenen Erfahrungen. Was kommt Ihnen davon vertraut, was eher fremd vor?

- Sprache, Bewegung und Musik sind unterschiedliche Lernbereiche und sollten, weil sie so wichtig sind, in ihrer Eigenständigkeit gefördert werden. Der Sprache kommt dabei die Priorität zu.
- Bewegung ist ein wichtiges Förderungsmittel für Sprache.
- Bewegungskompetenz fördert die Sprachkompetenz.
- Musik ist eine spezielle Fähigkeit, die entsprechend der Begabung des Kindes gefördert werden soll.
- Sprache kann nicht nur durch Bewegung gefördert werden. Sie ist selber ein Bewegungsphänomen und kann als „kommunikativer Tanz" verstanden werden.
- Musik ist keine Spezialbegabung. Ohne gewisse musikalische Fähigkeiten kommt kein Kind zur Sprache.

16.1 Sprache als Bewegungsphänomen

Betrachtet man Sprache als Bewegungsphänomen, bedeutet dies, gängige Herangehensweisen und Beschreibungsmodelle, vertraute Vorstellungen von Sender-Empfänger-Kommunikation, grammatische Regeln und Syntax zunächst außen vor zu lassen. Die frühe Sprache sollte nicht mit Begriffen erfasst werden, die aus der Analyse der entwickelten Erwachsenensprache stammen. Was muss also im Rahmen der Krippenpädagogik besonders hervorgehoben werden?

> Ein Kind erlernt mit der Sprache eine besonders komplexe feinmotorische Bewegungsfähigkeit. Das beginnt schon mit der Körperhaltung, mit der Arbeit des Zwerchfells, der Lunge und insbesondere der Artikulationsorgane, die den Luftstrom oft in Sekundenbruchteilen so verändern, dass als Worte verständliche Lautfolgen zu hören sind.

Für die Lautbildung ist die Kontrolle von über 100 Muskeln notwendig, deren Bewegung durch basale musikalische Elemente rhythmisiert und gestaltet wird. Dieser Vorgang dauert Jahre, und so erlernt jeder Mensch, der Sprechen lernt, diesen „kommunikativen Tanz" und ist damit auch ein großer Bewegungskünstler. Keine andere menschliche Bewegungsform erfordert einen solchen psychischen, zeitlichen und motorischen Aufwand. Der menschliche Leib und seine in unterschiedlicher Weise beteiligten Organe ist das Medium, in dem sich das Wunder der Sprachgeburt und -entwicklung vollzieht. Bei jedem Menschen hat dieses Wunder seine eigene Note.

„The medium is the message" (Das Medium ist die Botschaft) — so lautet die provokante Hypothese des Medientheoretikers Marshall McLuhan. Sie wird interessanterweise hauptsächlich auf entwickelte digitale und virtuelle Kommunikationsbereiche angewendet. Doch könnte es nicht hilfreich sein, McLuhans These auch auf die frühe Sprachentwicklung beim Kind anzuwenden und den menschlichen Leib, seine Ausdrucksbewegungen und die Aktivität seiner Organe in Hinsicht auf die Anbahnung von Sprache in den Mittelpunkt zu stellen? Denn schließlich wird bei der normalen sprachlichen Verständigung zu mehr als zwei Dritteln im körpersprachlich-prosodisch-rhythmischen Bereich kommuniziert und nur ein kleiner Anteil bleibt für die eigentliche Sprache, für ihre lexisch-syntaktischen, ihre thematisierenden Anteile, übrig.

Vielleicht ist es gerade die Vernachlässigung dieser körperlichen Dimension, die die Oberflächlichkeit und erstaunliche Wirkungslosigkeit frühkindlicher Sprachförderungsprogramme, z. B. auch für Kinder mit Migrationshintergrund, ausmacht (vgl. Spiewak 2010: 40). In den frühen Formen sprachlicher Verständigung dominieren noch motorisch-musikalische Elemente. Dann kommen nach und nach differenziertere lautliche, syntaktische und deutlich werdende lexisch-begiffliche Elemente dazu. In diesem Prozess wird der Mensch zum Menschen, erhält er seine menschliche Identität — ein Prozess, der schon im pränatalen Stadium angebahnt wird.

16.2 Sprache als „Musik des Herzens"

Will man den Zusammenhang von Herz, Rhythmus und Lernen betrachten, muss man bis in die pränatale Lebensphase eines Kindes zurückgehen. Während dieser Zeit ist der mütterliche Herzrhythmus ein allmächtiger Stimulator für die primäre und für alle weiteren Rhythmuswahrnehmungen und -erfahrungen des Kindes. Bei Georg Groddek (1971: 50), einem Mitstreiter Freuds, heißt es: „(...) daß der Mensch alles in Rhythmen umbilden muß, schon deshalb, weil die erste Wahrnehmung, die er macht, der Rhythmus ist, in dem sein eigenes und der Mutter Herz schlägt und weil sich ihm in der tiefen Einsamkeit des Mutterleibes nichts anderes so tief einprägt, wie die Musik des Herzens."

Diese „Musik des Herzens" scheint noch in den allerersten kindlichen Wortbildungen hörbar zu sein, nämlich in den herzrhythmisch strukturierten Doppelsilben ma-ma, da-da, pa-pa oder wau-wau. Sie heben sich in ihrer einfachen Lautung von der Vielzahl der Brabbellaute und ihren wilden Lautfolgen ab, werden prägnant und im wahrsten Sinne des Wortes „merk-würdig". Und sie sind gleichzeitig auch Töne, rudimentäre Melodien, werden in einem Singsang vorgetragen, in dem Sprechen und Singen noch eins sind.

Diese „Herzqualität" der Musik war schon den alten Chinesen bekannt, wie der folgende Satz des Gelehrten Su-Ma-Tsien (ca. 100 v. Chr.) zeigt. Seine Sicht bildet ein farbiges Gegengewicht gegen den „Neurozentrismus", der den Menschen hauptsächlich durch sein Gehirn zu erklären versucht: „Alle Töne entstehen im menschlichen Herzen. Die Emotionen des menschlichen Herzens sind die Ursachen, die diese Töne erzeugen. Wenn das Herz von der objektiven Wirklichkeit bewegt wird, gibt es seinen Emotionen mithilfe der Klänge Gestalt. Die Klänge bringen beide in Übereinstimmung und erzeugen Veränderungen (...). Eben diese Veränderungen nennen wir die Töne der Musik" (Rudhyar 1988: 226). Die Herzpulsation, die „Musik des Herzens", versorgt nicht nur den kindlichen Blutkreislauf, sondern zudem den gesamten Organismus mit Vibrations- und Schallreizen. Die Herzmuskulatur ist strukturell der Artikulationsmuskulatur verwandt. Die Musik des Herzens kann somit als erste elementare Anbahnung von Sprachtätigkeit angesehen werden. Wenn das Kind auf die Welt kommt, hat es einen doppeldeutigen Hunger, nämlich den auf Nahrung und auf Sprachmusik (vgl. Vahle 2010: 51).

Aufgabe: Fühlen Sie Ihren Puls. Nehmen Sie die Pulsation als Rhythmus wahr, als inneres Geschehen, in das Sie sich hineinfühlen können, das ganz Ihr eigenes ist und das Sie gleichzeitig mit allen Menschen verbindet. Versuchen Sie, den Pulsschlag mit den Händen zu übernehmen, vielleicht sogar dazu zu singen. Hierfür ist Vertrauen zu sich selbst und zur eigenen Situation notwendig. Es braucht etwas Mut und Neugier, denn man geht ins Nichts — es ist nichts Besonderes da, nur das, was sowieso und immer schon da ist: die Pulsation im eigenen Körper.

Mit der vorgeschlagenen Übung kann so etwas wie ein „Safe Place" (vgl. Kuntz 2009) entstehen, ein „innerer" Ort der Ruhe und des Innehaltens, eine Einsicht aus Erinnerung und Vorausahnung. Der Begriff „Safe Place" lässt sich zunächst auch äußerlich verstehen als ein sicherer Ort, durch Höhlen, Nischen und andere Rückzugsräume in einer Spiellandschaft geschaffen. Innerlich wird daraus die Fähigkeit, die eigene Identität als „Safe Place" zu erleben, sich zu konzentrieren und dann auch trotz möglicher Ablenkungen und Hindernisse schöpferisch zu sein. (Katz-Bernstein 1996: 128; Kuntz 2009).

16.3 Hände, Sprache, Melodie und Rhythmus

Hände: Herz und Hand haben schon früh etwas miteinander zu tun: Nachdem sich in der pränatalen Phase Hände und Finger herausgebildet haben, schweben sie zunächst fast leblos im Wasser, sind allerdings schon kaum merklich von Wachstumsbewegungen erfasst. Sie scheinen eins zu sein mit dem, was um sie ist. Es gibt noch keine deutlich eigenständige Bewegung. Doch eines Tages passiert etwas Besonderes – die Hände wandern auf das Herz zu, werden vom Rhythmus des eigenen Herzens belebt und bewegt oder inneviert wie die Wissenschaftler sagen. Jetzt werden Arme und Hände lebendig; sie fangen an, sich selbstständig und vom Kind aus zu bewegen. Sie strecken sich, drücken, pressen, machen langsame, manchmal auch heftige Bewegungen, was jede Mutter auch spüren kann (vgl. Vahle 2010: 104).

Nach der Geburt zeigt sich: Das Kind kann sich mit seinen ganzen Händen so festhalten, dass es sein ganzes Körpergewicht tragen kann. Die Evolution lässt grüßen, denn es war einmal notwendig, sich am Fell der Mutter festzuhalten. Diesen Kontakt stellt das Menschenkind heute auf akustischem Weg her. Es er-schreit sich die Verbindung zur Mutter. Eine elementare Gefühlsäußerung, die in einigen Formen des Singens weiterlebt. Wenn das Kind sich seinen Kontakt zur Mutter er-schreit, spielen die Hände zunächst nicht mit bzw. bewegen sich zunächst eher ziellos. Aber nach und nach bewegen sie sich zielgerichteter, streben in eine bestimmte Richtung, wollen damit z. B. ausdrücken: Ich mag das! Ich hab' das lieb. Ich brauche das. Ich will wissen, wie das schmeckt, wie sich das anfasst. Ich bin neugierig!

Spezialisierung der Finger: Nach und nach übernimmt eine Hand die Führung, meistens die rechte. Was nicht unmittelbar ergriffen werden kann, wird „gezeigt" — eine typisch menschliche Handlung, gerade beim Kleinkind. Sein Wille, sein Wahrnehmungs- und Erkenntnishunger individualisiert seine Hand durch Spezialisierung eines Fingers. Der Zeigefinger hebt das Wahrgenommene hervor. Der Gegenstand wird zu einer"Merkwürdigkeit", zur Vorstellung im Kopf, zu einem Gedankenbild, einem Be-griff. Dieser innere Prozess wird durch die Hand stimuliert. Insbesondere das Zusammentreffen von Zeigefinger und Daumen bewirkt die Feinfühligkeit der Menschenhand, durch die schließlich eine Erbse, ein Sandkorn, ein Grashalm, ein Haar gehalten und gefühlt werden kann. Der Daumen-Zeigefinger-Ring entsteht, und wird der aktiv, führt das zum sogenannten Pinzetten-Griff.

Zeigen hat etymologisch etwas mit „Zeichen" zu tun. Und das Greifen und Begreifen kann eine äußerliche Hand-lung sein, aber auch zu einem innerlichen Begriff werden – und damit wird auch der Zusammenhang mit der Sprachentwicklung deutlich. Das Hantieren des kleinen Kindes ist mit den Bewegungen und Haltungen seines ganzen Körpers verbunden, mit dem, was sich in seinem Kopf abspielt, in seinem Gehirn. Sein Hantieren ist aber auch mit der Atmung, der Stimme und den Lauten verbunden, die wiederum etwas mit seinem Herzen, seiner Lunge, seinen Stimmbändern, Kehlkopf, Zunge und Lippen zu tun haben. Lautung und Handbeweglichkeit kommen hier zusammen.

Handbeweglichkeit und Beweglichkeit der Artikulationsorgane: Solange die Hand noch grob als Ganze und undifferenziert agiert, bleibt auch die Lautung auf dieser Stufe. Ist jedoch die Hand „erwacht", haben Zeigefinger und Daumen sich individualisiert und ihre besondere Aufgabe übernommen, tut dies auch die Zunge als Fühl-, Geschmacks- und Atemstromformungsorgan und einziger frei beweglicher Muskel unseres Leibes. Sie erwacht wie die Hand zur Feinfühligkeit. Sie nimmt bestimmte Haltungen ein, berührt den Gaumenhimmel oder den Mundgrund in rhythmischer Wiederholung und hebt bestimmte Lautfolgen hervor. Sie werden deutlich, merkbar, erinnerbar: da; da; da-da; ma; ma; ma-ma.

So entstehen durch die erwachte Feinfühligkeit des Mundes bzw. der Zunge und der Lippen die ersten Worte. Später wird Sprache und Sprechen dann normal und gewöhnlich, gerät das „Wunder" der Sprache in Vergessenheit.

Aufgabe: Sprechen Sie die folgenden Silben deutlich und klingend aus: cha (als Rachenlaut); cha (als Gaumenlaut); ga; ka; nga; na; ssa; sa; da; ta; ma; pa; ba. Achten Sie besonders auf die Konsonanten im Anlaut. Vergegenwärtigen Sie sich, wie der jeweilige Artikulationsort (hervorgerufen durch die Gebärde der Zunge) über den Gaumenhimmel wandert. Versuchen Sie, in den Konsonanten hineinzuspüren, und lassen Sie sich von den nachfolgenden Konsonantengedichten inspirieren.

Konsonantengedichte
Wohlige Wellen werden wallen wollen,
wenn wieder und wieder wackere Winde westwärts weh'n.

Klitzekleine Krabbelkäfer können keine Kiste Kekse kaufen,
können klug und kinderleicht kunterbunte Kichererbsen kullern.

Lauter lila Luftballons ließ Ludwig Lommel
links der Linde langsam, leise, listig lächelnd los.

Ergebnisse aus der Forschung belegen, dass vier Monate alte Babys bereits Fremdsprachen allein durch die Mundbewegungen des Sprechers erkennen können. Nur durch Lippenlesen wurden z. B. Englisch und Französisch unterschieden (vgl. Reye 2011: 16). Den primären Einstieg in eine fremde Sprache stellen jedoch weiterhin Melodie und Rhythmus dar. Das Lippenlesen läuft im Sprachlernprozess nebenher ab, ist jedoch anscheinend ungemein wichtig. Schon im 18. Jahrhundert wurde man auf diese Zusammenhänge aufmerksam: „Die Eröffnung des Mundes kann nie genug studiert werden. In ihr (...) steckt die höchste Charakteristik des ganzen Menschen. Alles Naive, Zärtliche, Männliche der ganzen Seele drückt sich da aus. Die Muskeln um den Mund herum sind (...) dem Sitz der Seele am nächsten, da kann sich der Mensch am wenigsten verstellen" (Lavater, zit. n. Baur 1996: 167).

Hand- und Artikulationsbeweglichkeit hängen also miteinander zusammen. In der UdSSR wurde in den 1970er Jahren eine Versuchsreihe mit drei bis vierjährigen Kindergartenkindern durchgeführt. Die Kinder wurden in drei Gruppen aufgeteilt. In der ersten Gruppe konnten die Kinder die ganze Zeit mit unterschiedlichen Spielmaterialien spielen. In der zweiten stand die verbale Kommunikation im Vordergrund. In der dritten schließlich wurden auf verschiedene Art und Weise Fingerspiele praktiziert. Das Ergebnis der Untersuchung war überraschend und erregte auch in Deutschland großes Interesse. Die zuständige Wissenschaftlerin Mariela Kolzowa hatte nämlich ermittelt, dass die Fingerspielgruppe nicht nur feinmotorisch, sondern auch sprachlich die größten Fortschritte gemacht hatte. Sie folgert daraus: „Solange die Finger sich nicht frei bewegen, wird die Sprache sich nicht entwickeln können. (...) Bemerkenswert bleibt hierbei nicht die Tatsache, daß die Fingerbewegungen die Sprachentwicklung beeinflussen, sondern der Umstand, daß wir so lange nicht auf den Gedanken gekommen sind, hiervon Gebrauch zu machen" (Kolzowa 1975, 643 ff.).

16.4 Praxis: Fingerreime und Bewegungslieder

Fingerreime sind mehr als sie zu sein scheinen. Sie benennen nicht nur die einzelnen Finger. Sie vermitteln auch Einblicke in die Unterschiede zwischen ihnen.

> Der ist in Brunnen gefallen,
> der hat ihn wieder rausgeholt,
> der hat ihn ins Bett gelegt,
>
> der hat ihn zugedeckt,
> und der kleine Schelm da
> hat ihn wieder aufgeweckt.

Fingerspiele führen die Bewegungsmöglichkeiten der einzelnen Finger vor, aktivieren die Fingeraufmerksamkeit und lassen die Finger erst richtig sichtbar werden. Und sie tun dies mit feinmotorischen, aber auch sprachlichen Mitteln. Sie sind jedoch auch schon eine erste literarische Gattung: Fingerreime gehören zur „prima poesis" eines jeden Menschenlebens (vgl. Vahle 2010: 144).

Fünf Finger grämen sich und klagen:
Keiner kann den Apfel tragen.
Der Däumling sagt: Ich schaff das nicht!
Der Zeiger sagt: Zu viel Gewicht.
Der Langmann kann ihn auch nicht heben,

und Ringo schafft das nie im Leben.
Der kleinste Steppke aber spricht:
Nee, aleene jeht det nicht.
Fünf Finger heben kurz darauf
gemeinsam diesen Apfel auf.

Fingerlied

Flinke Finger, flinke Finger,
jede Hand hat fünf so Dinger.
Können kitzeln, können bohren
in der Nase, in den Ohren.
Können drücken, können tupfen,
können dich ganz sachte zupfen.

können kratzen, können schnippen.
Können klopfen, können kneifen
und man braucht sie immerzu,
um das Leben zu begreifen.
Können zeigen, können tippen,

Quelle: Fredrik Vahle: Sprache mit Herz, Hand und Fuß. Wege zur Motorik der Verbundenheit © 2010 Beltz Verlag

Wenn Fingerreime in der Krippe gelesen und wiederholt werden, sollten die vorher aufgezeigten Zusammenhänge präsent sein. Fingerreime wollen jedoch nicht nur gelesen und vorgelesen, sondern lebendig gesprochen sein. Die Erzieherin muss sie verinnerlicht haben (was im Deutschen eigenartigerweise „aus-wendig" lernen heißt. Da passt doch das Englische viel besser in diesen Kontext, denn da heißt es so treffend wie einfühlsam „to learn by heart").

Fingerreime können praktiziert und dramatisiert werden. Die unterschiedlichen Fingerpersönlichkeiten lassen sich beispielsweise mit bunten Fingerhüten charakterisieren. Außerdem kann man auch kleine Melodien zu diesen Texten erfinden. Als Sprechgesang lassen sie sich allemal singen.

An dieser Stelle sei an die alten Ägypter erinnert. Diese hatten für Sänger und Handgestenkundige nur ein einziges Wort. Mit den Händen wurden die einzelnen Töne der Melodie dargestellt. Man könnte auch sagen, sie sangen mit den Händen und gestikulierten mit ihren Stimmen. Also im wahrsten Sinne des Wortes „Bewegungslieder". Von den Händen aus kann man nämlich die Beweglichkeit der Stimme und des Singens neu entdecken. Dies lässt sich auch in Arbeit mit Krippenkinder übertragen:

- Einzelne Töne (Vokale) lassen sich in ihrer Dehnung durch bestimmte Handbewegungen, z. B. mit der rechten Hand, animieren oder mit beiden Händen formen.
- Intervalle können durch Bewegung einer Hand im Raum dargestellt werden.
- Bei Melodien folgt eine Hand dem Tonhöhenverlauf.

Singen, das geht so

Sin - gen, das geht so, lo-cker Luft ge-holt, fa-mos, die

Zun - ge kommt in Schwung und die Tö - ne tan - zen los.

la la la la la la la la la la la la la la la la la la la la.

Melodie und Text: © Fredrik Vahle

2 Die Töne und die Worte,
was da wohl geschieht?
Die feiern beide Hochzeit.
Was kommt heraus? Ein Lied!
 Refr.

3 Ein Lied in Menschenohren
und hoch die Himmelsleiter.
Wer selber singt und selber denkt,
wird noch dazu gescheiter.
 Refr.

4 Die Worte haben Laute,
die unterschiedlich klingen.
Das hört man ziemlich deutlich,
wenn wir ganz einfach singen.
 Refr.

5 Es geht auch ganz langsam:
die Töne lang und breit,
dann nimmt man sich fürs Singen
ganz einfach etwas Zeit.
 Refr.

6 Und jetzt wird es sehr seltsam:
Nix hält die Töne fest,
weil sich mit der Zunge
auch ganz schnell wackeln lässt.
 Refr.

7 Ein Lied braucht einen Rhythmus,
und der braucht Zeit und Maß.
Wenn wir dazu klatschen,
macht das Singen richtig Spaß.
 Refr.

8 Wenn Brust und Bauch mitschwingen,
dann macht das Singen Sinn.
Der ganze Mensch wird froh gestimmt,
das Herz hüpft mittendrin.
 Refr.

In den Strophen wird jeweils erklärt, wie der Refrain verändert wird. Der Refrain kann frei, aber auch wie vorgegeben gesungen werden. Die Strophen vier bis sieben sollten für die U3-Kinder in den Mittelpunkt gestellt werden. Die Lieblingsstrophe der

Kinder kann aber auch zu einem einstrophigen Lied werden. Die Idee ist, dass die Kinder erst einmal selber etwas singen, und zwar auf „la-la-la". Gerade das also, was ihnen zu den entsprechenden Gitarrenklängen, Klatschrhythmen und Handbewegungen einfällt. Dann kommen die einzelnen Strophen dazu. In Strophe vier kann das „La-la-la" des Refrains variiert werden zu „li-li-li", „lo-lo-lo", „lau-lau-lau" und „lö-lö-lö". Der nächste Refrain wird mit Pathos und langen Tönen gesungen. Es ist die Opernsängerstrophe.

Literatur

Baur, A. (1996): Lautlehre und Logoswirken. Stuttgart

Groddek, G. (1971): Psychoanalytische Schriften zur Psychosomatik. Zit. nach Günter Clauser: Die vorgeburtliche Entstehung der Sprache als anthropologisches Problem. Stuttgart

Katz-Bernstein, N. (1996): Das Konzept des „Safe Place" – Ein Beitrag zur Praxeologie Integrativer Kinderpsychotherapie. In: Metzmacher, B. u. a.: Praxis der integrativen Kindertherapie, Bd. 2, S. 111–141. Paderborn

Kükelhaus, H./Zur Lippe, R. (1982): Entfaltung der Sinne. Frankfurt/Main

Kolzowa, M. (1975): Untersuchungen zur Sprachentwicklung. In: der Kinderarzt, H. 6, 1975, S. 643–648

Kuntz, St. (2009): Der „Safe Place" in der Psychomotorik: Innere und äußere (Sprach)räume begegnen sich. In: Motorik, 3, Schorndorf

Reye, B. (2011): Die Dolmetscher. In: Süddeutsche Zeitung, Nr. 43, 22.02.2011

Rudhyar, D. (1988): Die Magie der Töne. München, S. 226

Spiewak, M. (2010): Zu kurz, zu spät, zu abstrakt. In: Die ZEIT, Nr. 43

Vahle, F. (2010): Sprache mit Herz, Hand und Fuß. Wege zur Motorik der Verbundenheit. Weinheim/Basel

Vahle, F. (2001): Hupp Tsching Pau. Das Bewegungsliederbuch. Weinheim

17 Sensorische Anregungen und Lernen in der Kleinstkindergruppe

Inga Bodenburg

Unter Wahrnehmung versteht man das Zusammenwirken von Empfang, Auswahl, Weiterleitung, Verarbeitung und Aufschluss von Eindrücken und Informationen, die durch die Sinnesorgane aufgenommen werden. Wahrnehmung ist ein vielschichtiges Geschehen, das die Orientierung und Anpassung an die Lebenswelt und Rückmeldung über Handlungen ermöglicht sowie sinnvolles Planen einleitet. Jedes Tun, jede Erinnerung und Vorstellung, jeder Gedanke, jede Idee oder kreative Handlung, jede Problemstellung und Problemlösung ist aus frühen Wahrnehmungserfahrungen erwachsen. Auch der kleinste Lernprozess ist ohne Wahrnehmung nicht vorstellbar.

Die Arbeiten vieler moderner Entwicklungspsychologen knüpfen an die grundlegenden Untersuchungen und Erkenntnisse zu den elementaren, auf sensumotorischen Erfahrungen basierenden Lernvorgängen der frühen Kindheit nach Piaget an. Schäfer (1995: 108) sagt dazu folgendes: „Wenn Wahrnehmung eine komplexe Transformation von bedeutsamen Aspekten der Wirklichkeit in die Sprache des Gehirns bedeutet, dann kommt ihr eine Schlüsselstellung im Prozess kindlichen Lernens zu. Dabei geht es nicht nur darum, dass nichts aus der Wirklichkeit gelernt werden kann, was nicht vorher durch die Sinne gegangen ist. Das wäre trivial. Sondern, sinnliche Erfahrung ist selbst ein Denk- und Verarbeitungsprozess."

Die Vielschichtigkeit und Vielfalt kindlicher Lernprozesse auf der Grundlage von Wahrnehmungserfahrungen verdeutlicht das folgende Beispiel einer Alltagssituation an einem winterlichen Vormittag in einer Kita.

Beispiel: *Weit oben auf dem kleinen Apfelbaum vor dem Gruppenraumfenster entdeckt Joni (1;7) seinen verlorenen Handschuh. „Oben?", fragt er ratlos und empört Nadja, seine Erzieherin. „Ja, dein Handschuh ist da oben; wer hat ihn da bloß hingelegt? Ich hole ihn dir herunter", bietet sie an. „Neiiiin!", brüllt Joni empört, „alleine!!"*

Er schiebt Nadja beiseite. „Na, ob du das schaffst? Ich helfe dir wenigstens hinauf!" „Auf!", antwortet Joni, schubst Nadjas helfende Hand weg und packt mit beiden Händen einen der unteren Äste. Er bleibt ein Weilchen stehen. Durch die trockenen spärlichen, braunen Blätter des Ahorns hindurch betrachtet er Nadja, deren Gesicht über ihm ist. Vorsichtig berührt er die raue Rinde des Astes und zieht die Hand schnell wieder weg. Er reißt ein Blatt ab und zerrupft es in kleine Stücke, die er in der Handfläche zerdrückt. Er pult ein bisschen Rinde ab und führt sie zum Mund, leckt mit der Zunge daran, um sie

gleich wieder auszuspucken. „Joni, das schmeckt doch nicht!", sagt Nadja. „Meck nich",
bestätigt Joni. Neugierig betrachtet er ein neues Rindenstück. Er zerkrümelt es zwischen
den Fingern und beobachtet, wie die Teilchen nach unten fallen.

Wieder berührt er den Ast, sagt: „Au", und patscht trotzdem immer stärker darauf. Er
drückt dagegen und merkt: Das Ding hält dem Druck seiner Hand stand. Seine Finger
ertasten die Oberfläche, gleiten darüber, kratzen, bohren und pulen an der Rinde. Offen-
bar probiert er aus, wie viel Druck er mit den Fingern aufwenden muss, damit der Ast
sich deformieren oder anderweitig verändern lässt, wie er es tagtäglich mit Matsch, Pap-
pe oder Brot macht. Vergeblich, er hat es mit einem harten Gegenstand zu tun. Der übt
Gegendruck aus und blockiert damit die Bewegungen seiner Hand. Da er jetzt erkannt
hat, dass der Ast ein unverrückbar fester Teil des Baumes ist, umgreift er ihn, hält sich
fest und traut sich, den Fuß zu heben, um auf den untersten Ast zu steigen. „Willst du et-
wa den Handschuh allein holen?", fragt Nadja.

Das scheint Jonis Wagemut zu beflügeln. „Holt", antwortet er aufgeregt. Höher und hö-
her – das Knie bis auf den nächsten Ast – prüfen, ob er hält – und Joni hat sich eine sta-
bile Unterlage eine Ebene höher erarbeitet. Er legt den Kopf schief. Jetzt erscheint die Welt
schräge. Er hält sich fest und beugt den Kopf nach vorn, tiefer und tiefer. Weit unten kann
Joni den Boden sehen. „Guck mal, hier unten bin ich", sagt Nadja, „so hoch bist du jetzt,
viel größer als ich!". Stolz antwortet er: „Joni, hooch!" Viel weiter oben als der Kopf der
Erzieherin ist jetzt sein eigener. Eben war sie ihm beim Assistieren noch ganz nahe, jetzt
ist sie weit weg von ihm. Aber er kann die Trennung aufheben, wenn er sich vorbeugt und
Nadja mit den Händen berührt. Dabei gerät er in bedrohliche Schräglage, aber er bringt
sich sofort wieder ins Gleichgewicht, ohne dabei den Handschuh aus den Augen zu ver-
lieren. Er rüttelt prüfend am Ast und nimmt ihn als zuverlässige Stütze wahr. Jetzt zieht
er sich noch einmal ganz hoch – und packt den Handschuh. „Ja, du hast ihn ganz allein
geholt!", bestätigt Nadja. Joni drückt sich den Handschuh ins Gesicht und „probiert" ei-
nen der Finger. „Ganz schön kalt, was?", sagt Nadja. „Kalt", bestätigt Joni. Er gibt Nadja
den Handschuh und lässt sich bereitwillig herunterhelfen.

Aufgabe 1: Machen Sie in Ihrer Lerngruppe ein Brainstorming zu folgenden
Fragen:

1 Inwieweit entsprechen Jonis Erfahrungen der Definition von „Wahrnehmung"
am Anfang?

2 Was nimmt Joni während seines Kletterexperiments wahr? Schreiben Sie Ihre
Ergebnisse einzeln auf Karten, die Sie dann ungeordnet an die Moderatorenta-
fel heften.

17.1   Die Bedeutung sensorischer Anregungen

Jonis waghalsige Klettertour könnte für Unbeteiligte ein überflüssiges, ja tadelnswertes Abenteuer sein: Was hat ein so kleines Kind auf einem Baum zu suchen? Es könnte herunterfallen und sich verletzen. Wo bleibt da das Verantwortungsbewusstsein der Erzieherin? Diese hat sich jedoch als „Fachfrau" dafür eingesetzt, dass unter dem Baum ein Fallschutz angebracht wurde, der das Klettern ungefährlich macht. Sie weiß: Mit seiner Vielfalt möglicher Erfahrungen ist dieser Baum für ein kleines Kind ein faszinierendes Objekt, das sich im Wandel der Jahreszeiten immer wieder neu entdecken lässt.

Wahrnehmungsbereiche

Visuelle Erfahrungen: Als erstes hat Joni seinen Handschuh und dann den Baum als Ganzes gesehen. Bei einer visuellen Wahrnehmung wird die Netzhaut durch Lichtwellen erregt, die von Gegenständen ausgehen oder reflektiert werden. Wenn Joni den Blick auf die Äste des Baumes richtet, wird auf der Netzhaut der Bereich des schärfsten Sehens gereizt. Die vom Baum reflektierten Lichtwellen erregen auf der Netzhaut lichtempfindliche Zellen (Stäbchen und Zapfen). Ihre Nervenimpulse veranlassen einen starken, aber kurzzeitigen, schnell vorübergehenden Eindruck von Umrissen, Formen und Farben im Kurzzeitgedächtnis.

Auditive Erfahrungen: Joni sieht den Baum nicht nur, er hört ihn auch. Solche auditive oder akustische Wahrnehmungen sind Sinneseindrücke, die von Schallwellen erzeugt werden. Diese werden in der Schnecke des Innenohres als Schwingungen mit unterschiedlicher Frequenz wahrgenommen und durch Luft und Wasser als Wellen oder über den Untergrund und die Knochen als Vibrationen übertragen. Jede Faser der Hörnerven wird dabei mit bestimmten Informationen über einen bestimmten Frequenzbereich versorgt. Joni braucht zwei Ohren, damit er hören kann, aus welcher Richtung das Rascheln der Blätter, das Kratzgeräusch auf der Rinde, der hohle Klang beim Dagegentreten oder die Stimme Nadjas kommen.

Olfaktorische Erfahrungen: Joni nimmt beim Zupfen und Reißen, Hantieren und Probieren, beim Klettern und Hangeln nebenbei auch viele Gerüche wahr. Olfaktorische Wahrnehmungen erfolgen über Riechzellen, die über die ganze Nasenschleimhaut verteilt und sensibel für chemische Substanzen und ätherische Öle sind.

Gustatorische Erfahrungen: Jedes Kleinstkind prüft jeden erreichbaren Gegenstand sofort über den Mund ab. Das tut es nicht nur, um Geschmacksqualitäten wahrzunehmen. Die gustatorische oder Geschmackswahrnehmung entsteht auf den Rezeptoren der Zunge und in den Schleimhäuten der Mundhöhle, am Gaumensegel, im Nasenrachen und in der oberen Speiseröhre. Kleine Kinder haben auch Geschmacksrezeptoren auf dem harten Gaumen, in der Zungenmitte sowie in der Lippen- und Wangenschleimhaut. Geruch und Geschmack sind an Jonis Baumexkursion gleichermaßen beteiligt und beeinflussen sich gegenseitig. Und sie werden verbunden mit weiteren wichtigen Wahrnehmungsinhalten.

Haptische Erfahrungen: Mit Hilfe der haptischen oder Oberflächensensibilität (von griech.: haptikos = greifbar) kann Joni die Oberflächenbeschaffenheit und Ausdehnung, die Konturen, aber auch die Temperatur und die Konsistenz des Stammes und der Äste erfassen. Dabei hilft ihm zunächst seine taktile Wahrnehmung, sein Tastsinn. Er liefert Informationen darüber, ob das Holz warm oder kühl, rau oder glatt ist. Wenn Joni einen Ast umfasst oder sich beim Klettern stößt, meldet er Druck und Schmerz. Wenn er dagegen an den Blättern reißt, Baumrinde abpult oder mit den Fingern hineinbohrt, erhält sein Gehirn jedes Mal vielfältige taktile Informationen. Die Gesamtheit der haptischen Wahrnehmungen erlaubt es seinem Gehirn, mechanische Reize, Temperaturreize und Schmerz zu lokalisieren und zu bewerten.

Gleichgewichts und kinästhetische Erfahrungen: Jede der eben geschilderten Einzelwahrnehmungen ist ein wichtiges Element im Bereich „Baumerkundung". Jede für sich genügt als einkanalige Erfahrung jedoch noch lange nicht, um als bleibende, vollständige und nachhaltige Lernerfahrung im Langzeitgedächtnis gespeichert werden zu können. Dazu braucht es noch weitere, grundlegende Sinneseindrücke, die dem Sehen, Ertasten, Hören, Riechen und Schmecken erst Sinn und Bedeutung verleihen. Die Bedeutungsvollsten sind dabei Jonis Gleichgewichtswahrnehmung (vestibulärer Input) und Muskelempfindungen (propriozeptiver oder kinästhetischer Input). Affolter (1991: 17–84) beschreibt sogar jeden Lernprozess als aktive Veränderung der Umwelt durch taktil-kinästhetisches „Wahr-Nehmen". Eine wichtige Rolle spielt in ihrem Modell die aktive Auseinandersetzung mit Widerstand als wichtigster Motor des Lernens.

> „Ich bewege mich so lange, bis ich einen Widerstand spüre, der meinen Bewegungen entgegensteht. Ich erhalte den Eindruck, etwas zu berühren. Wir sprechen von Kon-takt („Mit-Spüren"). Indem ich berühre, stoße ich auf Widerstand. Dieser Widerstand ist die Grundlage der Erkenntnis" (Affolter 1991: 19).

Der Gleichgewichtssinn für die vestibuläre Wahrnehmung gibt Joni Aufschluss über seine Körperhaltung und Orientierung im Raum, über das Oben und Unten, über den Neigungswinkel, den sein Körper beim Klettern jeweils einnimmt, über die Neigung seines Kopfes beim Blick nach unten und über die Drehung seines Kopfes in die richtige Richtung. Die Sinneszellen (Rezeptoren) für den Gleichgewichtssinn liegen in der Schnecke im Innenohr, dicht neben den Rezeptoren für das Richtungshören. So kann Joni seine Körperhaltung optimal einstellen auf Nadjas beleitende Bekräftigungen und das Ziel, das er erreichen will: seinen Handschuh oben in der Astgabel.

Erfahrungen der Körpersinne: Jonis Gehirn empfängt und verarbeitet pausenlos und gleichzeitig Eindrücke aus den Nahsinnen (auditive und visuelle Wahrnehmung), den Fernsinnen (olfaktorische, gustatorische und taktile Wahrnehmung) und den Körpersinnen. Die Körpersinne oder Raum-Lage-Sinne ermöglichen seine Eigenwahrnehmung in Verbindung mit den anderen Wahrnehmungsreizen. Um die aktuelle Position seines Körpers im Raum in Verbindung mit der gerade notwendigen Muskelspannung zu bringen, geben der Stellungssinn und der Bewegungssinn fortlaufend Informationen darüber, wie viel Kraft er beim Forschen und Experimentieren jeweils aufwenden, wie stark er seine Muskeln anspannen, mit welcher Reichweite er Bewegungen ausführen muss. Kraft- und Widerstandssinn melden ununterbrochen, wie viel Druck und Zug in den Muskeln miteinander in Einklang zu bringen und wie sie zu dosieren sind.

Abb. 17.1: Beim Krabbeln und Klettern verarbeiten Kinder pausenlos und gleichzeitig verschiedenste Sinneseindrücke

Was auch immer ein kleines Kind erforscht, untersucht, ausprobiert: Bei jedem Lernvorgang entscheiden das reibungslose Ineinandergreifen seiner Körpersinne mit den anderen Wahrnehmungsleistungen darüber, wie harmonisch, flexibel und geschickt es seine Handlungen auf das Erreichen seines Ziels hin abstimmt. Was ein junges Kind sieht, hört oder ertastet, versucht es sich sofort durch Handeln zu erarbeiten.

Taktile, visuelle und auditive Reize erhalten für das junge Kind ihren Informationswert erst vor dem Hintergrund einer Vielzahl unterschiedlicher Widerstandserfahrungen, gemeldet über die Körper- und Raumlagesinne. Pausenlos bekommt es bei jedem „Forschungsvorhaben" Rückmeldung darüber, wie viel Anspannung, Konzentration und Energie einzusetzen sind, um das untersuchte Objekt in möglichst vielen Dimensionen „be-greifen", „er-fassen" und „ver-stehen" zu können. Erst die Vielzahl unterschiedlicher sensorischer Stimuli bewirken eine Vernetzung aller Areale der Großhirnrinde und des Kleinhirns und damit eine vollständige Lernerfahrung, die in das Langzeitgedächtnis übernommen wird.

Wahrnehmungsanreize wie der Ahorn vor dem Gruppenraum sind die entscheidenden Anstifter frühkindlichen Lernens in der Kita. Joni vervollkommnet mit seiner Hilfe nicht nur seine körperlichen Fertigkeiten, zum Beispiel sich geschickt und sicher zu bewegen, sondern er erwirbt handelnd weiteres Wissen über sich selbst in der Beziehung zu den Dingen und Personen in seiner Welt. Während er klettert und entdeckt, verketten sich Bewegungsabläufe und Wahrnehmungsprozesse und verdichten sich zu Erkenntnisprozessen.

Fortführung von Aufgabe 1: Ordnen Sie Ihre Angaben auf den Karten mit den Ergebnissen Ihres Brainstormings den verschiedenen Sinnesmodalitäten zu und vervollständigen Sie diese. Nun haben Sie einen Überblick darüber, was Joni in der kurzen Zeit während seines Baumabenteuers gelernt hat.

Physikalische Grunderkenntnisse: Ohne direkte „Förderabsicht" ermöglicht Nadja dem Kind Einsichten in Grunderkenntnisse der Physik. Es lernt etwas

- über seine Kraft in Beziehung zum Baum
- über die Energie, die es aufwenden muss, um sich gegen die Schwerkraft der Erde nach oben zu ziehen
- über Zeit, Geschwindigkeit und Beschleunigung
- über Mechanik: Masse und Kraft müssen im Gleichgewicht gehalten werden, um Dinge in Bewegung zu bringen und die Trägheit der Materie zu überwinden, dafür ist eine gewisse Impulsstärke erforderlich, die er durch Muskelspannung aufbringen muss
- darüber, wie viel Energie und Überwinden von Widerstand notwendig sind, um sein angepeiltes Ziel, den Handschuh hoch oben, zu erreichen. Und es erfährt an sich selbst die Wirkung von Spannung und Druck, Kälte und Wärme.

Sprache: Am Ende seiner Klettertour hat Joni nicht nur be-griffen, wie ein Baum schmeckt und sich anhört, er-fasst, wie Baumrinde sich anfühlt, durch-blickt, dass Blätter im Spätherbst nur noch spärlich am Baum wachsen und nebenbei seinen Schatz an sprachlichen Begriffen erweitert, die ihm fortlaufend von Nadja widergespiegelt werden. Er weiß jetzt intuitiv, ohne den Begriff schon „richtig" anwenden zu können, was zum Beispiel mit unten/oben, höher/tiefer, weiter weg/näher dran, dahinter/davor, verschwunden/wieder da, durch/darunter/darüber/dazwischen gemeint ist. Einige Zeit später wird er dafür in ähnlichen Zusammenhängen, wie etwa bei einer Bilderbuchbetrachtung, die dazu gehörenden vollständigen Worte und Sätze lernen.

Motorik und Selbstkonzept: Der handelnde Umgang mit einer Vielzahl unterschiedlich fester und flüssiger, harter und weicher Materialien bildet nicht nur sein feinmotorisches Geschick und die Fähigkeit zur flexiblen Bewegungsplanung aus. Durch Wahrnehmung und Bewegung konstruiert das Kind sein „Körperschema", sein Wissen um Ausdehnung, Grenzen, Belastbarkeit, sensible Bereiche, Stärken und Schwächen des eigenen Körpers in der Beziehung zur dinglichen und personalen Umwelt, und damit sein Selbstbewusstsein, seine Selbstsicherheit und sein Selbstkonzept.

Aufgabe: Erstellen Sie eine Checkliste (Tabelle) für die genannten „Sinnesmodalitäten". Gehen Sie nun in einen Spielzeugladen und nehmen Sie das vorhandene Angebot für Kleinstkinder bis zu drei Jahren in Augenschein. Welche Spielmaterialien mit welchen Wahrnehmungsqualitäten überwiegen? Wie beurteilen Sie das?

17.2 Praxis: Sinneswahrnehmungen – Angebote für drinnen und draußen

Das menschliche und besonders das Gehirn von Babys und Kleinstkindern ist ein „Nimmersatt". Wenn ihre Neugier auf einen Gegenstand erregt ist – und fast jedes unbekannte Ding in ihrer Welt schafft das – verlangt es nach Futter für alle Sinneskanäle gleichzeitig. Auf diese Weise kann es möglichst viele Einsichten in ein und dieselbe Sache aufnehmen, sammeln und weiterleiten. Es verkettet sie miteinander und verwandelt sie als vielschichtige Erfahrung in eine umfassende Erkenntnis, um sie dann im Langzeitgedächtnis abzuspeichern. Das ist fundiertes und nachhaltiges Lernen. Das begründet auch, warum man sich beim Schnuppern eines bestimmten Wohlgeruchs unerwartet an vergangene Kindheitserlebnisse erinnert – und zwar an alles: an die Atmosphäre, das Licht, die Temperatur, die Farben und unser Körpergefühl in dieser Situation.

Daraus folgt für das Lernen: Erfahrungen über einzelne Sinnesmodalitäten, z. B. nur optisch über Bilderbücher oder Fernsehen, nur auditiv über Kassetten oder nur über verbale Anweisungen, genügen nicht. Wer nur auf zwei Kanälen empfängt, kriegt wenig mit vom Programm „Leben". Diese Grundannahme hat unmittelbare Folgen für die pädagogische Planung in der U3-Gruppe.

(Spiel-)Materialien

Kleine Kinder brauchen Forschungsgegenstände, die sie in ihre Elementarteile zerlegen, deren Oberflächenbeschaffenheit und Konsistenz sie erfassen und die sie Belastbarkeitstests unterziehen können. Sie wollen wissen, wie etwas funktioniert, sich dreht, rollt, kreiselt. Sie wollen wissen, ob ein Ding noch das gleiche bleibt, wenn sie es hartnäckig und unbeirrbar einer Versuchsreihe unterziehen. Materialien haben für die Kinder dann einen „Selbstbildungswert", wenn sich damit operieren lässt durch:

- Schlagen, klopfen
- Drücken, kneten, zermantschen
- Schütteln, rütteln, schleudern
- Werfen, wälzen, antreiben
- Rollen, schubsen, stupsen
- Ziehen, schieben, verrücken
- Zerkrümeln, verteilen, zerlegen
- Zerstoßen, zerknacken, zerbeißen
- Pressen, brechen, knicken, zerknacken
- Mischen, durcheinander werfen, untermengen
- Trennen, abspalten, losreißen, abbeißen.

Diesen Ansprüchen wird „traditionelles" Baby- und Kleinkinderspielzeug und erst recht chip-gesteuertes Spielzeug nur für sehr kurze Zeit gerecht. Welche Materialien sind aber dann „richtig"? Und wie sollen sie angeboten werden?

Alltags- und Naturmaterialien: Alltägliche Dinge, die Erwachsene kaum bemerken, denen sie keinen „Bildungswert" beimessen, sind für kleine Kinder Dinge, die zu entdecken sich lohnt. Dazu gehören Naturmaterialien und Wegwerfartikel ebenso wie Küchengeräte, Reinigungsgegenstände und Werkzeuge:

- Kochutensilien möglichst jeweils als „Satz", damit die Kinder Größen- und Raumunterschiede erfassen können, z. B. Töpfe, Pfannen, Kessel, Siebe, Schüsselsatz, Litermaß, Trichter, verschieden große Plastikflaschen mit Schraubverschlüssen, Wäscheklammern, Eierlöffel, Kellensatz, Kochlöffelsatz, Schneebesensatz, Nudelrollen, Dosensatz. Hier sind Absprachen mit den anderen Gruppen angebracht, denn es muss nicht in jeder Gruppe alles vorhanden sein.
- Ausgediente Telefone, Schreibmaschine, Kaffee-Handmühle, Sahneschläger, verschiedene Luftpumpen
- Riesenluftballons, Styropor- und Holzkugeln ab 15 Zentimeter Durchmesser und Stoffsäckchen verschiedener Größe, gefüllt mit unterschiedlichen Materialien, zum Einfüllen und Ausschütten, zum Verstecken und Ertasten von Gegenständen
- Japanische Papierbälle, Fell-, Plüsch- und Lederstücke zum Streicheln, Spitzen- und Tüllstücke zum Durchgucken und Knautschen
- Blechdeckel, Sekt- und Natur-Korken
- Bürsten mit unterschiedlichen Härtegraden
- Schmirgelpapierstücke mit unterschiedlichen Körnungen
- Naturmaterialien, die in jedem Fall auf Gesundheitsschädlichkeit hin überprüft werden müssen und in durchsichtigen Gefäßen dargeboten werden, z. B. Federn in allen Größen und Farben, Tannen-, Kiefern-, Erlen-, Pinien- und Lärchenzapfen (vielleicht mit einem Foto vom Baum auf dem Behälter), Kastanien, Eicheln, Erbsen, große weiße Bohnen
- Mineralien in unterschiedlicher Größe und Gewichtsklassen von kinderfaustgroß bis zu 30 Zentimeter Durchmesser
- Baumrindenstücke, Holzscheiben mit Rinde und erkennbaren Jahresringen
- in Zusammenarbeit mit den Kindern hergestellte Instrumente zum Töne-, Klänge- und Geräusche-Erzeugen:
    - Zum Schütteln: Papprohre, Büchsen, Plastikflaschen leere Dosen, mit Kernen, Sand oder Samen gefüllt, fest verklebten Deckeln und kleinem Durchmesser für Babyhände
    - Zum Trommeln: Waschmitteltonnen, Keks- oder Bonbondosen mit starker Kunststofffolie bespannt und gut befestigt
    - Zum Zupfen: stabile Kartons, flache Kisten, bespannt mit Haushaltsgummis, Nylon- oder Metallsaiten (Musikalienhandel) mit Ringschrauben oder Krampen befestigt, die fest einzudrehen sind.

Aufbewahren und darbieten: Das Material und die Gegenstände sollten so platziert sein, dass sie von Kindern ab dem zwölften Lebensmonat erreicht und selbst wieder weggestellt werden können. Dazu eignen sich:

- Regale in Babyhöhe, auch mit Unterteilung für einzelne Gegenstände oder Holzspielzeuge
- Offene Schränke, z. B. mit einzelnen Schüben als „Eigentumsfächer" mit Foto jedes Kindes
- Leichtgängigen Schubladen für Kleinmaterialien
- Aufbewahrungskästen für unterschiedliche Materialarten.

Bälle: Es gibt kein vielseitigeres und wirkungsvolleres Medium für das Zusammenspiel aller Sinne als den Ball. Der Blick folgt jeder Bewegungsrichtung und die Hände müssen schnell reagieren. So übt sich die komplizierte Auge-Hand-Koordination von selbst und nebenbei. Das Geräusch beim Aufprallen informiert das Kind über die Entfernung des Balles und den Zeitpunkt, wann es die Arme und Hände öffnen muss, um ihn zu ergreifen. Die Raum-Lage-Sinne arbeiten beim Laufen, Stehenbleiben, Wegwerfen und Fangen laufend und exakt zusammen und trainieren Schnelligkeit, Ausdauer und Reaktionsgeschwindigkeit.

Abb. 17.2: Mit Bällen können Kleinstkindern vielseitige Sinneserfahrungen machen

Kleinstkinder brauchen große, kleine, mittlere, kleinste Bälle, mit sehr unterschiedlichen Gewichten und verschiedensten Oberflächenstrukturen. Sie können selbst hergestellt werden aus weichen oder festen, rauen oder glatten Materialien, mit Glöckchen oder Rasseln darin, in vielen Farben, gemustert oder ungemustert:

- **Riesenbälle** über 50 Zentimeter Durchmesser gibt es rund und oval. Am meisten Freude macht das Spielen, wenn mehrere Kinder beteiligt sind und sich zusammen über den Ball rollen und schaukeln lassen, auf dem Bauch liegend versuchen, nicht herunterzufallen oder den Ball zusammen um Hindernisse schieben. Dazu eignen sich auch Riesenballons mit einem Durchmesser von 55 bis 115 Zentimeter. Sie haben besondere Verschlüsse, die das schnelle Entweichen der Luft verhindern und dicke Wandstärken, damit sie nicht leicht platzen und der Beanspruchung durch Kleinstkinder gut standhalten können.
- **Schwere Bälle in verschiedenen Größen**, wie etwa Medizinbälle zum Rollen, Wälzen und Schieben, fordern zum Aufbringen von Kraft und Ausdauer heraus und schulen das Richtungsverständnis.

- **Noppenbälle** lassen sich besonders gut greifen und fangen, weil sie nicht so rasch aus den Händen rutschen. Sie eignen sich auch für eine Körper-, Hand- und Fußmassage vor dem Einschlafen.
- **Gummibälle mit Glocken** verschiedener Tonhöhe sensibilisieren das Hörvermögen und erleichtern das Richtungshören und -sehen.
- **Softbälle in mehreren Größen** lassen sich mit geringem Kraftaufwand ergreifen und sind so leicht, dass kein Kind Angst haben muss, getroffen zu werden.

Außengelände

Kleine Kinder verbringen am liebsten die größte Zeit des Tages im Freien.

Unterschiedliche Bodenstrukturen: Sie sorgen für verschiedene Sinneserfahrungen beim Krabbeln und Barfußlaufen; Wiese und Rasenflächen, Erdboden, Kies- und Sandflächen, aber auch Rasengittersteine, Ökopflaster, Rindenmulch, Holzbohlen und gepflasterte Areale mit breiten Fugen sollten nicht fehlen.

Kleinräumige Spielbereiche: „Spielplatzteiler" entstehen durch Absenkungen und Erhöhungen der Oberfläche, durch bewachsene Trockenmauern, eine Pergola oder Laube oder das Anpflanzen grüner Räume mit Hecken, Obst- und Beerensträuchern, Bäumcheninseln, Strauchgruppen, Kräuter- und Duftpflanzenbeeten und Wiesenstücken. Hindernisse, schräge Ebenen, Stufen, Nischen, Höhlen, Mulden, Ecken, Ebenen auf unterschiedlichen Höhen zur Erfahrung unterschiedlicher Raumdimensionen ermöglichen das Überwinden von Widerstand und lassen sich durch Geländemodellierungen wie Wallhecken und Knicks, bepflanzte Hügel, Dämme, Hindernisse aus Feldsteinen oder umgelegten und längsseitig abgeflachten Baumstämmen, Mulden, Abhänge und Senkungen erreichen. Sie sollten kleinräumig gegliedert sein und Rückzugsmöglichkeiten und Verstecke bilden.

Sand- und Wasserspielbereich: Der Sandspielbereich hat Sitzmöglichkeiten am Rand und in der Mitte, einen mehrstufigen „Tresen" zum Kuchenbacken und idealerweise Wasserrinnen, auf die Wasser gegossen und in die Sandkiste geleitet werden kann, um den Sand zu befeuchten. Eine leitungswassergespeiste Matschecke mit Stein- oder Holztrögen (Frischwasser, kein stehendes Wasser), ein Matschtisch, ein Wassererlebnisplatz, z.B. als Wasserbaustelle mit einer über das Wassernetz gespeisten Pumpe, ermöglichen Erfahrungen mit Fließeigenschaften des Wassers, das Matschen und Mischen. Die Pumpe kann auf einer Erhöhung aus Granitsteinen platziert und mit einem Wasserabfluss ausgestattet werden.

Literatur

Affolter, F. (1991): Wahrnehmung, Wirklichkeit und Sprache. Villingen-Schwenningen

Ayres, J. (1984): Bausteine der kindlichen Entwicklung. Berlin

Bachmann, R. (1994): Ökologische Außengestaltung in Kindergärten. Praktisches Handbuch für Neubau und Umgestaltung. Weinheim/München

Bodenburg, I./Grimm, G. (1983): Was will das Kind denn bloß? Kleine Kinder verstehen und ihnen mehr Erfahrungen ermöglichen. Reinbek

Bodenburg, I./Grimm, G. (1986): Zusammenleben mit Kleinstkindern. Anregungen für die Arbeit in Krippen und Krabbelstuben. Berlin

Bodenburg, I./Kollmann, I. (2009): Frühpädagogik. Arbeiten mit Kindern von 0 bis 3 Jahren. Köln

Bodenburg, I./Kollmann, I. (2010): Frühpädagogik. Arbeiten mit Kindern von 0 bis 3 Jahren. Arbeitsheft. Köln

Bodenburg, I./Stoltenberg, U. (1993): Erfahrung durch Bewegung. Berlin

Deutsche Liga für das Kind (2008): Gute Qualität in Krippe und Kindertagespflege, Eckpunktepapier, www.liga-kind.de/downloads/krippe.pdf (Zugriff 28.02.2011)

Deutsches Jugendinstitut (Hrsg.) (2009): Quantität braucht Qualität. Agenda für den qualitativ orientierten Ausbau der Kindertagesbetreuung für unter Dreijährige. München

Gardner, H. (1993): Der ungeschulte Kopf. Wie Kinder denken. Stuttgart

Gopnik, A./Kuhl, P./Meltzoff, A. (2000): Forschergeist in Windeln. Wie Ihr Kind die Welt begreift. Kreuzlingen/München

Hirler, S. (2007): Musik und Spiel für Kleinkinder. Ein Praxisbuch für die musikalische Früherziehung in Krippe, Tagespflege und Eltern-Kind-Gruppen. Berlin/Düsseldorf/Mannheim

Hüther, G (2006): Bedienungsanleitung für ein menschliches Gehirn. Göttingen

Keller, H. (Hrsg.) (2003): Handbuch der Kleinkindforschung. Bern/Göttingen/Toronto/Seattle

Pauen, S. (2006): Was Babys denken. Eine Geschichte des ersten Lebensjahres. München

Pauen, S./Träuble, B. (2008): Die neue Sicht auf das Baby. Erkenntnisse der Säuglingsforschung revolutionieren unser Verständnis des frühen Lernens. Zeitschrift Frühe Kindheit 2008/3

Pikler, E. (1988): Lasst mir Zeit. Die selbständige Bewegungsentwicklung des Kindes bis zum freien Gehen. München

Schäfer, G. E. (Hrsg.) (2003): Bildung beginnt mit der Geburt. Förderung von Bildungsprozessen in den ersten sechs Lebensjahren. Weinheim

Simonis, Ch. (2001): Mut zur Wildnis, Naturnahe Gestaltung von Außenflächen an Kindergärten, von öffentlichen Spielflächen und Schulhöfen. Neuwied/Berlin

Zimmer, R. (2005): Handbuch der Sinneswahrnehmung. Grundlagen einer ganzheitlichen Erziehung. Freiburg

18 Mit Kleinkindern Bilderbücher betrachten

Bettina Kümmerling-Meibauer

Die Bedeutung des Vorlesens und des gemeinsamen Betrachtens von Bilderbüchern im frühen Kindesalter ist von Wissenschaftlern verschiedener Fachrichtungen herausgestellt worden und rückte im Rahmen der PISA-Studie auch in Deutschland immer mehr in den Vordergrund. In Anknüpfung an das erfolgreiche „Bookstart"-Programm in Großbritannien, das 1992 begründet wurde, wurde 2008 von der Stiftung Lesung die Initiative „Lesestart" ins Leben gerufen. Seitdem erhalten Kinder im Alter von zwölf Monaten auch in vielen deutschen Städten beim Arztbesuch ihr erstes Bücherpaket.

Die positiven Effekte des frühen Kontaktes mit Bilderbüchern für Kleinkinder sind bekannt: Diese Kinder weisen gegenüber Kindern, mit denen man keine Bilderbücher betrachtet hat oder denen nicht oder kaum vorgelesen wurde, ausgeprägtere Sprachkenntnisse auf und haben weniger Schwierigkeiten beim Lese- und Schreiberwerb in der Grundschule. Außerdem sind sie mit den Bildkonventionen und der literarischen Symbolsprache weitaus vertrauter.

Welche Bedeutung in diesem Zusammenhang Kleinkindbilderbücher haben, ist dennoch von der Forschung bislang wenig beachtet worden (vgl. hierzu aber Kümmerling-Meibauer 2011; Kümmerling-Meibauer/Linsmann 2009; Kümmerling-Meibauer/Meibauer 2005). Dabei übernimmt gerade das Bilderbuch für Kleinkinder eine tragende Rolle, weil dieser Buchtypus Kinder schon sehr früh Anregungen vermittelt, die für den Bild- und Spracherwerb, aber auch für das Verständnis von Literatur von immenser Wichtigkeit sind. Das Verstehen von Geschichten — ob ausschließlich über die Bilder oder die Text-Bild-Relation vermittelt — wird bereits mit den ersten Bilderbüchern für Kinder ab dem ersten Lebensjahr geübt und bereitet das Kind auf die Beschäftigung mit komplexeren Bilderbüchern und Texten vor.

Aufgabe: Gehen Sie im Internet auf die Website www.lesestartdeutschland.de und suchen Sie unter „Lesestart-Set" den Download „Der Vorleseratgeber". Erarbeiten Sie in Ihrer Lerngruppe einen ansprechend gestalteten, einseitigen Elternbrief für Eltern von Krippenkindern, in dem Sie auf Informationen des Vorleseratgebers zurückgreifen.

18.1 Bilderbücher für Kleinkinder

Kleinkinder ab etwa einem Jahr bis zum Alter von zwei bis drei Jahren kommen im westlichen Kulturkreis zuerst mit Kleinkindbilderbüchern in Berührung. Diese enthalten meist gar keinen oder sehr wenig Text. Im Gegensatz zu textlosen Bilderbüchern für größere Kinder ab ca. vier Jahren, die mittels der Bildsequenz eine Geschichte erzählen, liegt der Fokus bei den Kleinkindbilderbüchern auf der Einzel- bzw. Doppelseite. In der Regel sind die Illustrationen nicht im Sinne einer zusammenhängenden Geschichte miteinander verbunden.

Bevor man mit Kleinkindern ein Bilderbuch genauer betrachtet, müssen diese erst einmal mit dem Konzept „Buch" vertraut gemacht werden. Gibt man nämlich kleinen Kindern zum ersten Mal ein Bilderbuch in die Hand, so wird man beobachten, dass diese nicht wissen, was sie damit machen sollen. Sie lutschen daran, kauen darauf herum, drehen es hin und her und werden es irgendwann gelangweilt zur Seite legen oder werfen.

Erst mit der Hilfe eines Erwachsenen oder älteren Kindes lernen Kleinkinder die Regeln, die für den Umgang mit Büchern relevant sind: Stillsitzen, Blättern, Betrachten und Zeigen.

Beim gemeinsamen Betrachten wird der Erwachsene das Kind in der Regel auf den Schoß nehmen, damit beide in das Buch hineinschauen können. Außerdem bekommt das Kind auf diese Weise ein Gefühl der Geborgenheit vermittelt. Am Anfang wird das Blättern noch weitaus interessanter sein als das Anschauen der Bilder. Die dicken Pappblätter kommen hierbei der Kleinkindmotorik entgegen. Beim Blättern wird das Kind auch allmählich lernen, dass jedes Buch ein Anfang und ein Ende hat – oft noch betont durch entsprechende Äußerungen des erwachsenen Mitbetrachters – und dass es eine richtige Buchstellung gibt: Die Bilder dürfen nicht auf dem Kopf stehen. Außerdem wird das Kind angehalten, sich jede Seite anzuschauen und dabei zunächst die linke und dann die rechte Seite zu betrachten, um auf diese Weise schon die richtige „Leserichtung" kennenzulernen.

Aufbau eines Kleinkindbilderbuches: Das prototypische Kleinkindbilderbuch, mit dem ein Kleinkind im Alter von ca. zwölf Monaten zuerst in Kontakt kommt, besteht aus mehreren Seiten aus stabilem Material; es enthält farbige Bilder von Gegenständen aus dem kindlichen Erfahrungsbereich wie einen Ball, ein Auto, einen Hund, Schuhe oder einen Becher, aber keinerlei Text. Solche Bücher sind vermutlich in sehr hohen Auflagen verbreitet; man kann annehmen, dass jedes Kind ein oder mehrere solcher Bücher kennengelernt hat. Ein populäres Beispiel für diesen Bilderbuchtyp ist Helmut Spanners „Meine ersten Sachen" (1998).

Bildeigenschaften: Die Abbildung 18.1 veranschaulicht typische Eigenschaften von Illustrationen in Kleinkindbilderbüchern:

- Der Gegenstand wird in seiner Ganzheit und nicht als Ausschnitt gezeigt.
- In der Regel ist er von einer schwarzen durchgezogenen Linie umrandet.
- Der Gegenstand wird entweder von vorne oder von der Seite gezeigt, Aufsicht oder Untersicht wird eher vermieden.
- Der kindliche Betrachter befindet sich auf Augenhöhe mit dem Gegenstand. Der Farbton ist gleichmäßig, Farbabstufungen sind kaum zu erkennen.
- Die Gegenstände selbst sind in leuchtenden, satten Farben wiedergegeben, Primärfarben dominieren.

Abb. 18.1: Abbildung aus einem typischen Kleinkindbilderbuch (Helmut Spanner: Meine ersten Sachen. © 1998 by Ravensburger Buchverlag Otto Maier GmbH, Ravensburg)

Diese Beobachtungen stimmen mit den Farbpräferenzen von Kleinkindern überein. Psychologen haben herausgefunden, dass Kleinkinder einen „reinen" Farbton bevorzugen. Dieser wird als Prototyp der jeweiligen Farbe Rot, Blau oder Gelb angesehen, während Farbnuancen erst später wahrgenommen werden (vgl. Koerber 2007).

Die abgebildeten Gegenstände sind immer sauber und unbeschädigt, ganz im Gegensatz zur realen Umwelt des Kindes. Der meist einfarbig gestaltete Hintergrund ist ein sogenannter „negativer Raum", d. h. es gibt weder eine Horizontlinie noch andere Anhaltspunkte, die eine räumliche Orientierung ermöglichen. Diese Darstellung bewirkt, dass die jeweiligen Gegenstände gleichsam durch den Raum zu schweben scheinen. Auffallend sind auch die Größenrelationen: Die Gegenstände sind zueinander nicht proportional. Sie sind alle gleich groß, obwohl ein Schuh kleiner ist als ein Hund oder ein Stuhl größer als ein Ball.

Diese knappe Beschreibung macht deutlich, dass die Gegenstände nicht so abgebildet werden, wie man sie in der Realität wahrnimmt. Kein Gegenstand zeigt sich dem Betrachter nur von einer Seite, ist von einer schwarzen Linie umrandet, in einem gleichmäßigen Farbton ohne Schattierungen gehalten und „schwebt" gleichsam durch einen leeren Raum. Diese vereinfachte Darstellungsweise bestimmt die meisten Vertreter dieses Bilderbuchtyps und ist durch einen gewissen Abstraktionsgrad gekennzeichnet. Die vermeintliche „Einfachheit" dieser Illustrationen hat lange Zeit verdeckt, dass auch diese Bilder bei näherer Betrachtung eine gewisse Komplexität aufweisen.

Fähigkeiten für das Betrachten von Bilderbüchern: Um die Bilder in einem Bilderbuch verstehen zu können, müssen Kinder schon früh vier Fähigkeiten erwerben:

- Die Unterscheidung von Figur und Hintergrund, d. h. die Erkenntnis, dass der abgebildete Gegenstand wichtig ist und nicht die umgebende Fläche
- Das Wissen, dass Linien, Punkte und Farben als Bestandteile des abgebildeten Objektes Bedeutung haben, aber nicht per se
- Das Wiedererkennen eines dreidimensionalen Objekts in einer zweidimensionalen Darstellung (Entwicklungspsychologen haben durch Experimente nachgewiesen, dass Kinder ab neun Monaten dazu in der Lage sind. Dennoch stellt sich heraus, dass Kinder unter zwei Jahren gelegentlich versuchen, einen abgebildeten Gegenstand aus dem Buch herauszunehmen (vgl. Bloom 2000). Erst wenn diese Versuche mehrfach scheitern, wird das Kind lernen, dass es zwischen Bildern und realen Objekten unterscheiden muss)
- Das Erfassen von Schemata, d. h. die Ähnlichkeit zwischen einem realen Gegenstand und der jeweiligen Abbildung zu erkennen. Dieser Prozess verlangt vom Betrachter, dass er wesentliche von unwesentlichen Eigenschaften unterscheiden und die prototypischen Merkmale eines Gegenstandes erfassen kann.

18.2 Spracherwerb mit Bilderbüchern

In der frühen Spracherwerbsphase spielt der Worterwerb eine große Rolle. Wenn Kinder 18 Monate alt sind, verfügen sie in der Regel über ein Repertoire von 50 Wörtern (frühe Konzepte), dazu gehören vor allem Nomen, aber auch Verben, Adjektive, Namen, Pronomen, Grußformen und relationale Ausdrücke. Bei den Nomen sind vor allem solche Objektbezeichnungen vorhanden, die für das kleine Kind relevant sind. Hierzu gehören Bezeichnungen für Dinge aus der unmittelbaren Umgebung sowie für Dinge, die beweglich sind und die das Kind handhabt. Diese können zwar von Kind zu Kind verschieden sein, aber ein gewisser Wortbestand ist allen Kindern gemeinsam. Es ist eher unwahrscheinlich, dass ein Kind im Alter von 12 bis 18 Monaten Wörter wie Taschenlampe oder Weinflasche beherrscht.

Ab dem zweiten Lebensjahr tritt der sogenannte „Vokabelspurt" ein: Kinder lernen jeden Tag neue Wörter, sodass Spracherwerbsforscher davon ausgehen, dass Kinder im Alter von sechs Jahren über einen Wortschatz von ungefähr 14000 Wörtern verfügen. Das Kleinkindbilderbuch spielt bei diesem Erwerbsprozess eine nicht zu unterschätzende Rolle, denn hierbei ist der Spracherwerb durch die besondere Lernsituation – im Gegensatz zur Alltagssituation – gesteuert. Bei den ersten Kleinkindbilderbüchern ohne Text handelt es sich um eine typische Zeige- und Benennsituation, wie aus dem folgenden Beispiel hervorgeht (Wagner/Wiese 1996: 14):

Vater: „Ach, was ist das denn für'n Tier?"
Katrin: „Wü'n Dier." [für ein Tier]
Vater: „Was ist das denn?" [zeigt auf das Bild]
Katrin: „Dogadij." [Krokodil]
Vater: „Ein Krokodil."

Der Erwachsene fragt das Kind, was auf dem Bild zu sehen ist und erwartet, dass das Kind richtig antwortet. Wenn das Kind eine falsche Antwort gibt, wird es korrigiert. Dieses Muster kann natürlich erweitert und variiert werden, indem man etwa Tiergeräusche nachahmt oder fragt, was das Krokodil isst oder wo das Kind schon ein Krokodil gesehen hat.

Aufgabe: Suchen Sie im Internet unter www.stiftunglesen.de nach der Broschüre „Eltern – hören zu – sprechen – lesen vor. Ein wohlklingender Dreiklang mit den Kindern". Erarbeiten Sie pädagogische Hinweise, worauf man beim gemeinsamen Betrachten von Bilderbüchern als Krippenpädagogin achten sollte. Gestalten Sie in Ihrer Lerngruppe ein Plakat mit diesen Hinweisen.

18.3 Bilderbuchtypen und ihre kognitiven Herausforderungen

Im nachfolgenden wird einerseits demonstriert, welche bedeutenden Funktionen Kleinkindbilderbücher für den Bild-, Sprach- und Literaturerwerb des kleinen Kindes übernehmen, andererseits eine Übersicht des mittlerweile kaum noch zu überschauenden Angebots an Kleinkindbilderbüchern aufgestellt. Diese Typologie richtet sich nach den wachsenden kognitiven Fähigkeiten der Zielgruppe.

Konzepte-Bücher

Bücher zu frühen (Wort-)Konzepten: Weil die ersten Bilderbücher für Kleinkinder fast ausschließlich Gegenstände zeigen, werden diese als „Frühe-Konzepte-Bücher" klassifiziert. Dieser Begriff weist darauf hin, dass eine wichtige Funktion gerade dieser ersten Bilderbücher darin besteht, Kindern Wissen über Konzepte zu vermitteln und diese Konzepte Bildern bzw. mentalen Bildern zuzuordnen. Diese Bilderbücher helfen folglich dem Kind bei der Erweiterung seines nominalen Wortschatzes. Man kann darüber hinaus aber auch vermuten, dass Kinder beim Anschauen dieser Bilderbücher bildlich vermittelte Wortkonzepte erwerben.

Bücher zu konzeptionellen Klassen, z. B. Fahrzeuge, Tiere: Vergleichbar mit diesem Bilderbuchtypus sind Bilderbücher, die sich auf die Darstellung von konzeptuellen Klassen oder Domänen beziehen wie etwa Spielzeug, Fahrzeuge, Tiere oder Nahrungsmittel. Diese Bilderbücher gehen insofern einen Schritt weiter, als die dargestellten Gegenstände nicht aus verschiedenen Bereichen gewählt sind, sondern die Aufgabe übernehmen, Kindern den Zusammenhang zwischen Gegenständen, die zu einer konzeptuellen Domäne gehören, nahezubringen. Weil die dargestellten Objekte nicht mehr ausschließlich zu den „frühen Konzepten" gehören, werden diese Bilderbücher als „Konzepte-Bücher" bezeichnet.

Bücher zu abstrakten Konzepte, z. B. Zahlen, Farben: Erstaunlicherweise gibt es für die Altersgruppe der Kinder zwischen 15 und 24 Monaten auch Konzepte-Bücher, die abstrakte Konzepte wie Farben, Zahlen, Formen oder das ABC darstellen. Diese Konzepte werden dabei immer mit Objekten aus der Umgebung des Kindes kombiniert, um den Wiedererkennungseffekt zu erhöhen.

Bücher zu Objektergänzungen wie Adjektive, Geräusche: Es finden sich auch Konzepte-Bücher zu Verben (z. B. Judith Drews: Antons ganze Welt. 2010), zu Adjektiven (z. B. Cornille Didier: Rund und Eckig. 2010) und Geräuschen (z. B. Soledad Bravi: Piep, piep, piep. 2009). Auch diese Bilderbücher dienen der Erweiterung des Wortschatzes, vermittelt über bildlich wiedergegebene Bildkonzepte. Sie richten sich an Kinder, die sich bereits in der Zwei-Wort-Phase befinden und zu den Objekt-Konzepten die passenden Ergänzungen lernen: was kann man mit den jeweiligen Objekten machen, welche Eigenschaften haben sie bzw. welche Geräusche können diese produzieren?

Bedeutung für den Literaturerwerb: Bei der interaktiven Beschäftigung von Erwachsenen und Kleinkindern mit diesen Bilderbüchern handelt es sich folglich nicht um eine typische Vorlesesituation, sondern um eine gemeinsame Betrachtungs- und Benennungssituation. Denn diese Bilderbücher enthalten weder einen Text, der eine durchgehende Geschichte repräsentiert, noch Hauptpersonen. Außerdem zeichnen sie sich nicht durch eine Text-Bild-Relation aus, noch kann durch die Bildersequenz eine Geschichte mit Anfang, Höhepunkt und Ende erschlossen werden. Aus diesen Gründen hat man lange Zeit angenommen, dass sie keinen Beitrag zum Literaturerwerb leisten. Diese Einschätzung hält einer genaueren Betrachtung nicht Stand. In der Interaktion mit einem Erwachsenen erwirbt das Kleinkind einige wesentliche Fähigkeiten, die für die Hinführung zum Symbolsystem Literatur von großer Bedeutung sind. Diese These soll mithilfe von drei Aspekten verdeutlicht werden:

- **Reihenfolge** – durch das Blättern von vorne nach hinten und das Betrachten einer Doppelseite werden Kleinkinder mit dem Phänomen der Serialität vertraut gemacht. Dieser Begriff deutet darauf hin, dass Texte und auch eine Bildsequenz in einer bestimmten Reihenfolge betrachtet bzw. gelesen werden müssen. Beim Betrachten der Bilderbücher lernt das Kind, dass jedes Buch einen Anfang und ein Ende hat. Ebenso regt das Innehalten bei einer Doppelseite dazu an, die Bilder genau zu betrachten, bevor man weiterblättert.
- **Darstellung und Vorstellung** – Kleinkinder lernen darüber hinaus, dass Wörter und Bilder Objekte repräsentieren können. Dieses Repräsentationsprinzip ist ein bedeutsamer erster Schritt zum Verständnis von Fiktionalität als einem wesentlichen Kriterium von Literatur. Bei den Bilderbüchern sieht man noch die Entsprechung des Objektes im Bild. Mit der Bezeichnung als „Ball" oder „Puppe" erkennen kleine Kinder, dass man nicht nur reale Gegenstände, sondern auch Abbildungen, die die Objekte symbolisch repräsentieren, benennen kann. In

einem weiteren Schritt lernen Kinder, zu den Begriffen mentale Bilder zu erzeugen. Diese Fähigkeit ist ein wesentlicher Schritt zum Verständnis von Literatur. Wer diese Fähigkeit nicht oder nur ansatzweise erworben hat, findet später kein Vergnügen an fiktionalen Texten, die in der Regel keine Illustrationen mehr enthalten. Diese Texte setzen nämlich voraus, dass man in der Lage ist, sich die sprachlich dargestellten Handlungen und Personen bildlich im Kopf vorzustellen.

- **Bildzusammenhänge** – außerdem wird in diesen Bilderbüchern ansatzweise auch schon die Vorstellung vermittelt, dass Bilder – ebenso wie Sätze in einem Text – eine Verbindung miteinander eingehen können. Bei den Frühe-Konzepte-Büchern fällt auf, dass die Gegenstände auf einer Doppelseite nicht willkürlich ausgewählt worden sind, sondern sich thematisch aufeinander beziehen. In der Regel findet man hierbei das Prinzip der Äquivalenz, d. h. die Abbildungen stammen aus derselben konzeptuellen Klasse, wie etwa Brötchen und Banane oder Löffel und Teller. Diese thematischen Zuordnungen können dazu anregen, die dargestellten Gegenstände nicht nur zu benennen, sondern sie in einen Zusammenhang zu bringen. Das kann über einen Frage-Antwort-Dialog erreicht werden oder auch mittels einer kurzen Erzählung, die eine Verbindung zwischen den einzelnen Abbildungen herstellt. Durch das mündliche Erzählen werden bereits kleine Kinder an eine einfache Form des Konzepts „Geschichte" oder „Narration" herangeführt.

Bilderbücher mit Szenerien

Das Betrachten von Konzepte-Büchern bereitet das Kleinkind auf die Beschäftigung mit Bilderbüchern vor, die auf anderen Gestaltungsprinzipien basieren. Hierzu gehören diejenigen Bilderbücher, die nicht mehr einzelne Gegenstände darstellen, sondern Szenerien. Ein fließender Übergang von den Konzepte-Büchern zu den Bilderbüchern mit Szenerien ergibt sich bei denjenigen Büchern, die auf der einen Seite eine Szene zeigen, z. B. Gartenarbeit, Einkaufen im Supermarkt, Frühstücken in der Küche, und auf der gegenüberliegenden Seite einzelne Gegenstände, die dann in dem Szenenbild abgebildet sind. Ein gelungenes Beispiel dieser Art ist Paul Sticklands „Pauls erste Sachen" (1990).

Diese Bilderbücher laden nicht nur zum Benennen der Gegenstände und zur Beschreibung der Szene ein, sondern bieten darüber hinaus die Gelegenheit, das Kind in ein Suchspiel einzubinden, indem der jeweilige Gegenstand in dem Szenenbild gesucht werden muss. Zugleich werden kleine Kinder mit einem komplexeren Bildaufbau konfrontiert, indem sie eine räumliche Darstellung mit Figuren und Gegenständen, die in einem direkten Zusammenhang miteinander stehen, betrachten können. Die ausgewählten Situationen beziehen sich dabei immer auf Alltagserfahrungen kleiner Kinder und ermöglichen ihnen in einem weiteren Schritt, sich mit sogenannten „settings" oder „scripts" (beides Begriffe aus der Entwicklungspsychologie) vertraut zu machen, d. h. sie lernen, welche Gegenstände und Handlungen mit bestimmten Situationen wie Zoobesuch, Geburtstagsfeier oder Einkaufen auf dem Wochenmarkt noch verbunden sind, und sie lernen außerdem (neue) Begriffe, die sich thematisch auf einen Kontext beziehen.

Wimmelbücher

Einen Schritt weiter gehen die bei kleinen Kindern so beliebten „Wimmelbücher". Hierbei handelt es sich um Bilderbücher, die ebenfalls ohne Text auskommen und bei denen auf einer Doppelseite eine Szenerie zu sehen ist, z. B. Baustelle, Schwimmbad, Park oder Spielplatz. Der Betrachter blickt oft aus einer Vogelperspektive auf die Szene herab und hat damit einen Gesamtüberblick über alle Handlungen und Dinge, die zur selben Zeit am selben Ort passieren. Im Gegensatz zu Sticklands Buch etwa sieht man hierbei nicht zwei bis vier Figuren, die gemeinsam interagieren, sondern eine Vielzahl von Figuren – auf manchen Bildern sind mehr als 20 Figuren abgebildet –, die verschiedene Aktionen ausführen. Da es folglich auf diesen Bildern von Figuren, Handlungen und Details nur so „wimmelt", brauchen kleine Kinder viel Zeit und Geduld, um sich auf die einzelnen Dinge einzulassen.

Gerade die Wimmelbücher laden zum wiederholten Betrachten und Entdecken ein, wobei hierbei auch wieder das Rate- und Suchspiel angewendet werden kann. Jedes Mal werden kleine Kinder etwas Neues auf den Illustrationen finden, was sie vorher noch nicht wahrgenommen haben, wobei der erwachsene Mitbetrachter diese durch Fragen oder Hinweise auf bestimmte Details oder Episoden aufmerksam machen kann. Durch das Raten und Suchen werden die Kinder nicht nur an den Frage-Antwort-Dialog herangeführt, sondern auch animiert, die Situationen zu beschreiben oder zu erklären, warum die Figuren bestimmte Handlungen ausführen. Die älteren Wimmelbücher, etwa diejenigen von Ali Mitgutsch „Rundherum in meiner Stadt" (1968), stellen auf jeder Doppelseite eine neue Szenerie dar, ohne dass zwischen den einzelnen Szenen ein

Abb. 18.2: Rotraut Susanne Berner: Winter-Wimmelbuch. © 2003 Gerstenberg Verlag, Hildesheim

Zusammenhang hergestellt wird. Rotraut Susanne Berner hat mit ihren in der fiktiven Stadt Wimmlingen spielenden Wimmelbüchern ein neues Konzept entwickelt, indem zwar die Szenerien wechseln, diese aber örtlich und situativ miteinander verbunden sind.

Infolgedessen findet man dieselben Figuren und Tiere auf allen Szenenbildern wieder, sodass sich im Verlaufe des Weiterblätterns und Betrachtens von Anfang bis Ende des jeweiligen Wimmelbuches eine durchgehende Geschichte zu diesen Figuren allein mittels der Bildebene entschlüsseln lässt, z.B. ein Papagei ist aus dem Käfig entflogen, fliegt durch die Stadt und wird von einem Mädchen wieder eingefangen; ein Jogger verliert seinen Schlüsselbund, ein anderes Mädchen findet ihn und eilt ihm nach oder ein Hubschrauber kreist über der Stadt.

Die detaillierten und oft witzigen Situationen fordern geradezu einen differenzierten Dialog zwischen Kindern und Erwachsenen heraus, sodass kleinere Kinder eine größere Sicherheit im Erfassen von Bildkonventionen erlangen. Zugleich verfestigt sich hierbei ihr Konzept von einer weiterhin mündlich vorgetragenen Geschichte, die sich jedes Mal hinsichtlich des Wortschatzes, Satzgefüges und der Detailliertheit der Beschreibung ändert. Durch die Zuwendung des Erwachsenen werden das konzentrierte Zuhören und das aufmerksame Betrachten einer Doppelseite gefördert. All diese Fähigkeiten sind notwendige Voraussetzungen, damit Kinder ab drei bis vier Jahren in der Lage sind, komplexere Bilderbücher sowohl auf der Bild- als auch auf der Textebene zu verstehen und auch einem nicht mehr mündlich vorgetragenen, sondern nunmehr vorgelesenen Text, folgen zu können.

Spiel- und Ratebilderbücher

Dem kindlichen Interesse am Spiel, das sowohl die Neugierde als auch die Imaginationskraft anregt, kommen auch diejenigen Bilderbücher entgegen, die mit eingefügten Klappen, Türchen oder Puzzleteilen ausgestattet sind. Das Kind erhält die Aufgabe, selbst die Materialität des Buches haptisch zu begreifen, indem es selbstständig die ausgestanzten Klappen öffnet, an einem Rad dreht, durch ein Loch auf die nachfolgende Seite guckt oder mit Magneten versehene lose Teile an richtige Stellen einfügt. Während bei diesen Bilderbüchern eher der spielerische Charakter und die eigenständige Aktivität des kleinen Kindes im Vordergrund stehen, gibt es wiederum an-

Abb. 18.3:   Abb. 18.4:
Antje Damm. Was ist das? © 2006, 2009 Gerstenberg Verlag, Hildesheim.

dere Bilderbücher für diese Zielgruppe, die mehr die Vorstellungskraft stimulieren. In Antje Damms „Was ist das?" (2006) werden Alltagsgegenstände so verfremdet, dass daraus etwas Neues, in diesem Fall immer ein Tier, entsteht. Auf einer Seite sieht man etwa eine Scheibe Käse mit vielen Löchern. Mit der Frage „Was ist das?" wird das Kind zunächst aufgefordert, den Gegenstand selbst zu benennen, aber sich vielleicht auch zu überlegen, was diese Käsescheibe für ein Tier darstellen könnte. Beim Umblättern sieht man dann überraschenderweise, dass daraus eine Kuh geworden ist. So wird aus einem Wasserhahn ein Schwan, aus einer grünen Wäscheklammer ein Krokodil oder aus einem Sesambrötchen eine Schildkröte.

Hierbei wird der Blick des Kindes geschult, auf Formen und Farben zu achten, und sich in einem nächsten Schritt zu überlegen, wie man einen Gegenstand verändern oder aus einem bestimmten Blickwinkel wahrnehmen kann, sodass sich daraus ein neues Objekt ergibt. Die Künstlerin Antje Damm macht sich dabei die menschliche Fähigkeit zunutze, von vorgegebenen Funktionen abstrahieren und in Dinge etwas anderes hineinprojizieren zu können, so wie man in Wolkengebilden oder auf Felsen Gesichter und Körper zu erkennen glaubt. Diese Fähigkeit schult zugleich das Vermögen, mentale Vorstellungen und Konzepte zu entwickeln und diese dann wiederum aktiv in einem Fantasiespiel anzuwenden.

Bilderbücher mit Text

Auch wenn im Kleinkindbilderbuchbereich textlose Bilderbücher dominant sind, enthalten Bilderbücher, die sich an Kinder ab etwa zwei bis drei Jahre wenden, zunehmend Textanteile. Hierbei handelt es sich entweder um kurze Prosatexte oder Reime. Peggy Rathmanns „Gute Nacht, Gorilla" (2006) kommt dabei nur mit wenigen, in die Bilder eingefügten Sprechblasen aus. Der Text beginnt immer mit „Gute Nacht", gefolgt von einem Tiernamen. Die kurzen Sätze verlangen vom kindlichen Betrachter, sich auf die Bilder zu konzentrieren, um einerseits den Kontext der Äußerung zu verstehen, andererseits diese einem Sprecher zuzuordnen. So lernt das Kind nicht nur, Schrift von Abbildung zu differenzieren – als Hinführung an das Konzept „Schrift" –, sondern auch, dass Text und Bild in einer engen Relation zueinander stehen. Wenn das kleine Kind diesen Zusammenhang begriffen hat – wie das genau funktioniert, ist noch nicht im Detail erforscht –, ist es zunehmend bereit, sich auf das Vorlesen eines von einem Autor vorgegebenen Textes einzulassen, wie etwa in Helmut Spanners „Ich bin die kleine Katze" (1981) oder Eric Carles „Die kleine Raupe Nimmersatt" (1969). Der kurze Text verlangt eine nicht allzu lange Konzentrationsspanne von maximal zehn Minuten, außerdem wird er dem Kind beim mehrmaligen Vorlesen so vertraut sein, dass ein Wiedererkennungseffekt erreicht wird bis hin zu dem immer wieder zu beobachtenden Faktum, dass selbst schon kleinere Kinder ganze Texte auswendig in ihrem Gehirn abgespeichert haben und den Erwachsenen folglich verbessern, wenn etwas ausgelassen oder falsch vorgelesen wird.

Bilderbücher mit Reimen, wie etwa Nadia Buddes „Eins Zwei Drei Tier" (1999), haben u. a. die wichtige Funktion, das Sprachbewusstsein des kleinen Kindes zu unterstützen. Mit den Endreimen wird vor allem die phonologische Bewusstheit gefördert. Dieser Terminus aus der Spracherwerbsforschung verweist darauf, dass Kinder mit dem Vorlesen und Nachsprechen von Reimen schon früh auf den Klang von Wörtern aufmerksam gemacht werden und damit langfristig in der Lage sind, Form und Bedeutung eines Wortes zu unterscheiden: Mutter und Butter gehören verschiedenen konzeptuellen Klassen an, haben aber fast dieselbe Form, nur unterschieden durch den Anlaut. Dieser Aspekt wird in Buddes Bilderbuch sowohl durch die Illustrationen als auch durch die überraschende Kombination von sich reimenden Wörtern versinnbildlicht, von denen die ersten drei derselben konzeptuellen Klasse angehören, während das sich mit dem dritten Wort reimende letzte Wort aus einer anderen konzeptuellen Klasse stammt, z. B. „Groß mittel klein Schwein".

Dieser Überblick zeigt, wie reichhaltig das Angebot an Bilderbüchern für Kleinkinder ist, und dass selbst die scheinbar einfachen textlosen Bilderbücher, angefangen von den Frühe-Konzepte-Büchern über die Konzepte-Bücher und Wimmelbücher bis hin zu den Spielbüchern, Kindern eine vielfältige Anregung bieten, die wesentlich zum Bild- und Spracherwerb beitragen und ihnen schon ein erstes Verständnis von Literatur ermöglicht.

Aufgabe: Vergleichen Sie ein Bild aus einem Szenenbilderbuch, z. B. Paul Sticklands „Pauls erste Sachen", mit einem Bild aus einem Wimmelbilderbuch, z. B. Rotraut Susanne Berners „Winter-Wimmelbuch", miteinander und stellen Sie heraus, welche kognitiven Anforderungen hinsichtlich des Bild-, Sprach- und Literaturerwerbs an das Kleinkind gestellt werden.

Literatur

Bloom, H. (2000): How Children Learn the Meaning of Words. Cambridge

Koerber, S. (2007): Welche Rolle spielt das Bildersehen des Kindes aus Sicht der Entwicklungspsychologie? In: Thiele, Jens (Hrsg.): Neue Impulse der Bilderbuchforschung. Baltmannsweiler; S. 31–47

Kümmerling-Meibauer, B (Hrsg.) (2011): Where Literacy Begins. Children's Books from 0 to 3. Amsterdam

Kümmerling-Meibauer, B./Linsmann, M. (Hrsg.) (2009): Literatur im Laufstall. Bilderbücher für die ganz Kleinen. Troisdorf

Kümmerling-Meibauer, B./Meibauer, J. (2005): First Pictures, Early Concepts: Early Concept Books. In: The Lion and the Unicorn 29

Rau, M. L. (2007): Literacy. Vom ersten Bilderbuch zum Erzählen, Lesen und Schreiben. Bern

Szagun, G. (2010): Sprachentwicklung beim Kind. 3. Aufl., Weinheim

Wagner, K. R./Wiese, S. (Hrsg.) (1996): Teilkorpus KATRIN (1;5) im Dortmunder Korpus der spontanen Kindersprache, erstellt von Annegret Schwarze (Kindersprache, 11). Essen

19 Professionelle Haltung von Fachkräften

Iris Nentwig-Gesemann, Norbert Neuß

Der Wandel gesellschaftlicher und wissenschaftlicher Paradigmen, wie er in Deutschland in den vergangenen Jahren bezüglich außerfamiliärer Betreuungs- und Bildungsarrangements für Kinder in den ersten drei Lebensjahren stattgefunden hat, fordert pädagogische Fachkräfte zur Überprüfung und Weiterentwicklung ihrer professionellen Haltung heraus.

Die handlungsleitenden Orientierungen, Werthaltungen und Einstellungen frühpädagogischer Fachkräfte stellen die Basis pädagogischen Handelns dar und bestimmen in entscheidendem Maße über die Qualität institutioneller Betreuung, Erziehung und Bildung.

> Die professionelle Haltung ergibt sich aus einem Zusammenspiel von erlerntem Professionswissen – als einer Verbindung von fachlich-theoretischem Wissen, handlungspraktischen und erfahrungsgesättigten Fertigkeiten und Methoden, sozialen und personalen Kompetenzen sowie den subjektiven Erfahrungen im Lebenslauf – und den verinnerlichten Welt- und Menschenbildern der einzelnen Person.

Zum Kern von Professionalität gehört ein Selbstverständnis, das die Offenheit des pädagogischen Handelns und das Arbeiten in Ungewissheit (vgl. Rabe-Kleeberg 1999) als Aufforderung zur kontinuierlichen, fachlich fundierten Reflexion des eigenen Bildes vom Kind, des professionellen Selbstbildes sowie der pädagogischen Alltagspraxis versteht. Warum ist es notwendig, in ein nachdenkendes und nachdenkliches Verhältnis zu sich und zur eigenen Berufspraxis treten zu können? Im Alltag ergeben sich immer wieder in ihrer Komplexität nicht einfach zu durchschauende, herausfordernde oder sogar als „dilemmatisch" zu bezeichnende Situationen (Nentwig-Gesemann/Fröhlich-Gildhoff/Pietsch 2011). Zwar bilden Fachwissen und Erfahrung die Grundlage für professionelles Agieren, dennoch bleibt letztlich auch eine Ungewissheit über die „Richtigkeit" und Wirksamkeit des eigenen Handelns. Fast immer gibt es mehrere Handlungsoptionen, die gut zu begründen wären, und für jede Situation ergeben sich je nach Perspektive, aus der man sie betrachtet, auch unterschiedliche Einschätzungen und Gestaltungsspielräume. Eine zentrale Notwendigkeit frühpädagogischen Handelns besteht also darin, in komplexen Handlungssituationen spontan und flüssig handeln zu können, ohne dabei unreflektiert auf angeblich sicheres und richtiges „Rezeptwissen" zurückzugreifen.

Professionelles Handeln muss die jeweiligen beteiligten Akteure, Situationsbedingungen und Interaktionsdynamiken einbeziehen und von Reflexion begleitet sein bzw. nachträglich reflektiert werden: Um die eigene pädagogische Praxis weiterzuentwickeln, muss implizites Handlungswissen, also das, was uns im Alltag selbstverständlich erscheint und „gut funktioniert" – oder auch nicht – explizit, d. h. bewusst, gemacht und damit überhaupt erst Gegenstand des Nachdenkens, der Diskussion und des Theorie-Praxis-Vergleichs werden (vgl. Balluseck/Nentwig-Gesemann 2008; Dewe u. a. 1992).

19.1 Kernkompetenzen und Beziehungsachsen

Abbildung 19.1 zeigt Beziehungsachsen, Spannungsgefüge und thematische Ansatzpunkte auf, in der eine professionelle Haltung und Identität von Fachkräften in der Arbeit mit Kindern unter drei Jahren zu entwickeln sind.

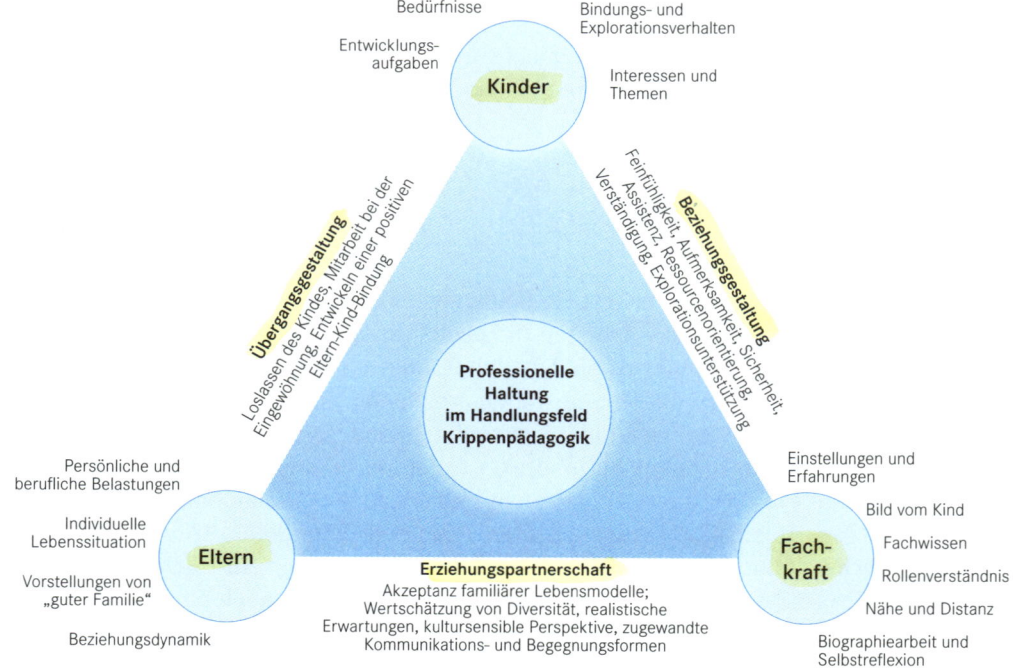

Abb. 19.1: Beziehungsachsen und Themen einer professionellen Haltung

Die professionelle Haltung frühpädagogischer Fachkräfte steht im Zentrum eines Beziehungsdreiecks von Familie-Kind-Fachkraft und wird getragen durch eine Zusammenarbeit zwischen Fachkraft und Eltern, die den Charakter einer Erziehungspartnerschaft hat. Sie bietet dem Kind Halt und Sicherheit für seine eigenen Entwicklungs- und Bildungsprozesse und differenziert sich in der je spezifischen Beziehungsqualität der Eltern bzw. der pädagogischen Fachkraft zum Kind.

Kernkompetenzen

Mit den in diesem Beziehungsgeflecht aufgeführten Aspekten ist eine professionelle Haltung in der Arbeit mit Säuglingen und Kleinkindern und deren Familien vorrangig unter dem Blickwinkel folgender Kernkompetenzen zu betrachten:

Feinfühligkeit und sensitive Responsivität: Beide sind zentrale Einflussgrößen für eine offene, wertschätzende und respektvolle Grundhaltung (vgl. Grossmann u.a. 1997; Remsperger 2011). Spezifischer ist damit der Aufbau eines aufeinander eingestimmten Interaktionssystems (vgl. Papousek 2004; Fröhlich-Gildhoff 2009) gemeint: das Erkennen individueller kindlicher – verbaler und vor allem auch non-verbaler – Signale von Befindlichkeiten, Bedürfnissen, Kompetenzen, Motivationen und Interessen sowie das damit verbundene adäquate und prompte bzw. zeitnahe Reagieren des Erwachsenen auf diese Signale.

Die gelingende Ko-Regulation zwischen Bezugsperson und Säugling stellt eine zentrale Grunderfahrung dar und ist wichtig für die Fähigkeit zur Affektregulation: Ein Kind, das sich in seinen Bedürfnissen verstanden fühlt – indem es z.B. von der Bezugsperson aufgenommen und beruhigt wird oder durch eine Zeigegeste erreicht, dass ihm ein bestimmter Spielgegenstand gereicht wird – sendet positive Feedback-Signale und bestärkt damit wiederum die Bezugsperson in ihrem Kompetenzerleben (vgl. Fröhlich-Gildhoff u.a. 2009). Die Qualität der Bindung zwischen Fachkraft und Kind beeinflusst auch die Qualität von Bildungsprozessen: Eine Interaktions- und Beziehungsgestaltung, die von „Zuwendung", „Sicherheit",

Abb. 19.2: Befindlichkeit und Bedürfnisse von Kindern zu erkennen, gehört zu den Kernkompetenzen einer Erzieherin

„Stressreduktion" „Explorationsunterstützung" und „Assistenz" geprägt ist (Ahnert 2007: 33 ff.) stellt eine wichtige Voraussetzung für eine gesunde Entwicklung dar (→ Kap. 4). Von besonderer Bedeutung ist dabei, die Bedürfnisse des Kindes nach Autonomie und Welterkundung zu erkennen und zu unterstützen und emotionale Nähe dann anzubieten, wenn das Kind dieser bedarf.

Erfahrungen gemeinsam geteilter Aufmerksamkeit: Sie bilden eine weitere Säule einer feinfühligen und resonanten Haltung. Fachkraft und Kind richten ihre Aufmerksamkeit auf etwas Drittes – z. B. einen Spielgegenstand oder ein Bilderbuch – oder sie treten in einen intensiven, dialogischen Austauschprozess miteinander ein, indem sie z. B. gemeinsam eine Geschichte erfinden (Nentwig-Gesemann/Nicolai 2011) oder versuchen, im sprachlichen Austausch bzw. gemeinsamen Tun Antworten auf eine Frage zu finden wie z. B.: „Kann ein Stein fühlen?" „Wer lebt in der kleinen Höhle?" „Was geschieht, wenn wir verschiedene Farben mischen?" (Pauen 2007; König 2007) (→ Kap. 14–18).

Ressourcenorientierte Grundhaltung: Zum einen sollten Kompetenzen, Interessen und Selbstbildungspotenziale von Kindern wahrgenommen und unterstützt, zum anderen elterliche Möglichkeiten und Ressourcen berücksichtigt und einbezogen werden. In Bezug auf die Kinder geht es zuvorderst um

- das Innehalten, Zuhören und Beobachten
- die aufmerksame Zurückhaltung und das Mitdenken des Erwachsenen.

Diese Haltung impliziert keinesfalls den Verzicht auf Impulse und Angebote, auf die Vorbereitung einer anregenden Umgebung und didaktische Überlegungen. Entscheidend ist, dass dies auf der Basis eines neugierigen und positiven Blicks geschieht, im Sinne einer „Schatzsuche" und nicht einer „Fehlerfahndung" (Eisenbarth u. a. 2006; Schiffer 2000).

Auch eine Kooperation mit Eltern kann nur gelingen, wenn der Heterogenität und Diversität von Familien respektvoll, wertschätzend und mit einer fragenden Haltung begegnet wird (→ Kap. 21). Erst mit dem Verzicht auf das Bild einer Ideal- oder Normfamilie können realistische Erwartungen an die Zusammenarbeit entwickelt und Eltern mit ihren sehr unterschiedlichen Ressourcen einbezogen werden. Offenheit und Wertschätzung von Diversität stellen eine professionelle Kernkompetenz dar: Der Aufbau eines positiven Unterschiedsbegriffs und eine stärkenorientierte Perspektive ermöglicht einen kultursensiblen Umgang mit allen Kindern und ihren Familien (vgl. Prengel 2006). Damit eng verbunden ist eine dialogisch-partnerschaftliche Beziehungsgestaltung in Bezug auf Familien und Kinder, die an Partizipation und demokratischer Beteiligung orientiert ist.

Aufgabe: Probieren Sie die Methode „Warme Dusche" in Ihrer Lerngruppe aus: Um eine stärken- und ressourcenorientierte Perspektive (→ Kap. 10) auch im Hinblick auf Teams und die Kolleginnen zu entwickeln, eignet sich die Methode „Warme Dusche". Dabei bekommen alle Teammitglieder einen Zettel für jedes Teammitglied. Sie schreiben jeweils eine Stärke oder Kompetenz auf, die sie bei ihren Kolleginnen sehen. Diese positiven Botschaften werden jedem einzeln in einem Umschlag übergeben.

Forschende Haltung: Um pädagogische Situationen in ihrer Komplexität erfassen und verstehen zu können, müssen Fachkräfte lernen, ihre Beobachtungen und Erfahrungen zu dokumentieren und systematisch auszuwerten (→ Kap. 10), z. B. in Form von

- Beobachtungsnotizen
- Gesprächsaufzeichnungen
- Foto- oder Videodokumentationen.

Die nachträgliche Rekonstruktion von Situationen und die damit verbundene Entlastung von Handlungsdruck ermöglicht der Fachkraft z. B., sich in die Perspektive der verschiedenen beteiligten Akteure hineinzuversetzen, (wiederkehrende) Strukturen zu erkennen, auch das Nicht-Offensichtliche bzw. implizit Ausgedrückte zu erkennen und das eigenen Handeln in den kritischen Blick zu nehmen. Auf diese Weise kann sie ihre Handlungspraxis evaluieren und zukünftiges Handeln praxisbezogen planen.

Mit diesen Kerndimensionen einer professionellen Haltung ist ein spezifisches Rollenverständnis der pädagogischen Fachkraft verbunden: Die Erzieherin ermöglicht die aktive Beteiligung von Kindern an ihren Bildungsprozessen, schafft die dafür notwendigen Bedingungen und verständigt sich mit ihnen. Ein Einlassen auf Verständigungsprozesse mit Kindern, ein forschender und selbst-reflexiver Umgang mit der eigenen Praxis und eine Auseinandersetzung mit der eigenen Biografie führen dazu, dass die Fachkräfte selbst auch Lernende sind und ihre Kompetenzen kontinuierlich erweitern.

19.2 Zentrale Reflexionsfragen zur eigenen Haltung

Damit eine professionelle Haltung dauerhafter Bestandteil des pädagogischen Handelns werden kann, können sich Fachkräfte, die mit Kindern in den ersten drei Lebensjahren und ihren Familien arbeiten – individuell und/oder im Team – mit folgenden Kernfragen beschäftigen:

Kernfrage 1: Welches kulturell und gesellschaftlich geprägte Bild von Mutterschaft, Familie und Kindheit beeinflusst meine/unsere pädagogische Arbeit? Hier können z. B. folgende Themen diskutiert werden:

- Betrachte ich die Kindheit als eine eigenständige und vollwertige Lebensphase oder als eine Vorbereitungszeit für das Erwachsenenleben?
- Welche Rolle spielen Kinder in der Gesellschaft und für welche Gesellschaft wollen wir sie erziehen und bilden?
- Wie stelle ich mir eine „ideale" Familie vor?
- Welche Aufwachsbedingungen brauchen Säuglinge und Kleinkinder in ihren Familien für eine gesunde Entwicklung?
- Sollten Kinder in den ersten drei Lebensjahren vor allem von ihren Müttern erzogen werden?

- Was ist meine Meinung zur Vereinbarkeit von Beruf und Familie?
- Welche Rolle spielen Mütter, Väter und pädagogische Fachkräfte als Bindungs- und Bezugspersonen für Kinder?

Aufgabe: Fertigen Sie in Kleingruppen Collagen zum Thema „Familie heute" an. Benutzen Sie dazu Fotos aus aktuellen Zeitschriften. Sie können durch Sprechblasen, Überschriften und Kommentare eigene Meinungen oder Sichtweisen verdeutlichen. Stellen Sie sich die Collagen vor und diskutieren Sie die zentralen Themen.

Kernfrage 2: Welches Bild vom Kind und professionelle Selbstverständnis habe/n ich/wir, welche pädagogischen Grundwerte und Normen im Hinblick auf die frühe Kindheit sind Grundlage meiner/unserer Arbeit? Hier können z. B. folgende Themen diskutiert werden:

- Welche Kompetenzen haben Säuglinge und Kleinkinder und wie lernen sie?
- Inwiefern ist mein Bild vom Kind durch biografische Erfahrungen geprägt und/ oder durch eine spezifische „Familientradition" und einen familiären Erziehungsstil?
- Welche Bedeutung haben Pflege und Betreuung, Erziehung, Lernen und Bildung in der pädagogischen Arbeit mit Säuglingen und Kleinkindern?
- Kann ich in der Praxis so arbeiten, wie es meiner eigenen Überzeugung und Haltung entspricht? Gibt es im Alltag wiederkehrende, persönlich besonders bedeutsame oder belastende Schlüsselsituationen?
- An welche prägenden Erfahrungen und Erlebnisse in meiner Herkunftsfamilie und in pädagogischen Institutionen kann ich mich erinnern? Was ist mir von meinen Eltern erzählt worden? Mögliche thematische Ansatzpunkte: Sauberkeitserziehung, Gestaltung von Essenssituationen, Umgang mit Schlaf, Bedeutung und Gestaltung von Körperlichkeit, Körperkontakt, Balance des Angebots von Nähe und der Förderung von Autonomie.
- Welche Erfahrungen von Kontinuitäten, Übergängen und Brüchen in der eigenen Kindheit trage ich in mir, z. B. Geburt eines Geschwisterkindes, Eintritt in die Krippe, den Kindergarten, die Schule, Erfahrungen mit Trennung, Krankheit oder Tod. Woran kann ich mich selbst erinnern, was wurde mir erzählt? Wie gehe ich selbst aktuell mit Übergangs- und Trennungserfahrungen um?

Kernfrage 3: Wie ist meine/unsere Einstellung und Haltung gegenüber der institutionellen Betreuung von Kindern in den ersten drei Lebensjahren? Hier können z. B. folgende Themen diskutiert werden:

- Welche Bedeutung haben die Familie und die Krippe als Lern- und Bildungsorte für Kinder?
- Welche Bedeutung haben Peer-Kontakte für die (soziale) Entwicklung von Kleinstkindern?

- Welche Herausforderungen und Potenziale sind mit einer institutionellen Betreuung von Säuglingen und Kleinkindern verbunden?
- Mit welcher Grundhaltung und welchen Gefühlen begegne ich Fachkräften, die mit Kindern in den ersten drei Lebensjahren arbeiten?
- Was ist meine Haltung gegenüber männlichen Pädagogen, die in der Krippe arbeiten?
- Mit welcher Grundhaltung begegne ich Eltern aus verschiedenen Kulturen und sozialen Schichten bzw. in verschiedenen familiären Lebenslagen?

Kernfrage 4: Wie sehen meine/unsere konkreten Erfahrungen mit Kindern in den ersten drei Lebensjahren aus? Hier können z. B. folgende Themen diskutiert werden:

- Welche – positiven, herausfordernden, belastenden – Erlebnisse im Umgang mit Säuglingen und Kleinkindern haben sich mir besonders eingeprägt?
- Welche Gefühle verbinde ich besonders mit der Arbeit im Krippenbereich, z. B. Ekel in Pflegesituationen, Konkurrenzgefühle gegenüber Eltern?
- Wie habe ich Nähe und Distanz in meiner eigenen Kindheit erlebt? Wie kann ich mich primär an den Bedürfnissen des Kindes (und nicht an meinen) orientieren, wenn es um den Wunsch nach Nähe bzw. Autonomie geht?
- Welche Handlungsroutinen/-selbstverständlichkeiten haben sich in meinem Umgang mit Säuglingen und Kleinkindern eingespielt, z. B. beim Füttern oder Wickeln, und wie begründe ich sie? Welche Handlungsalternativen könnte ich mir vorstellen?
- Wie kann ich das Gefühl von Überlastung und Überforderung vermeiden und auf welche persönlichen, sozialen oder strukturellen Ressourcen kann ich zurückgreifen?

Kernfrage 5: Welche Möglichkeiten der Selbstreflexion habe/n ich/wir? Hier können z. B. folgende Themen diskutiert werden:

- Wie kann ich Alltagssituationen, Kinder und Familien möglichst umfassend und aus verschiedenen Perspektiven wahrnehmen und verstehen?
- Wie kann ich professionell mit der „Ungewissheit" des Handelns umgehen? Wie vermeide ich, auf Routinen und „Rezeptwissen" zurückzugreifen? Wo kann ich Zeit für die Reflexion (im Team) einplanen?
- Wie reagiere ich, wenn mir das Verhalten eines Kleinkindes und/oder seiner Familie „fremd" ist? Wie ist ein verstehender und wertschätzender Zugang möglich?
- Wie habe ich mich in Situationen, die mich vor eine Entscheidungs- und Handlungsherausforderung gestellt haben, in denen ich mich über- oder herausgefordert gefühlt habe, verhalten? Wie lässt sich dieses Verhalten erklären?
- Welche alternativen Handlungsmöglichkeiten hätte es gegeben?
- Welche persönlichen Ressourcen stehen mir für die Arbeit zur Verfügung, welche Ressourcen sind im Team vorhanden?

Aufgabe: Die pädagogische und professionelle Haltung des Teams ist auch eine Grundlage für die Konzeptionsentwicklung (→ Kap. 5.4). Gehen Sie zu zweit die zuvor genannten Reflexionsfragen durch und diskutieren Sie, welche Fragen im Rahmen einer Krippenkonzeption aufgegriffen und beantwortet werden könnten.

19.3 Methoden zur Reflexion der eigenen Haltung

Die Arbeit an konkreten Handlungssituationen: Ein nachdenkender und nachdenklicher Umgang mit der pädagogischen Praxis erfordert von der Fachkraft immer auch einen selbst-reflexiven Zugang zum eigenen professionellen Handeln: Warum handele ich so, wie ich es tue? Wie beeinflusse ich mein Gegenüber durch mein Interaktionsverhalten? Die im Team vollzogene nachträgliche Analyse einer Situation, z. B. einer erlebten, beobachteten oder videografierten konkreten Interaktionssituation mit Kindern oder Eltern, ermöglicht eine multiperspektivische und vom Handlungsdruck befreite Annäherung an die Komplexität sozialer Prozesse. Die folgenden Erfahrungen bieten ein großes (Selbst-)Bildungspotenzial:

- Es kann immer verschiedene Sichtweisen auf eine Situation geben.
- Es stellt sich etwas anders dar, wenn es z. B. aus der Perspektive der Eltern betrachtet wird.
- Der gezielte Zugriff auf theoretische, z. B. entwicklungspsychologische, Wissensbestände kann zum Verstehen des Falles beitragen.
- Handlungsoptionen können entwickelt werden, die für zukünftige Situationen dann als Repertoire zur Verfügung stehen.

Biografiearbeit: Die biografische Selbstreflexion ist eine Methode, die das Erinnern der eigenen Lebensgeschichte bzw. einzelner erlebter Episoden unterstützt und methodisch anleitet. Im Kern geht es dabei um das „Wiederbeleben" von Lebensgeschichten und der damit verbundenen Erfahrungen und Gefühle. Menschen können z. B.

- bildgestützt, etwa mit Familienfotos, arbeiten
- erinnerte Episoden erzählen oder aufschreiben
- über den Köper bestimmte Erfahrungen aktualisieren
- sich schöpferisch ausdrücken.

Dabei können verschiedene Themen im Vordergrund stehen, z. B. Familienerfahrungen (Bindungen und Beziehungen), das eigene Kindsein (Spielen, Peer-Erfahrungen, Träume, Ängste und Übergangserfahrungen), das eigene Selbstbild (als Kind und als Erwachsener bzw. pädagogische Fachkraft), Körpererfahrungen und Körperwahrnehmung, Geschlecht und Sexualität (vgl. Gudjons u. a. 2008).

Die Biografisierung der eigenen Lebensgeschichte ermöglicht es, die unterschiedlichen Phasen, Ereignisse und Erfahrungen, Brüche und Übergänge des Lebens in einen kohärenten Sinnzusammenhang zu bringen: „(...) meine Geschichten werden zu meiner ,Geschichte' und damit zu meiner Identität" (ebd.: 17). Der Pädagoge war selbst einmal Kind und muss dieses Kind in sich mit den Erfahrungen, die es geprägt haben, kennen, um dann auf das Kind vor sich reagieren zu können und nicht unreflektiert seine eigenen Ängste, Beziehungserfahrungen oder Vorlieben auf das Kind zu projizieren.

Grundübung: Erläutern Sie, was mit „professioneller Haltung" gemeint ist und warum dies im Handlungsfeld „Krippe" von besonderer Bedeutung ist.

Vertiefung: Welche Fragen sollte eine Krippenpädagogin in jedem Fall innerlich geklärt haben, um mit einer positiven Haltung in einer Krippe arbeiten zu können. Nennen Sie fünf Fragen und begründen Sie Ihre Auswahl ausführlich anhand von möglichen Beispielen.

Literatur

Ahnert, L. (2007): Von der Mutter-Kind-Bindung zur Erzieherin-Kind-Beziehung? In: Becker-Stoll, F./ Becker-Gebhard, B./Textor, M. R. (Hrsg.): Die Erzieherin-Kind-Beziehung. Zentrum von Bildung und Erziehung Berlin, Düsseldorf, Mannheim, S. 31–41

Balluseck, H. v./Nentwig-Gesemann, I. (2008): Wissen, Können, Reflexion – die Verbindung von Theorie und Praxis in der Ausbildung von ErzieherInnen. In: Sozial Extra – Zeitschrift für Soziale Arbeit, 3/4, S. 28–32

Dewe, B. u. a. (1992). Das Professionswissen von Pädagogen. In: Dewe, B. u. a. (Hrsg.): Erziehen als Profession: Zur Logik professionellen Handelns. Opladen, S. 70–91

Eisenbarth, I./Popp, V./Quante, S. (2006): Schatzsuche im Kindergarten – Stärken von Kindern, Erzieherinnen und Eltern im Fokus. In: Haltung und Bewegung, 26/4, S. 15–22

Fröhlich-Gildhoff, K. (2009): Einführung: Entwicklung und Entwicklungsmodelle. In: Fröhlich-Gildhoff, K./Mischo, Ch./Castello, A.: Entwicklungspsychologie für Fachkräfte in der Frühpädagogik. Kronach, S. 9–29

Fröhlich-Gildhoff, K./Mischo, Ch./Castello, A. (2009): Entwicklungspsychologie für Fachkräfte in der Frühpädagogik. Kronach

Grossmann, K. u. a. (1997): Die Bindungstheorie: Modell, entwicklungspsychologische Forschung und Ergebnisse. In: Keller, H. (Hrsg.): Handbuch der Kleinkindforschung. Bern: S. 51–95

Gudjons, H. u. a. (2008): Auf meinen Spuren. Übungen zur Biografiearbeit. Bad Heilbrunn

König, A. (2007): Dialogisch-entwickelnde Interaktionsprozesse als Ausgangspunkt für die Bildungsarbeit im Kindergarten. In: bildungsforschung, Jahrgang 4/1, Schwerpunkt „Frühes Lernen"

Nentwig-Gesemann, I./Nicolai, K. (2011): Erzählkultur. Voraussetzungen und Formen des Erzählens. In. kindergarten heute, 2011/1, S. 8–16

Neuß, N. (Hrsg.) (2010): Grundwissen Elementarpädagogik. Berlin

Nentwig-Gesemann, I./Fröhlich-Gildhoff, K./Pietsch, St. (2011): Kompetenzentwicklung von FrühpädagogInnen. Das Konzept der Dilemmasituationen. In: Zeitschrift Frühe Bildung, 2011/0

Papousek, M. (2004): Intuitive elterliche Kompetenzen – Ressource in der präventiven Eltern-Säuglings-Beratung und -psychotherapie. Zeitschrift der Deutschen Liga für das Kind, 4

Pauen, S. (2007): Was Babys denken. Eine Geschichte des ersten Lebensjahres. München

Prengel, A. (2006): Pädagogik der Vielfalt: Verschiedenheit und Gleichberechtigung in Interkultureller, Feministischer und Integrativer Pädagogik. 3. Auflage, Wiesbaden

Rabe-Kleeberg, U. (1999): Zum veränderten Berufsprofil der Erzieherinnen. In: Auernheimer, R. (Hrsg.): Erzieherinnen für die Zukunft. Berufsrealität und Berufsprofil im Wandel. Hohengehren, S. 15–22

Remsperger, R. (2011): Sensitive Responsivität. Zur Qualität pädagogischen Handelns im Kindergarten. Eine qualitative Videostudie, Wiesbaden

Schiffer, E. (2000): Wie Gesundheit entsteht. Salutogenese: Schatzsuche statt Fehlerfahndung. Weinheim

Wüst, R./Wüst, J. (2010): Der professionelle Umgang mit Kindern. In: Neuß, N. (Hrsg.): Grundwissen Elementarpädagogik. Berlin, S. 168–178

20 Aufgabenprofil von Krippenleiterinnen

Simone Hess, Nicole Aßmann

Leitungskräfte haben eine große Bedeutung, da sie die wesentlichen Multiplikatoren von stetigen Weiterentwicklungsprozessen in den Einrichtungen der Betreuung, Erziehung und Bildung für Kinder sind. Sie spielen eine zentrale Rolle bei der Organisation der Arbeitsabläufe in der Einrichtung und sind zuständig für die Weiterentwicklung der einzelnen Mitarbeiterin sowie für die Sicherung der pädagogischen Qualität.

Dem steht entgegen, dass in Deutschland Freistellungen — hiermit sind Arbeitszeiten des Leitungspersonals gemeint, die nicht in der Kindergruppe verbracht werden — vom Jahr 2002 bis 2006 um rund ein Drittel zurückgegangen sind (Deutsches Jugendinstitut 2009: 21 f.). Entsprechend weniger Zeit steht den Leitungen für pädagogisch-planende und betriebliche Aufgaben zur Verfügung. An dieser Stelle kommen die Träger der Einrichtungen ins Spiel, die die Rahmenbedingungen auf der Grundlage finanzieller Ressourcen bestimmen. Für die Umsetzung von Qualität ist also die verbindliche Unterstützung der Träger unabdingbar. Daneben haben andere Akteure der kommunalen Jugendhilfe sowie die Landes- und Bundespolitik Einfluss auf die Rahmenbedingungen und damit auch auf die Qualität. Um eine hohe Qualität zu gewährleisten, müssen alle direkten und indirekten Steuerungsebenen der Einrichtungen zusammenarbeiten und sich wechselseitig über die Bedingungen für Qualität informieren (vgl. Bertelsmann-Stiftung o. J.).

20.1 Leiten nach den Prinzipien des Sozialmanagements

Haben Erzieherinnen in einem Kindergarten oder einer Krippe die Leitungsposition inne, sind sie neben ihrer pädagogisch-fachlichen Tätigkeit zugleich auch Managerinnen. Sie steuern die Einrichtung mit den Instrumenten des Sozialmanagements. Damit sind alle Funktionen gemeint, die für das Management von sozialen und Non-Profit-Organisationen notwendig sind. Beim Sozialmanagement geht es darum, zielorientiertes und ökonomisches Denken aus der Wirtschaft auf soziale Einrichtungen zu übertragen. Die Leiterin bewegt sich also im Spannungsfeld zwischen ethischen Orientierungen — der Basis der pädagogischen Arbeit — und ökonomischem

Handeln – der betriebswirtschaftlichen, marktbezogenen Dimension der Einrichtung. Ellermann (2007) differenziert das Sozialmanagement in weitere Unterpunkte:

- Situationsanalyse, Bedarfserhebung, Ermittlung von Interessen/Bedürfnissen der Klienten
- Problemanalyse (Ist-Zustand) sowie Zielbestimmung (Soll-Zustand) inklusive Entwicklung von Lösungen und Maßnahmen
- Planungsbeteiligung der Mitarbeiter, Unterteilung in Arbeitseinheiten
- Ökonomische Planung und effektive Umsetzung
- Umsetzungen im Hinblick auf den Bereich Personal sowie Organisation
- Erfolgskontrolle, Evaluation und Bewertung.

Veränderungen in der Kindertagesbetreuung finden in den letzten Jahren auf verschiedenen Ebenen statt: So gibt es Positionen, die Kindertageseinrichtungen nicht nur als Bildungseinrichtungen, sondern verstärkt auch als Dienstleistungsunternehmen ansehen, die die Bedürfnisse und Erwartungen ihrer Kunden, hier der Eltern, erfüllen. Diese Entwicklung führte beispielsweise zu einer Verlängerung von Öffnungszeiten, die den elterlichen Arbeitszeiten Rechnung trägt. Zudem sind viele Einrichtungen Teil der öffentlichen Verwaltung und unterliegen deren Kostendruck und deren Regeln: Die neuen Steuerungselemente machen sich zum Ziel, soziale Dienstleistungen effizienter, aber auch flexibler zu gestalten. Die Leiterinnen sind deswegen auch mit neuen Aufgaben in den Bereichen Finanzierung, Anmelde- und Aufnahmeverfahren, Konzeptionsarbeit und Öffentlichkeitsarbeit konfrontiert (vgl. Ellermann 2007).

> Eine Krippe ist sowohl unter dem Gesichtspunkt der Arbeitsorganisation mit Elementen des Sozialmanagements als auch hinsichtlich neuer elementarpädagogischer Erkenntnisse und Konzepte eine Organisation, die sich fortwährend in Entwicklung und Anpassung befindet. Deswegen spricht man hier von „Organisationsentwicklung" oder auch von der „lernenden Organisation".

Der Erfolg einer „lernenden Organisation" steht in engster Verbindung mit der Qualität der Teamarbeit der Mitarbeiterinnen (→ Kap. 20.3). Der Leiterin kommt bei diesen Lernprozessen die Aufgabe der Steuerung zu (vgl. Kercher/Höhn 2009; Sell 2007). Mit ihrem Handeln und ihrem Kommunikationsgeschick stellt sie eine förderliche Atmosphäre her, leitet Maßnahmen und Qualitätskriterien ein.

Die Öffnung von Kindergartengruppen für jüngere Kinder ist eine einschneidende Veränderung, die alle Beteiligten betrifft – Leiterin, Erzieherinnen, bekannte wie neue Eltern und natürlich die Kinder (→ Kap. 5.3). Die Leiterin kann die Neuerung mit teambezogenen Lernanregungen einleiten.

Beispiel: *Im Rahmen der Vorbereitung für die Öffnung ihres Kindergartens für unter Dreijährige organisiert die Leiterin Frau Sander eine Diskussion im Team. Sie macht sich zum Ziel, ihre Mitarbeiterinnen sowohl inhaltlich als auch bezogen auf deren Kommuni-*

kationskompetenz zu fördern. Aufgeteilt in zwei Gruppen (pro und contra) müssen sich alle Erzieherinnen mit dem gesellschaftlich brisanten Thema „Arme Kinder? Rabeneltern? Kleinkinder in öffentlicher Tagesbetreuung" auseinandersetzen. Zur Fundierung der Teamdiskussion – zugleich auch zur Anregung von Gesprächen an Elternabenden – bekommen die Mitarbeiterinnen Auszüge aus wissenschaftlichen Ergebnissen und politischen Stellungsnahmen der Kleinstkindbetreuung in öffentlichen Einrichtungen (vgl. Kercher/Höhn 2009: 48 f.).

Aufgabe: Sie sind Leiterin eines Kindergartens und sollen in einer Gemeinderatssitzung die kommunalen Vertreter davon überzeugen, dass sie ihre Einrichtung für unter Dreijährige öffnen müssen. Entwickeln Sie eine Präsentation dazu. Stellen Sie Argumente und Gründe aus der Perspektive des Kindeswohls, der Eltern und des Staates/der Gesellschaft zusammen. Gehen Sie auf folgende Themen dieses Buches ein: Kindergartenbedarfsplanung sowie Krippe als Bildungsort (→ Kap. 1), Frühförderung als Prävention (→ Kap. 2), Bindung (→ Kap. 4), Organisationsformen (→ Kap. 5), Schlüsselsituationen (→ Kap. 8), Inklusionsauftrag (→ Kap. 11), Zusammenarbeit mit Eltern (→ Kap. 21).

20.2 Leitungsaufgaben im Überblick

Es gibt eine Vielzahl von Modellen, die die Anforderungen an und Aufgaben von Leitungskräften in der öffentlichen Kindertagesbetreuung mit ihren verschiedenen Handlungsfeldern und -ebenen in unterschiedlichen Systematiken abbilden.

Anforderungsprofil: Das detaillierte Modell von Klug (2001) spricht bei der Aufgabenbeschreibung vom „Anforderungsprofil" der Leitungskraft:

- **Kernaufgaben einer Stelle**
  - Personalführung
  - pädagogische Leitung
  - organisatorisch-verwaltungstechnische Leitung
  - Budgetverantwortung
  - Vertretung nach außen

- **Fachliche Anforderungen**
  - Formale Qualifikation: Erzieherin mit leitungsbezogener Zusatzqualifikation
  - Erfahrungen und Kenntnisse in den Bereichen: Arbeitsrecht, Verwaltungsstrukturen, Personalentwicklung, zeitgemäße Pädagogik (inkl. Raumqualität), konzeptionelle Fähigkeiten (innovatives und vernetztes Denken), Lebensmittelrecht und Hygieneverordnung, Grundlagen der Budgetierung, Zeitmanagement und Organisation, Informationsverarbeitung/EDV, Methoden des Marketings und der Öffentlichkeitsarbeit

- **Persönliche Anforderungen**
  - Kommunikative Fähigkeiten: Gesprächsführung, teambezogene Führungskompetenz, Fähigkeit, Vereinbarungen zu schließen
  - Kreative Stärken; Führungsverhalten (Mitarbeiterorientierung und Zielorientierung)
  - Belastbarkeit, Konfliktfähigkeit und Stressbewältigung
  - Teamfähigkeit
  - Kooperationsbereitschaft sichtbar in: Verhandlungsgeschick, konstruktivem Umgang mit Widerständen, demokratischem Umgangsstil
  - Entscheidungsfreude, Initiative und Verantwortungsbewusstsein.

Arbeiten mit dem Computer: Besonders für die Aufgabenbereiche der Leitungskräfte ist der Computer ein wichtiges und vielfältiges Arbeitsinstrument. Für sämtlichen Schriftverkehr sind Textverarbeitungsprogramme unerlässlich. Gruppenlisten und Essensabrechnungen lassen sich übersichtlich mit Tabellenprogrammen erstellen und aktualisieren. Es sind außerdem verschiedene Softwareprogramme auf dem Markt, die je nach Trägerschaft für die Verwaltung von Kindertageseinrichtungen in den Einrichtungen eingesetzt werden.

> **Aufgabe:** Suchen Sie im Internet unter dem Stichwort „Kindergartensoftware" drei Anbieter und schauen Sie sich die Demoversionen an. Stellen Sie die Ergebnisse Ihrer Recherche Ihrer Lerngruppe vor.

Nutzung des Internets: Das Internet ist ebenfalls ein wichtiges Medium für Leitungskräfte. Der weitreichende Kommunikations- und Informationsaustausch mit anderen Institutionen mittels E-Mails ist vor allem eine Aufgabe der Leiterin. Zunehmend suchen interessierte Eltern den ersten Kontakt mit der Einrichtung per E-Mail. Auf diese Weise können sie flexibel und unabhängig von den Öffnungszeiten der Einrichtung Fragen stellen. Immer mehr Kindertageseinrichtungen pflegen mittlerweile eine eigene Homepage mit den unterschiedlichsten Inhalten wie Kontaktdaten und Ansprechpartnern, Öffnungszeiten oder konzeptionellen Richtlinien. Hier besteht die Möglichkeit für Eltern, sich einen ersten Überblick zu verschaffen, bevor sie den persönlichen Kontakt suchen.

Das Internet ist darüber hinaus auch eine große Informationsplattform. Die Leiterin ist so in der Lage, innerhalb kurzer Zeit verschiedene Themen, z. B. aktuelle politische Diskussionen oder pädagogisch relevante Themen, zu verfolgen und darauf zu reagieren. Wichtige und interessante Homepages sind unter anderem www.Bildungsserver.de und www.bmfsfj.de (Bundesministerium für Familien, Senioren, Frauen und Jugend). Auf diesen und anderen Internetseiten (→ Anhang) besteht die Möglichkeit, einen Newsletter kostenlos zu abonnieren, um aktuelle Meldungen, z. B. über Fördergelder, sofort per E-Mail zu bekommen.

20.3 Die Aufgabenbereiche Personal, Team und Netzwerke

Im Folgenden werden drei ausgewählte Aufgabenbereiche von Leitungskräften vorgestellt.

Personalentwicklung

Das Personalmanagement in einer Einrichtung der öffentlichen Kindertagesbetreuung kann folgendermaßen gegliedert werden (vgl. Sell 2007, Klug 2001):

- Personalauswahl und -einstellung
- Personalführung
- Personalentwicklung
- Personalkontrolle
- Personaleinsatz.

Von diesen Bereichen des Personalmanagements soll hier nun die Personalentwicklung eingehender betrachtet werden, d.h. die Weiterentwicklung der Kompetenzen von Erzieherinnen. Bei der Öffnung für den U3-Bereich, aber auch bei Neueinrichtung einer Krippengruppe, ist dieser Aspekt von besonderer Relevanz. Denn wenn Erzieherinnen, die bislang in Kindergarten oder Hort tätig waren, in den noch wenig etablierten Krippenbereich wechseln, besteht die Gefahr, dass didaktische Prinzipien aus der Pädagogik für über Dreijährige, wie sie in den Bildungsplänen zu finden sind, auf die Jüngsten übertragen werden. Viele Erzieherinnen stehen vor der Herausforderung, eine angemessene Pädagogik zu entwickeln, die dem ganzheitlichen Bedürfnissen von Säuglingen und Kleinstkindern entspricht (→ Kap. 5, 6, 7, 8). Die Leitung hat die Aufgabe, entsprechendes Personal einzustellen und/oder zu qualifizieren.

Um die Potenziale der Mitarbeiterinnen für die Ziele der Einrichtung nutzen zu können, muss die Leiterin die Kompetenzen jeder einzelnen erkennen und entwickeln. Viele Kompetenzen sind den Mitarbeiterinnen selbst bewusst, sie bringen sie erkennbar in ihre Arbeit ein. Unerkannt liegen möglicherweise andere Kompetenzen noch brach und warten darauf, erkannt und entwickelt zu werden. Bei der Öffnung der Kindertagesbetreuung für jüngere Kinder gewinnen neue Aufgaben an Bedeutung und Bisheriges muss an die Bedürfnisse der Kleinsten angepasst werden, beispielsweise Hygienemaßnahmen, Pflege, Schlafzeiten oder die Auswahl von altersentsprechenden Spielzeugen (→ Kap. 6, 8). Neue Aufgaben erfordern eine entsprechend Haltung, neues Wissen und neue Kompetenzen (→ Kap. 19).

Mitarbeitergespräche: Um neue Kompetenzen der Mitarbeiterinnen zu entwickeln, gibt es verschiedene Strategien (vgl. Lamberti/Sommerfeld 2003). Grundlage für diese Strategien ist das Mitarbeitergespräch zwischen Leiterin und Mitarbeiterin. Bei einer erfahrenen Krippenerzieherin in der Einrichtung reicht es möglicherweise aus, wenn hier ein bis zwei Gespräche im Jahr stattfinden. Allerdings sind zeitlich engmaschigere Gespräche unabdingbar etwa mit einzelnen (neuen) Fachkräften oder wenn die Mitarbeiterin noch wenig Erfahrung im U3-Bereich hat. In einem Mitarbeitergespräch kann die Leiterin die Kompetenzentwicklung explizit ansprechen. Als orientierende Hilfe bei dem Gespräch kann sie Beobachtungen, Personalbögen oder Leitfäden verwenden. Darüber hinaus eigenen sich folgende Instrumente, um die Mitarbeiterin zu fördern:

- Schriftliche Leistungsbeurteilungen anhand vorgefertigter Checklisten oder persönlicher mündlicher Rückmeldungen
- Schriftlich fixierte Zielvereinbarungen darüber, was die Mitarbeiterin leisten soll, beispielsweise die Eingewöhnung des nächsten Kindes begleiten
- Feststellung des Qualifikations- und Fortbildungsbedarfs, z. B. bei der Förderung der Sprach- oder Bewegungsentwicklung
- Entscheidung über die Teilnahme an interner/externer Fort- und Weiterbildung, Supervision und Coaching
- Delegierung von Aufgaben an die Mitarbeiterin, z. B. Ideen für die Umgestaltung des Schlafsaals sammeln.

Teamentwicklung

Damit eine Einrichtung im Sinne einer lernenden Organisation auch wirklich anpassungsfähig an neue Anforderungen wie die Öffnung für unter Dreijährige ist, bedarf es einer entsprechenden Einstellung und Haltung des gesamten Teams. Mit Team sind alle Erzieherinnen, Kinderpflegerinnen und andere Mitarbeiterinnen wie Praktikantinnen, Hauswirtschaftskräfte und die Leiterin selbst gemeint.

Im Vergleich zu einem Kindergarten sind Krippen und Einrichtungen, die auch Säuglinge und Kleinkinder betreuen, personalintensiver und besitzen einen höheren Erzieherin-Kind-Schlüssel, d. h. es müssen viele Erwachsene mit einer individuell gereiften pädagogischen Haltung auf engstem Raum zusammenarbeiten (→ Kap. 19). Hinzu kommt die Notwendigkeit vermehrter Absprachen bei Eingewöhnungen, Übergabe eines Kindes oder Elterngesprächen.

Abb. 20.1: Konstruktive Arbeitsbeziehungen sind Voraussetzung für die Weiterentwicklung der eigenen Arbeit

Grundsätzlich lässt sich aber sagen: Erzieherinnen, die in einer Einrichtung eine Gruppe bilden, sind nicht per se schon ein Team. Bestimmen unproduktive Streitkultur, Neid und Abwertungen, aber auch zu einseitig auf persönliche Sympathie und Harmonie ausgerichtete Zusammenarbeit das Klima der Einrichtung, wirkt sich dies ungünstig auf die Ziele der Einrichtung aus. Einige Teamtrainer weisen darauf hin, dass Kreativität gerade dann verloren geht, wenn Konsens in einem Team wichtiger wird als die Verbesserung bzw. Weiterentwicklung der eigenen Arbeit. Andererseits können natürlich enge harmonische Arbeitsbeziehungen durchaus das Charakteristikum eines erfolgreichen, motivierten, kreativen und heterogenen Teams sein. Harmonie im Sinne von konstruktiven Arbeitsbeziehungen entsteht aus Vertrautheit, die sich aus einem gemeinsamen erfolgreichen Arbeiten unter Berücksichtigung der zusammen aufgestellten Qualitätskriterien ergibt.

Die Eigenschaften eines Teams im Sinne der Teamarbeit sind:

- Orientierung auf Kooperation
- Orientierung an gemeinsamen Zielen
- Aufbau eines arbeitsteiligen Funktionsgefüges
- Planvolles, konzeptionelles Vorgehen
- Erkennen von Anforderungen und kreative Nutzung von Möglichkeiten
- Nutzen der Kompetenzen aller Mitarbeiterinnen
- Selbstständigkeit der Mitarbeiterinnen
- Weg der Entscheidungsfindung ist allen bekannt
- Positiver Umgang mit Konflikten
- Erfolgserlebnisse werden bewusst gemacht
- Effekte von Erfolgen führen zu vertrauensvollen Beziehungen.

Für die Entwicklung eines Teams bedarf es einer Leitung, die die Rollen einer Beraterin, Kompetenzentwicklerin und Moderatorin übernimmt. Der Prozess von einer traditionellen Erzieherinnengruppe hin zu einem Team durchläuft verschiedene Phasen, in denen Gewohntes aufgebrochen wird, Differenzen sichtbar werden, Neues entsteht und integriert werden muss. In diesen Phasen können Konflikte und Gruppenbildungen auftreten und Gefühle der Ausweglosigkeit bei allen Beteiligten entstehen. Deshalb können für solche Teamentwicklungsprozesse entsprechende Beraterinnen oder auch Supervisorinnen hilfreich sein, die von der Leitungskraft hinzugezogen werden.

> Teamentwicklung in einer Bildungseinrichtung kann nur durch modernes Management mit flachen Hierarchien gelingen. Doch trotz der flachen Hierarchien benötigt ein Team eine unverkennbare Steuerungskraft durch die Kita-Leitung.

Der Leitungs- und Kommunikationsstil der Leiterin prägt die Interaktionskultur einer Einrichtung. Andererseits steht der Leitungsstil auch in Beziehung zum Kommunikationsstil des Trägers. Eine Führungskraft, die ihre Mitarbeiterin zur Teamarbeit hinführen will, sollte kooperativ ausgerichtet sein und eine hohe Sensibilität für zwischenmenschliche Beziehungen besitzen. Kooperative Kommunikation wirkt förderlich bei der Aufgabe, die persönlichen Fähigkeiten der Mitarbeiterinnen ausfindig zu machen, um diese dann in den Dienst der gemeinsamen Sache zu stellen. Unabdingbar für die kooperative Kommunikation ist, dass die Leiterin an den Meinungen ihrer Mitarbeiterinnen interessiert ist, diese berücksichtigt sowie Fehler und Konflikte auch als Chance begreift.

Bereits die Auswahl einer neuen Erzieherin bei der Personaleinstellung ist ein wichtiger Aspekt im Rahmen der Teamentwicklung. Allerdings ist die Steuerungsmöglichkeit für die Leitung in diesem Bereich abhängig vom Träger der Kita. Je nachdem, welchen Entscheidungsspielraum ihr der Träger überlässt, kann die Leiterin nach eigenen Kriterien eine neue Mitarbeiterin auswählen. Ist der Spielraum gering, kann die Entscheidung für eine neue Mitarbeiterin nur unter Berücksichtigung des Mitspracherechts des Trägers getroffen werden. Hier wird ein grundsätzliches Problem sichtbar: Die Leiterin befindet sich immer in einer „Sandwich-Position" (Sell/Jakubeit 2007) zwischen dem Träger als Arbeitgeber und den Erzieherinnen.

Kooperation nach außen

Grundsätzlich gehört es zu den Leitungsaufgaben, Kontakte mit Personen und Institutionen außerhalb der Krippe zu suchen, zu knüpfen und zu pflegen. Solche Kontakte können zu Kooperationen ausgebaut werden und gegebenenfalls mit anderen Partnern zu Netzwerken heranwachsen. Dabei sollte die Zusammenarbeit für alle Beteiligten einen Gewinn darstellen.

Es gibt verschiedene Institutionen, die ein wichtiger Kooperationspartner für die Krippe sind. Einer davon ist die Kindertageseinrichtung, in welche ein Kind nach der Krippe wechselt. Die Krippe hat die Aufgabe, den Übergang eines Kindes in die Kita in enger Zusammenarbeit mit den meist berufstätigen Eltern zu gestalten. Grundsätzlich ist eine gewisse Flexibilität der Krippe bei Aufnahme wie Abgabe des einzelnen Kindes von Vorteil. Die Bedürfnisse der Familie müssen hier mit berücksichtigt werden. Beispielsweise sollte sich das Aufnahmedatum der Krippe an das Ende der gesetzlich festgelegten Elternzeit anpassen.

Mit anderen Einrichtungen zu kooperieren, erzeugt Flexibilität beim Übergang in den Kindergarten.

Beispiel: *Die beiden befreundeten Krippenkinder Jonas und Melissa werden in ein paar Monaten drei Jahre alt und wechseln dann von der Krippe in die Kindertagesstätte „Gänseblümchen" im selben Ort. Da Jonas zwei Monate älter als Melissa ist, würde er eigentlich früher wechseln. Da die Krippe und die Kindertagesstätte in Kooperation miteinander stehen, ist es möglich, dass Melissa in Absprache mit ihren Eltern bereits zwei Monate vor ihrem dritten Geburtstag in die Kita wechselt. Für die beiden Kinder bedeutet dies, dass sie den Übergang gemeinsam gehen können, was ihnen mehr Sicherheit und Vertrautheit bietet. Da sich die Krippe und die Kita regelmäßig wöchentlich im Wechsel mit einer kleinen Kindergruppe besuchen und gemeinsam frühstücken und spielen, ist die Einrichtung für Jonas und Melissa nicht mehr ganz fremd und die Eingewöhnung gelingt ihnen einfacher.*

Ein weiterer wichtiger Kooperationspartner sind andere Krippengruppen im Einzugsgebiet. Durch regelmäßige Kontaktaufnahmen untereinander können freie Plätze in den einzelnen Gruppen abgestimmt werden. Dadurch kann man beispielsweise flexibler auf das gewünschte Aufnahmedatum einer Familie für ihr Kind reagieren. Darüber hinaus ist es sinnvoll, sich mit den regionalen Angeboten und Institutionen für Kleinstkinder auszutauschen. So kann eine Kooperation mit dem Turnverein oder dem Schwimmbad geschlossen werden. Kooperationen mit Tagesmüttern können Betreuungsnöte der Eltern in den Schließzeiten der eigenen Einrichtung auffangen.

> **Aufgabe:** Neben Eltern, die beide einer qualifizierten Berufstätigkeit nachgehen und für ihr Kind einen Krippenplatz benötigen, gibt es einen zunehmenden Bedarf an Plätzen für Kinder aus von Armut betroffenen Familien (→ Kap. 2). Zum einen können diese Eltern oftmals aufgrund der eigenen schwierigen Situation ihren Kindern nicht jene Anregungen geben, die für eine gesunde Entwicklung nötig sind, zum anderen ermöglicht die Krippenbetreuung gerade armutsbetroffenen Alleinerziehenden, sich aktiv um Aus- und Weiterbildung oder einen Arbeitsplatz zu bemühen. Mit welchen Institutionen müssen Ihrer Meinung nach Leitungskräfte Kooperationen eingehen, um Familien in armutsbetroffenen Lebenslagen zu erreichen?

20.4 Qualitätsentwicklung in der Krippe

Ein wichtiger Aufgabenbereich der Leitung ist die Qualitätsentwicklung. Die gesetzliche Grundlage für die Qualitätsentwicklung in Kindertageseinrichtungen ist im SGB VIII § 22a (Förderung in Tageseinrichtungen) festgeschrieben.

> **SGB VIII § 22a**
> „(1) Die Träger der öffentlichen Jugendhilfe sollen die Qualität der Förderung in ihren Einrichtungen durch geeignete Maßnahmen sicherstellen und weiterentwickeln. Dazu gehören die Entwicklung und der Einsatz einer pädagogischen Konzeption als Grundlage für die Erfüllung des Förderungsauftrags sowie der Einsatz von Instrumenten und Verfahren zur Evaluation der Arbeit in den Einrichtungen."

Dimensionen von Qualität

Auf die Frage, wie nun die Qualität einer Kindertageseinrichtung erfasst werden kann, gibt es unterschiedliche Aussagen. Tietze u. a. (2007) unterteilen pädagogische Qualität in drei Ebenen:

- **Pädagogische Orientierungsqualität** – diese bezieht sich hauptsächlich auf die Haltung der Erzieherinnen. Ein Beispiel: Eine Erzieherin sollte wissen, dass die Befriedigung der physischen Grundbedürfnisse (Ernährung, Hygiene, Kälte- oder Hitzeschutz) allein nicht ausreicht, um eine gesunde Entwicklung von Kindern zu gewährleisten. Vielmehr ist eine angemessene Befriedigung der psychischen Grundbedürfnisse die Voraussetzung für eine gesunde Entwicklung (→ Kap. 3, 4).
- **Pädagogische Strukturqualität** – diese bezieht sich auf die Rahmenbedingungen, welche die Arbeit in der Krippe beeinflussen, wie z. B. politische Veränderungen, Ausbildungsniveau der Erzieherinnen, Vorbereitungszeiten, Personalschlüssel und Raumanforderungen. Hierzu ein Beispiel. Der Personalschlüssel steht in Krippen in engem Zusammenhang mit einer gelingenden pädagogischen Arbeit. Eine günstige Fachkraft-Kind-Relation wird immer bedeutsamer, je jünger die Kinder einer Gruppe sind, und hat positive Auswirkungen auf Entwicklung, Verhalten und Wohlbefinden jedes Kindes (→ Kap. 1.2).
- **Pädagogische Prozessqualität** – diese bezieht sich auf die täglichen pädagogischen Prozesse in der Interaktion zwischen den Kindern und den Erzieherinnen. Dazu gehören z. B. ein ritualisierter Tagesablauf sowie gezielte Angebote, welche dem Entwicklungsstand und den Bedürfnissen der Kinder angepasst sind. Es ist die Aufgabe der Erzieherin, die Umwelt der Einrichtung nach den Bedürfnissen und dem Entwicklungsstand der Kinder auszurichten. Dies erfordert neben dem pädagogischen Fachwissen der Erzieherin eine genaue Beobachtung jedes Kindes, um gezielte und individuelle Angebote zur Förderung der Entwicklung durchführen zu können. Dies können beispielsweise spezielle Angebote zur Förderung der Sprache (→ Kap. 14, 16) wie Fingerspiele und Lieder sein, oder Angebote zur Förderung der Feinmotorik (→ Kap. 17) wie das Auffädeln von Perlen oder das Arbeiten mit Knete (→ Kap. 15).

Qualitätskreislauf

Bei der Qualitätsentwicklung handelt es sich nicht um eine einmalige Bestimmung eines Zieles oder eines Qualitätsmerkmals, sondern vielmehr um einen dauernden Prozess der Qualitätsverbesserung. Zentral für diesen Prozess ist der Qualitätskreislauf. Zunächst wird das Globalziel festgelegt, z. B.: „Wir möchten ein neues und einheitliches Verfahren zur Entwicklungsdokumentation der Kinder einführen." In der nun folgenden Situationsanalyse stellt jede Erzieherin fest, wie sie bisher die Entwicklung der Kinder dokumentiert hat, wie sie dies in den Tagesablauf integriert hat und welche Konzepte sie kennt. So werden Stärken und Schwächen in der bisherigen Arbeit

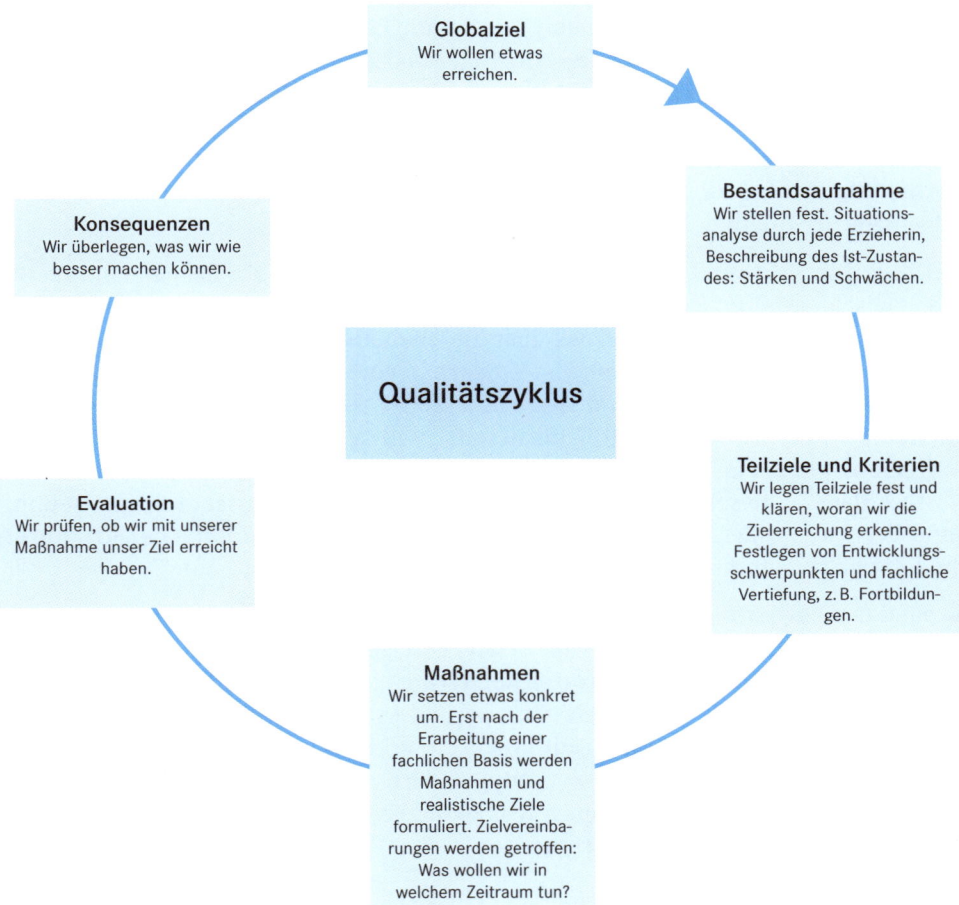

Abb. 20.2: Kreislauf der Qualitätsentwicklung

deutlich. Aus diesem Ist-Zustand werden Teilziele formuliert und z. B. durch Fortbildungen fachlich vertieft. Aufgrund der erarbeiteten fachlichen Basis werden konkrete Ziele umgesetzt, wie die Einführung eines bestimmten Konzeptes zur Entwicklungsdokumentation. Daraus werden einzelne Zielvereinbarungen getroffen. Es wird möglichst genau festgelegt, welches Teammitglied welche Aufgabe übernimmt, und ebenso der zeitliche Rahmen dafür. Anschließend wird die konkrete Umsetzung des Konzeptes geplant. Nachdem der Qualitätskreislauf soweit durchlaufen wurde, findet eine Evaluation des gesamten Prozesses statt. Es wird überprüft, ob die getroffenen Maßnahmen geeignet waren und dadurch das Ziel erreicht werden konnte. Nun kann der Prozess eines neuen Qualitätskreislaufes in Gang gesetzt werden.

Ein wichtiger Punkt in der Qualitätsentwicklung einer Krippe ist die pädagogische Konzeption. Sie ist die Grundlage der Einrichtungsqualität (→ Kap. 5). Diese muss regelmäßig evaluiert und neben anderen Aspekten auch auf Qualitätsansprüche und

-ziele von Eltern, Erzieherinnen und Träger hin überarbeitet werden. Diese Überarbeitung kann unter Beachtung des Qualitätskreislaufes stattfinden. Viernickel u. a. (2010) sprechen hier von der „internen Evaluation". Neben dieser gibt es eine weitere Evaluationsform, die „externe Evaluation". Hierbei wird die Qualität einer Einrichtung von außen, z. B. durch unabhängige Institute oder mittels eines vorher festgelegten und standardisierten Verfahrens ermittelt. Das bekannteste Verfahren wird im Folgenden vorgestellt.

KRIPS-R: Die Krippen-Skala (KRIPS-R) (Tietze u. a. 2007) ist ein Instrument, um die pädagogische Qualität in Krippen festzustellen und zu unterstützen. Diese Methode liefert einen umfassenden Überblick über die Qualitätsdimensionen und -prozesse in der Erfahrungs- und Bildungswelt von Kindern in einer Krippengruppe. Herausgegeben wurde dieses Instrument von Tietze u. a. (2007). Es basiert auf der Infant Toddler Environment Rating Scale (ITERS), die bereits 1990 in den USA veröffentlicht wurde. KRIPS-R beinhaltet insgesamt 41 Merkmale, welche in sieben Bereiche zusammengefasst werden. Zu diesen sieben Bereichen gehören: Platz und Ausstattung, Betreuung und Pflege der Kinder, Zuhören und Sprechen, Aktivitäten, Interaktionen, Strukturierung der pädagogischen Arbeit sowie Eltern und Erzieherinnen.

Anhand des Bewertungsbogens kann die Qualität der einzelnen Merkmale der Krippengruppe gemessen werden. So wird beispielsweise nach der Begrüßung und Verabschiedung der Kinder gefragt. Unzureichend wäre es in diesem Fall, wenn die Begrüßung der Kinder häufig vernachlässigt wird und es keine festen Regelungen für die Verabschiedung der Eltern gibt. Lädt hingegen die Atmosphäre die Eltern dazu ein, die Bring- und Abholzeit im Gruppenraum zu verbringen und werden den Eltern individuelle schriftliche Aufzeichnungen über tägliche Vorkommnisse ausgehändigt, gilt dies als ausgezeichnete Bewertung.

Fallbeschreibung: *Sveta, eine 35-jährige Erzieherin, arbeitet seit drei Monaten in der Krippengruppe der Kindertageseinrichtung Pusteblume. Sie hat zuvor zehn Jahre in einem Hort gearbeitet. Sveta hat einen Migrationshintergrund und lebt seit 20 Jahren in Deutschland. Sie hatte sich auf das vom Träger verfasste Stellenangebot „Erzieherin für Kindertageseinrichtung gesucht" beworben. Sie und eine weitere Bewerberin haben jeweils für eine Woche in der Krippengruppe hospitiert. Der Träger hat sich für Sveta entschieden, das Team und die Leitung haben die andere Bewerberin als passender empfunden. Nach einigen Wochen wuchsen die Spannungen zwischen einigen Erzieherinnen und Sveta. Es wurde vor allem in informellen Gesprächen die Beobachtungen über Sveta, ihre Arbeitsweise und Beziehung zu den Kindern ausgetauscht. Die Erzieherinnen bekräftigten sich in ihren Wahrnehmungen. Sie sei entweder zu hart zu den Kindern oder das Gegenteil, dann spreche sie nur in babyhafter Sprache und wenn man sie korrigiere oder auf etwas aufmerksam machen, sage sie stets mit ihrem typisch harten Akzent immer nur: „Ja, ja, ist klar", beklagen sich die Kolleginnen. An Teamgesprächen hat Sveta noch nie teilgenommen, da sie in dieser Zeit stets beim „Kinder-Dienst" eingeteilt war.*

Aufgabe: Wie würden Sie als Leitung im zuvor beschriebenen Fall vorgehen? Entwickeln Sie in Partnerarbeit Lösungsschritte und begründen Sie Ihr Vorgehen. Berücksichtigen Sie folgende Aspekte: Qualität, Personalentwicklung, Teamentwicklung, Zusammenarbeit der Steuerungsebenen. Stellen Sie Ihre Lösungsschritte in der Lerngruppe vor.

Literatur

Bernitzke, F. (2009): Handbuch Teamarbeit: Grundlagen für erfolgreiches Arbeiten in Kita und Kindergarten. Freiburg

Bertelsmann-Stiftung (o. J.): Qualität für Kinder unter DREI in Kitas – Empfehlungen an Politik, Träger und Einrichtungen. Online verfügbar

Deutsches Jugendinstitut (2009): Quantität braucht Qualität. Agenda für den qualitativ orientierten Ausbau der Kindertagesbetreuung für unter Dreijährige. Online: http://www.dji.de/kinder/2009–06_Quantitaet_braucht_Qualitaet_DJI_Positionspapier.pdf (21.02.2011)

Ellermann, W. (Hrsg.) (2007): Organisation und Sozialmanagement für Erzieherinnen und Erzieher. Berlin u. a.

Kercher, A./Höhn, K. (2009): Zweijährige in Kindergärten. Konzeptionelle und betriebliche Aspekte für Teams und Träger. Köln

Klug, W. (2001): Erfolgreiches Kita-Management: Unternehmens-Handbuch für LeiterInnen und Träger von Kindertagesstätten. München

Krenz, A. (2008): Konzeptionsentwicklung in Kindertagesstätten – professionell, konkret, qualitätsorientiert: Lehr-/Fachbuch. Troisdorf

Lamberti, M.-A./Sommerfeld, V. (2003): Strategische Personalentwicklung. Weinheim, Basel

Sell, St./Jakubeit, G. (2007): Leitungsfunktionen im strukturellen Wandel. Remagen.

Tietze, W. u. a. (2007). Krippen-Skala (KRIPS-R) Revidierte Fassung – Feststellung und Unterstützung pädagogischer Qualität in Krippen. Berlin, Düsseldorf, Mannheim

Viernickel, S./Schwarz, S. (2009): Schlüssel zu guter Bildung, Erziehung und Betreuung. Wissenschaftliche Parameter zur Bestimmung der pädagogischen Fachkraft-Kind-Relation. Online: http://www.gew.de/Binaries/Binary47887/expertise_gute_betreuung_web.pdf

Viernickel, S./Völkel, P./Herrnberger, G./Schubert, C. (2010): Qualität für die Kleinsten – Entwicklung und Sicherung von Standards in Kinderkrippen. Troisdorf

Ziesche, U./Herrnberger, G./Karkow, C. (2003): Qualitätswerkstatt Kita – Zusammenarbeit von Kita und Familie. Weinheim

21 Zusammenarbeit mit Eltern

Inge Werning

In der öffentlichen Diskussion haben gleichermaßen die private und die öffentliche Verantwortung von Erziehung und Bildung von Kindern an Bedeutung gewonnen. Eltern haben ein grundsätzlich verbrieftes Recht und die Pflicht zur Erziehung ihrer Kinder (Art. 6 Abs. 2 Satz 1 Grundgesetz), aber nicht automatisch auch die Kompetenz, dies ohne Unterstützung zum Wohle des Kindes und den gesellschaftlichen Erwartungen gemäß umzusetzen. Der afrikanische Spruch „Es braucht ein ganzes Dorf um ein Kind zu erziehen" findet breitere gesellschaftliche Zustimmung. So stehen Familien durch das Spannungsfeld der Vereinbarkeit von Familie und Berufstätigkeit vor hohen organisatorischen und emotionalen Anforderungen. Lösungen bieten soziale Netzwerke am Wohnort, die Rahmenbedingungen für die positive Entwicklung von Kindern schaffen. Gemäß § 22 SGB VIII Abs. 2 ist es die Aufgabe von Krippenpädagoginnen, auf Eltern zuzugehen, ihren Bedarf zu erfassen und sie zum Austausch und zur Mitwirkung einzuladen.

> **SGB VIII § 22 Grundsätze der Förderung**
> „(...) (2) Tageseinrichtungen für Kinder und Kindertagespflege sollen
> 1. die Entwicklung des Kindes zu einer eigenverantwortlichen und gemeinschaftsfähigen Persönlichkeit fördern,
> 2. die Erziehung und Bildung in der Familie unterstützen und ergänzen,
> 3. den Eltern dabei helfen, Erwerbstätigkeit und Kindererziehung besser miteinander vereinbaren zu können. (...)"

Kindertageseinrichtungen können einen wichtigen lebensweltbezogenen Beitrag zur Elternbildung leisten. Während in der Vergangenheit Eltern eher am Rande miteinbezogen wurden und der Begriff „Elternarbeit" verwendet wurde, geht es nun um eine Erziehungspartnerschaft mit Eltern. Pädagoginnen und Eltern begegnen sich auf Augenhöhe und in wechselseitiger Anerkennung und Wertschätzung. Die professionelle Krippenpädagogin setzt sich zur Aufgabe, vertrauensvolle Beziehungen zu den Eltern aufzubauen und Formen der Zusammenarbeit mit ihnen gemeinsam zu finden. Ausgangspunkt ist dabei das Kind, das von Beginn an seine Bildungsprozesse aktiv mitgestaltet und dafür auf soziale Interaktion, auf verlässliche Beziehungen und Bindungen zu erwachsenen Bezugspersonen angewiesen ist. Daraus ergibt sich die gemeinsame Erziehungsaufgabe von Eltern und Krippenpädagoginnen, das Kind in seinem Bildungsprozess zu unterstützen, zu begleiten, anzuregen und herauszufordern. Diese gemeinsame Aufgabe erfordert eine enge Kooperation.

Im Sinne der Erziehungspartnerschaft gilt es die Wünsche und Bedürfnisse der Eltern zu berücksichtigen bzw. zunächst aktiv ausfindig zu machen. Dabei ist es eine große Herausforderung für die Pädagogin, auch bei ersichtlichen Risikofaktoren in einer Familie mit Achtung und Respekt vorzugehen. Vorbild kann hier der Ansatz der Early Excellence Centres (EEC) sein, deren zentrales Anliegen es ist, das gemeinsame Interesse an der bestmöglichsten Förderung von Eltern und Krippenpädagogin im Sinne einer Ressourcenorientierung zu betonen. Es geht um den positiven Blick auf alle und darum, bei den Eltern als Experten für ihre Kinder Ressourcen zu finden. Viele Einrichtungen lassen sich bei der Entwicklung hin zu Familienzentren durch die niedrigschwelligen Angebote in den EEC im Bereich Gesundheitsförderung und Erziehungskompetenz anregen.

21.1 Personale Kompetenzen der Krippenpädagogin

Im Krippenbereich sind neben den fachlichen Kompetenzen vor allem die personalen Kompetenzen in der Zusammenarbeit mit Eltern gefragt.

Die Kommunikation und Kooperation ist ein wesentlicher Bestandteil der Tätigkeit, in deren Mittelpunkt das Wohlergehen des Kindes steht. Der regelmäßige intensive Austausch in allen Belangen ist für die Herstellung der Kontinuität in der Betreuung für das Kind wesentlich. Perspektivwechsel vorzunehmen, sich in den Blickwinkel der Eltern hineinzuversetzen, ist hilfreich, um ein Verständnis für deren Situation und Sichtweise zu entwickeln.

Für eine erfolgreiche Zusammenarbeit mit Eltern ist die Auseinandersetzung mit der pädagogischen Haltung für die Krippenpädagogin von entscheidender Bedeutung (→ Kap. 19). Denn die Haltung, mit der sie Eltern begegnet, die ihre Kinder in diesem frühen Alter in eine Einrichtung oder in die Tagespflege geben, ist geprägt von ihren eigenen Erfahrungen und von vorherrschenden gesellschaftlichen Denkmustern. Diese beeinflussen bewusst oder unbewusst die Beziehung zu den Kindern und den Eltern.

Aufgabe: Bewerten Sie die Aussagen in Tabelle 21.1 in Bezug auf Eltern und begründen Sie Ihre Meinung in Stichworten. Reflektieren Sie die eigene Haltung. Tauschen Sie sich in Ihrer Lerngruppe über die einzelnen Bewertungen aus und diskutieren Sie diese.

Dieser Aussage stimme ich ...	voll zu	eher zu	eher nicht zu	gar nicht zu
Eltern sind die wichtigsten Bindungs- und Beziehungspersonen ihres Kindes.				
Alle Eltern sind ausreichend kompetent in Bezug auf den Alltag zu Hause, die Erziehung und den Umgang mit dem Kind in der Familie.				
Die Krippenpädagogin sollte die Gründe, warum die Eltern ihr Kind in die Krippe geben, nicht bewerten.				
Mein eigenes Kind würde ich in eine Krippe oder in die Tagespflege geben.				

Tab. 21.1: Bewertungstabelle zur Auseinandersetzung mit der eigenen Haltung

Die Krippenpädagogin ist geprägt von Haltungen, die ihr in ihrem eigenen Leben entgegengebracht worden sind. Diese bewusst zu reflektieren und sich mit den Kindheitserinnerungen und der eigenen Biographie auseinanderzusetzen, ist die Voraussetzung dafür, die eigene Geschichte anzunehmen bzw. sich auch mit schwierigen Erfahrungen auszusöhnen. Häufig werden unsere Handlungen durch Gefühle und Empfindungen beeinflusst, ohne dass uns die dahinterliegenden, früher erlebten Muster, Konzepte und Vorstellungen bewusst werden. Die Auseinandersetzung mit dem Zusammenhang von früher Gefühltem und Erlebten und jetzigen Handlungen kann in dreierlei Hinsicht lohnend sein: Einerseits zu erkennen, weshalb wir so handeln, wie wir handeln, und zum anderen sich bewusst davon zu lösen und Handlungsalternativen auszuprobieren und schließlich, auch bei anderen Menschen ein Verständnis für deren Handlungen zu erlangen.

Beispiel: *Eine Mutter stürmt in die Kita. Paul auf ihrem Arm ist noch im Schlafanzug, sie legt ihn aufs Sofa und beginnt, ihn zu wickeln und anzuziehen. Die Krippenpädagogin begrüßt beide. Sie bringt der Mutter einen Kaffee und sagt freundlich: „Komm ich übernehme Paul, du kannst in Ruhe den Kaffee trinken." Kurz sitzen alle drei beisammen.*

Aufgabe: Nehmen Sie wahr, was Ihnen beim Beispiel oben als erstes durch den Kopf geht; welche Gefühle, welche Gedanken haben Sie. Nehmen Sie bewertende oder missbilligende Gedanken bei sich wahr?

Eine wertschätzende Haltung Eltern gegenüber basiert darauf, dass eine Krippenpädagogin selbstreflexiv und lebensbegleitend an einem positiven Selbstbild arbeitet. Dabei hilfreich sind eine gute Feedbackkultur im Team, kollegiale Beratung, Fachberatung oder auch Supervision.

Wenn die Krippenpädagogin Eltern begegnet, die in ihrer eigenen Kindheit nur ungenügende Vorbilder für einen fürsorglichen und förderlichen Umgang erlebt haben, so können diese von einer annehmenden und nicht belehrenden Zusammenarbeit mit ihr profitieren. Eltern können sie als Vorbild nehmen in ihrem Tun (Zeigen und Vormachen) mit dem Kind. Wenn z. B. die Krippenpädagogin mit ihrer ganzen ungeteilten Aufmerksamkeit während einer Essenssituation beim Kind ist, mit ihm einfühlsam spricht, sich einstimmt, Blickkontakt hält und zulassen kann, wie das Kind sich z. B. selbst aus einer Schüssel selbstständig auffüllt und die Eltern wahrnehmen, wie gut dies dem Kind tut.

> **Aufgabe:** Schauen Sie sich unter www.paedagogikfilme.de den Film „Erzieherin: Beruf oder Berufung? Personale Kompetenzen für Beziehung und Bildung in der Elementarpädagogik und der Ausbildung von Erzieherinnen" von Kurt Gerwig an. Diskutieren Sie in Ihrer Lerngruppe folgende Aussage des Filmes: „Kinder verfügen über alle personalen Kompetenzen, die wir von Erzieherinnen erwarten: Offenheit, feines Gespür für andere Menschen, Neugier, Respekt, bedingungsloses Vertrauen".

21.2 Gelingensfaktoren für die Zusammenarbeit mit Eltern

Im Konzept der Salutogenese (vgl. Antonovsky 1997) finden sich für das Dreieck Eltern – Kind – Krippenpädagogin (→ Kap. 19) Anregungen, die hilfreich sein können für den Umgang mit Stressoren in Alltag. Eltern möchten verstehen können, wie in der Krippe gearbeitet wird, nachvollziehen und vorhersagen können, was an Entwicklung auf sie zu kommt, und dies mit ihrer eigenen Lebenssituation als vereinbar erleben. Aus diesem Grund sind Informationen und kontinuierliche Gesprächsbereitschaft auf Seiten der Krippenpädagogin wichtig, sie nehmen Ängste und geben Orientierung.

Handhabbarkeit: Die Anforderungen bezüglich der Zusammenarbeit sollten für die Eltern als Aufgaben handhabbar erscheinen und nicht als Überforderung ankommen, dann kann eine optimistische Einstellung entstehen, die Herausforderungen in der Erziehung des Kleinkindes trotz Belastungen aus eigener Kraft und mit Unterstützung der Krippenpädagogin zu bewältigen.

Bedeutsamkeit: Wenn Eltern das Gefühl erlangen, dass ihr Handeln bedeutsam ist, dass sie durch ihr Zutun etwas Sinnvolles bewirken, dann sind sie motiviert sich einzusetzen. So entsteht ein Kohärenzgefühl – ein Gefühl von innerem und äußerem Zusammenhalt und das ist die Basis für eine gute Zusammenarbeit.

Ermutigung und Inspiration: Krippenpädagoginnen sind gefordert, die Themen der Eltern zu sehen, aufzugreifen und die Eltern zu ermutigen, sich damit einzubringen. Eine Krippenpädagogin kann ermutigen, wenn sie überzeugt ist, dass es möglich sein wird, mit Eltern über die Entwicklung ihrer Kinder zu sprechen und gemeinsam Antworten auf ihre Fragen zu finden. Sie kann inspirieren, wenn sie sich selbst dafür begeistern kann, Wege finden zu wollen, und neugierig bleibt in Bezug auf Hintergründe und Beweggründe.

Offenheit: Eltern fühlen sich eingeladen, wenn Krippenpädagoginnen vermitteln, dass sie gerne mit Eltern sprechen und mit ihnen zusammen sind. Beide können sich so gegenseitig anregen und gemeinsam an der Aufgabe, die Kinder zu begleiten und zu stärken, wachsen.

Professionelle Distanz: Die Krippenpädagogin ist immer auch aufgefordert eine professionelle Distanz einzuhalten, um empathisch und sensibel eine Brücke zu schlagen zwischen dem Konzept der Einrichtung sowie Eltern und Kindern. Auch die Tagespflegekraft steht in ihrem Berufsalltag in einem komplexen Geflecht von Beziehungen, welches ihr ein hohes Maß an Geschick und Kompetenz abverlangt, konstruktiv zu kommunizieren.

Lösungsorientierter Ansatz: Für die Zusammenarbeit mit Eltern ist ein lösungsorientierter Ansatz von Vorteil. Dieses Modell wurde erstmals von den Psychotherapeuten Steve de Shazer und Insoo Kim Berg vorgestellt und geht davon aus, dass es hilfreicher ist, sich auf Wünsche, Ziele, Stärken und die Ausnahmen vom Problem zu konzentrieren, statt auf die Probleme und deren Entstehung. Der Psychiater und Psychotherapeut Ben Furman hat diesen Ansatz im pädagogischen Bereich weiterentwickelt und ermutigt damit beim Aufbau von Kooperationen. Seine Haltung ist vor allem geprägt von Gelassenheit und Zuversicht: Mit Mut und Vertrauen auf Erfolg seien Ziele leichter zu erreichen, schwierige Aufgaben gelängen leichter mit Spaß und die beste Voraussetzung für Lernen und Veränderung sei die Kooperation. Probleme beschreibt er als noch zu lernende Fähigkeiten. Seine Sammlungen von kreativen Techniken und Ideen erweisen sich in angeleiteten Elterngesprächsgruppen als sehr nützlich, da sie die biografischen Grundlagen und individuellen Bedürfnisse der teilnehmenden Eltern einbeziehen.

21.3 Gesprächsanlässe mit den Eltern

Die Zusammenarbeit mit Eltern hat drei Funktionen:

- Stärkung des einzelnen Kindes
- Stärkung der Elternkompetenz
- Mitgestaltung und Mitbestimmung.

Hierzu sind vor allem Gespräche unterschiedlicher Art erforderlich. Grundsätzlich ist es dafür wichtig, sich neben der Reflexion zur eigenen Haltung auch mit Kommunikationsmodellen und Gesprächsführung auseinanderzusetzen und sich fortzubilden.

Erst- und Aufnahmegespräche

In ausführlichen Erst- und Aufnahmegesprächen legen die Krippenpädagoginnen ihre konzeptionellen Überlegungen zur Eingewöhnung dar und erläutern den Eltern ihre Aufgaben bei der Eingewöhnung. Als Vorbereitung darauf ist es bedeutend, sich in Fragen, Wünsche, Ängste, Sorgen der Eltern hineinversetzen zu können. Bei Aufnahmegesprächen sollte bedacht werden, dass vom ersten einladenden Eindruck oft vieles abhängt. Vorerfahrungen, Vorwissen über die Kita spielen bei Eltern eine Rolle. Welche Erfahrungen hat die Mutter selbst als Kindergartenkind gemacht? Wie wird im Ort und unter den Eltern über die Krippe/die Tagespflegestelle gesprochen? Was erwartet sie von den Krippenpädagoginnen? Für die Kommunikation zwischen Menschen gilt: „Wie man in den Wald hineinruft, so schallt es zurück." In vielen Einrichtungen führt die Kita-Leiterin das Erstgespräch mit den Eltern. Hierbei wird der Rahmen, das Konzept der Einrichtung besprochen und außerdem durch die Räumlichkeiten geführt. Im Anschluss daran bespricht die Kita-Leiterin mit dem Krippenteam, in welche Gruppe das Kind aufgenommen werden kann. Die Eltern bekommen einen Anamnesebogen, den sie ausgefüllt mit zum eigentlichen Aufnahmegespräch bringen, das von der zukünftigen Bezugspädagogin mit ihrer Krippenkollegin im Team durchgeführt wird.

Als Gesprächsleitfaden können folgende Fragen dienen:

- Was möchten wir über die Familie erfahren? (z. B.: Welche Trennungssituationen hat das Kind bisher wie bewältigt? Wie lange war es dabei von den Eltern getrennt? War die Trennungssituation innerhalb der Familie oder außerhalb?)
- Wie und was hat das Kind bisher gegessen und getrunken? (z. B.: Wird es gefüttert, isst es selbstständig? Gibt es Besonderheiten?)
- Was ist uns wichtig, den Eltern über uns mitzuteilen? (z. B.: Wir machen das Tempo der Eingewöhnung vom Kind abhängig, jedes Kind ist einzigartig)
- Was möchten wir den Eltern aushändigen? (z. B. einen Willkommensbrief an das Kind, in welchem alle zukünftigen Spielkameradinnen mit Namen und Alter vorgestellt werden).

Durch die Aufnahmegespräche und die intensive Eingewöhnungsphase entwickelt sich das persönliche und fachliche Vertrauen, gegenseitige Erwartungen und Arbeitsansätze werden geklärt, eine persönliche Beziehung wird etabliert.

Gespräche in der Bring- und Abholphase

Ein Kleinkind kann sich sprachlich noch wenig ausdrücken, Eltern und Krippenpädagogin sind auf Berichte und einen regelmäßigen intensiven Informationsaustausch angewiesen. Fragen in der Phase können z.B. sein:

- Hat Paula heute gut geschlafen und wie lange hat sie geschlafen?
- Was/wie hat sie heute gegessen?
- Was war in ihrer Windel?
- Wann wurde sie zuletzt gewickelt?
- Hat sie sich heute wohl gefühlt?
- Wofür hat sie sich heute besonders interessiert?
- Was war wichtig für sie?

Der Informationsaustausch erfolgt vor allem beim täglichen Bringen und Abholen der Kinder. Diese Tür- und Angelgespräche sind nicht zu unterschätzen, sie dienen der Kontaktpflege. Die Aufmerksamkeit gehört dabei beiden, dem Kind und den Eltern. Bedeutsam ist der Austausch über die Erlebnisse und die Befindlichkeit des Kindes, um das Kind besser zu verstehen. Die Krippenpädagogin ist verantwortlich, wenn es darum geht, das Gespräch zu beenden oder zu verschieben.

Aufgabe: Spielen Sie in Ihrer Lerngruppe Übergabesituationen als Rollenspiel (mit Puppe). Vorbereitung: Beschreiben Sie mehrere Lebenssituationen von Eltern, die ihr Kind in die Krippe bringen (z.B. übermüdete Mutter, die schnell zur Arbeit muss; aufgestylte Mutter im Jogginganzug auf dem Weg ins Fitnessstudio; alleinerziehender Vater, der sich überfordert fühlt und dies nebenbei sagt usw.). Formulieren Sie Fragen für die Beobachterinnen (Wie kommuniziert die Krippenpädagogin? Wie kommuniziert die Mutter? usw.)

Reflektieren Sie im Anschluss: Wie erging es Ihnen in der Rolle der Krippenpädagogin, wie in der Rolle der Mutter? Was haben die Beobachterinnen wahrgenommen? Welche Botschaften wurden gesendet, welche verstanden?

Entwicklungsgespräche

Regelmäßigen Entwicklungsgesprächen kommt eine Schlüsselrolle in der Kommunikation mit Eltern zu. Sie gelingen umso besser, je gründlicher sich Krippenpädagoginnen und auch Eltern darauf vorbereiten. Dafür eignen sich bestens die systematische Beobachtung, Reflexion (im Team) und die Dokumentation der kindlichen Entwicklungsprozesse, da sie den differenzierten Blick auf das Kind ermöglichen. Wird ein Beobachtungsverfahren gewählt, das die Stärken des Kindes und nicht (nur) die möglichen Defizite in den Blick nimmt, verändert dies die Atmosphäre im Gespräch mit den Eltern zum Positiven hin (→ Kap. 10). Eltern und Krippenpädagoginnen tauschen ihre Erfahrungen, Erlebnisse und Beobachtungen mit dem Kind aus und vereinbaren gemeinsam Schritte, um das Kind bestmöglich zu stärken. Fotos, Videos, Bilder aus dem pädagogischen Alltag sind eine wunderbare Möglichkeit, Lern-

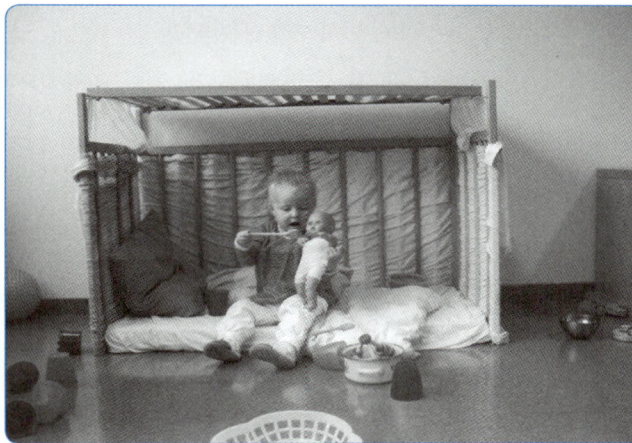

schritte sichtbar zu machen und intensive Auseinandersetzungen des Kindes mit einem Thema zu zeigen. Der Blick richtet sich dabei auf Engagiertheit, Wohlbefinden, auf Entwicklungsprozesse, auf die Art, wie Kinder etwas tun, und woran sie stark interessiert sind (vgl. Leuvener Engagiertheits-Skala 2007).

In den Entwicklungsgesprächen gewinnen die Eltern genauere Vorstellungen von der Entwicklung ihres Kindes, sie werden quasi nebenbei zum Beobachten ihres Kindes angeleitet und erhalten Einblicke in die pädagogische Arbeit der Krippenpädagogin und Anregungen zum Überdenken ihres eigenen Erziehungsverhaltens.

Abb. 21.1: Was tut mein Kind in der Kita? — In Gesprächen mit der Erzieherin erfahren Eltern, wie sich ihr Kind entwickelt

21.4 Stärkung der familiären Bildungs- und Erziehungskompetenz

Die gemeinsamen Bemühungen zur Stärkung der kindlichen Entwicklung, die Orientierung an der Bildung des Kindes sind im Fokus beim Thema Stärkung der Erziehungskompetenz der Familie in der Kindertageseinrichtung.

Die Wahrnehmung des Kindes als Teil einer Familie und die Einbindung der Eltern in die Arbeit der Krippe begründet die Erziehungspartnerschaft. Die Bindungsforschung hat gezeigt, dass das Kind für sein Wohlbefinden und seine gute Entwicklung darauf angewiesen ist, dass die verschiedenen Lebensfelder sich mit gegenseitiger Anerkennung begegnen (→ Kap. 4).

Dies ist nicht immer automatisch gegeben: Eltern wünschen sich Anerkennung für das, was sie bisher für ihr Kind geleistet und worauf sie zugunsten des Kindes eventuell verzichtet haben. Wenn ihre persönlichen Einstellungen von jenen der Krippenpädagoginnen abweichen, stehen sie der Arbeit in der Krippe nicht selten kritisch gegenüber. Sie befürchten, in ihren Grundhaltungen nicht ernst genommen zu werden und dass sich ihr Kind von ihnen entfremden könnte. Krippenpädagoginnen, die sich von Eltern in Frage gestellt fühlen, kämpfen auf der anderen Seite um die Anerkennung ihrer fachlichen Kompetenz als Kernstück ihrer beruflichen Identität. Ohne einen vertrauensvollen Dialog können Abwertungen entstehen, die auf bewusster wie unbewusster Ebene über das Kind kommuniziert werden: So könnte das Kind im Ärger der Krippenpädagogin über das öfter vergessene Windelpaket spüren, dass diese seine Mutter für wenig verantwortungsbewusst hält. Wenn es am Abend etwas aus der Krippe mitteilt, könnte es Ähnliches durch abwertenden Äußerungen der Mutter („Krippentante") erfahren.

Je enger die Kooperation, desto positiver wirkt sich dies auf die Entwicklung des Kindes aus. Für den gleichberechtigten Dialog mit dem Ziel der bestmöglichen Unterstützung für das Kind ist die Würdigung der Gemeinsamkeiten und der Unterschiede in Bezug auf Kompetenzen und Rollen wichtig.

Die Krippe als Lebens- und Lernort für Eltern

Die Ärzte und Entwicklungspsychobiologen Mechthild und Hanus Papousek sprechen von der intuitiven Kompetenz der Eltern und zeigen dies daran, dass diese fähig sind, sich auf der sprachlichen und nichtsprachlichen Ebene auf die Bedürfnisse der Kleinkinder einzustellen. Diese intuitive Kompetenz kann mehr oder weniger ausgeprägt sein, durch schwierige Umstände oder Erfahrungen verschüttet und darauf angewiesen, freigesetzt, gestützt und gestärkt zu werden. So können Unzufriedenheitssignale wie Schreien oder Quengeln in Eltern Sorge auslösen und nach erfolglosen Bemühungen ebenfalls Unzufriedenheit (Ärger oder Unruhe), was sich wiederum dem Kind mitteilt und dessen Unzufriedenheit ansteigen und das Schreien anhalten lässt. Diesem Teufelskreis gilt es zu entkommen, indem Eltern lernen, wahrzunehmen, richtig zu interpretieren und angemessen zu reagieren.

Marte Meo Methode: Hilfreich für die Krippenpädagogin kann hier die Kooperation mit einer ausgebildeten Marte Meo Beraterin sein. Marte Meo ist eine Methode, die von Maria Aarts (Holland) in der pädagogischen Praxis entwickelt wurde. Kurz Videosequenzen vom Kind in alltäglichen Situationen werden mit den Eltern/Krippenpädagoginnen gemeinsam mit einer ausgebildeten Marte Meo Fachkraft angeschaut und die Entwicklungsbedürfnisse des Kindes mit Blick auf die vorhandenen Kompetenzen und Entwicklungsbotschaften besprochen:

- Wie geht es dem Kind gerade?
- Durch welche Signale äußert es seinen Zustand?
- Was will es uns mit seinem Verhalten mitteilen?

Die Marte Meo Fachkraft wählt Bilder von gelungenen Interaktionsmomenten zwischen Eltern und Kindern aus, um die elterliche Kompetenz zu stärken: „Guck mal, Paul schaut dich an, er braucht dich. Wenn du ihn froh anschaust, fühlt er sich wohl."

„Wenn du benennst, was Paul tut, fühlt er sich sicher." Wenn für Eltern sichtbar wird, wie und wann das Kind in gutem Kontakt mit ihnen ist und wie sie diese Entwicklung gezielt unterstützen können, stärkt dies die Beziehung untereinander und regt die Entwicklungsprozesse des Kindes an.

Für Eltern kann die Kita/Krippe ein grundlegender Lebens- und Lernort zur Förderung dieser feinfühligen Erziehungskompetenz sein und Krippenpädagoginnen wichtige Partnerinnen. Die Impulse gehen vom Bedarf und vom Interesse der Eltern aus. Ziel ist es dabei, auch die Eltern zu erreichen, die VHS-Kurse oder Familienbildungsstätten nicht besuchen. Der Kontakt und der Austausch der Eltern untereinander ist ein wesentlicher Aspekt bei der Stärkung familiärer Kompetenz.

Möglichkeiten, außer in Elterngesprächen die elterliche Erziehungskompetenz zu stärken, liegen in

- Gesprächskreisen
- Thematischen und muttersprachlichen Elternabenden
- Elterncafes
- Elternkursen
- Elternfilmen und -briefen (unter http://www.ane.de/elternbriefe.html sind z. B. beim Arbeitskreis Neue Erziehung e. V. Elternbriefe erhältlich. Passend zum Alter des Kindes werden alle wichtigen Entwicklungsschritte und Themen beschrieben und nützliche Tipps zur Erziehung und zum Familienalltag gegeben. Unter http://www.a4k.de/elternfilme/gibt es Kurzfilme für junge Eltern in verschiedenen Sprachen).

Im Kinder- und Jugendhilfegesetz (KJHG) heißt es, dass Erziehungsberechtigte an den Entscheidungen in wesentlichen Angelegenheiten der Kindertageseinrichtungen zu beteiligen sind (vgl. § 22 Abs. 3 SGB Vlll). Mitgestaltung und Mitbestimmung (Elternbeiräte) realisieren ihre Partizipation. Die spezifischen Fähigkeiten, nicht nur der pädagogisch vorgebildeten Eltern, bereichern das Leben in der Kindertageseinrichtung.

Die sehr unterschiedlichen Arten und Einstellungen innerhalb der Elterngruppen und der Krippenpädagoginnen stellen für die Entwicklung der Zusammenarbeit vielerorts eine große Herausforderung dar. Aus den Erfahrungen der Early Excellence Centres wissen wir, dass Eltern aus bildungsfernen Milieus für die Zusammenarbeit gewonnen werden können.

Bei der Erziehungspartnerschaft von Krippenpädagoginnen mit Eltern mit Migrationshintergrund ist wichtig, jede Familie individuell zu sehen und sich vor Klassifikationen wie „typisch türkisch", „typisch Aussiedler" ebenso wie „typisch deutsch" zu hüten. Das Ziel ist, dass die Familien einen guten Weg finden, die eigene und die deutsche Kultur zu leben. Für die Integration und den Austausch mit ihnen ist die Kommunikationsfähigkeit eine Voraussetzung. Wenn erforderlich, bedarf es eines Dolmetschers. Das Angebot von Deutschkursen in den Einrichtungen bietet sich an.

Bei der inhaltlichen Arbeit und der Zusammenarbeit mit den Eltern spielt die sozial-räumliche Lage der Krippe (privilegiertes Wohngebiet, Innenstadtlage usw.) eine Rolle und erfordert spezifische Arbeitsformen im Interesse der Kinder und Eltern. Je nach Zusammensetzung der Elternschaft müssen geschlechtssensible Angebote ihren Platz haben, um die Kompetenzen der Väter zu berücksichtigen.

Die Stärkung der Erziehungskompetenz der Familie in der Krippe ist eine komplexe Herausforderung: Förderlich ist der Blick der Krippenpädagogin über das Kind auf die Familie und eine Haltung geprägt vom Interesse am Abbau gegenseitiger Vorurteile und Ängste und orientiert an den Stärken und Interessen der Eltern.

Notwendig sind räumliche und zeitliche Rahmenbedingungen und genügend qualifizierte Fachkräfte. Die Zusammenarbeit mit Eltern bedarf zusätzlicher Ressourcen und der Unterstützung der Krippenpädagoginnen in Form von Fortbildung und Supervision.

Elterngesprächskreise: Um den Dialog und die Zusammenarbeit mit Eltern zu eröffnen, sind Elterngesprächskreise zu Erziehungsfragen hilfreich. Die Krippenpädagogin lädt ein, bereitet die Treffen vor, sie initiiert und moderiert. Eine dialogische Struktur erlaubt es den Beteiligten, offen über ihre Erfahrungen, über Fragen, Ängste und Probleme zu sprechen, mit denen sie häufig allein bleiben. Die Krippenpädagogin achtet darauf, dass neben dem Bedürfnis nach Austausch auch das Interesse nach Sachinformationen zu Fragen frühkindlicher Entwicklung berücksichtigt wird. Auf Wunsch der Eltern bereitet sie sich auf ein Thema vor und informiert über pädagogische Inhalte. In einer vertrauensvollen Atmosphäre werden Eltern ermutigt, von ihrem Elternsein zu erzählen. Bewertungen oder Schuldzuweisungen dürfen keinen Platz haben, da sie ein gegenseitiges Verständnis stören. Erst in einem zweiten Schritt ist es ihre Aufgabe, durch Fachkenntnisse über Entwicklungsbesonderheiten kleiner Kinder zu ergänzen, was Kinder für eine gute Entwicklung brauchen. Eltern erweitern ihr Handlungsrepertoire und erhalten Anregungen und Rückmeldungen von anderen Eltern.

Wenn Erziehungsvorstellungen voneinander abweichen und es zu Konflikten kommt, geht es nicht darum, dass die eine oder andere Seite Recht bekommt, sondern darum, etwas Neues zu finden, das für beide Seiten annehmbar ist. Dies kann immer wieder neu verhandelt werden. So wünschen sich Krippenpädagoginnen beispielsweise, dass Kinder von den Eltern in der Einrichtung auf dem Wickeltisch gewickelt werden und nicht im Stehen. Aus Elternsicht geht dies schneller oder es ist anstrengend, das Kind dafür zu gewinnen. Es geht also um das Finden eines Kompromisses. Der Prozess der Annäherung, der Verständigung, des Aushandelns ist das Wesentliche. Hierbei bringt die Krippenpädagogin immer wieder die Perspektive des Kindes ein: Was bedeutet es für das Kind? So bringt sie Kenntnisse über kindliche Entwicklungen ein und schafft eine sachliche Basis in Gesprächskreisen. In einer Abschlussrunde tauschen sich die Eltern darüber aus, was sie mit nach Hause nehmen, was neu war, an welchem Thema sie weiterarbeiten möchten. So bieten Gesprächskreise für Eltern die Möglichkeit, ihr bisheriges Erziehungsverhalten und neue Wege der Erziehung zu reflektieren. Krippenpädagoginnen erhalten Einblick in die Lebenssituation und die Erziehungsvorstellungen der Eltern.

Beispiel: *Auf Einladung einer Krippenpädagogin hin sind acht Mütter und zwei Väter gekommen. Es gibt Getränke und Gebäck. Nach der Vorstellungsrunde schlägt die Krippenpädagogin vor, Gesprächsregeln aufzustellen. „Einander ausreden lassen!" „Vertraulich mit Informationen umgehen!" „Keine Schuldzuweisungen!" sind die Antworten der Eltern. Diese sollen auch bei künftigen Zusammenkünften gelten.*

Als Einstieg hat die Krippenpädagogin von jedem der Kinder dieser Eltern ein Foto in einen Kreis in die Mitte gelegt und bittet die Eltern, jeweils das eigene Kind zu beschreiben:

- *Name des Kindes? Warum haben Sie für Ihr Kind diesen Namen gewählt?*
- *Was mögen Sie besonders an Ihrem Kind? Was kann es gut?*
- *Was finden Sie im Umgang mit Ihrem Kind schwierig? Wo haben Sie Fragen?*

Alle Eltern haben Freude daran, viel über ihr Kind zu erzählen. Die aufkommenden Themen und Fragen werden von der Erzieherin auf einer Wandzeitig notiert: „Mein Kind ist eifersüchtig." „Mein Kind kann schlecht einschlafen." „Mein Kind ist oft so trotzig, wie setze ich Grenzen?"

Die Eltern sind sehr konzentriert im Gespräch und haben gar nicht gemerkt, wie schnell die Zeit vergangen ist. Sie einigen sich darauf, dass sie in der nächsten Gesprächsrunde über das Autonomieverhalten („Trotzphase") ihrer Kinder sprechen wollen.

Grundübung: Beschreiben Sie Formen der Zusammenarbeit mit Eltern und deren Funktion.

Vertiefung: Schauen Sie sich unter http://www.a4k.de/elternfilme/die Elternfilme an und konzipieren Sie unter zur Hilfenahme der Elternbriefe unter http://www.ane.de/elternbriefe.html einen von der Elternschaft gewünschten Elterngesprächskreis oder Elternabend zum Thema: „Wie Eltern ihre Babys beim Sprechen lernen unterstützen."

Literatur

Antonovsky, A. (1997): Salutogenese. Tübingen

Beier, I. M. (2009): Mit Eltern im Gespräch. Ein Leitfaden für Krippe und Kita. Seelze

Bertelsmann Stiftung, Staatsinstitut für Frühpädagogik (Hrsg.) (2008): Wach, neugierig, klug – Kompetente Erwachsene für Kinder unter 3. Gütersloh

Bünder, P./Sirringhaus-Bünder, A./Helfer, A. (2009): Lehrbuch der Marte-Meo-Methode. Göttingen

Bundesvereinigung Evangelischer Tageseinrichtungen für Kinder (2008): Die Jüngsten in der Kita. TPS 2008/7, Seelze

Furmann, B. (2008): Ich schaffs! Heidelberg

Hartmann, S./Hohl, G./Renk, P./Scherer, P./Walker, U. (Hrsg.) (2007): Gemeinsam für das Kind. Weimar

Hüther, G. (2005): Die Macht der inneren Bilder. Göttingen

Krause, M. P. (2009): Elterngespräche. Schritt für Schritt. Praxisbuch für Kindergarten und Frühförderung. München

Laevers, F. (Hrsg.) (2007): Leuvener Engagiertheits-Skala für Kinder LES-K, Videoband mit Handbuch. Wegberg

Neuß, N. (2010): Beratung von Eltern. In: Neuß, N. (Hrsg.): Grundwissen Elementarpädagogik. Berlin, Düsseldorf, S. 267–274

Papousek, M./Papousek, H.: Die Bedeutung früher Erfahrungen – Frühe Kommunikation des Säuglings mit seiner Umwelt. CD Auditorium Netzwerk: http://www.auditorium-netzwerk.de

Woll, R. (2008): Partner für das Kind. Göttingen

Anhang

Websites zur Krippenpädagogik und Tagespflege

www.ane.de
www.basisgemeinde.de
www.bep.hessen.de
www.bmfsfj.de → Kinder und Jugend
www.dbl-ev.de
www.erzieherin.de
www.erzieherin-online.de
www.emmi-pikler-haus.de
www.fruehehilfen.de
www.gesetze-im-internet.de
www.handbuch-kindertagespflege.de
www.handbuch-kindheit.uni-bremen.de
www.infans.net

www.kinder-frueher-foerdern.de
www.kindergartenpaedagogik.de
www.kindergesundheit-info.de
www.kinder-jugendhilfe.info
www.kleinstkinder.de
www.lesestartdeutschland.de
www.mit-kindern-wachsen.de
www.mittendrin-hannover.de
www.pikler.de
www.tagesmuetter-bundesverband.de
www.vek-sh.de
www.vorteil-kinderbetreuung.de

Websites zur Elementarpädagogik

www.akjstat.uni-dortmund.de → Kom-Dat
    → Archiv
www.bildung-fuer-deutschland.de
www.bildungsserver.de → Erzieher
www.dji.de → Abteilungen → Kinder und
    Kinderbetreuung
www.dji.de/prokita
www.erzieherinnenausbildung.de
www.familienhandbuch.de
www.familienzentrum.nrw.de
www.familien-mit-zukunft.de
www.familienatlas.de
www.ifp.bayern.de
www.iss-ffm.de → Projekte → Kinder

www.jugendhilfeportal.de
www.kinder-jugendhilfe.info
www.kindergarten-heute.de
www.kita-bildungsserver.de
www.kitas-im-dialog.de
www.ktk-bundesverband.de
www.liga-kind.de
www.lokale-buendnisse-fuer-familie.de
www.maennerinkitas.de
www.paedagogikfilme.de
www.pdfk.de
www.runder-tisch.eu
www.weiterbildungsinitiative.de

Autorinnen und Autoren

Aßmann, Nicole, Erzieherin und Leiterin einer Kinderkrippe. Seit 2009 Studium „Leitung und Bildungsmanagement im Elementarbereich" (BA).

Bodenburg, Inga, Dr., Dipl. Psych., Studiendirektorin i. R. Seit 1979 Dozentin in der Aus- und Weiterbildung sozialpädagogischer Fachkräfte an der Berufsfachschule, Fachschule und Universität Hamburg. Schwerpunkte: „Frühpädagogik" und „Vorschulpädagogik", „Inklusion/Integration von Kindern mit Behinderungen in die Kita". Mitglied in der Expertengruppe WiFF des Deutschen Jugendinstitutes. Zahlreiche Publikationen zum Thema „Frühpädagogik".

Daum, Jutta, MA, hat Erziehungswissenschaften, Philosophie und Psychologie studiert, ist Fachberaterin für Kindertagesstätten und Dozentin im Studiengang „Bildung und Förderung in der Kindheit" an der Universität Gießen.

Ferber, Sigrun, Dipl.-Sozialpäd., Leiterin der Beratungsabteilung bei der Vereinigung Hamburger Kindertagesstätten

Friedrich, Hedi, Studium Psychologie/Pädagogik. Psychologische Psychotherapeutin und Kinder- u. Jugendlichen-Psychotherapeutin in freier Praxis, Familien- und Erziehungsberatung, Team- und Einzelsupervision, Fortbildungen für soziale und pädagogische Einrichtungen

Gericke, Wiebke, Dipl.-Päd., systemische Beraterin und Autorin des Buches: „babySignal — mit den Händen sprechen". Sie lebt in Hamburg, arbeitet in der heilpädagogischen Förderung für hörende Kinder gehörloser Eltern sowie als Seminar- und Kursleiterin für babySignal. Weitere Informationen zu den Kursangeboten, der Kursleiterlizenz und den Fortbildungsangeboten finden Sie unter: www.babysignal.com; Kontakt: gericke@babysignal.de

Hanf, Jördis, Pädagogin MA und Diplom-Pikler-Pädagogin. Derzeit ist sie Pädagogische Leiterin der Kindertagesstätte Kinderzeit Gute Zeit in Schwalbach/Hessen.

Hess, Simone, Dr., wissenschaftliche Mitarbeiterin Universität Gießen, Pädagogik der Kindheit (Dozentin und Koordinatorin im Studiengang „Leitungs- und Bildungsmanagement im Elementarbereich") sowie Pädagogische Hochschule Ludwigsburg, Sonderpädagogik. Schwerpunkte: soziale Benachteiligung, sozio-emotionale Entwicklung, Zusammenarbeit mit Eltern.

Kümmerling-Meibauer, Bettina, apl. Professorin am Deutschen Seminar der Universität Tübingen. Ihre Forschungsschwerpunkte sind internationale Kinder- und Jugendliteratur, Bilderbuchforschung und Early Literacy. http://homepages.uni-tuebingen.de/bettina.kuemmerling-meibauer

Lorber, Katharina, Dipl.-Päd., seit 2008 wissenschaftliche Mitarbeiterin an der Justus-Liebig Universität Gießen, Abteilung Pädagogik der Kindheit. Seit November 2010 in der Ausbildung zur Pikler-Pädagogin. Arbeitsschwerpunkte: Pädagogische Handlungskonzepte für Kinder unter drei Jahren und Professionalisierung von Erzieherinnen.

Meier-Gräwe, Uta, Prof. Dr. sc., Lehrstuhl für Wirtschaftslehre des Privathaushalts und Familienwissenschaft an der Justus-Liebig-Universität Gießen, Mitglied der Sachverständigenkommission des 7. Familienberichts und des 1. Gleichstellungsberichts der Bundesregierung. Forschungsschwerpunkte: Armutsforschung, Haushalts- und Familienwissenschaften, Zeit- und Genderforschung.

Nentwig-Gesemann, Iris, Prof. Dr., Dipl.-Päd., Professorin für Bildung im Kindesalter und Leiterin des Studiengangs Erziehung und Bildung im Kindesalter an der Alice Salomon Hochschule Berlin; Arbeits- und Forschungsschwerpunkte: Kindheits- und Bildungsforschung; Professionalisierungsprozesse und Hochschuldidaktik; Methoden qualitativer Bildungs- und Evaluationsforschung; Kommunikation, Sprache und Erzählkultur. Kontakt: nentwig-gesemann@ash-berlin.eu

Neuß, Norbert, Prof. Dr. phil, habil; Hochschullehrer an der Justus-Liebig-Universität für „Pädagogik der Kindheit"; Studiengangsleiter der Studiengänge „Bildung und Förderung in der Kindheit" (BA) und „Inklusive Pädagogik und Elementarbildung" (MA); Vorsitzender der Gesellschaft für Medienpädagogik (GMK), zahlr. Publikationen und Forschungsprojekte. www.dr-neuss.de

Niemann, Hanna, Studium der Elementarpädagogik (BA und MA) an der Justus-Liebig-Universität Gießen, praktische Erfahrungen in verschiedenen Einrichtungen der Elementarpädagogik (integr. Kita, Schule für praktisch Bildbare sowie Frühförder- und Beratungsstelle), derzeit gemeinsam mit Julia Zeiß an der Durchführung einer kameraethnographischen Studie zur Eingewöhnung in der Krippe.

Rase, Petra, arbeitete seit 1979 bei der Bremisch Evangelischen Kirche als Erzieherin im Kindertagesheim, Hort und im Spielkreis. 2005 Ausbildung in der Harmonischen Babymassage. Seit 2006 ist sie in einer betriebsnahen Krippe als Gruppenleiterin beschäftigt, an deren Aufbau sie beteiligt war. Im Sommer 2010 absolvierte sie die Ausbildung zur Frühpädagogin an der Bremer Universität.

Schad, Martina, Gymnasiallehrerin, seit 1997 als Mitarbeiterin der Unfallkasse Hessen in der Abteilung Prävention tätig. Arbeitsschwerpunkte sind die Beratung und Überwachung von Kindertageseinrichtungen und Schulen.

Schneider, Kornelia, freiberufliche Bildungsreferentin; ca. 35 Jahre wissenschaftliche Referentin am Deutschen Jugendinstitut, Abteilung „Kinder und Kinderbetreuung", Schwerpunkt: Kinder bis zu drei Jahren. www.frueh-lernwerk.de

Vahle, Fredrik, seit 1972 Kinderliedermacher und Dozent im Bereich Sprachwissenschaft, Schwerpunkt „Sprache, Bewegung und Musik"; www.fredrikvahle.de

Viernickel, Susanne, Dr., ist Diplom-Pädagogin und seit 2007 Professorin für Pädagogik der frühen Kindheit an der Alice Salomon Hochschule in Berlin. Ihre Arbeitsschwerpunkte in Forschung, Lehre und Praxisentwicklung sind Bildungsprozesse in früher Kindheit, Beobachtung und Dokumentation, Professionalisierung frühpädagogischen Fachpersonals sowie Qualität und Evaluation in Kindertageseinrichtungen.

Werning, Inge, Dipl. Päd., Förderschullehrerin, Kinder- und Jugendtherapeutin, Leitung „Netzwerk Sprache" in Gießen, Multiplikatorin für den Hessischen Bildungsplan, Lehrerausbildung, Marte-Meo-Practitioner.

Wertfein, Monika, ist wissenschaftliche Referentin am Staatsinstitut für Frühpädagogik in München. Ihre Schwerpunkte in Forschung und Lehre sind die Bildung, Erziehung und Betreuung von Kindern unter drei Jahren sowie die sozio-emotionalen Kompetenzen in Familie und pädagogischer Praxis.

Zeiß, Julia, seit 2006 BA und MA Studium der Elementarpädagogik an der JLU Gießen, praktische Erfahrungen in der Elementarpädagogik in verschiedenen nationalen und internationalen Kindertageseinrichtungen. Derzeit gemeinsam mit Hanna Niemann: Kameraethnografische Studie zur Eingewöhnung in der Krippe.

Abbildungsverzeichnis

Abb. 1.1, 1.2, 3.2, 3.3, 4.1, 5.2, 6.3, 8.2: Katharina Lorber, Gießen

Abb. 2.1, 3.1, 17.2: Mattias Aschern, Buchholz

Abb. 4.2, 5.1, 6.1, 6.2, 6.4, 8.3, 12.3, 17.1, 19.2, 21.1: Jördis Hanf, Torsten Curdt, Christian Schulz, Schwalbach

Abb. 7.1: Hanna Niemann, Gießen

Abb. 8.1, 9.1 bis 9.6, 10.1, 15.1 bis 15.4: Norbert Neuß, Buchholz

Abb. 10.2: Kornelia Schneider, Hamburg

Abb. 12.1, 12.2: Anja Döhring, Lübeck

Abb. 13.1, 13.2: Martina Schad, Gießen

Abb. 14.1: Knut Gärtner, Hamburg

Abb. 14.2: babySignal, Hamburg

Abb. 14.3 bis 14.13: Illustrationen Monica May-Vetter aus: Wiebke Gericke, babySignal – Mit den Händen sprechen © 2009, Kösel Verlag, München, in der Verlagsgruppe Random House GmbH

Abb. 15.5: Petra Rase, Bremen

Abb. 15.6: Katharina Reichert-Scarborough, München

Abb. 18.1: Helmut Spanner. Meine ersten Sachen. © 1998 by Ravensburger Buchverlag Otto Maier GmbH, Ravensburg.

Abb. 18.2: Rotraut Susanne Berner: Winter-Wimmelbuch. © 2003 Gerstenberg Verlag, Hildesheim

Abb. 18.3, 18.4: Antje Damm. Was ist das? © 2006, 2009 Gerstenberg Verlag, Hildesheim.

Abb. 20.1: Anja Döhring, Lübeck

Register